教育部中等职业教育改革创新示范教材
汽车运用与维修专业课程改革成果教材

汽车电气

浙江省教育厅职成教教研室　组编
主　编　倪爱勤
副主编　庞志康
参　编　楼红艳　彭　荣　陈建惠　黄昌周
严银海　陈寿丰　边铁勇　王广玉
祁长伟

机械工业出版社

本书是经过出版社初评、申报，由教育部专家组审阅、教材遴选工作领导小组审定确定的“教育部中等职业教育改革创新示范教材”。

本书是“浙江省职业教育六项行动计划”项目成果教材，本着“以能力为本位，以就业为导向”的课程改革思路，按照项目教学方式编排课程体系。本书主要内容包括汽车电源系统、汽车起动系统、汽油机点火系统、照明信号系统、仪表和报警系统、汽车空调系统、汽车电动车窗及刮水系统的检测与维护，汽车解码器的基本操作，传感器的检测九个项目。每个项目都是由“项目情境”、“项目描述”引入，而后由若干个工作任务组成，每个工作任务都有“任务准备”、“任务目标”、“任务实施”、“任务测评”、“任务链接”和“任务拓展”；每个项目完成之后还设计了“项目回顾”和“技能考核评分表”。工作任务的设计以现代汽车企业维修电工的典型工作任务为载体，兼顾汽车技术的先进性、通用性；“任务实施”部分配有详细的图解式操作步骤，图文对照，力求符合中职学生的能力水平、认知特点和教学需要。

本书可作为中等职业学校汽车运用与维修专业教材，也可作为汽车运用与维修人员的阅读教材。

为便于教师对学生操作技能进行评价，本书配有“技能考核评分表”，请采用本教材的教师登录 www. cmpedu. com 进行下载。

图书在版编目（CIP）数据

汽车电气/倪爱勤主编；浙江省教育厅职成教教研室组编. —北京：机械工业出版社，2011.2（2014.8 重印）

教育部中等职业教育改革创新示范教材

汽车运用与维修专业课程改革成果教材

ISBN 978-7-111-33086-8

Ⅰ.①汽… Ⅱ.①倪…②浙… Ⅲ.①汽车-电气设备-职业教育-教材 Ⅳ.①U463.6

中国版本图书馆 CIP 数据核字（2011）第 019097 号

机械工业出版社（北京市百万庄大街 22 号 邮政编码 100037）

策划编辑：曹新宇 责任编辑：曹新宇 王莉娜

责任校对：姜 婷 封面设计：陈 沛 责任印制：李 洋

三河市宏达印刷有限公司印刷

2014 年 8 月第 1 版第 7 次印刷

184mm × 260mm · 18.75 印张 · 468 千字

标准书号：ISBN 978-7-111-33086-8

定价：39.00 元

凡购本书，如有缺页、倒页、脱页，由本社发行部调换

电话服务	网络服务
社服务中心：（010）88361066	教 材 网：http://www.cmpedu.com
销售一部：（010）68326294	机工官网：http://www.cmpbook.com
销售二部：（010）88379649	机工官博：http://weibo.com/cmp1952
读者购书热线：（010）88379203	**封面无防伪标均为盗版**

浙江省中等职业教育汽车运用与维修专业
课程改革成果教材编写委员会

前　言

2006年，浙江省政府召开全省职业教育工作会议并下发《省政府关于大力推进职业教育改革与发展的意见》，指出“为加大对职业教育的扶持力度，重点解决我省职业教育目前存在的突出问题”，决定实施“浙江省职业教育六项行动计划”。2007年年初，作为“浙江省职业教育六项行动计划”项目之一的浙江省中等职业教育专业课程改革研究正式启动，计划用5年左右时间，分阶段对约30个专业的课程进行改革，初步形成能与现代产业和行业发展相适应的、能体现浙江省特色的课程标准和课程结构，满足社会对中等职业教育的需要。

专业课程改革亟待改变原有的以学科为主线的课程模式，尝试构建以岗位能力为本位的专业课程新体系，促进职业教育内涵的发展。基于此，课题组本着积极稳妥、科学谨慎、务实创新的原则，对相关行业企业的人才结构现状、专业发展趋势、人才需求状况、职业岗位群对知识技能的要求等方面进行了系统的调研，在庞大的数据中梳理出共性问题，在把握行业、企业的人才需求与职业学校的培养现状，掌握国内中等职业学校各专业人才培养动态的基础上，最终确立了“以核心技能培养为专业课程改革主旨、以核心课程开发为专业教材建设主体、以教学项目设计为专业教学改革重点”的浙江省中等职业教育专业课程改革新思路，并着力构建“核心课程+教学项目”的专业课程新模式。这项研究得到了由教育部职业技术中心研究所、中央教育科学研究所和华东师范大学职业教育研究所等单位的专家组成的鉴定组的高度肯定，认为课题研究“取得的成果创新性强、操作性强，已达到国内同类研究领先水平”。

依据本课题研究形成的课程理念及其“核心课程+教学项目”的专业课程新模式，课题组邀请了行业专家、高校专家以及一线骨干教师组成教材编写组，根据先期形成的教学指导方案着手编写本套教材，几经论证、修改，现付梓成书。

本书主要内容包括汽车电源系统、汽车起动系统、汽油机点火系统、照明信号系统、仪表和报警系统、汽车空调系统、电动车窗及刮水系统的检测与维护，汽车解码器的基本操作，传感器的检测九个项目。每个项目都是由“项目情境”、“项目描述”引入，而后由若干个工作任务组成，每个工作任务都有“任务准备”、“任务目标”、“任务实施”、“任务测评”、“任务链接”和“任务拓展”；每个项目完成之后还设计了“项目回顾”和“技能考核评价表”工作任务的设计以现代汽车企业维修电工的典型工作任务为载体，兼顾汽车技术的先进性、通用性；“任务实施”部分配有详细的图解式操作步骤，图文对照，力求符合中职学生的能力水平、认知特点和学习需要。

本书是经过出版社初评、申报，由教育部专家组审阅、教材遴选工作领导小组审定确定的“教育部中等职业教育改革创新示范教材”。

本书由倪爱勤任主编，庞志康任副主编，参加编写的还有楼红艳、彭荣、陈建惠、黄昌周、严银海、陈寿丰、边铁勇、王广玉、祁长伟。

由于编者水平有限，书中难免有不足之处，恳请读者提出宝贵的意见和建议，以求不断改进和完善。

编　者

目录

项目一　汽车电源系统的检测与维护

项目情境

一辆桑塔纳 2000 轿车的蓄电池指示灯在起动的时候闪烁不停，过几分钟后就熄灭了。开始以为发电机传动带松了，检查了发电机传动带，没有发现什么问题。请问大家这是什么现象？难道是发电机电刷磨光了吗？

项目描述

要确诊造成上述现象的原因，首先要知道蓄电池指示灯指示的是电源系统；其次要明确该系统由哪些部件组成，相互之间是怎样协作供电的；还要知道其核心组成部件发电机的结构和工作过程，并能对发电机的好坏进行检测、诊断和维修。如果问题不是出在发电机上，则需要对电源系统线路进行全面的检测、诊断并更换损坏的部件。

项目目标

知识目标：

1. 能说出电源系统的组成部件名称和对应功能。
2. 能说出电源系统的工作过程。

技能目标：

1. 能在实车上找到电源系统的各组成部件。
2. 能检测电源系统各部件的好坏。
3. 能识读电源系统电路图，并根据其工作原理诊断电路故障。
4. 能根据维修手册，选用并更换各组成部件。

情感目标：

1. 通过手脑并用、主动参与、促进思维、优化学法、提高兴趣、养成“思而行”的习惯，形成“乐思、乐做、乐学”的专业素养。
2. 通过小组成员互相协作学习，学会交流，学会合作，增强团队意识。

任务一　认识汽车电源系统的组成部件

任务准备

桑塔纳 2000GSi 实车一辆或桑塔纳 2000 整车台架一台、实训手册、JFZ1918 发电机、点火开关、中央控制盒、万用表。

任务目标

认识电源系统的组成，知道各个部件的安装位置和作用。

任务实施

操作步骤	操作示意图	说明
一、认识桑塔纳2000轿车的电源系统在整车中的布局		
1. 识读全车供电图	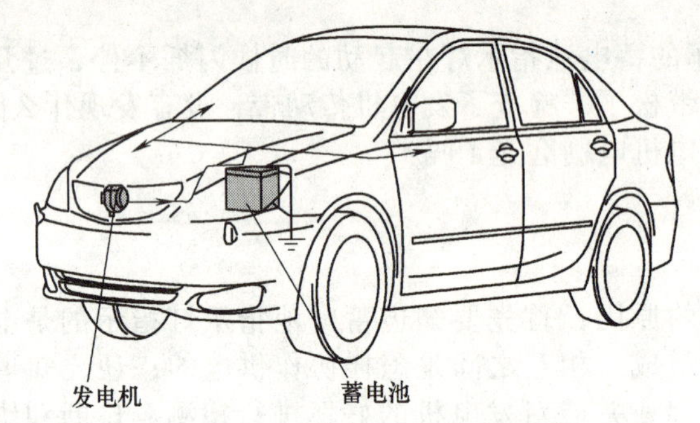	电源系统向汽车用电设备提供低压直流电。 发动机不工作时，由蓄电池供电，发动机一经起动后，传动带带动发电机工作，由发电机供电，并向蓄电池充电。
2. 识读系统组成图	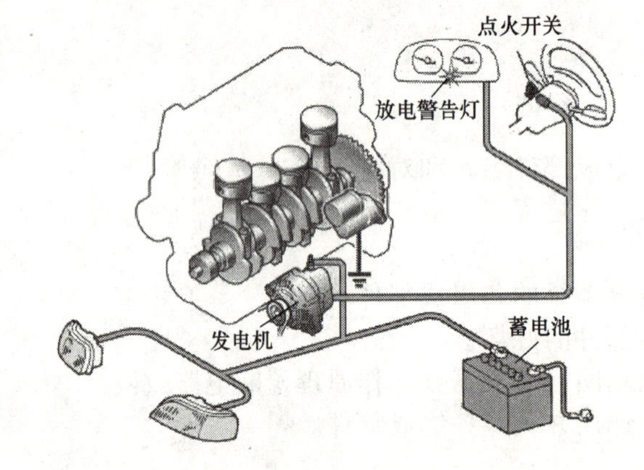	桑塔纳轿车电源系统的主要组成部件有：蓄电池、发电机（自带调节器）、点火开关、放电警告灯及中央控制盒等。
二、查找各部件安装位置		
1. 发动机舱		蓄电池安装在发动机舱的左上角，更换时要注意尺寸和容量大小的匹配。 发电机安装在发动机上，通过传动带轮与发动机曲轴相连。

（续）

操作步骤	操作示意图	说　明
2. 驾驶室	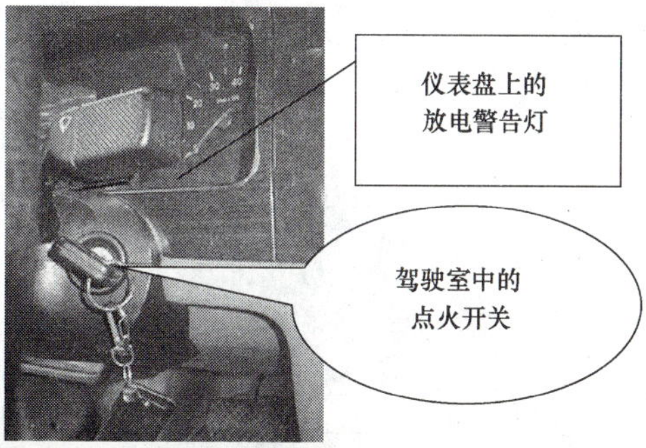 仪表盘上的放电警告灯 驾驶室中的点火开关	放电警告灯，也称蓄电池指示灯或充电指示灯，安装在驾驶室仪表盘上。 点火开关安装在转向盘下方。
	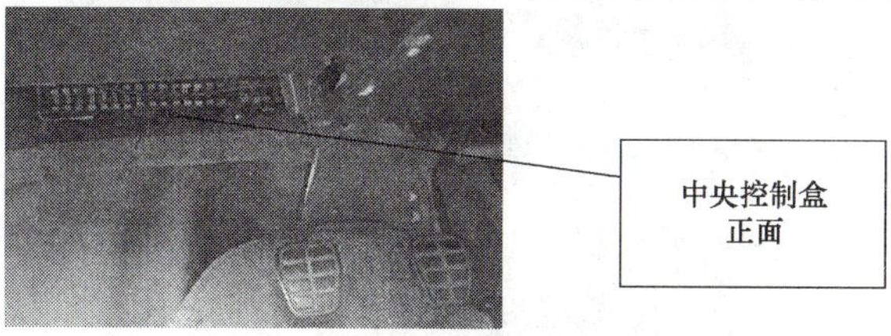 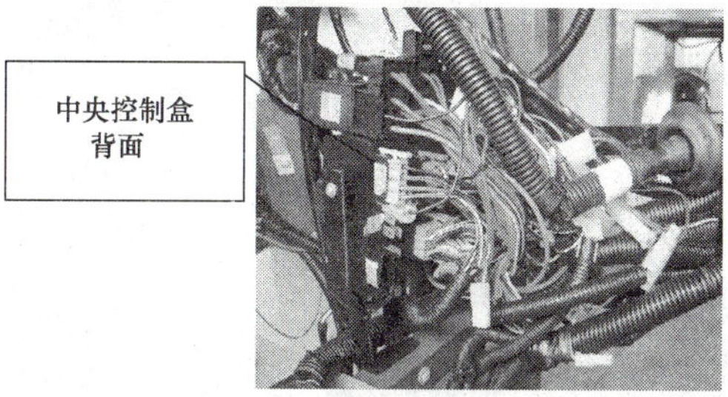 中央控制盒正面 中央控制盒背面	中央控制盒，也称中央接线盒，位于仪表盘下方的脚窝处。
三、认识组成部件		
1. 蓄电池	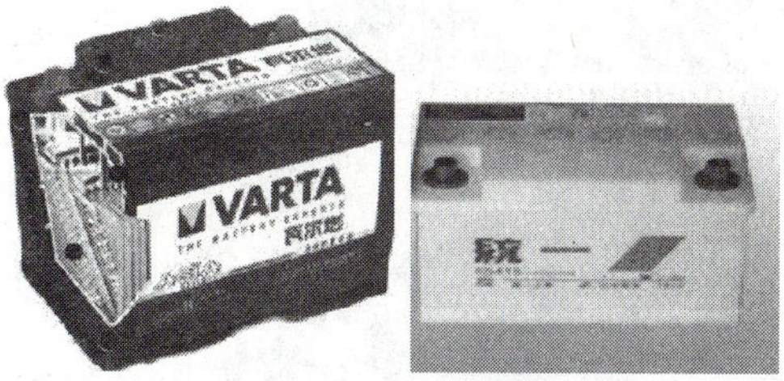	蓄电池给发动机起动提供能量，必须容量恰当且充电充足。目前市场上使用比较多的蓄电池品牌有：统一、风帆、德尔福、瓦尔塔、骆驼等。
2. 发电机		发电机产生车辆所需的电力。 当发动机起动后，传动带将带着发电机传动带轮转动，其结果是：转子转动，使定子绕组内产生三相交流电。 整体式交流发电机有三种功能：发电、整流和电压调节。

（续）

操作步骤	操作示意图	说　明
3. 点火开关	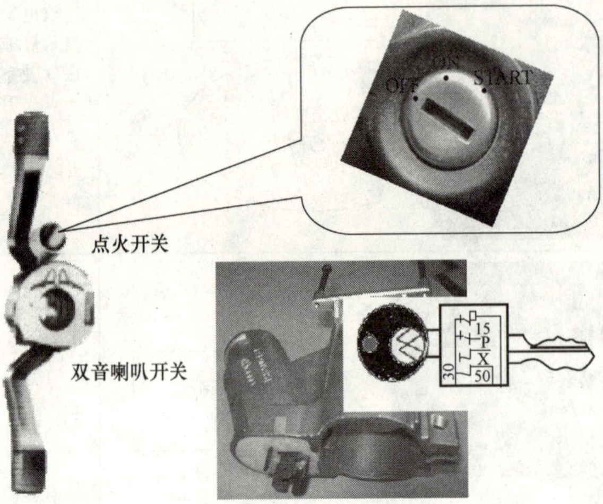 OFF ON START 点火开关 双音喇叭开关 15 P X 50 30 组合开关中的点火开关位置图	点火开关是汽车电路中最重要的开关，是各条电路分支的控制枢纽，是多挡多接线柱开关。 点火开关位于组合开关中。 点火开关的主要功能有： LOCK—锁住转向盘转轴； ON—点火挡； ST—起动挡； ACC—附件挡（主要是收放机、点烟器等）； HEAT（PR）—预热挡，主要用于柴油车上，在ON与ST挡之间。 其中起动、预热挡因为工作电流很大，开关不应接通过久，所以这两挡在操作时必须用手克服弹簧力，扳住钥匙，一松手就弹回点火挡，不能自行定位，其他挡均可自行定位。
4. 放电警告灯		放电警告灯用来指示蓄电池的充放电状况。 当交流发电机因某种原因不能发电时，放电警告灯将亮起。
5. 中央控制盒	 a）正面图	中央控制盒是汽车上电器控制的枢纽器件，其正面安装有各种控制继电器、各类规格的熔断丝，反面是内部线路连接板，用于各个线束的交换。 电源系统相关的插头有：P6、P2、A16、D4。

（续）

操作步骤	操作示意图	说　明
5. 中央控制盒	插头代号 Plug code letter b) 背面图	

任务练习

1）分组对照实车找出电源系统各个组成部件，并口述其作用。

2）用万用表________挡位测量蓄电池的电压为________________V。

3）观察图1-1，检测桑塔纳车点火开关各个控制挡位，在表1-1中用连线表示各个接线柱之间的导通情况。

a)

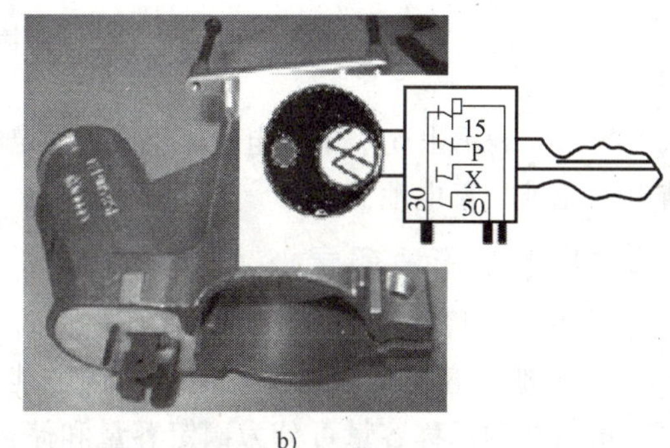

b)

图1-1　桑塔纳点火开关

a）外观　b）各挡位接线柱

表1-1　点火开关各挡位接线柱之间的导通情况

接柱名称 开关挡位	30	15	50	P	X
挡位1(OFF)					
挡位2(ON)					
挡位3(ST)					
挡位4(ACC)					

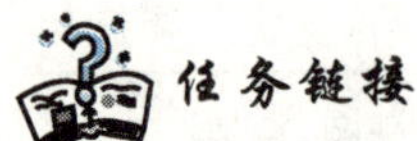

一、蓄电池的选用

蓄电池是一种可逆的低压直流电源，它既能将化学能转化为电能，也能将电能转化为化学能。

一般蓄电池的正常使用寿命为2~5年，如果发动机的起动性不好，应尽快更换蓄电池。在更换蓄电池之前，首先需要买一个和车上的蓄电池尺寸和容量相同的蓄电池。

1. 蓄电池的规格型号

蓄电池的型号按JB/T 2599—1993《铅酸蓄电池产品型号编制方法》的规定，组成如下：

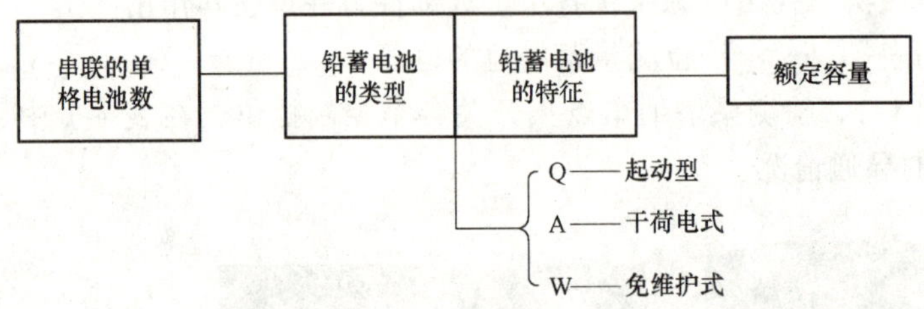

如：6—QAW—54表示由6个单格电池体组成，额定电压为12V，额定容量为54A·h的起动型干荷电式免维护蓄电池。

2. 蓄电池的容量及影响因素

（1）蓄电池的容量　蓄电池的容量是指在放电允许的范围内，蓄电池输出的电量$Q=I_f t_f$(A·h)。蓄电池的容量是标志蓄电池对外放电能力的重要参数，也是选用蓄电池的重要依据。蓄电池的标称容量可分为额定容量和储备容量两种。

1）额定容量：用20h放电率容量表示，它是指充足电的新蓄电池在电解液温度25℃±5℃条件下，以20h放电率的放电电流连续放电至各单格电池的平均电压降到1.75V时输出电量的最小允许值。它是检验新蓄电池是否合格的重要指标，新蓄电池的输出电量如果小于额定容量，即为不合格。

2）储备容量：是指充足电的新蓄电池在电解液温度为25℃±5℃条件下，以25A电流连续放电至12V蓄电池端电压降至10.50V±0.05V或6V蓄电池端电压降至5.25V±0.02V时，放电所持续的时间，单位为min。它表征当汽车充电系统失效时，蓄电池尚能持续提供25A电流的能力。

（2）影响蓄电池容量的因素　蓄电池的容量越大，所存贮的电能越多。蓄电池容量的大小，与放电电流、电解液的密度及极板结构等有关。

1）放电电流增大，蓄电池的端电压和容量下降。

2）温度降低，蓄电池的容量下降。额定容量是在30℃时测得的。

3）电解液密度增大，可以减少内阻，提高容量，但不能过大。

4）增大极板面积和片数，可以增大容量。采用薄型极板、增加极板的片数，可以在不增大蓄电池体积的情况下，提高蓄电池的容量。

二、蓄电池的使用与维护

为了保证蓄电池的使用性能、延长蓄电池的使用寿命，必须正确使用蓄电池，并及时对蓄电池进行检查和维护。

1）及时充电。放完电的蓄电池应在24h内送到充电室充电；蓄电池每两月至少应补充充电一次。

2）不连续使用起动机。每次起动的时间不得超过5s，如果一次未能起动发动机，应间隔15s以上再作第二次起动，连续三次起动不成功，应查明原因，排除故障后再起动发动机。

3）应经常清除蓄电池表面的灰尘污物，保持蓄电池表面清洁、干燥。

4）经常检查电解液液面高度，必要时用蒸馏水或电解液进行调整，使其保持在规定范围内。

5）拆卸蓄电池电缆时，应先拆下蓄电池负极，再拆下蓄电池正极；安装蓄电池电缆时，应先安装蓄电池正极，再安装蓄电池负极，以免拆装过程中造成蓄电池的短路。

三、蓄电池技术状况的检查

1. 外观检查

1）外壳有无裂缝、破损及泄漏。

2）安装架是否夹紧，有无腐蚀。

3）正、负极端子是否氧化及腐蚀，电线夹是否腐蚀，连接导线有无破损等。

4）表面是否清洁，加液孔盖的通气孔是否畅通等。

2. 电解液液面高度的检查

电解液液面应高出极板10～15mm，正常使用时应定期检查液面高度，必要时补充蒸馏水。

3. 放电程度的判断

1）根据电解液密度的变化，判断放电程度。

2）用高率放电计模拟起动机起动时的负载，然后通过测量单格蓄电池在大电流放电时的端电压来判断放电程度。

3）有些免维护蓄电池装有电量指示器（也称充电指示器），能指示蓄电池的电量或充电程度。指示器显示绿色、黑色、无色或浅黄色等，可表示蓄电池不同的充电程度，如图1-2所示为电量指示器工作原理图。

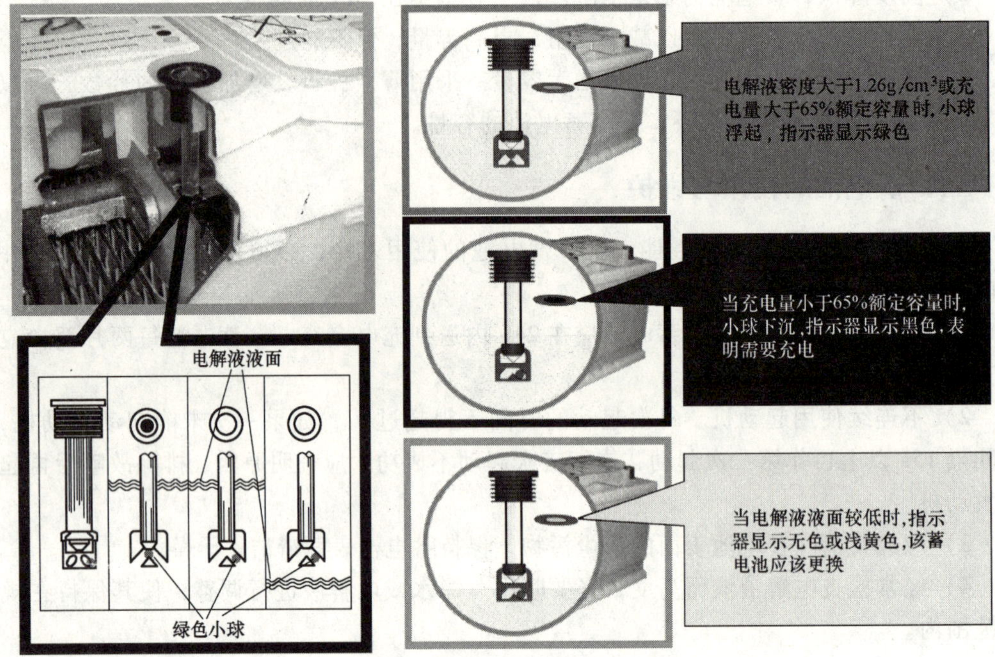

图 1-2　电量指示器工作原理图

任务拓展

1）查找与通用别克君威、丰田卡罗拉、广本雅阁轿车相匹配的蓄电池型号和价格，并解读其外形尺寸和额定容量。

2）查找新能源汽车上的电源系统的组成和供电关系。

3）某 4S 店展厅中的一辆展车没电了，一般 4S 企业是如何进行充电的？需要注意哪些问题？

任务二　检测汽车电源系统的发电机

任务准备

JFZ1918 整体式交流发电机、数字万用表、常用拆装工具一套、套筒扳手。

任务目标

1）能正确进行发电机的整机和零部件检测；

2）能对发电机进行解体和装复操作，并能检查和保养部件；

3）能针对实物说出发电机的工作过程。

任务实施

操作步骤	操作示意图	说　明
一、整机检测		
将数字万用表调到二极管挡位，进行检测。 测量“B＋”与“⊥”接柱间的导通情况	a) 正向　b) 反向	正向：黑表棒接“B＋”，红表棒搭铁。参考电压降：0.9V。 反向：黑表棒搭铁，红表棒接“B＋”。参考电压降：∞。
测量“B＋”与“D＋”接柱间的导通情况	a) 正向　b) 反向	正向：黑表棒接“B＋”，红表棒接“D＋”。参考电压降：1.8V。 反向：黑表棒接“D＋”，红表棒接“B＋”。参考电压降：∞。
测量“D＋”与“⊥”接柱间的导通情况		正向：黑表棒搭铁，红表棒接“D＋”。参考电压降：1.0V。 反向：黑表棒接“D＋”，红表棒搭铁。参考电压降：∞。
二、拆卸操作		
1. 拆下后端盖		拆卸后，将零部件从左到右有序排放。

（续）

操作步骤	操作示意图	说　　明
2. 拆卸调节器和电刷总成、电容器		拆卸调节器和电刷总成时，要用左手轻轻按住总成直到两边螺钉都已经拿出，以防止一边螺钉拧松后，单边受力使电刷断裂。
3. 分离前后盖		先取出四个对销螺杆。
		在分离前后盖时一定要在定子铁心和前端盖处分离，以防止定子绕组引线拉断。
4. 分离带有定子总成的后盖		分离顺序：整流器、后盖、定子总成。

（续）

操作步骤	操作示意图	说　　明
5. 分离带有转子总成的前端盖		分离顺序：传动带轮、风扇叶、前端盖、转子总成。
6. 发电机的各组成部件	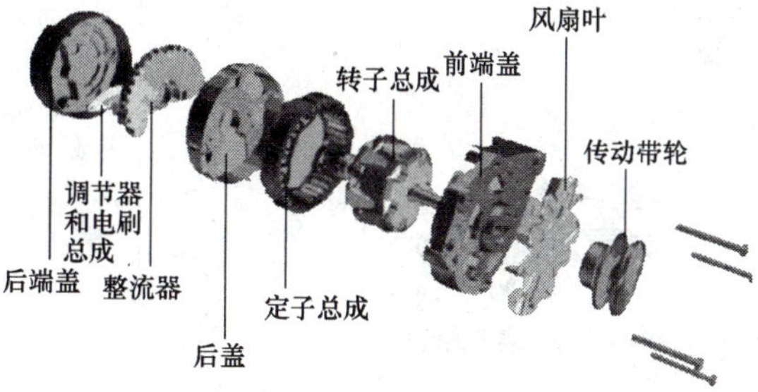 后端盖　调节器和电刷总成　整流器　后盖　定子总成　转子总成　前端盖　风扇叶　传动带轮	从左到右依次是：后端盖、调节器和电刷总成、整流器、后盖、定子总成、转子总成、前端盖、风扇叶、传动带轮。
三、检查和保养部件		
1. 检测整流器	1）检测整流器总成 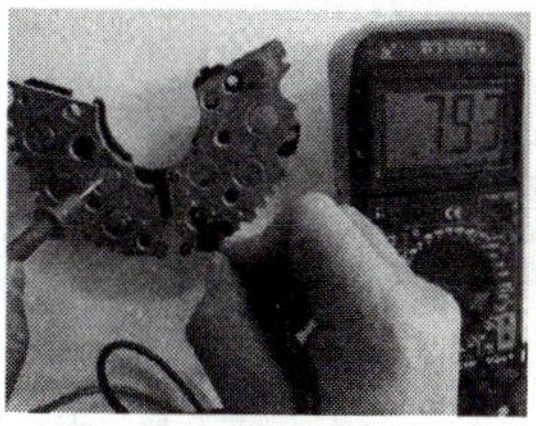 a）正向 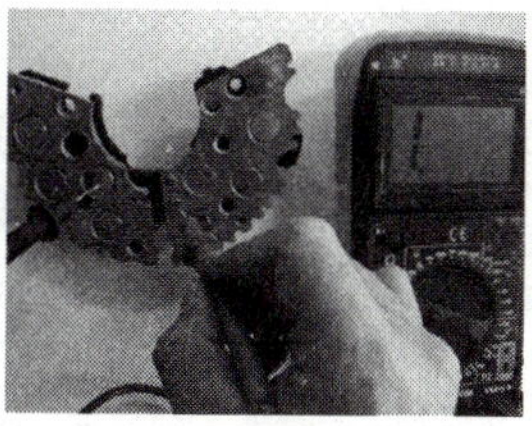　b）反向	正负极板之间单向导通： a）正向导通性能检测：检测参考值为1V以下电压降； b）反向截止性能检测：检测参考值（数字万用表）：1。
	2）检测单个二极管 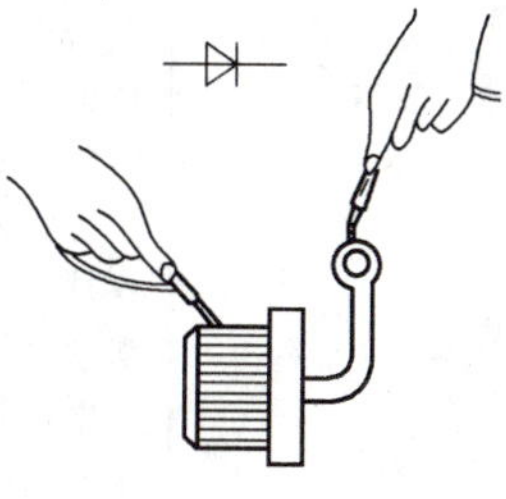 a）正向 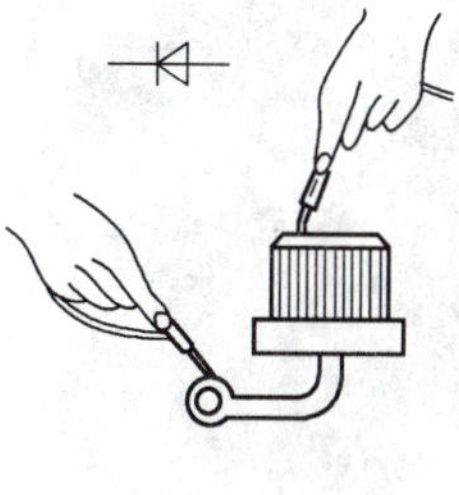　b）反向	二极管具有单向导电性，按引线代表的极性不同，分为正极管和负极管两种。引线为正极的称为正极管；引线为负极的称为负极管。 a）正向导通性能检测：如用数字万用表的二极管挡位检测，参考值为1V以下电压降； b）反向截止性能检测：检测参考值：1。 注意：用模拟万用表检测与数字万用表不同，红黑表棒代表的极性刚好相反。

（续）

操作步骤	操作示意图	说　明
2. 检测转子总成	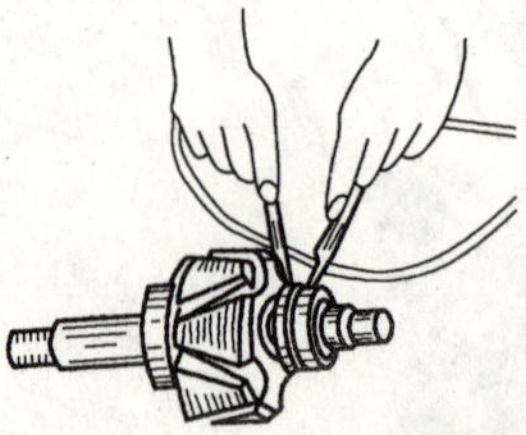 a）检测两集电环之间转子绕组的电阻 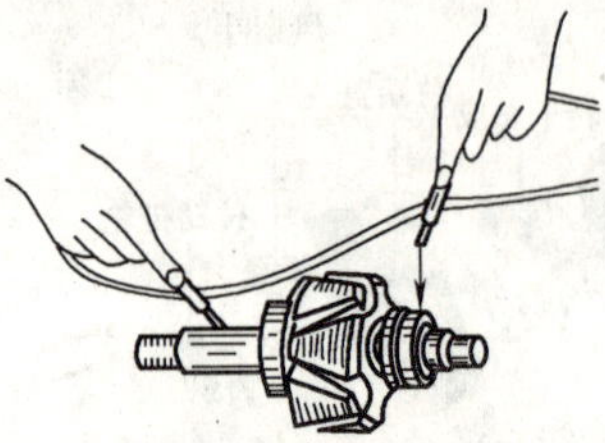 b）检测集电环与转子轴间电阻	转子表面不得有刮痕，否则表明轴承松旷，应更换前后轴承。集电环表面应光洁平整，两集电环之间的槽内不得有油污和异物。 a）两集电环之间的转子绕组：检测参考值 3～8Ω；否则即为断路或短路； b）集电环与转子轴间绝缘：若检测参考值 > 5kΩ，则检测不正常，应更换转子总成。
3. 检测定子总成	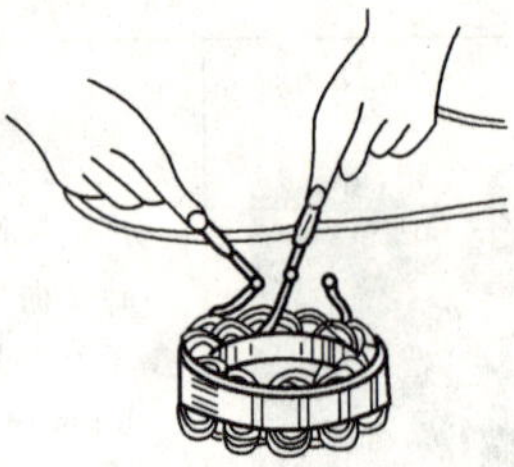 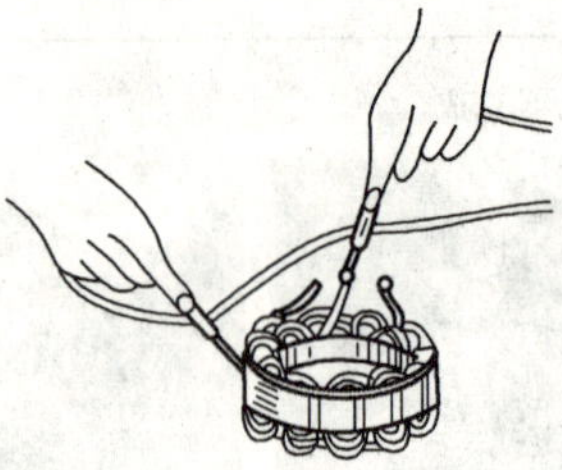 a）检测三个引线间电阻　b）检测引线与铁心间电阻	检查定子表面不得有刮痕，导线表面不得有碰伤、绝缘漆剥落现象。 a）三个引线两两之间为定子绕组，应两两导通：检测参考值 < 1Ω； b）引线与铁心间绝缘：检测参考值 > 5kΩ，检测不正常应更换定子总成。
4. 检查调节器和电刷	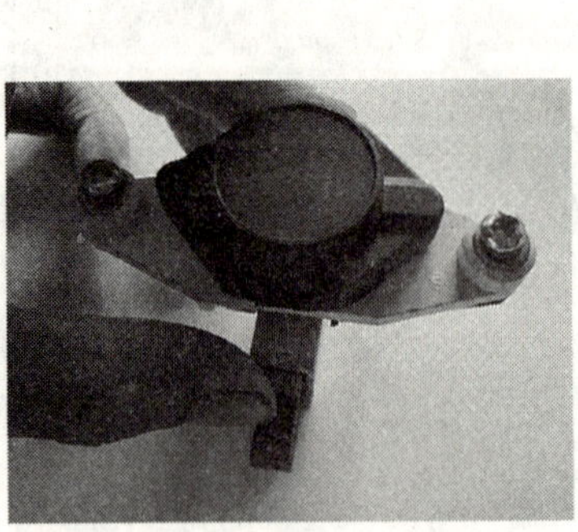	新电刷的长度为 13mm，允许磨损极限为 5mm，超过此极限值时应予更换。 电刷表面如有油污，应用布擦拭干净，电刷在电刷架内应滑动自如。 电刷架不得有裂纹、弹簧折断或锈蚀现象，否则应更换。

（续）

操作步骤	操作示意图	说　明
5. 检查轴承		检查在前后端盖上的轴承是否缺油且润滑油是否脏污，给予及时的补充和更换。

四、装复操作

与拆卸操作相反，即：后拆的先装，先拆的后装。注意传动带轮转动应灵活，无卡滞现象。

任务练习

1）用万用表对发电机进行整机测试，将结果记录在表1-2整机测试记录表中，并对所测数据进行分析，作出发电机好坏的判断。

表1-2　整机测试记录表

测试接柱	“B+”与“⊥”接柱		“B+”与“D+”接柱		“D+”与“⊥”接柱		“F”与“⊥”接柱
测试项目	正向	反向	正向	反向	正向	反向	
万用表挡位							
测试数值							

整机检测数据分析：

2）对照拆卸下来的各部件，说出各部件名称和发电机发电、整流、调压的三个工作过程。

3）用万用表对发电机部件进行测试，将结果记录在表1-3部件测试记录表中，并对所测数据进行分析，作出部件好坏的判断。

表 1-3　部件测试记录表

测试部件	正管		负管		正负极板		定子总成		转子总成	
测试项目	正向	反向	正向	反向	正向	反向	引线	引线与铁心	集电环	集电环与轴
万用表挡位										
测试数值										

部件测试数据分析：

任务链接

一、发电机的分类

汽车用发电机可分为直流发电机和交流发电机。由于交流发电机许多方面的性能优于直流发电机，所以直流发电机已被淘汰。目前所有汽车均采用交流发电机。交流发电机按照不同的分类方法分为以下几类。

1. 按总体结构分五类

(1) 普通交流发电机　使用时需要配装电压调节器的发电机，如 JF132（EQ140 车用）发电机。

(2) 整体式交流发电机　发电机和调节器制成一个整体的发电机，如 JFZ1918Z（奥迪、桑塔纳汽车用）。

(3) 带泵交流发电机　和汽车制动系统用真空助力泵安装在一起的发电机，如图 1-3 所示的 JFZB292 发电机。

(4) 无刷交流发电机　不需要电刷的发电机，如图 1-4 所示的 JFW29 发电机。

(5) 永磁交流发电机　磁极为永磁铁制成的发电机。

图 1-3　JFZB292 发电机

图 1-4　JFW29 发电机

2. 按整流器结构分四类

（1）六管交流发电机　如 JF1522 发电机（东风汽车用）。

（2）八管交流发电机　如 JFZ1542 发电机（天津夏利汽车用）。

（3）九管交流发电机　如 JF21929C 发电机（赛拉图汽车用）。

（4）十一管交流发电机　如 JFZ1918Z 发电机（奥迪、桑塔纳汽车用）。

3. 按磁场绕组搭铁形式分两类

（1）内搭铁型交流发电机　磁场绕组的一端（负极）直接搭铁（和壳体相连）。

（2）外搭铁型交流发电机　磁场绕组的一端（负极）接入调节器，通过调节器后再搭铁。

二、交流发电机的型号

根据中华人民共和国汽车行业标准 QC/T 73—2009《汽车电气设备产品型号编制方法》的规定，汽车交流发电机的型号组成如下：

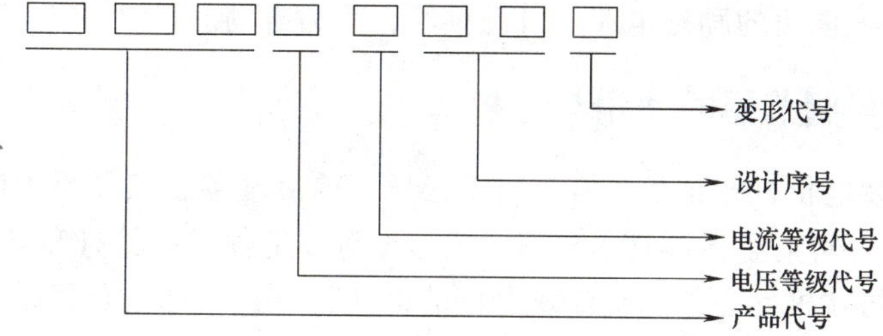

1. 产品代号

产品代号用中文字母表示，例：JF——普通交流发电机；JFZ——整体式（调节器内置）交流发电机；JFB——带泵的交流发电机；JFW——无刷交流发电机。

2. 电压等级代号

电压等级代号用一位阿拉伯数字表示，例：1——12V 系统；2——24V 系统；6——6V 系统。

3. 电流等级代号

电流等级代号也用一位阿拉伯数字表示，例：8——80A；9——90A。

4. 设计序号

设计序号用 1 ~ 2 位阿拉伯数字表示产品设计的先后顺序。

5. 变形代号

交流发电机以调整臂位置作为变形代号，从驱动端看，调整臂在左边用“Z”表示，调整臂在右端用“Y”表示，调整臂在中间不加标记。

例：JFZ1918 表示额定电压为 12V，额定电流为 90A，第 18 次设计的调整臂在中间的整体式交流发电机。

三、发电机的工作原理

1. 发电

当发动机起动后，传动带将带着发电机传动带轮转动，传动带轮带动转子转动，利用电磁感应原理，使定子绕组内产生三相交流电。

2. 整流

利用二极管的单向导电性，交流发电机通过整流器将定子绕组所感应出的交流电转变为直流电对外输出。

3. 励磁方式

除了永磁式交流发电机不需要励磁以外，其他形式的交流发电机都需要励磁，因为它们的磁场都是电磁场，也就是说必须给磁场绕组通电才会有磁场产生。

交流发电机采用他励和自励结合的励磁方式，当交流发电机的输出电压低于蓄电池的端电压时，发电机的励磁电流由蓄电池供给，称为他励；当发电机的输出电压达到蓄电池电压时，发电机的励磁电流由自己供给，称为自励。

四、发电机与调节器的使用与维护

1）要定期对发电机进行维护。维护时不必拆开前后端盖，仅需拆下防护罩便可更换电刷等易损件，并可对整流器件、电容、调节器等零部件进行检查和必要的测试。

2）蓄电池的搭铁极性必须与交流发电机的极性相一致，都是负极搭铁。否则，蓄电池将通过发电机的硅二极管大量放电，烧坏二极管。

3）发电机运转时，禁止将发电机励磁接线柱与搭铁接线柱短路，否则会使二极管烧坏或烧坏熔断器及线路。

4）蓄电池正极与发电机正极之间线路的连接要牢固可靠。在发电机高速运转时，如果充电线路突然断开，会因电压过高而击穿二极管或损坏其他电子元器件。

5）经常检查发电机 V 带的张紧程度和损坏程度，如图 1-5 检查发电机 V 带与带轮的啮合情况图所示。发电机的动力是由发动机通过 V 带传递的，如图 1-6 所示。当 V

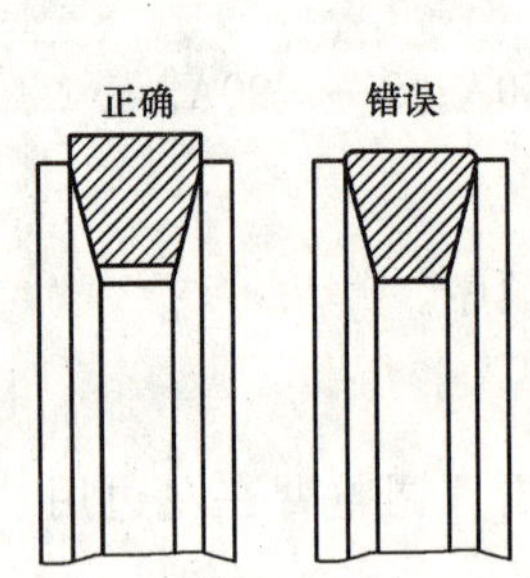

图 1-5　检查发电机 V 带与带轮的啮合情况图

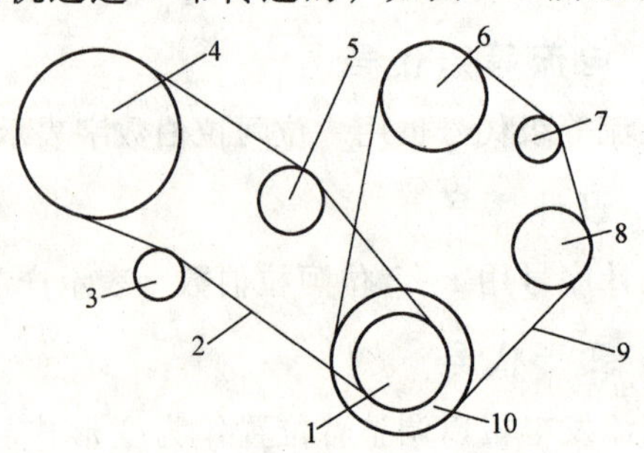

图 1-6　检查发电机 V 带挠度图

1—曲轴正时带轮　2—正时带　3、7—张紧轮　4—凸轮轴正时带轮　5—中间轴正时带轮　6—发电机 V 带轮　8—水泵 V 带轮　9—V 带　10—曲轴 V 带轮

带工作不正常时，会影响发电机的正常工作，使用中听到V带发出啸叫声时，应对V带进行检查。检查V带张紧度的方法是用拇指将V带下压，其挠度在2mm（新）~5mm（旧）为合适，如不符合规定应进行调整。一旦发现V带有损坏迹象要及时更换。

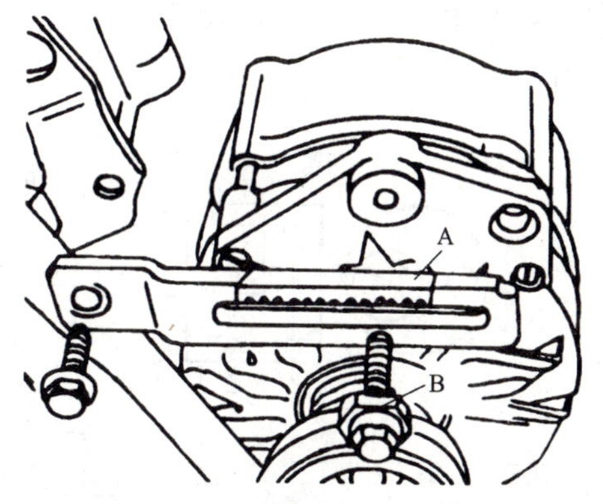

图1-7　调整发电机V带挠度图
A—张紧卡板　B—张紧螺母

调整发电机V带挠度如图1-7所示，拧松张紧卡板A和发电机上的所有紧固螺栓（至少松开一圈，紧固螺栓松开后，发电机靠自重倒向一侧），用扭力扳手转动张紧螺母B使V带挠度符合规定数值（新带需要8N·m，旧带需要4N·m），然后用35N·m的力矩拧紧张紧螺母B上的紧固螺栓，将张紧螺栓紧固，用20N·m的力矩将支架紧固在气缸盖吊耳上。

任务拓展

1）查找三种（含三种）类型以上目前市场上常见的发电机的价格和使用车型。
2）查找无刷发电机的结构和工作原理。

任务三　检测汽车电源系统线路

任务准备

桑塔纳2000GSi实车一辆或同型号台架车一辆、数字万用表、各式测量探针、常用拆装工具一套。

任务目标

1）能从全车线路图中识读出电源系统；
2）能根据电流流经的方向查找并检测电源系统各部件之间连接点的电压；
3）理解电源系统充电和放电的工作过程。

任务实施

一、认识线路

1. 认识电源系统实物图

桑塔纳2000轿车的电源系统主要由蓄电池、整体式发电机、点火开关、放电警告灯及中央控制盒等五部分组成，桑塔纳 2000 轿车电源系统的实物图如图 1-8 所示。

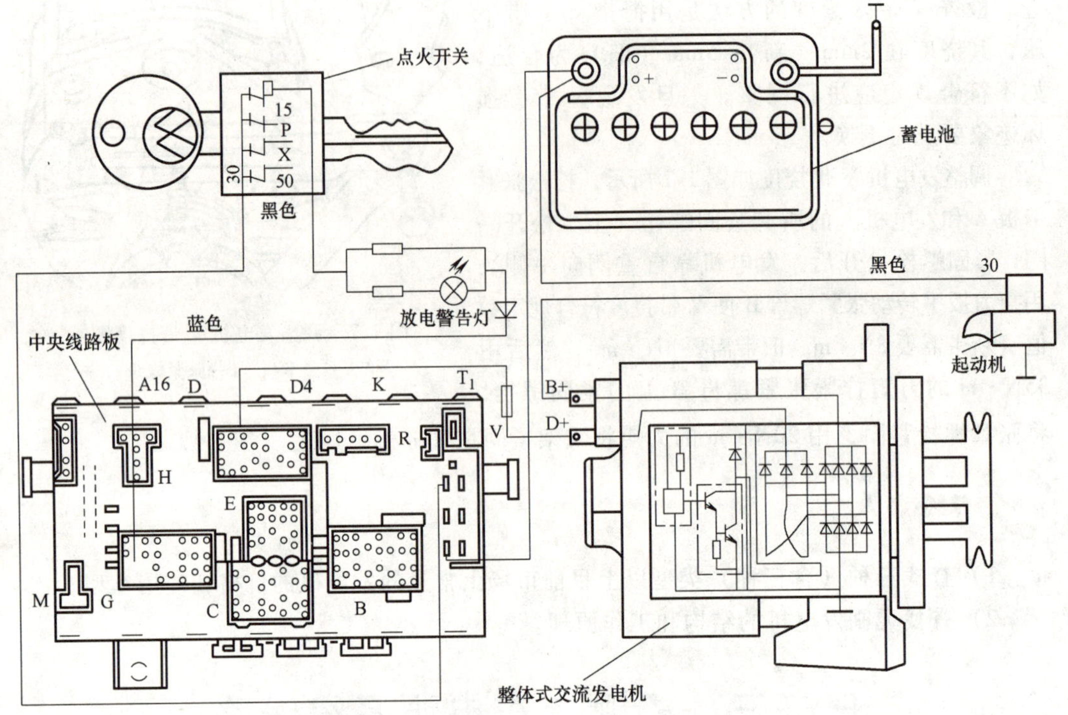

图 1-8　桑塔纳 2000 轿车电源系统的实物图

2. 认识桑塔纳 2000 轿车电源系统的两个电流回路

对照全车电路原理图和实物图，识读桑塔纳 2000 轿车电源系统的两个电流回路，注意线的粗细和颜色。

（1）放电回路

蓄电池正极 $\xrightarrow{\text{红 10 线}}$ 中控盒（P6→P2）$\xrightarrow{\text{红 6.0 线}}$ 点火开关（D30→D15）$\xrightarrow{\text{黑 0.5 线}}$ J285 组合仪表控制器 $\left(\begin{matrix}\text{T26/24}\\ \text{T26/11}\end{matrix}\right.$ →K2 充电不足警告灯→T26/26 $\left.\right)$ $\xrightarrow{\text{蓝 0.5 线}}$ 中控盒（A16→D4）$\xrightarrow{\text{绿/黑 0.5 线}}$ T2/1 $\xrightarrow{\text{蓝 0.5 线}}$ 发电机（D＋→磁场线圈→搭铁）$\xrightarrow{\text{车身}}$ 蓄电池。

（2）充电回路

发电机 B＋ $\xrightarrow{\text{黑 0.5 线}}$ 起动机 30 $\xrightarrow{\text{黑 0.5 线}}$ 蓄电池（正极→负极）→搭铁 $\xrightarrow{\text{车身}}$ 发电机。

二、检测线路

操作步骤	操作示意图	说　明
一、检测放电回路中从蓄电池到点火开关之间的公共段电路 此段线路为绝大多数用电设备的公共线路，熟练工可以直接从点火开关后面的线路开始检修。		

（续）

操作步骤	操作示意图	说　明
1. 观察放电警告灯		灯亮说明蓄电池在放电，放电回路工作正常，可直接进入第四步充电回路检测。灯不亮则进行检测诊断。
2. 测蓄电池电压		参考电压等级:12V。
3. 测中央控制盒中的 P6、P2 电压		参考电压等级:12V。
4. 测点火开关 D30 和 D15 的电压		参考电压等级:12V。

（续）

操作步骤	操作示意图	说　明
二、检测放电回路中从点火开关到发电机之间的电路 此段线路主要检测蓄电池是否给发电机的励磁绕组提供他励电流。若此电路正常，可起动发动机。		
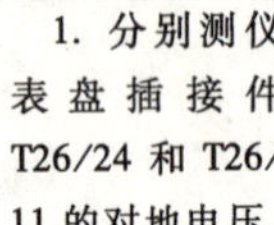 1. 分别测仪表盘插接件T26/24和T26/11的对地电压	 a) 测T26/24对地电压  b) 测T26/11对地电压	参考电压等级：12V。 如测量值不正常，可关闭电源，拔下插接件后再打开电源进行验证检测。
2. 分别测仪表盘放电警告灯两极的对地电压	 a) 正极对地电压 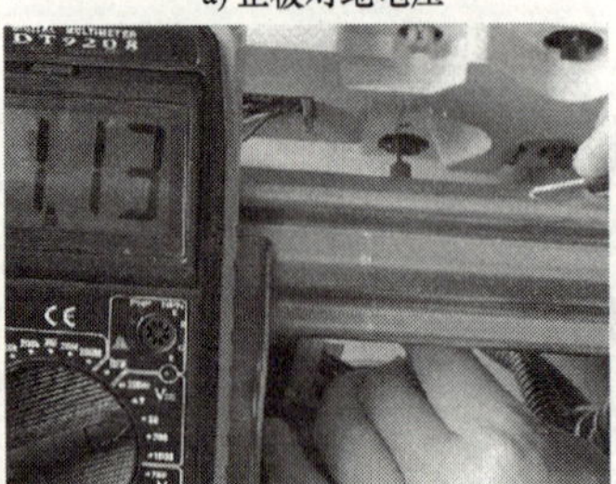 b) 负极对地电压	正极参考电压等级：12V；负极参考电压等级：1V。 两极产生的电压降使灯点亮。

（续）

操作步骤	操作示意图	说　明
3. 测仪表盘插接件 T26/26 的电压	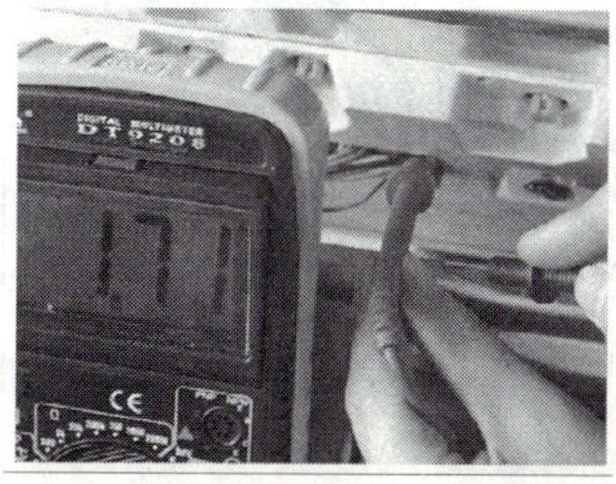	参考电压等级:1V。
4. 分别测中央控制盒中 A16、D4 的对地电压	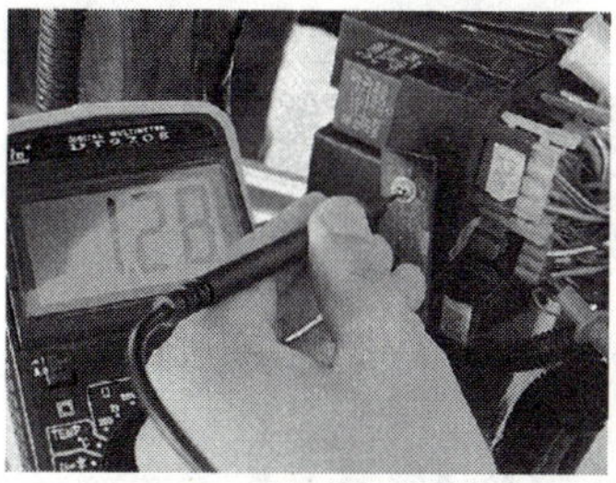 a) A16对地电压  b) D4对地电压	参考电压等级:1V。
5. 分别测发电机“D +”与“B +”的对地电压	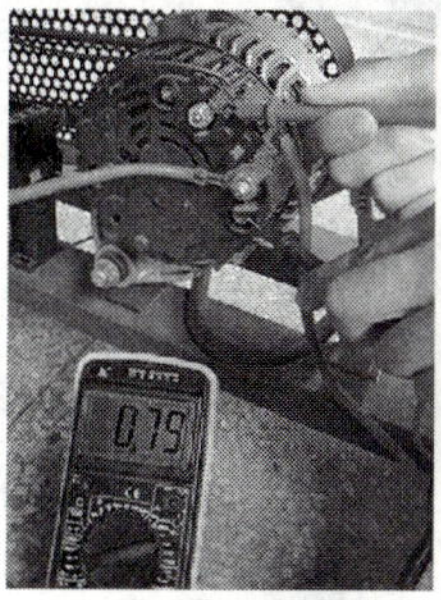 a) “D+” 对地电压 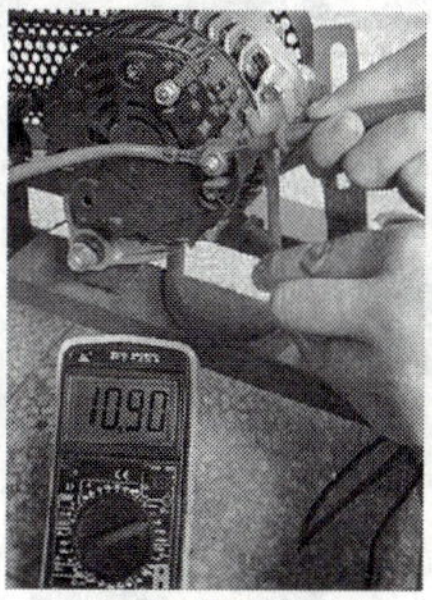　b) “B+” 对地电压	“D +”参考电压等级:1V。 “B +”参考电压等级:12V。

（续）

操作步骤	操作示意图	说　明
6. 实车检测“D +”电压	a) 正常　　b) 不正常	“D +”有电压说明励磁绕组得电，为发电机发电作好磁场准备。

三、检测充电回路

此段线路主要检测发电机发电后对蓄电池的充电回路。此时发动机在运转，测量必须注意安全。

操作步骤	操作示意图	说　明
1. 测发电机“B +”的输出电压		参考电压等级：14V。
2. 测起动机“30”接柱的电压	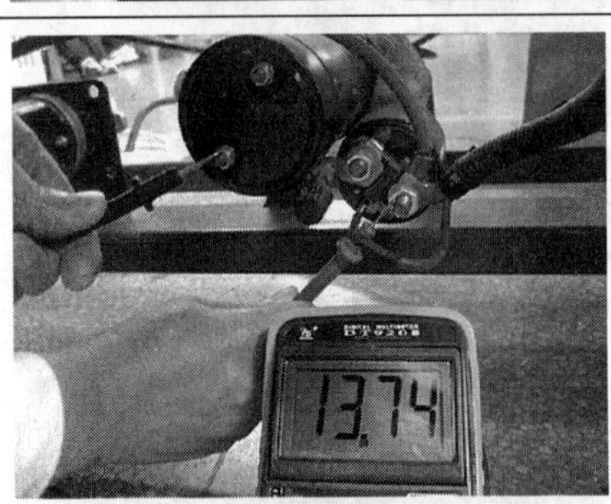	参考电压等级：14V。
3. 测蓄电池电压	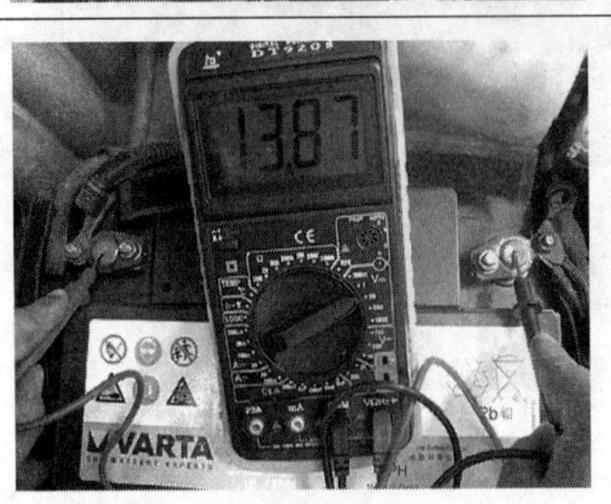	参考电压等级：14V。

（续）

操作步骤	操作示意图	说　明
四、检测自励回路 发电机发电后，其励磁电流由“D＋”直接供电，产生磁场。		
测发电机“D＋”的电压	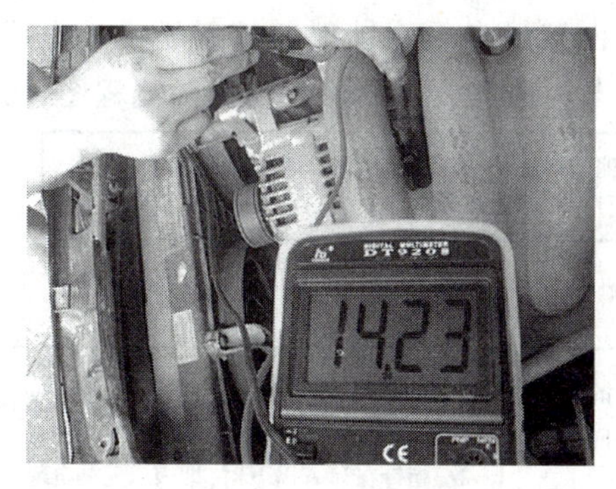	参考电压等级：14V。

任务练习

1）用线路框图表示桑塔纳轿车电源系统的电流回路，并口述电源系统的工作过程。

2）沿着电流回路，检测桑塔纳轿车电源系统各连接点的电压，数据记录在表1-4中，并对数据进行分析，如出现不正常情况，需要进行检测、诊断、修复和验证，步骤记录在修复验证中。

表1-4　桑塔纳轿车电源系统各连接点的电压

	蓄电池＋	P6	P2	SW30	SW15	灯进线	灯出线	A16	D4	D＋	B＋	起动机30	搭铁
起动前													
起动后													

数据分析：

修复验证：

任务链接

一、蓄电池放电故障的诊断与排除方法

蓄电池的放电故障主要是由接触点受腐蚀引起接触不良、电线绝缘层损坏或者电气设备内部短路等造成的。蓄电池放电故障的诊断与排除流程图，如图1-9所示。

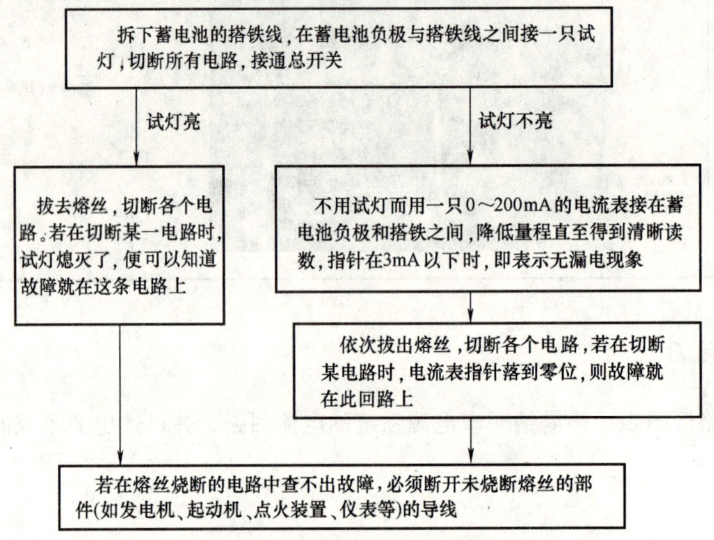

图1-9　蓄电池放电故障的诊断与排除流程图

二、发电机与调节器的故障诊断与排除的方法

1. 点火开关接通时，交流发电机的指示灯不亮

(1) 检查条件

1) 发电机V带的张力正常。

2) 蓄电池电充足。

3) 发电机的搭铁线接触良好。

(2) 故障诊断与排除　点火开关接通时交流发电机的指示灯不亮故障的诊断与排除流程图如图1-10所示。

2. 转速增高时，交流发电机指示灯不熄灭

转速增高时，交流发电机指示灯不熄灭故障的诊断与排除流程图如图1-11所示。

三、发电机的拆卸和安装

用专用扳手固定发电机V带轮，旋下紧固螺母，发电机即可拆下，发电机拆装分解图如图1-12所示。

安装发电机时可按与拆卸相反的顺序进行。

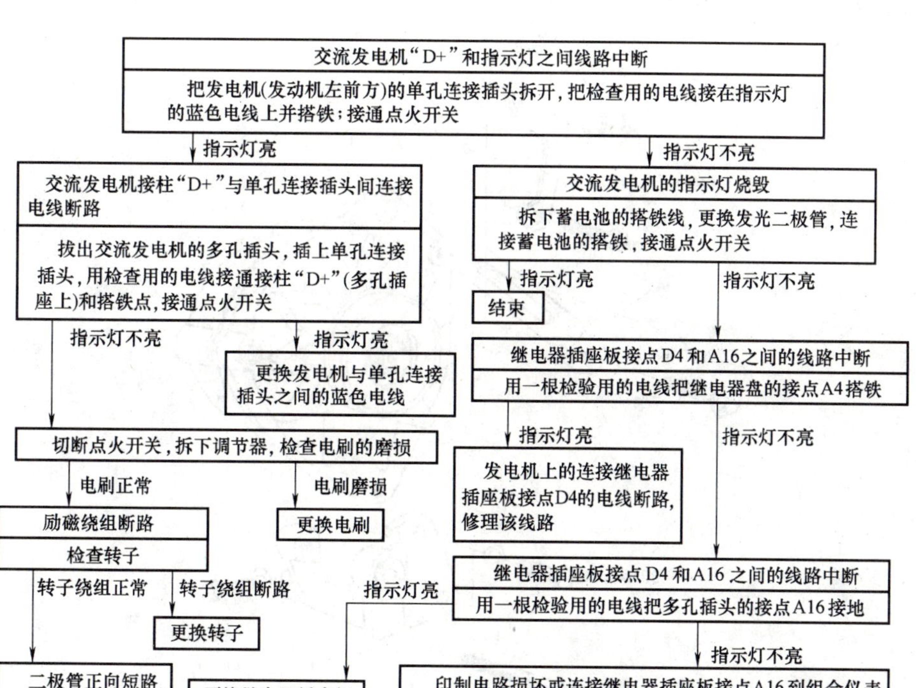

图 1-10　点火开关接通时交流发电机的指示灯不亮故障的诊断与排除流程图

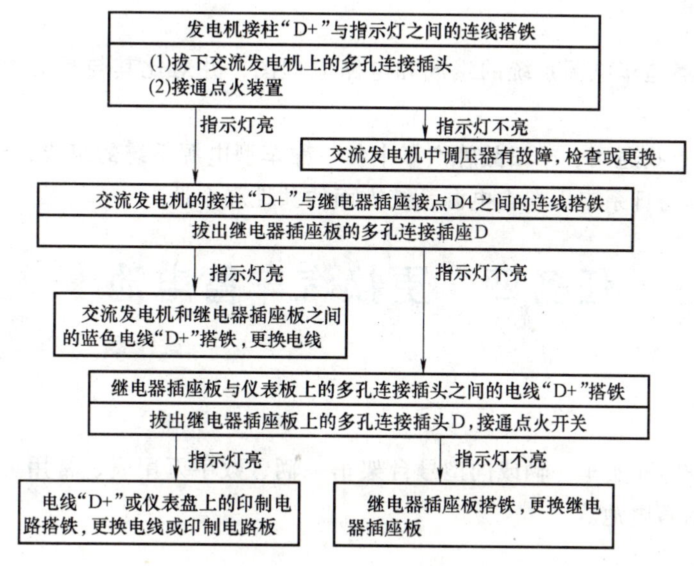

图 1-11　转速增高时，交流发电机指示灯不熄灭
故障的诊断与排除流程图

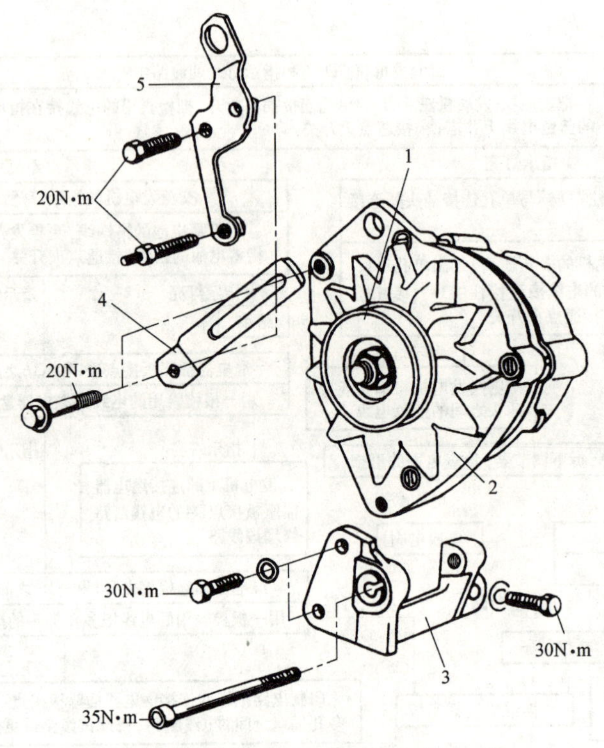

图 1-12　发电机拆装分解图

1—V 带　2—发电机　3、4、5—支架

任务拓展

1）请查找奥迪车电源系统的组成和电路原理图，并对比其与桑塔纳 2000 汽车电源系统的区别。

2）请至少查找通用、丰田品牌汽车中各一种车型电源系统的组成，对比德系大众车、美系通用车与日系丰田车在电源系统方面的共性和个性。

任务四　更换汽车蓄电池

任务准备

桑塔纳 2000GSi 实车一辆或同型号台架车一辆、数字万用表、常用拆装工具一套、桑塔纳汽车用新蓄电池。

任务目标

1）能通过检测判断蓄电池的好坏；

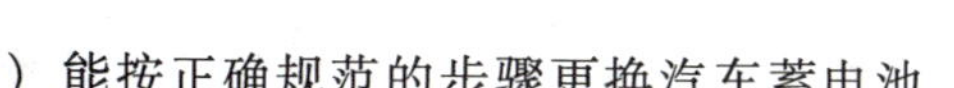
2）能按正确规范的步骤更换汽车蓄电池。

任务实施

操作步骤	操作示意图	说　明
一、预检工作 确认蓄电池是否需要更换。		
1. 安装翼子板布和前格栅布	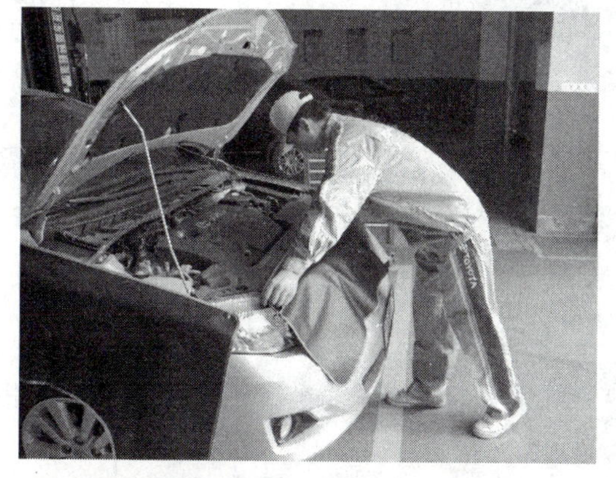	更换零部件的第一步要求是安装翼子板布和前格栅布，以防车身在更换过程中受损。
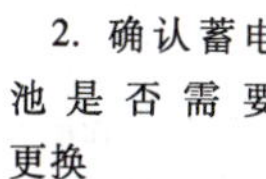 2. 确认蓄电池是否需要更换	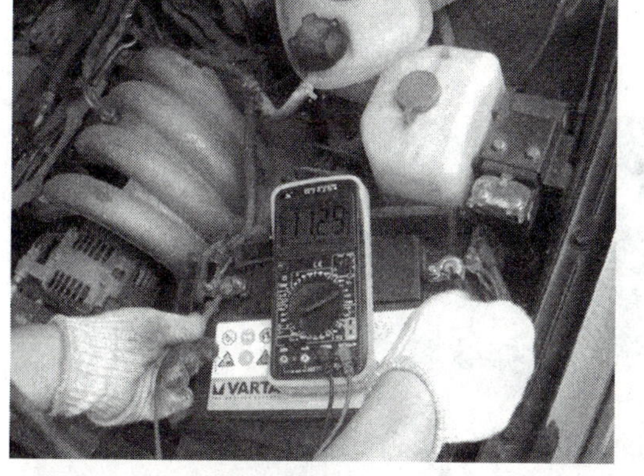	参考电压:12V。 若电压过低，将导致汽车起动无力或无法起动，则需更换新的蓄电池。
二、拆卸蓄电池		
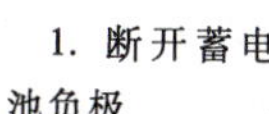 1. 断开蓄电池负极	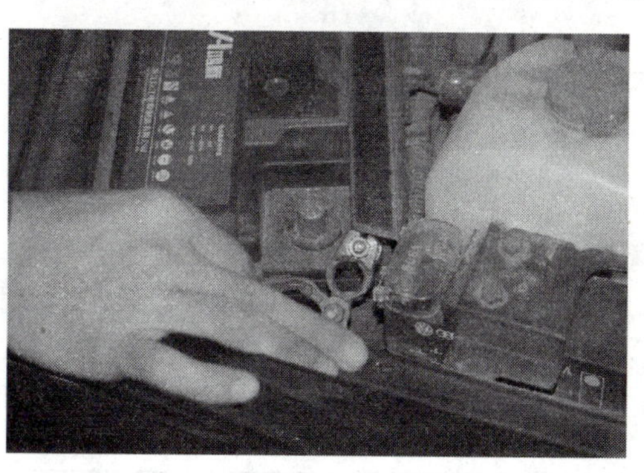	关闭点火开关并拔出点火钥匙，断开蓄电池负极柱。

（续）

操作步骤	操作示意图	说　明
2. 断开蓄电池正极	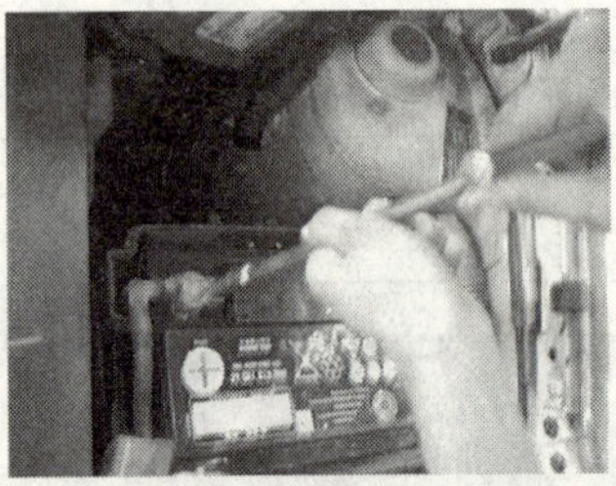	注意蓄电池电缆线的拆卸有先后顺序：先拆负极柱的搭铁线，后拆正极柱上的起动机线。若发现蓄电池接线柱螺栓锈蚀难以取出，切莫用锤子或钳子敲打，以避免极柱断裂或极板活性物质脱落。可用热水冲洗后，拧开螺栓，用夹头拉器将夹头取下。
3. 拧出蓄电池的定位固定螺栓	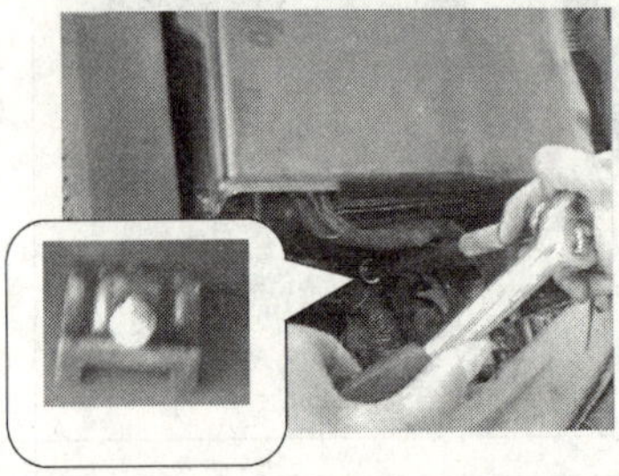	有些汽车，蓄电池在定位条上是用快速锁扣锁定的，则无需拧出定位固定螺栓。
4. 取出旧蓄电池	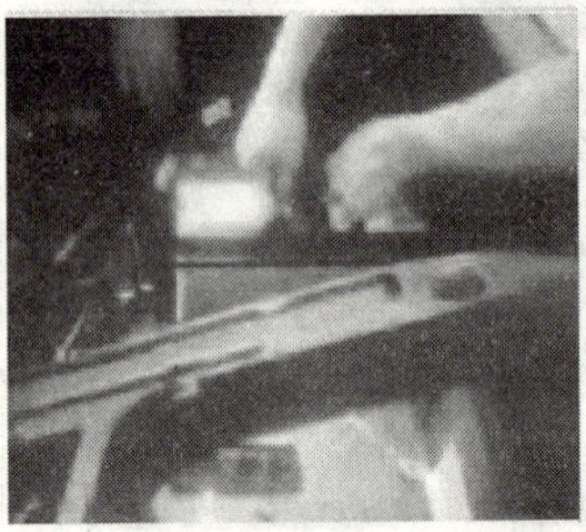	取下蓄电池时应小心轻放，避免撞击损坏壳体，造成环境污染。

三、更换安装新的蓄电池

安装步骤与拆卸步骤相反。

安装蓄电池时，应认清正、负极，保证负极搭铁。先接起动机（正极）线，再接搭铁（负极）线，以防扳手跌落搭铁引起蓄电池短路放电。安装接头时，应先用细砂纸清洁接线柱和接线头。连接接线柱夹头时，螺栓上应先涂上凡士林或润滑脂，以防氧化生锈，便于以后拆卸。如接线柱小，夹头大，需要加衬垫时，最好用铅皮或铜皮，并且只垫半圈。若整圈垫，易氧化腐蚀而造成接触不良。

四、试车

经检查确认更换完成后，用万用表测量蓄电池电压，确认正负极性无误，电压正常后，打开点火开关试车，正常后，关闭电源，整理工作场地，交车。

1）蓄电池电缆线的拆卸有先后顺序：先拆________的搭铁线，后拆__________的起动机线；安装蓄电池时，先接__________线，再接________线，以防扳手跌落搭铁引起蓄电池短路放电。

2）请记录桑塔纳2000轿车蓄电池更换的操作步骤。

任务链接

一、蓄电池没电的检测技巧

蓄电池的正常寿命问题容易被忽视。汽车维修企业通常会接到因蓄电池没电而无法起动汽车的“救援电话”。一般轿车免维护型蓄电池的使用寿命为3～5年，若车辆已有两三年车龄，车主应注意对蓄电池的检查。一般蓄电池没电是有预兆的，如：

1）夜间行车时，当汽车挂入空挡，或自动挡车遇红灯停车时，灯光会明显变暗，这表示蓄电池的寿命即将结束。因为空挡时发动机怠速运转，不足以提供夜间灯光的电力，这时基本上由蓄电池供电。当蓄电池的寿命快结束时，就不足以提供充足的照明用电，所以灯光就会暗下来。

2）起动汽车时感到明显的点火动力不足，起动的速度不如从前。

3）接通发动机，若转速正常，灯光虽稍变暗，但仍有足够的亮度，说明蓄电池良好，充电较足；若发动机显得无力，且灯光变得很暗，说明蓄电池过度放电，应立即充电；如接通发动机时，灯光暗红，且发动机立即熄火，则说明蓄电池放电已超过极限或极板已严重硫化。

蓄电池没电最好的检测方法是在汽修厂用蓄电池测量仪测量，大众汽车蓄电池测量仪实物如图1-13所示。

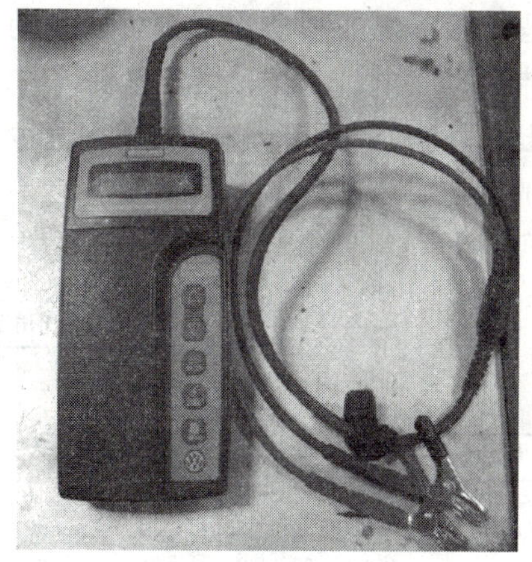

图1-13　大众汽车蓄电池测量仪实物图

二、蓄电池正、负接线柱的识别

1）新蓄电池上铸有“+”（或P）的接线柱为正极，铸有“-”（或N）的接线柱为负极。修理后的蓄电池一般涂红漆的为正极，涂其他漆为负极。

2）看接线柱的自然颜色，呈深褐色的为正极，浅灰色的为负极。

3）检查接线柱表面硬度，用一字旋具在接线柱表面轻划，较坚硬的为正极，反之为负极。

4）用万用表电压挡检测，将万用表置于相应的电压挡位，测量蓄电池电压为正值时，红表笔对应的为正极，黑表笔对应的为负极；为负值时，红表笔对应的为负极，黑表笔对应的为正极。

三、带自诊断功能电脑系统的汽车蓄电池更换的注意事项

在拆蓄电池电缆前，应先确认故障码，或在点烟器上插上专用辅助电源，并将点火开关的“ACC”挡接通。

任务拓展

1）查阅奥迪品牌汽车的维修手册，查找奥迪品牌汽车中至少两种车型的蓄电池的位置，并至少叙述一种带自诊断功能电脑系统的汽车蓄电池的更换方法和注意事项，例如，奥迪C6PA 2.0T BPJ蓄电池的更换。

2）在汽车4S企业里，一般是怎样判断顾客汽车的蓄电池是否需要更换的？更换下来的旧蓄电池又是如何处理的？

项目总结

1）桑塔纳2000轿车电源系统主要组成部件有：蓄电池、整体式交流发电机、点火开关、放电警告灯及中央控制盒等。

2）蓄电池与发电机是电源系统的核心组成部件，发动机不工作时，由蓄电池供电；发动机起动后，传动带带动发电机工作，由发电机供电，并向蓄电池充电。

3）整体式交流发电机将发电机和调节器制作成一个整体，调节器的作用是在发电机工作时保持其输出电压的稳定。

4）汽车供电关系如下图所示：

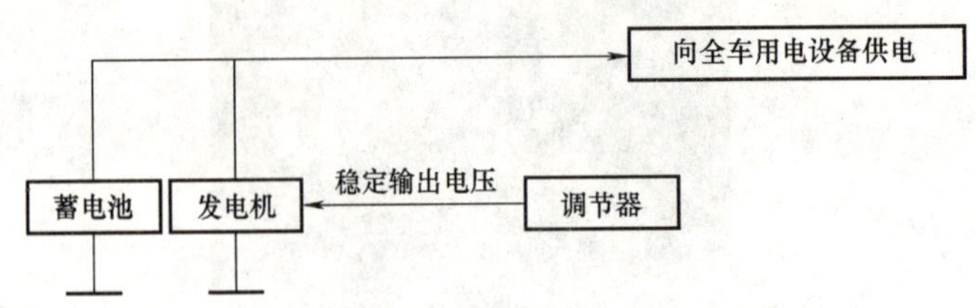

5）桑塔纳2000轿车电源系统线路主要有放电和充电2个电流回路。放电回路的

电源是蓄电池，用电器是放电警告灯和发电机励磁线圈，主要检测放电警告灯是否点亮，发电机励磁线圈是否得电；充电回路的电源是发电机，用电器是蓄电池，主要检测发电机在发动机低、中、高速运转时，输出电压是否正常。

6）在拆卸和插接线路或元件连接器之前，一定要先关闭点火开关。

7）更换蓄电池时，务必要选择额定电压、额定容量相同，尺寸合适的蓄电池。

8）在整个检测和维护过程中，应严格遵守操作规范，不得损坏车辆、检测仪器及设备。检测和维护完成后，要进行试车验收。

项目练习

1）在下图的括号中填写桑塔纳轿车电源系统各组成部件的名称，画出电源系统的实物连接图。

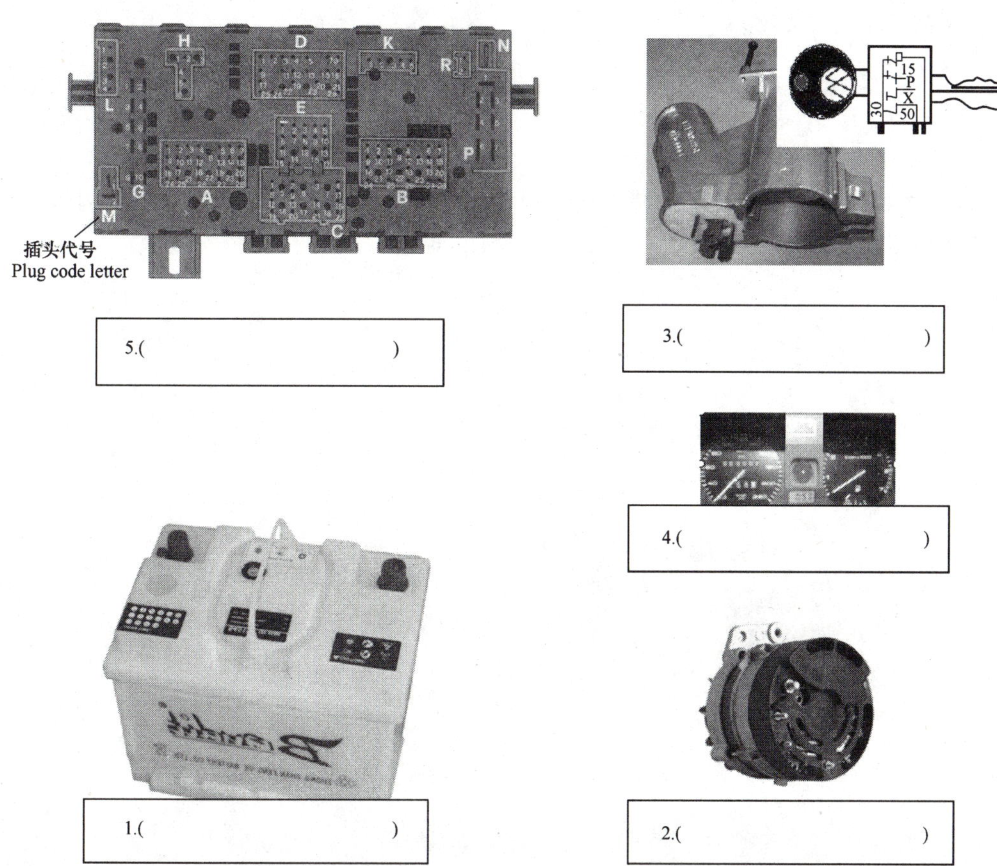

2）根据上图，在实车中查找桑塔纳轿车电源系统各组成部件所在的位置，完成下表。

序号	部件名称	安装位置	功　能
1			
2			
3			
4			
5			

3）从桑塔纳2000全车线路图中分离出电源系统，并写出电源系统的充放电电流回路和工作过程。

4）查找一个电源系统的故障案例，根据故障现象和维修实例，画出该实例的故障诊断流程图。

项目二 汽车起动系统的检测与维护

项目情境

一辆桑塔纳2000汽车，在起动时若不能一次着车，后面再间隔起动时就会听到起动机有“嗒、嗒”的声音，但起动机却没有运转。当将车辆停放一段时间后，却可以正常起动。检查蓄电池，发现状况良好，而电源直接接到起动机也可以正常起动。

经过进一步检测后，焊牢了中控盒中松动的B8端子，故障得以排除。解决问题的秘诀……

项目描述

要确诊造成上述现象的原因，首先要知道发动机起动系统由哪些器件组成，相互之间是怎样协作控制起动机工作的，还要知道起动系统核心组成部件——起动机的基本检测、修理和安装步骤等。

车辆停放一段时间后，发动机可以正常起动，检查蓄电池状况也良好，电源直接接到起动机也可以正常起动，说明起动机本身性能良好。后面就需要对起动系统的线路排除电压降故障，进而进行全面的检测与诊断。

项目目标

知识目标：

1. 明确汽车起动系统的基本组成及核心部件减速起动机的拆装、检修方法。
2. 正确检测和排除起动系统电路故障。

技能目标：

1. 准确指认起动系统各个组成部件的位置，明确各部件作用。
2. 正确拆装和检修起动机。
3. 正确排除起动系统基本电路故障。

情感目标：

1. 通过学习起动系统组成，强化减速起动机的拆装、保养操作和起动系统电路检测排故训练，培养学生积极学习，严谨操作的学习态度，并在项目各任务学习中渗透安全、规范、文明操作及整洁环境要求。

任务一　认识汽车起动系统的组成部件

任务准备

桑塔纳2000GSi实车一辆或发动机试验台一台、实训手册、相关散件若干。

任务目标

认识起动系统的组成，明确各个部件的安装位置和作用。

任务实施

操作步骤	操作示意图	说　明
一、认识桑塔纳2000轿车的起动系统		
了解组成部件和作用	点火开关、飞轮、起动继电器、起动机、起动机电缆、搭铁电缆、蓄电池 具有起动继电器的起动系统组成示意图	起动系统主要由：蓄电池、点火开关、起动机、起动继电器及中央控制盒等组成。
二、查找各部件的安装位置		
1. 寻找蓄电池	蓄电池	蓄电池给发动机起动提供能量，必须容量恰当且充电要充足。
2. 寻找点火开关（起动挡）	驾驶室中的点火开关	点火开关是汽车电路中最重要的开关，是各条电路分支的控制枢纽，是多挡多接线柱开关，常位于转向盘的右下方。

(续)

操作步骤	操作示意图	说　　明
3. 寻找起动机总成		起动机一般是以一个0.4～2kW的直流电动机为核心，它应能在极短的时间内输出近6kW的功率，将发动机可靠起动。
4. 认识中央控制盒和起动继电器	中央控制盒 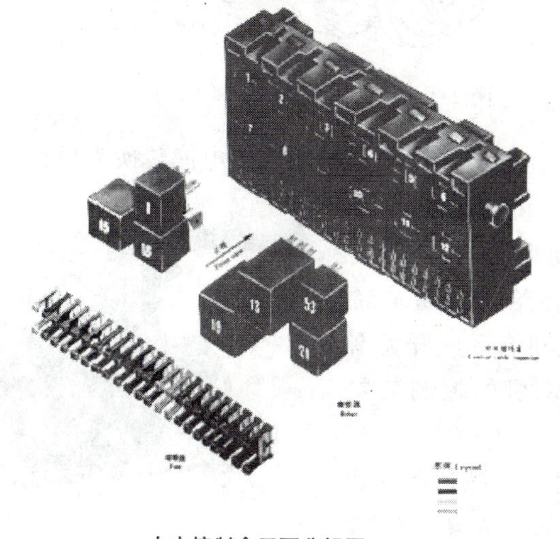 中央控制盒正面分解图	中央控制盒是汽车上电器控制的枢纽器件，上面安装有各种控制继电器、各类规格的熔丝和内部线路连接板，用于各个线束的交换。 有些功率较大的起动机在控制上使用起动继电器，起动继电器可以完成用小电流控制大电流的过程，减小控制开关的电流负荷，保护起动电路中的起动控制开关，延长其使用寿命。同其他继电器一样，起动继电器安装在中央控制盒上面，继电器的每个插脚都有标号，与中央接线盒正面板的继电器插座的插孔标号相对应。

任务练习

1）分组对照实车找出起动系统各个组成部件，并口述其作用。

2）分组拆卸，了解中央控制盒上的继电器和熔断器。

任务链接

1. 起动和起动系统

曲轴在外力作用下开始转动到发动机开始自动地怠速运转的全过程，称为发动机的起动。完成起动过程的系统，称为发动机的起动系统。汽车发动机常用的起动系统是电力起动系统，电力起动是用电动机作为动力，当电动机轴上的齿轮与发动机飞轮周缘的齿圈啮合时，动力就传到飞轮和曲轴上，使曲轴旋转。汽车用直流电动机本身用蓄电池作为能源。

汽车起动机的功用是：将蓄电池的电能转换为机械能，用以起动发动机。

2. 起动机的基本结构

普通起动机通常由三部分组成：直流电动机、传动机构和电磁开关，如图 2-1 所示。

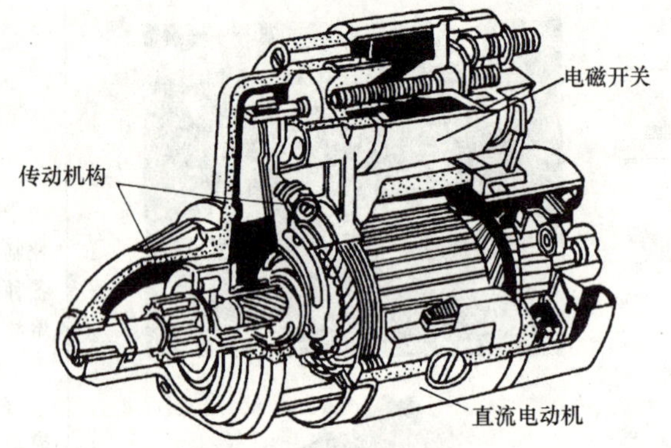

图 2-1　普通起动机的基本结构

（1）直流电动机　产生转矩，将蓄电池输入的电能转换为机械运动。

（2）传动机构（啮合机构）　在发动机起动时，起动机的驱动齿轮啮合入飞轮齿圈，将起动机的转矩传给发动机曲轴。在发动机起动后，使起动机自动脱开齿圈。

（3）电磁开关　起动机的控制装置，控制电路的通断。

轿车上常用的还有另一种减速起动机，减速起动机的实物和内部基本结构如图 2-2、图 2-3 所示。

图 2-2　减速起动机实物图

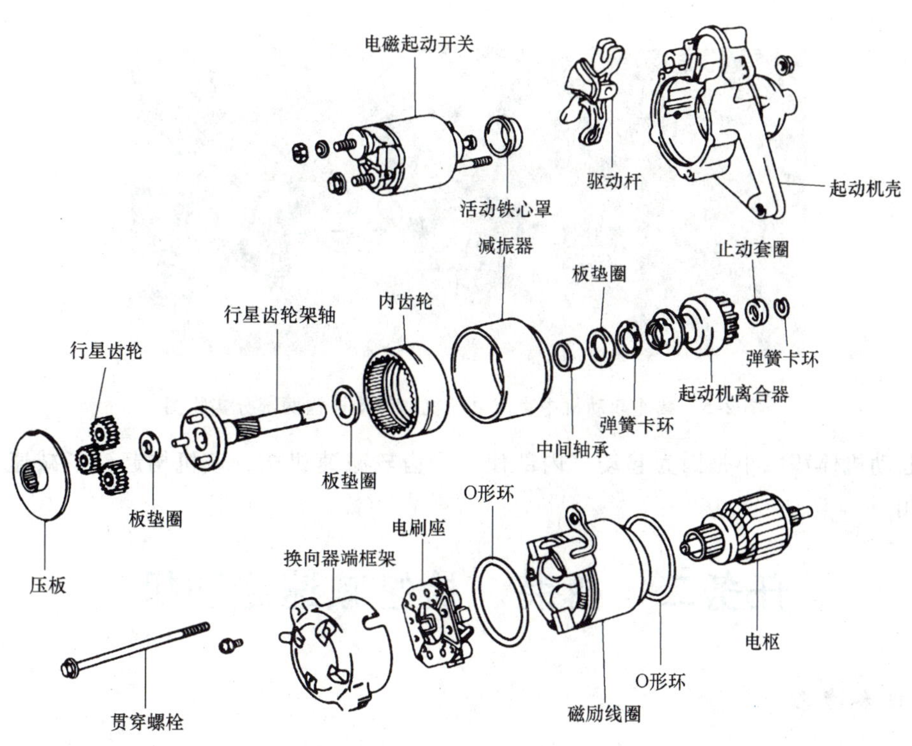

图 2-3　减速起动机的内部基本结构

3. 起动机的控制装置

汽车起动机的控制装置包括电磁开关、起动继电器和点火起动开关等部件，其中电磁开关和起动机制作在一起。电磁开关的局部放大图如图 2-4 所示。

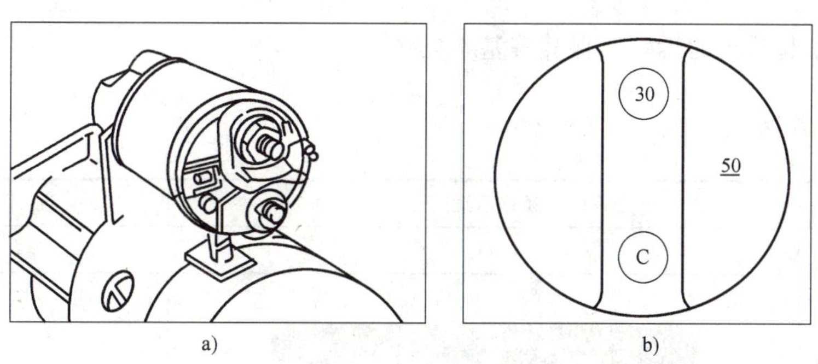

图 2-4　电磁开关的局部放大图

任务拓展

对应图 2-5 减速起动机中直流电动机和传动机构两部分实物，注意观察一下，减速起动机与普通常规起动机有什么区别？其优势在哪里？

现在有些起动机及其组成零部件做的体积很小，有利于提高汽车性能并节省了燃

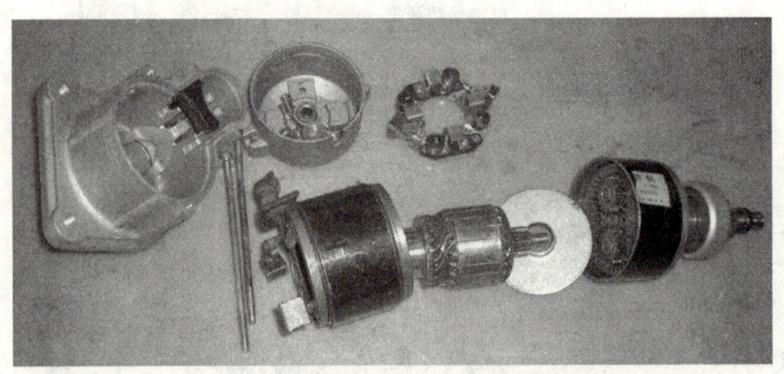

图 2-5　减速起动机中直流电动机和传动机构两部分实物图

料。起动机体积减小是因为起动机内部使用了齿轮减速机构，该机构起到了减速增扭的作用。

任务二　拆装、检修减速起动机

任务准备

干净整洁的操作场所、清洁用棉纱、桑塔纳 2000GSi 轿车用减速起动机、实训手册、齐全的扳手、划线器、卡环钳子、螺钉旋具、球头锤子、橡胶锤子、充足电的蓄电池等。

任务目标

掌握汽车起动机的拆装、保养等基本操作。

任务实施

操作步骤	操作示意图	说　明
一、分解起动机		
1. 准备检修工具		清洁起动机外部的油污和灰尘，并做好相应记号。

（续）

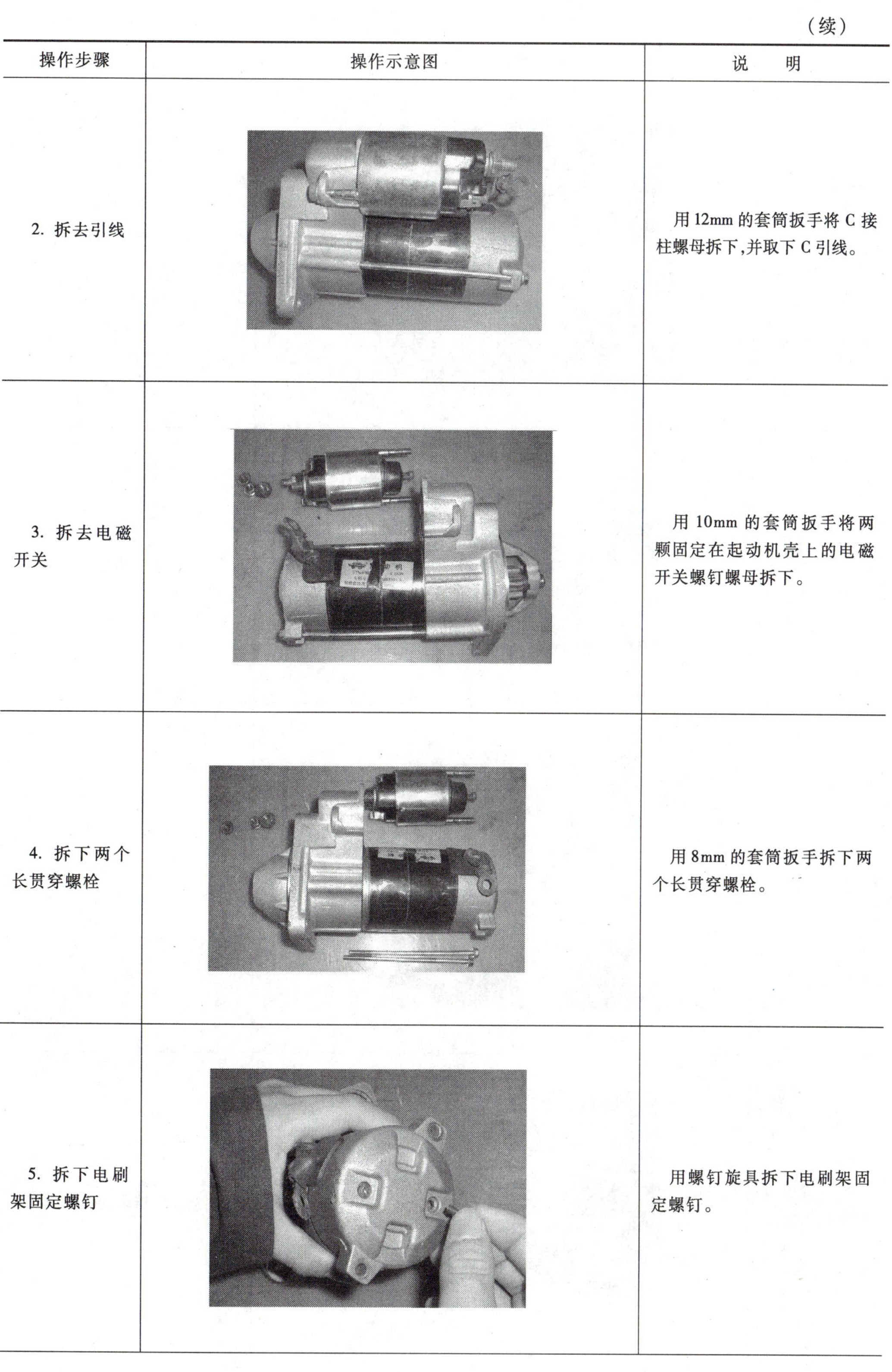

操作步骤	操作示意图	说　　明
2. 拆去引线		用12mm的套筒扳手将C接柱螺母拆下，并取下C引线。
3. 拆去电磁开关		用10mm的套筒扳手将两颗固定在起动机壳上的电磁开关螺钉螺母拆下。
4. 拆下两个长贯穿螺栓		用8mm的套筒扳手拆下两个长贯穿螺栓。
5. 拆下电刷架固定螺钉		用螺钉旋具拆下电刷架固定螺钉。

（续）

操作步骤	操作示意图	说　　明
6. 取下电刷架固定端盖	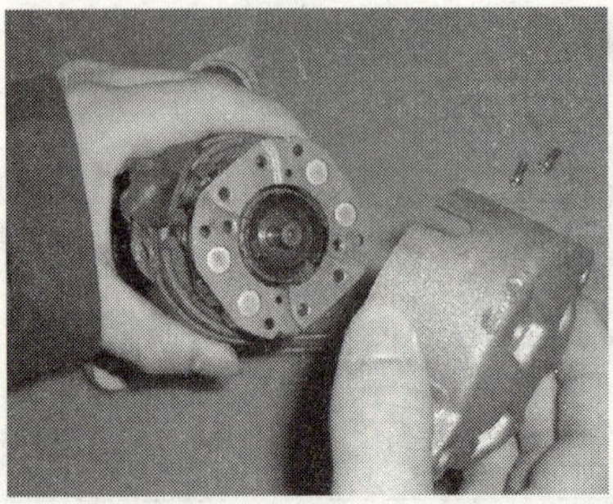	此时要用手按住 C 引线绝缘块。
7. 钩出四个电刷	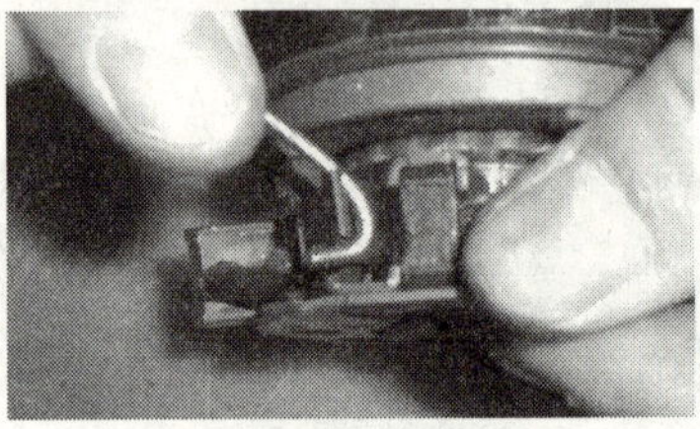	用刷钩钩出四个电刷。
8. 拆去电刷架励磁绕组及外壳	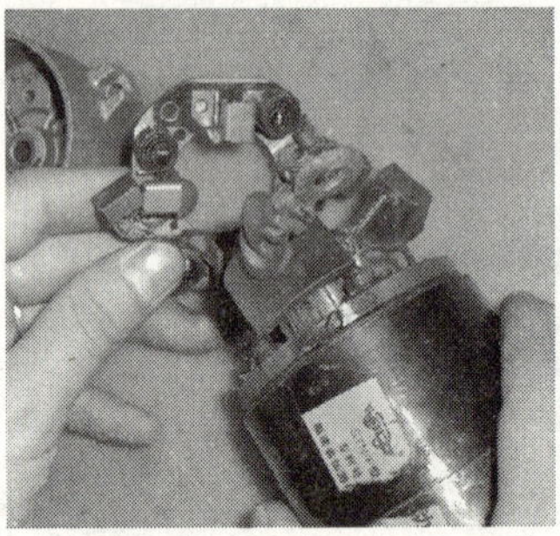	注意绝缘压片。
9. 拆去驱动端盖，取出拨叉	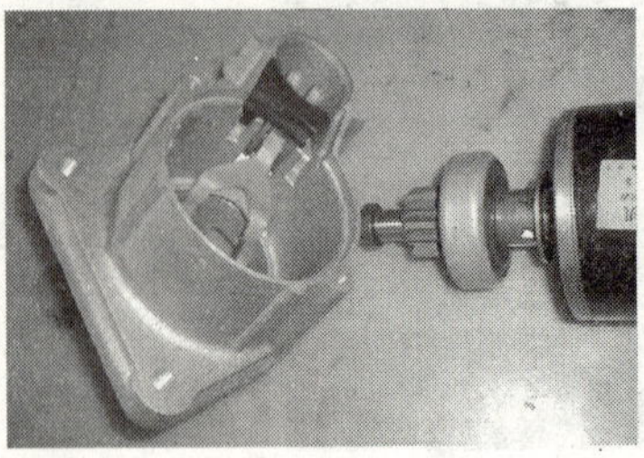	注意拨叉挡块的安装方向。

（续）

操作步骤	操作示意图	说　明
10. 取出电枢总成		观察。
11. 拆去减速器压板		依次拆去三只行星齿轮。 分解至此完成。 解体的机械部分可浸入清洗液中清洗，电气部分的清洁只能用棉纱蘸少量汽油擦拭。
二、检查和保养		
1. 目测换向器有否烧蚀	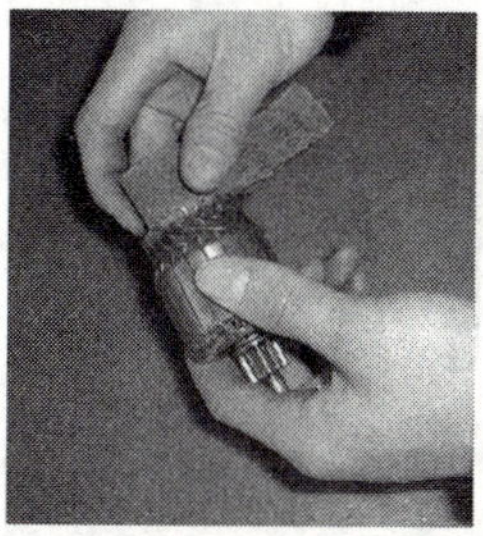	若有烧蚀，用砂纸或在车床上修整。
2. 检修电枢轴	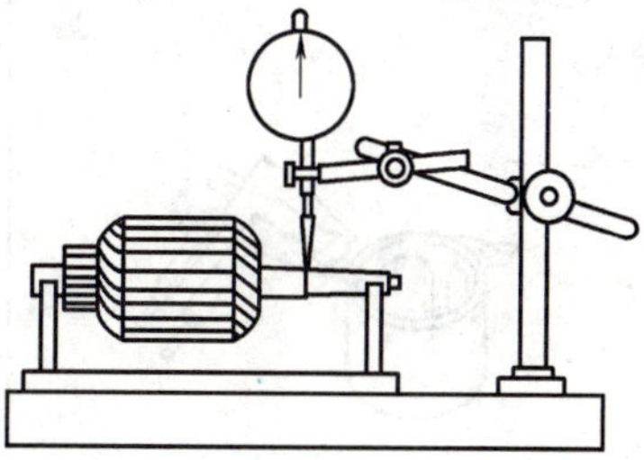	用千分表检查起动机的电枢轴是否弯曲，若摆差超过0.1mm，应进行校正。 若电枢轴上的花键齿槽严重磨损或损坏，应进行修复或更换。 电枢轴轴颈与衬套的配合间隙，不得超过0.15mm。间隙过大，应更换新套，进行铰配。

(续)

操作步骤	操作示意图	说　明
3. 测量换向器外径	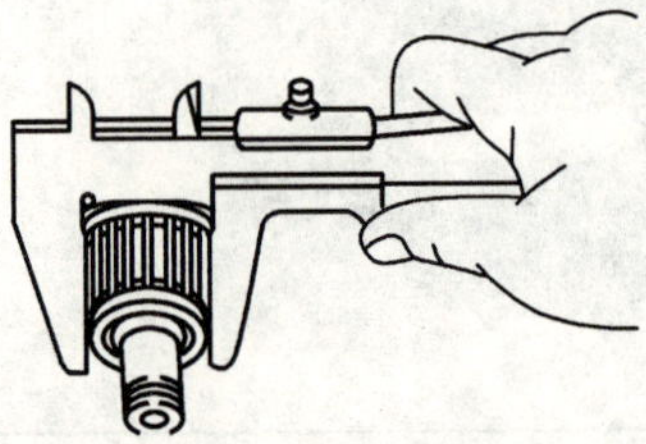	用游标卡尺测量换向器的最小直径，标准直径为28mm。否则，应更换电枢。
4. 检查换向器的径向圆跳动量	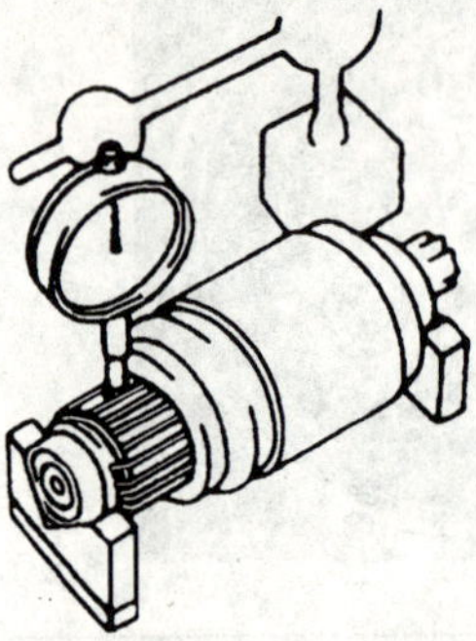	将整流子放在V形铁上，用百分表测量换向器圆周上的径向圆跳动量，最大允许径向圆跳动量为0.05mm。若径向圆跳动量大于规定值，应在车床上校正。
5. 检查换向器凹槽的深度		换向器凹槽应清洁无异物，边缘光滑。标准的凹槽深度为0.6mm，最小凹槽深度为0.2mm。若凹槽深度小于最小值，应用手锯条修正。
6. 测量励磁绕组端正/负电刷的长度	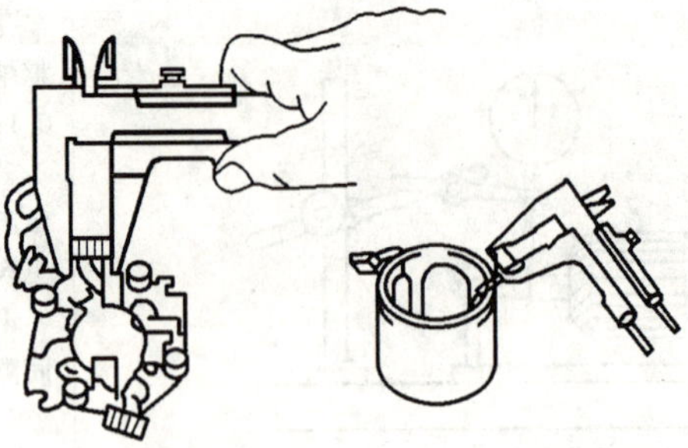	用游标卡尺测量，标准长度为12mm。

（续）

操作步骤	操作示意图	说　明
7. 检查换向器和电枢铁心间的绝缘情况	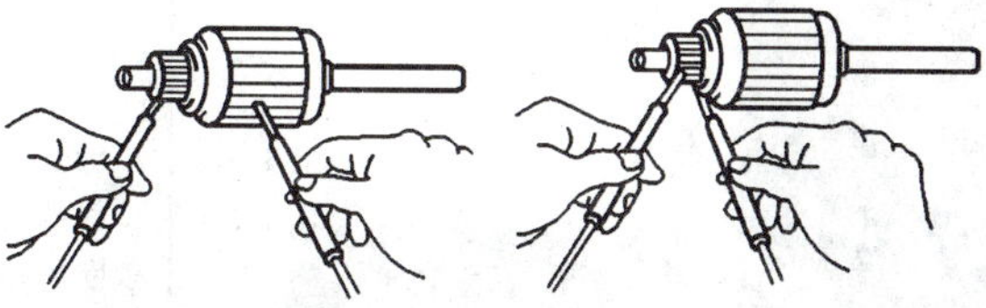 a)不导通　b)导通 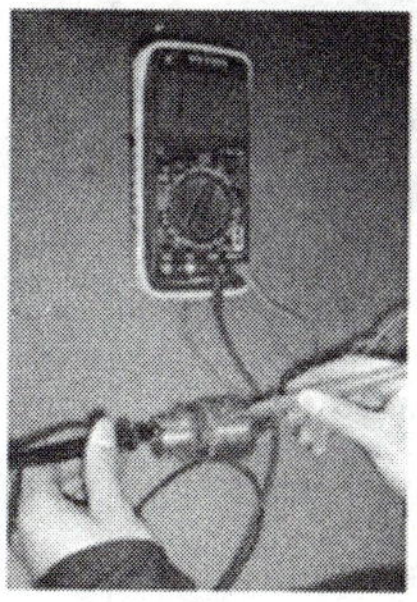 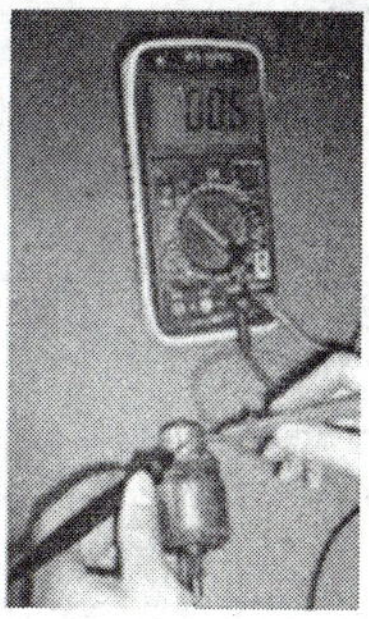	换向器和电枢铁心及电枢轴之间应该绝缘，即不导通。此时应使用万用表欧姆挡高挡位测量。电枢绕组各个换向片之间应该导通，此时应使用万用表欧姆挡最小挡测量。
8. 检查励磁绕组间的导通情况	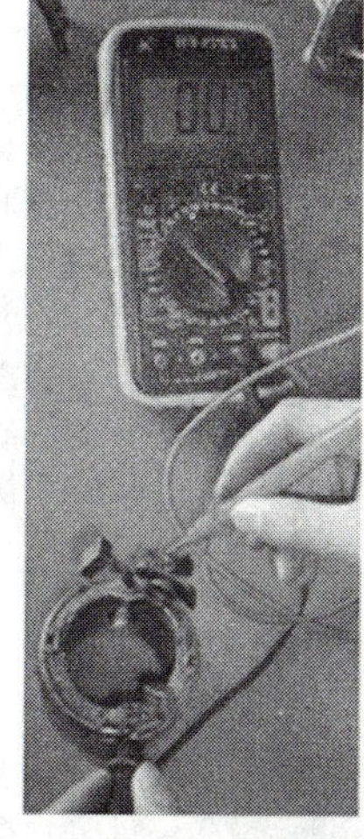 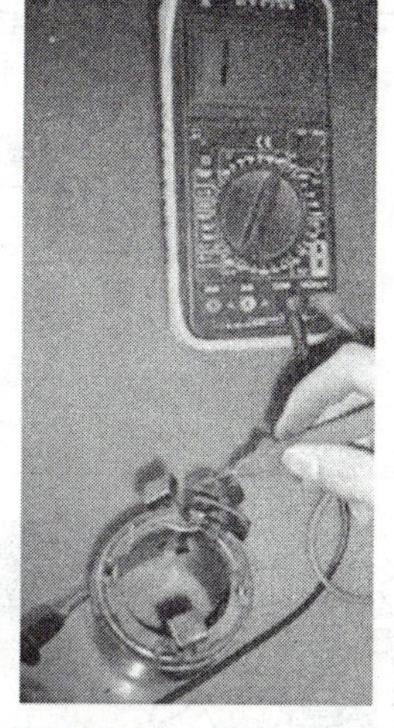 a)测量励磁绕组之间的导通情况　b)测量励磁绕组和起动机外壳之间的导通情况	用万用表检查励磁绕组和励磁铁心间的绝缘情况。 测量励磁绕组间的导通情况应用万用表欧姆挡最小挡位。 励磁绕组和起动机外壳之间应该绝缘，此时应使用万用表欧姆挡高挡位测量，应不导通。

（续）

操作步骤	操作示意图	说　明
9. 检查电磁开关吸引线圈、保持线圈的导通情况及阻值	 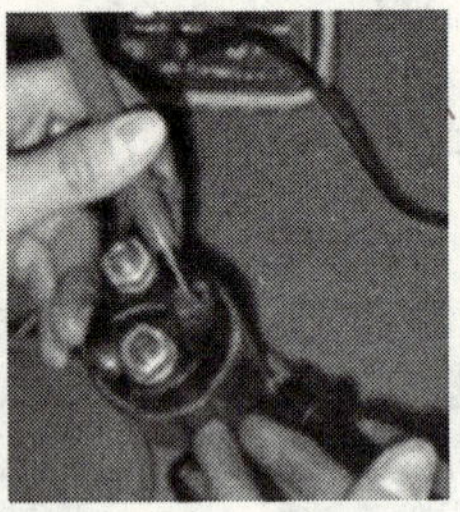	测量电磁开关吸引线圈、保持线圈的导通情况应用万用表欧姆挡最小挡位，吸引线圈标准阻值为几欧姆，保持线圈标准阻值为零点几欧姆。
10. 检查活动铁心是否顺畅回位	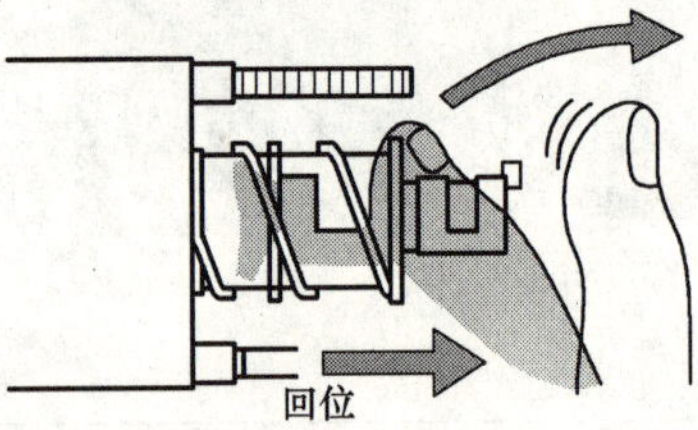 回位	用手指按住活动铁心，松开之后，检查活动铁心是否顺畅回位。
11. 检查起动机离合器是否打滑或卡滞	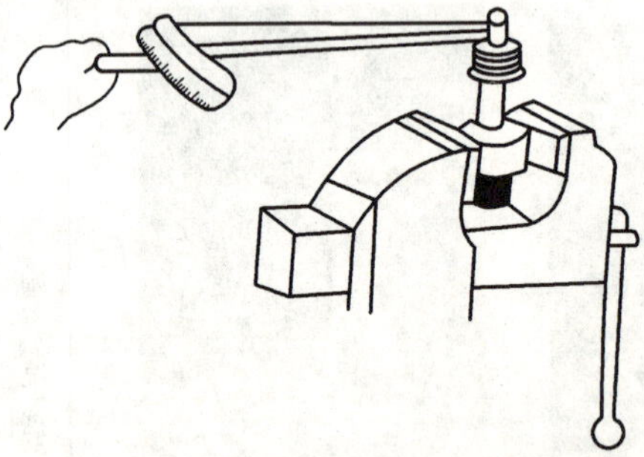	检查离合器和驱动齿轮是否严重损伤或磨损。如有损坏，应进行更换。 将离合器驱动齿轮夹在台虎钳上，在花键套筒中套入花键轴，将扳手接在花键轴上，测得力矩应大于规定值，否则说明离合器打滑。反向转动离合器应不卡滞，否则应修理或更换离合器总成。
12. 检查单向离合器	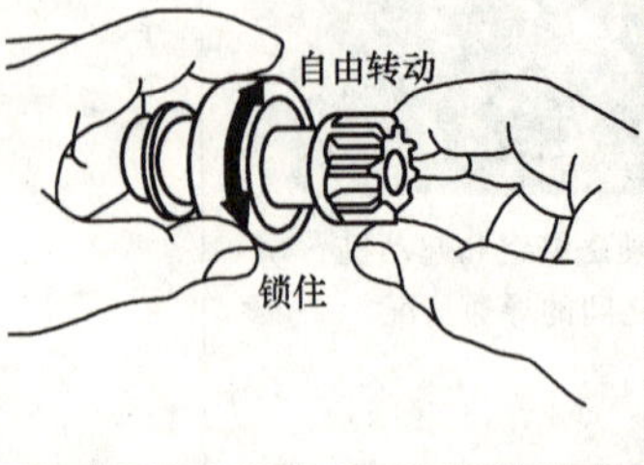 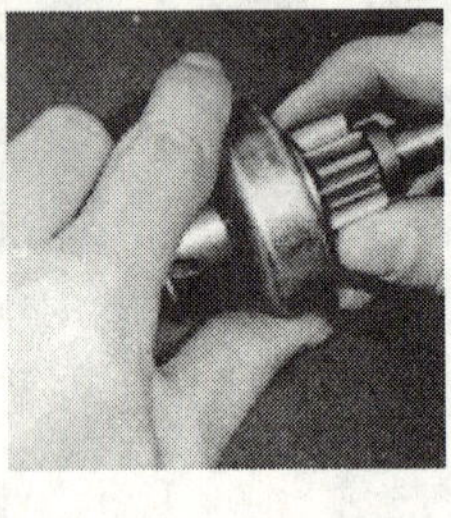 自由转动 锁住	用手转动单向离合器，检查单向离合器是否处于单向锁住状态。

（续）

操作步骤	操作示意图	说　明
三、检修后试验		
1. 试验电磁开关 1）检查吸引线圈的动作	端子50 端子C **电磁开关吸引线圈的功能试验**	所有试验必须要在教师指导下，严格按照规范操作： ① 将起动机牢固固定； ② 将蓄电池负极与电磁开关“C”端子及电磁开关壳体相连； ③ 蓄电池正极接至电磁开关“50”接柱上。 此试验必须在起动机磁场接柱没有连接时进行。
2）检查保持线圈的动作	端子50 端子C **电磁线圈和保持线圈的功能试验**	在驱动齿轮伸出位置时，拆下接至“C”端子的搭铁电缆夹。
3）检查电磁开关的复位动作	端子50 端子C	在驱动齿轮伸出位置时，在拆下接至“C”端子的搭铁电缆夹的基础上，再拆去电磁开关壳体上的搭铁电缆夹。

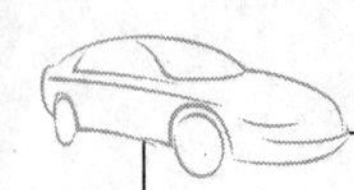

（续）

操作步骤	操作示意图	说　明
2. 试验起动机的空载性能	端子30 端子50 端子C 电流表	① 将起动机牢固固定； ② 连接蓄电池负极至起动机壳体上； ③ 将量程为 0 ~ 150A 的直流电流表连接在蓄电池正极与起动机"30"端子之间； ④ 短时间连接"50"与"30"导线。 （整个操作时间应控制在 5s 内，以免起动机过热烧损）
3. 试验全制动	1—起动机　2—电压表　3—电流表　4—蓄电池　5—弹簧秤	将起动机放在测矩台上，用弹簧秤 5 测出其发出的力矩。当制动电流小于 480A 时，输出的最大力矩不小于 13N·m。
四、起动机的安装		
安装起动机	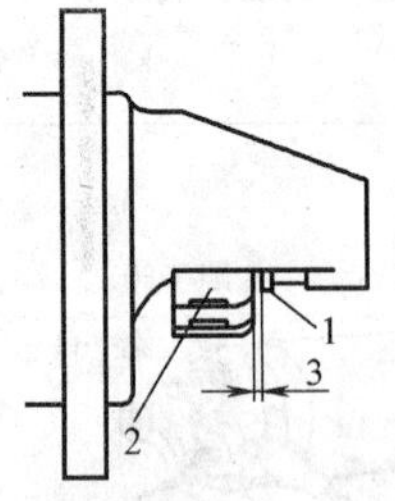 1—止推垫圈　2—驱动齿轮　3—驱动齿轮轴向间隙 注意：起动机通过安装支架与发动机相连。安装时，先将支架套在起动机上，装上垫片、弹簧垫和螺母（M5），并用力旋紧，然后将支架连同起动机一起装在发动机上。 检查起动机外壳的两个螺栓（M5）是否能在支架槽孔中活动，必要时用锉刀加工，调整起动机到最佳位置，最后以 20N·m 的力矩拧紧紧固螺母。	起动机的组装可按分解起动机的相反顺序进行，但应注意以下事项： 安装时，衬套中应涂上润滑脂；用止推垫圈调整驱动齿轮的轴向间隙（推到极限位置），标准值为 0.3 ~ 1.5mm。

任务练习

填写表 2-1 减速起动机检修与保养实验表格。

表 2-1　减速起动机检修与保养实验表

序号	操作项目	操作环节	操作要点	操作遗忘内容	不明白之处
1	拆前检查、检测	检查完整性、电磁开关的性能、单向离合器的状态			
2	分解	分解顺序正确			
3	检测、检修各主要零部件	电枢总成测量、检修			
		外壳总成检测			
		电刷及总成检修			
		单向离合器检验			
		拨叉、拨环驱动齿轮检验			
		电磁开关检修			
		减速装置检查			
4	起动机装复	组装顺序及方法		装复前，键槽和各衬套必须涂少量高温润滑脂	
5	检验起动机性能	电磁开关及空载试验			
6	安全文明操作	遵守安全规程，工具使用正确规范，操作现场整洁			
		正确安全用电，无人身、设备事故			

个人操作小结

任务链接

一、直流串励式电动机的组成

起动机中的直流串励式电动机由电枢、换向器、磁极、电刷、轴承和外壳组成。

1. 电枢

(1) 电枢轴　起支撑和传递作用。

(2) 电枢铁心　由硅钢片叠压而成，用花键固定在电枢轴上。

(3) 电枢绕组　采用较粗的矩形裸铜线制成。为了防止相互短路，铜线之间用绝缘纸、绝缘漆隔开。

2. 换向器

换向器将电流引入电枢绕组，并使不同磁极下的导线中的电流方向保持不变。换向器由铜片（导体）和云母片（绝缘体）组成。

3. 磁极

磁极的作用是建立磁场。一般采用 4 个（2 对）磁极，大功率起动机采用 6 个磁极，且必须两两相对。

4. 电刷组件

(1) 材料　质量分数为 80% 的铜粉，用以增强导电性；质量分数为 20% 的石墨，用以增加润滑性。

(2) 作用　将电源电压加在与换向器连接的电枢绕组上。

(3) 电刷　分绝缘电刷和搭铁电刷两种。

5. 轴承

轴承要承受冲击性载荷，常采用青铜石墨轴承或铁基含油轴承。

二、电磁开关试验结果

1) 吸引线圈动作检查试验时的正常现象：驱动齿轮向外移出，吸引线圈可以工作。

2) 保持线圈动作检查试验的正常现象：驱动齿轮应保持在伸出位置不动，否则，驱动齿轮复位，说明保持线圈断路。

3) 电磁开关复位动作试验的正常现象：驱动齿轮迅速复位，说明回位弹簧性能好，否则，更换电磁开关总成。

三、起动机电磁开关的内部结构及作用

起动机电磁开关的内部结构如图 2-6 所示。电磁开关主要由电磁铁机构和电动机开关两部分组成。电磁铁机构由固定铁心、活动铁心、吸引线圈和保持线圈等组成。

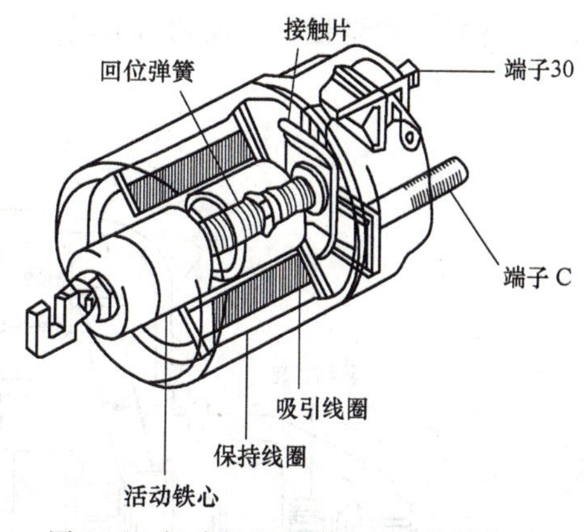

图 2-6　起动机电磁开关的内部结构图

固定铁心固定不动，活动铁心可以在铜套里作轴向移动。活动铁心前端固定有推杆，推杆前端安装有开关触盘，活动铁心后端用调节螺钉和连接销与拨叉连接。铜套外面安装有回位弹簧，作用是使活动铁心等可移动部件回位。电磁开关接线柱完成起动机外部电路及内部的连接工作。

四、起动机空载通电试验的正确现象

起动机空载通电试验正常时，驱动齿轮应向外伸出，起动机应运转平稳无摩擦声且电刷处无火花、无过热。

1）读取直流电流表的读数，应符合标准数值。

2）断开端子 50 后，起动机应该立即停止转动，同时驱动齿轮缩回。

在起动机空载通电试验中可能出现下列不正常现象：

如果实验电流大于标准值，而转速低于标准值，则说明起动机有装配过紧或电枢轴弯曲等阻力矩过大，或者励磁绕组有匝间短路或搭铁故障。

如果是实验电流小于标准值，转速低于标准值，则说明电动机电路中有接触不良，如电刷、换向器、弹簧压力不足造成的电路电阻过大等故障。

任务拓展

1）观察下面的丰田汽车起动机的工作电路。

观察起动过程一：开始起动，进入啮合状态，工作电路如图 2-7 所示。

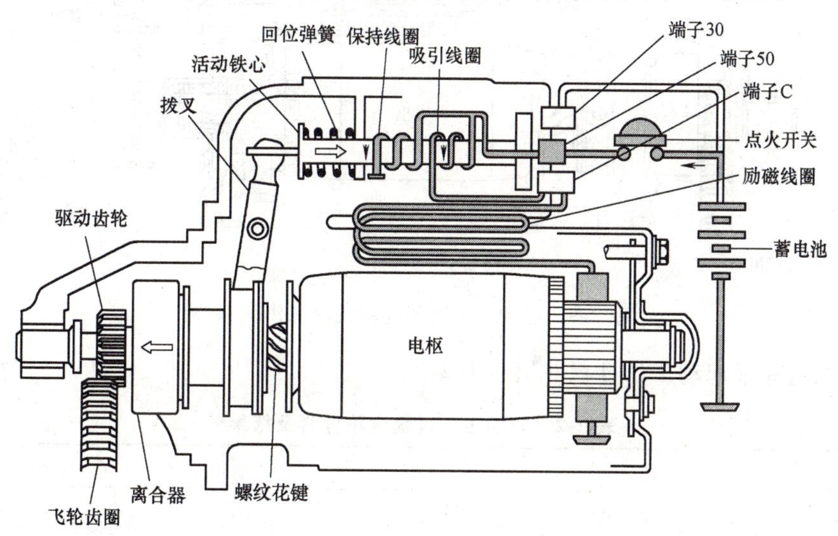

图 2-7　点火开关闭合瞬间丰田汽车起动机的工作状态

观察起动过程二：发动机起动瞬间，工作电路如图 2-8 所示。

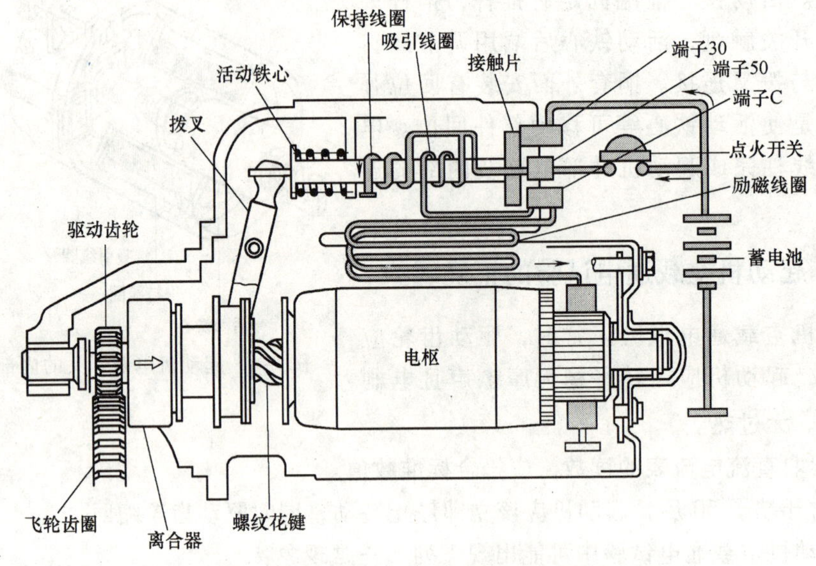

图 2-8　发动机起动瞬间丰田汽车起动机的工作状态

观察起动过程三：起动完成，脱离啮合，工作电路如图 2-9 所示。

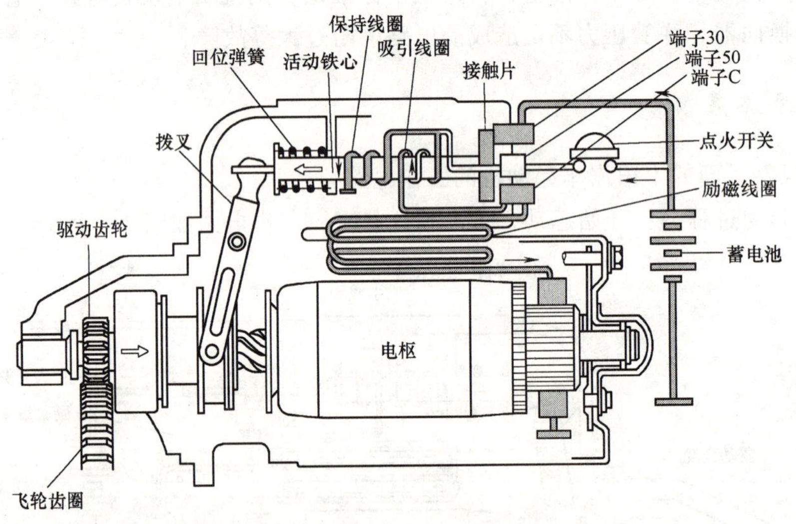

图 2-9　起动完成瞬间起动机的工作状态

2）试着完成起动工作过程并填写表 2-2。

表 2-2　起动工作过程电路分析及结果

过程	条件	电　　路	结　　果
进入啮合	接通起动开关	电路 1 两线圈并联，产生同向电磁力	先啮合，再接通

（续）

过程	条件	电　　路	结　　果
起动 发动机	接触盘吸合	电路2（起动主电路：蓄电池供给电动机大电流） 吸引线圈短路，保持线圈工作	发动机起动
脱离啮合	松开起动开关	电路：	接触盘脱离——电动机失电 脱离啮合——起动机停止工作

任务三　检测汽车起动系统线路

任务准备

桑塔纳2000GSi实车一辆或同型号试验台一台、数字万用表、各式测量探针、常用拆装工具一套。

任务目标

1）强化起动系统的读图；

2）训练起动系统的电路检测步骤；

3）检测起动机的工作电流走向。

任务实施

操作步骤	操作示意图	说　　明
一、强化起动系统的读图		
对照实物，强化起动线路的读图	**桑塔纳轿车起动机及接线图** 1—点火开关　2—红色线　3—红/黑色线　4—红色线　5—蓄电池　6—红/黑色线　7—黑色线　8—电磁开关　9—定子　10—转子　11—起动机　12—小齿轮　13—单向离合器　14—拨杆　15—回位弹簧　16—中央控制盒	桑塔纳轿车起动系统主要由蓄电池、点火开关、中央控制盒、起动机和导线等组成，其具体起动电路详见附录部分。

（续）

操作步骤	操作示意图	说　明
对照实物，强化起动线路的读图	蓄电池“+”接线柱的引出电缆直接与起动机的“30”接线柱连通，以便向起动机供电；同时由起动机的“30”接线柱（蓄电池“+”）引出红色火线接入中央接线板P区的一个接线柱，经内部连通P区的另一接线柱后经红色火线与点火开关的“30”接线柱连通，经点火开关起动位“50”引出的红/黑色导线接入中央接线板B8接线柱，经内部连通C18，由C18再引出红/黑色导线接入起动机的“50”起动接线柱上。	
二、起动系统的电路检测		
1. 检测蓄电池电压	初步训练时，可以按照电流流向加以训练，一轮训练后，可进行简化训练。 初步训练时，可以先将C18与起动机“50”之间的两个插头中的任意一个断开，对点火开关打到50起动挡进行训练。 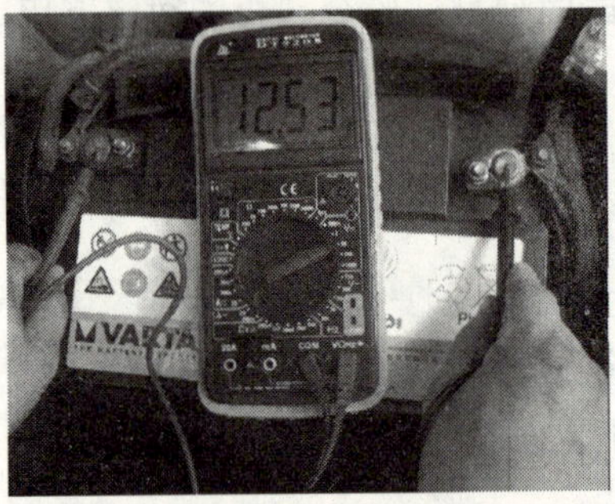	进行起动系统训练时，蓄电池应充足电。
2. 检测P6、P2对搭铁的电压	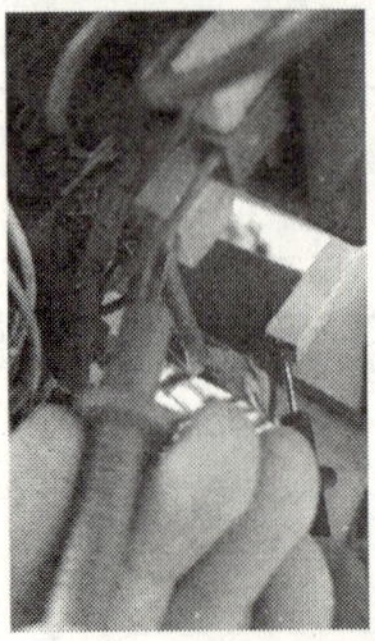 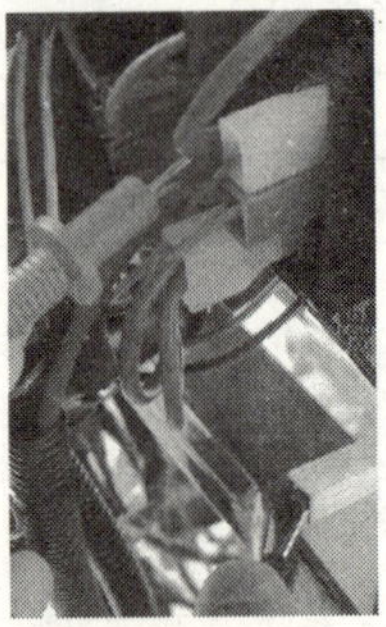	应与蓄电池电压一致。
3. 检测点火开关“30”端子对搭铁的电压	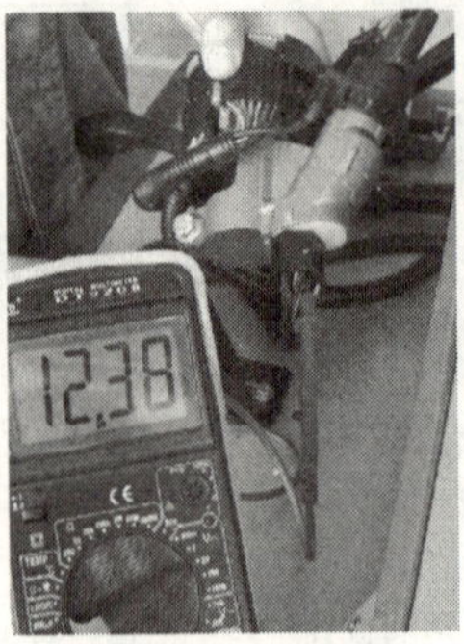	应与蓄电池电压基本一致。

（续）

操作步骤	操作示意图	说　明
4. 检测点火开关“50”对搭铁的电压		正常范围也与蓄电池电压基本一致。
5. 检测中央控制盒B8对搭铁的电压		正常范围也应与蓄电池电压基本一致。
6. 检测中央控制盒C18对搭铁的电压		正常范围也在蓄电池电压附近。 经实际检测，故障车该电压时有时无，查找发现为B8端子松动、脱落，焊好后故障排除。
7. 检测起动机“50”端子对搭铁的电压		正常范围在蓄电池电压附近。

（续）

操作步骤	操作示意图	说　明
8. 测量发动机起动瞬间的工作电压		强调起动机正确的使用规范。 试验起动系统时，点火开关应及时回位，且试验时间不宜过长。

任务练习

1）独立测量，填写完成检测数据记录表2-3。

表2-3　起动系统电路逐点检测的数据记录表

对搭铁的电压	蓄电池“+”	P6	P2	SW30	SW50	B8	C18	起动机“50”
数据								

2）分析一下你所测量的数据，讨论一下说明了什么情况。

任务链接

一、起动机的正确使用

1）为确保发动机可靠地起动，蓄电池应保持充足电的状态。要保证起动机正常工作时的电压和容量，减少起动机重复工作的时间，在起动时，蓄电池、起动开关以及搭铁线等连接要牢固、可靠。

2）起动机是按短时间工作要求设计的，起动机工作时，电枢绕组电流会很大，所以使用起动机必须严格控制时间。每次起动时间不应超过5s，两次起动间隔时间不应少于15s，三次起动不着火，应停歇2min，三次以上起动不着火，应排除故障后，再次起动。

3）发动机起动后，应及时断开起动开关，防止起动机长时间通电运转，加剧驱动齿轮的磨损。

4）使用起动机时，应挂空挡或踏下离合器踏板，严禁用挂挡起动的方法移动车辆。

5）定期对起动机进行全面的保养和检修。

二、哪些情况下不能再起动发动机

在下列情况下，不能再起动发动机，应放空挡或吊起驱动轮拖去专业维修厂检查维修。

1）在有水路面行驶时，进、排气管进水，造成发动机自动熄火后，不能再起动发动机。因为气缸进水，而液体是不能被压缩的，强行起动会造成连杆弯曲、断裂，曲轴弯曲等严重损坏。

2）正时带及传动带张紧轮行驶7万~10万公里应及时更换，如发现正时带及张紧轮、导向轮损坏，不能再起动发动机，以免造成曲柄连杆机构与配气机构运行不匹配，产生顶坏气门、活塞、连杆等恶性故障。

3）发动机起动后或在汽车行驶中，机油报警灯亮、机油压力表无压力指示、冷却液报警灯亮，应立即停车熄火，在故障未排除之前不能起动发动机，以免造成发动机烧瓦、拉缸等严重故障。

4）发动机运转或汽车行驶时，听到严重异响，应立即停车检查，不能再起动行驶。

5）发动机燃油系统密封不良产生泄漏，如喷油器、燃油管、接头泄漏，在故障未排除、泄漏燃油未清理干净前，不能起动发动机，以免引发火灾。

任务拓展

自动变速器车型的特点是在手动变速器车型的基础上增加了一个空挡起动开关。

同学们想想为什么自动变速器车型中要增加一个空挡起动开关？试着分析图 2-10 所示的通用车型起动电路。

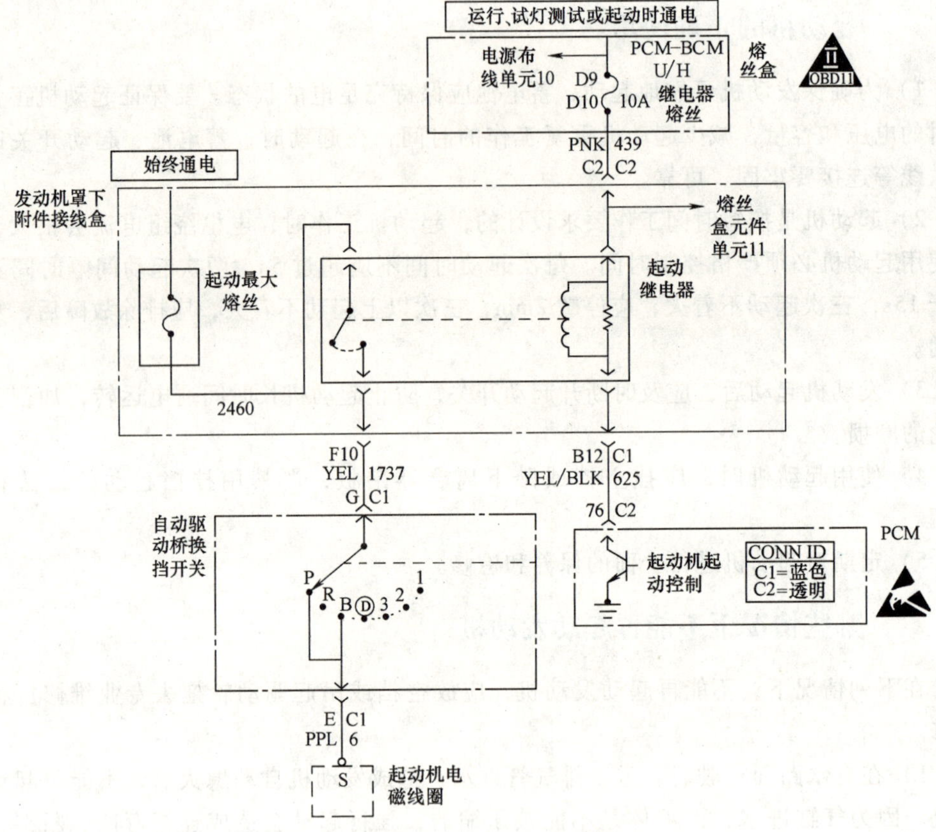

图 2-10　通用车型起动电路

任务四　排除汽车起动系统的电压降故障

任务准备

桑塔纳 2000GSi 实车一辆或发动机试验台一台、实训手册、相关散件若干、数字式万用表、检测插针等。

任务目标

1）知道电压降的实际意义和其对起动电路的影响；

2）正确测量电压降；

3）排除起动系统的电压降故障。

任务实施

操作步骤	操作示意图	说　　明
1. 测量蓄电池电缆连接处的电压降	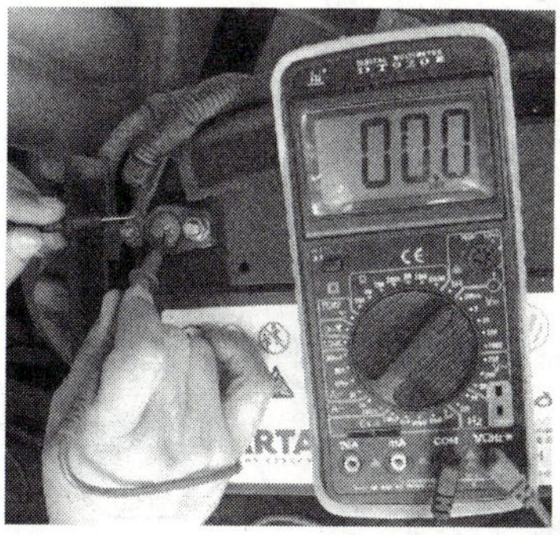	将万用表的一只表笔与蓄电池接线柱用力压紧，另一只表笔与电缆端部紧密接触，起动发动机，两表笔之间的差值不应超过0.2V。 注意：电压降的测量必须是在起动后有电流流经时才能进行。
2. 测起动电路的总电压降	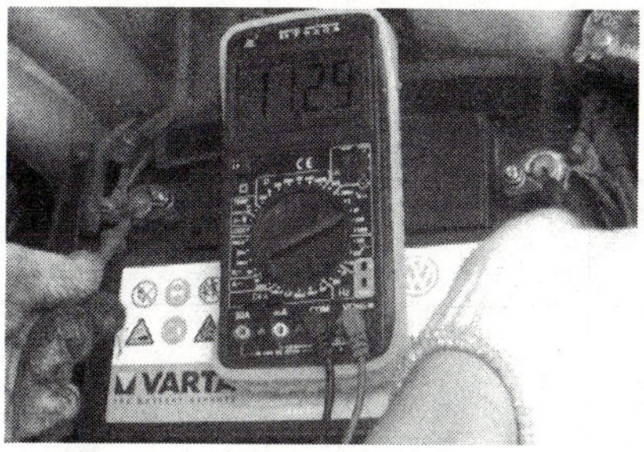	用万用表电压挡接好蓄电池，起动发动机，记录此时电压的读数。
	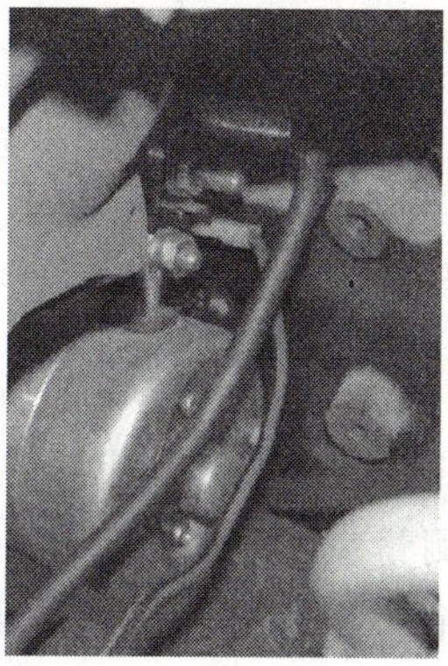	将万用表调至电压挡，并接在起动机电源和机架搭铁两端，再次起动发动机并将数据记录在表中。

（续）

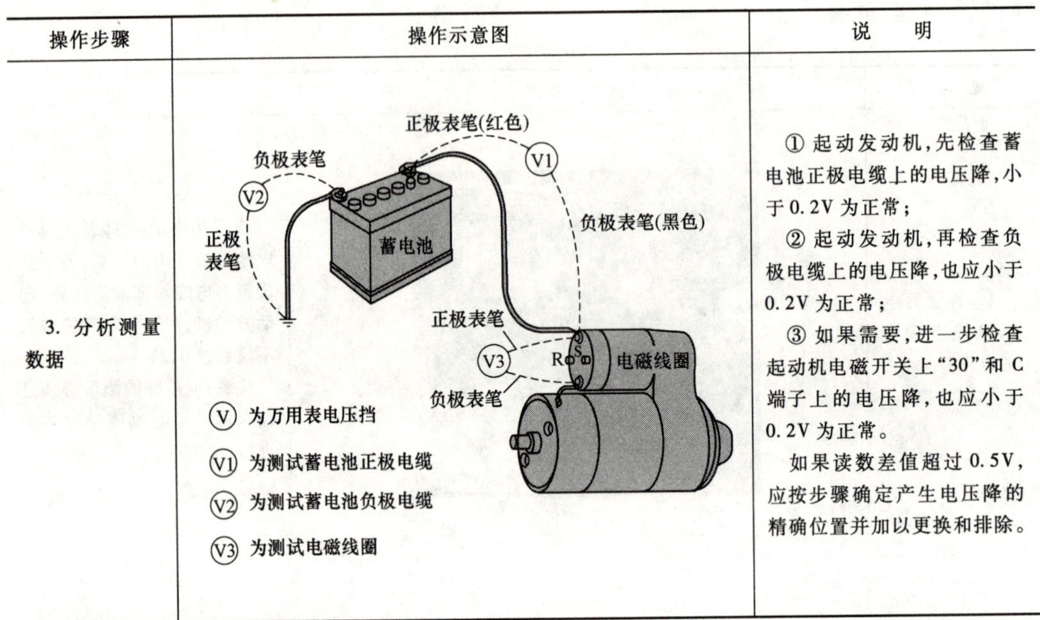

操作步骤	操作示意图	说　　明
3. 分析测量数据		① 起动发动机，先检查蓄电池正极电缆上的电压降，小于0.2V为正常； ② 起动发动机，再检查负极电缆上的电压降，也应小于0.2V为正常； ③ 如果需要，进一步检查起动机电磁开关上“30”和C端子上的电压降，也应小于0.2V为正常。 如果读数差值超过0.5V，应按步骤确定产生电压降的精确位置并加以更换和排除。

测起动电路的电压降，填写表2-4。

表2-4　起动电路电压和电压降记录

起动时蓄电池两端电压 U_1	起动时起动机两端电压 U_2	读数差值 U_1-U_2	分析可能的原因	讨论进一步检查的方法

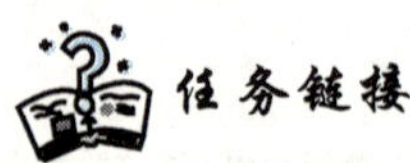

一、线路的电压降

为什么在起动线路排除故障时要测量电压降？试想当电缆的股线只有一根是好的，其余使用中均已断裂时，若用欧姆表测量读数会非常低，很正常，但已经无法承受起动发动机所需要的电流。在起动系统中，当蓄电池电缆的电阻没有明显增大时，电阻会引起发热并使作用在起动机上的电压降低，影响起动。因此起动状态下测量起动电路电压降是确定电路中真实电阻的一种有效而精确的方法。

起动系统排除故障的一般流程如图 2-11 所示。

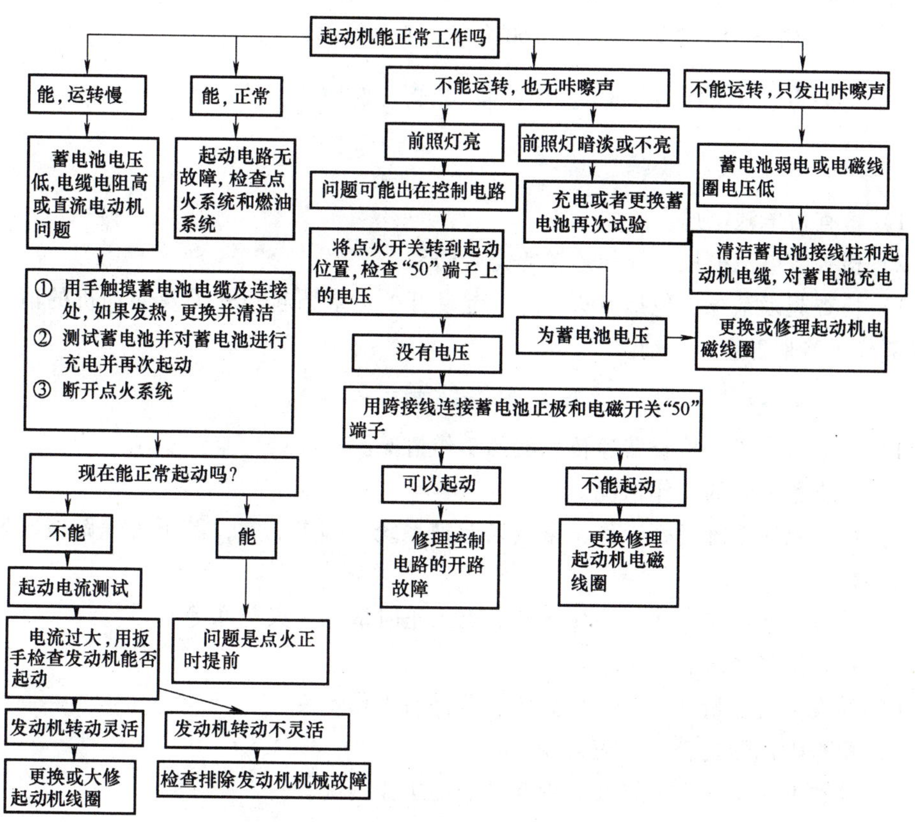

图 2-11　起动系统排除故障的一般流程

一、电控汽车发动机难以起动故障的排除思路

依照油路、电路、机械的顺序，依次排除。

1）确定故障产生的时间、现象、情况，发生故障时的原因以及是否经过检修和拆卸等。

2）检查起动时有没有燃油供应，油泵工作不工作，如都正常，测一下蓄电池电压，再测一下起动机起动时的电压，检查蓄电池的供电情况。

3）进一步确定出故障范围及部位。

4）读出故障码，并查出故障的内容。

5）按照故障码显示的故障范围，进行检修，尤其注意接头是否松动、脱落，导线连接是否正确。

6）检修完毕，验证故障是否确已排除。

7）如调不出故障码，或者调出后查不出故障内容，则根据故障现象，大致判断出故障范围，采用逐个检查元件工作性能的方法加以排除。

二、发动机不能起动或起动困难的常见故障

1. 起动机不转动或转动缓慢

1）检查蓄电池电压。

2）检查蓄电池极柱、导线连接等是否松动。

3）检查起动系统，包括点火开关、起动开关、空挡起动开关及起动机的情况，检查各部分线路是否连接松动。

2. 起动机转动正常，但发动机不能起动

1）调出故障码，检查转速传感器的工作情况。

2）检查燃油泵的工作情况。

3）检查怠速系统是否工作正常（若怠速系统工作不正常，踏下加速踏板时发动机应能起动）。

4）检查点火系统，包括高压火花、点火正时情况、火花塞等。

5）检查进气系统有无漏气。

6）检查空气流量计或空气压力传感器是否工作不良。

7）检查喷油器是否工作正常。

8）检查 EFI 系统的电路及元件和端子的工作情况。

9）检查机械部分有无故障。

项目总结

起动系统的正常运转依赖于良好的蓄电池、连接性能良好的起动电缆、性能良好的起动机和起动控制回路上的任一器件。

起动系统的故障可能由任一个有缺陷的相关器件引起的，为了快速诊断和修复，学习中应熟悉了解线路中每个零部件，遇到故障仔细检查。

建议项目学习流程

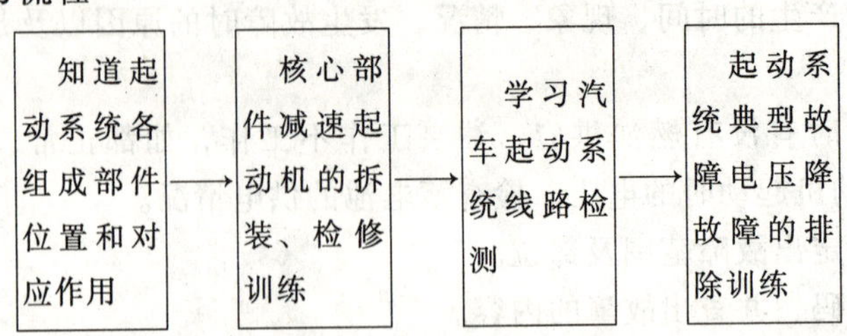

项目练习

1）填写出图2-12中各个部分的名称。

2）对照汽车起动机的结构，填写出图2-13中各个部分的名称。

3）图2-14的起动机电磁开关上，标号1、2、3的接线端子分别在电路中如何正确连接？

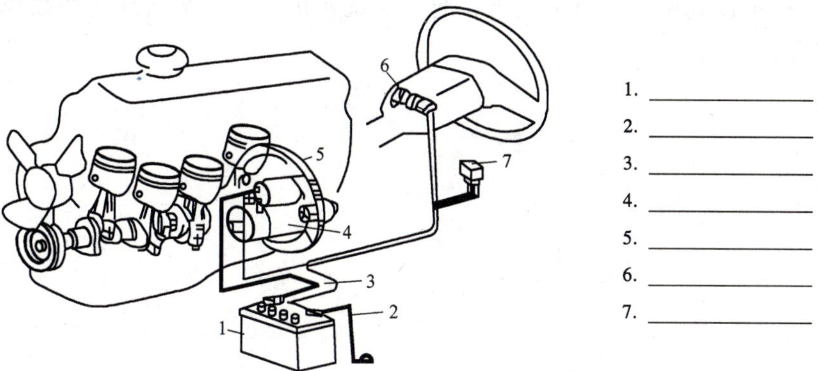

1. ____________
2. ____________
3. ____________
4. ____________
5. ____________
6. ____________
7. ____________

图2-12　起动系统组成示意图

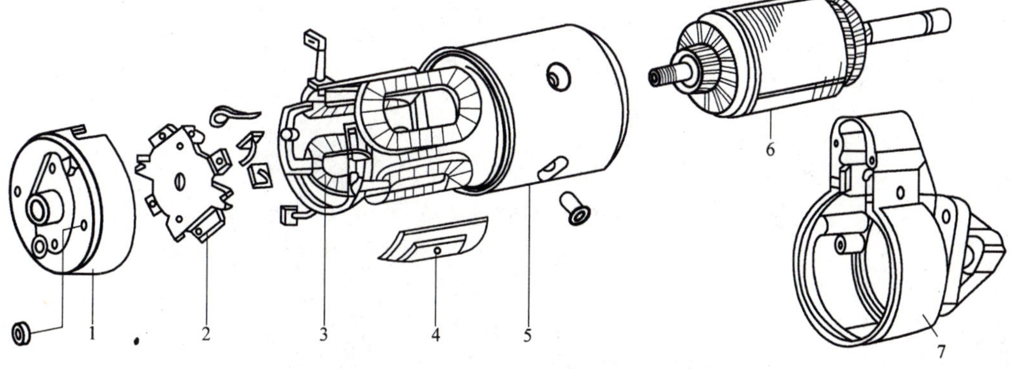

图2-13　起动机结构示意图

1. ____________　2. ____________　3. ____________　4. ____________

5. ____________　6. ____________　7. ____________

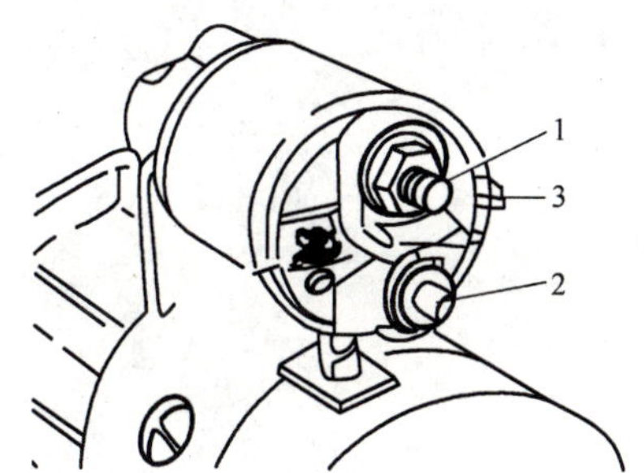

图2-14　起动机电磁开关接线端子示意图

4）总结一下，起动系统常用的控制方式有哪几种？各有什么特点？

5）思考一下，也可以到网上去查询一下，起动系统使用中经常会遇到哪些故障呢？应该如何去解决？

项目三 汽油机点火系统的检测与维护

项目情境

一辆桑塔纳2000GSi型轿车，行驶里程为80 000km。此车起动后怠速不稳，发动机抖动，加速困难，行驶过程中时有耸车现象。用诊断仪器读取该车故障码，仪器显示系统正常；读取数据流，各项数据未见异常。通过询问车主，了解到该车在对发动机进行的常规保养中只更换了机油和三滤，其他零件几乎没有更换，而故障的症状是逐步加重的。

经检查确认：该车的喷油系统和进气系统均正常。经过综合分析诊断后，得出故障存在于点火系统的高压部位。你想知道为什么吗？

项目描述

用诊断仪器读取故障码，仪器显示系统正常；读取数据流，各项数据未见异常；油压检查正常，说明喷油系统和进气系统均正常。其他零件没有更换，诊断出故障存在于点火系统的高压部位。此问题应先从认识桑塔纳2000GSi轿车的点火系统入手，检查更换火花塞和高压线；检查更换核心部件点火线圈总成。在此基础上，诊断并排除低压电路的故障和爆燃传感器的故障。

项目目标

知识目标

1. 了解汽油机点火系统的组成及电路特点，加深对电子控制点火系统结构的认识。

2. 熟练查阅车辆的维修资料，读懂汽油机点火系统的电路图。

技能目标

1. 掌握电控点火系统故障诊断检测的基本操作流程，熟悉作业步骤。

2. 能够对照电路图对汽油机点火系统各元件及线束进行正确的检测和操作，培养学员正确熟练地使用检测工具的能力，使其对电路故障排除方法有一个正确的认识。

3. 能在规定的时间内完成排除电控点火系统故障的任务。

情感目标

1. 养成良好的职业习惯，提高职业素养，时刻遵守整顿、整理、清扫、清洁、自律、安全、节约的“7S”作业规范。

2. 通过本项目的操作，激发学生主动寻求理论知识的愿望，提高分析思维、解决问题的能力。

任务一　认识汽油机点火系统

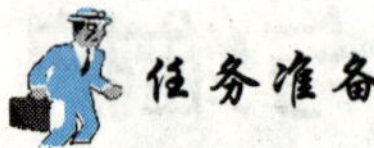

任务准备

桑塔纳 2000GSi 整车、火花塞、高压线、点火线圈、电控单元等。

任务目标

1）知道电控点火系统的组成、工作原理和作用；
2）熟悉电控点火系统零部件的安装位置及连接方法；
3）熟悉电控点火系统电路图与实物的对应关系。

任务实施

操作步骤	操作示意图	说　明
1. 认清微机控制点火系统的各个部件	微机控制点火系统简图	微机控制点火系统由凸轮轴位置传感器、空气流量传感器、冷却液温度传感器、爆燃传感器、节气门控制组件、曲轴位置传感器、进气温度传感器、电控单元、点火控制组件、火花塞、高压线以及各种控制开关组成。
2. 认识电控单元 ECU 实物		电控单元 ECU 可根据各传感器传来的信号，计算确定最佳点火提前角和初级电路导通角，并将点火控制信号输送给点火控制器，通过点火控制器快速、准确地控制点火线圈的工作。
3. 在车上寻找电控单元 ECU 和点火控制组件实物	电控单元 ECU 点火控制组件	桑塔纳 2000GSi 型轿车的电控单元安装在发动机舱的左上角、靠近空调进气罩附近，点火控制组件安装固定在进气歧管的内侧。

（续）

操作步骤	操作示意图	说　明
4. 观察点火控制组件实物的安装位置		点火控制组件又称点火模块，主要根据控制单元输出的点火控制信号控制点火线圈初级电路的通断。 桑塔纳 2000GSi 型轿车采用双缸同时点火的配电方式，即第 1、4 缸共用一个点火线圈，第 2、3 缸共用一个点火线圈。
5. 清楚点火控制组件的结构和工作原理	双火花点火线圈点火控制组件(含两个点火线圈和一个输出驱动级)	点火控制组件的工作原理：接通点火开关，电源电压加载到点火控制器上。起动发动机，各传感器将发动机的各种工况信息转换为电信号传递给控制单元，控制单元将接收到的信号与只读存储器中储存的数据进行比较、计算后，输出点火信号至点火控制器，通过点火控制器中的功率管接通或切断点火线圈的初级电路。
6. 观察点火控制组件连接器实物		点火控制组件连接器固定在进气歧管内侧。连接器表面有端子号，其中 1 号端子是第 2、3 缸的信号控制线，2 号端子是点火线圈的电源（+12V），3 号端子是第 1、4 缸的信号控制线，4 号端子是搭铁线。
7. 观察高压线		为了减轻无线电干扰，高压线一般均采用有一定电阻的高压阻尼线，阻值一般在几千欧姆至几十千欧姆不等。不同车型的高压线有不同的阻值，具体数据需参阅相关的维修资料。
8. 观察火花塞实物		火花塞是点火系统中的重要电器元件。点火线圈产生的高压电通过高压线导入至火花塞，并通过火花塞电极间的间隙产生电火花，点燃气缸内的可燃混合气。

（续）

操作步骤	操作示意图	说　明
9. 识读点火系统的电路图	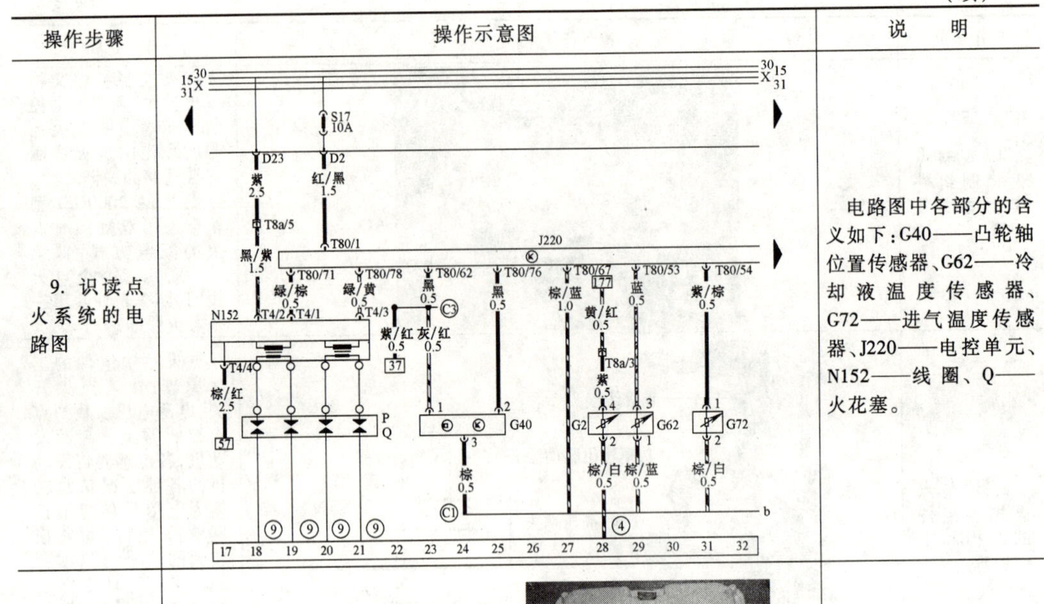	电路图中各部分的含义如下：G40——凸轮轴位置传感器、G62——冷却液温度传感器、G72——进气温度传感器、J220——电控单元、N152——线圈、Q——火花塞。
10. 电控单元和点火控制组件的实物与电路的对照	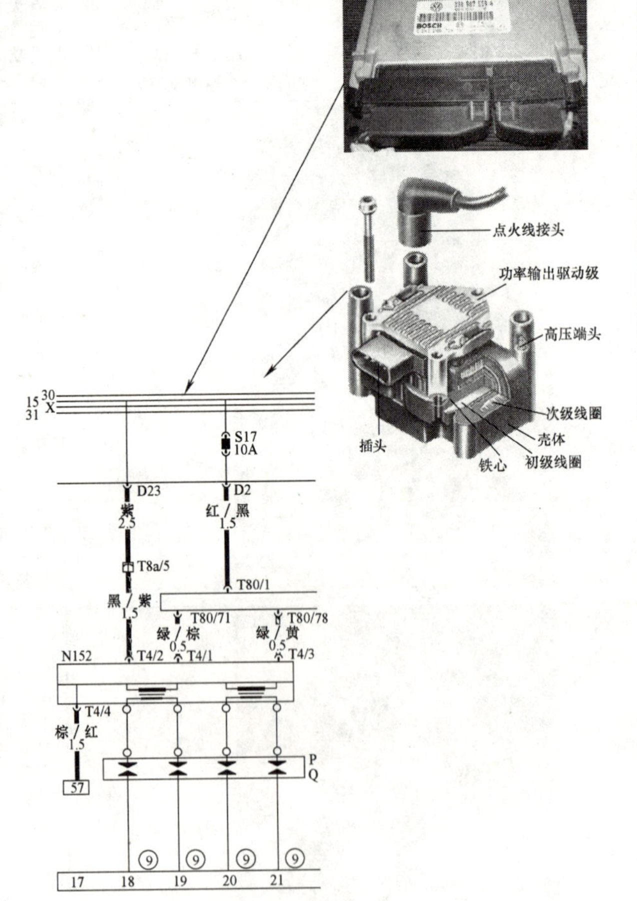	电控单元J220与点火控制组件N152通过线束连接在一起。电控单元连接器的T80/71端子与点火控制组件连接器的T4/1端子相连，其T80/78端子与T4/3端子相连，分别用于接通和切断点火线圈的初级电路。

（续）

操作步骤	操作示意图	说　明
11. 火花塞、高压线的电路图与实物的对照	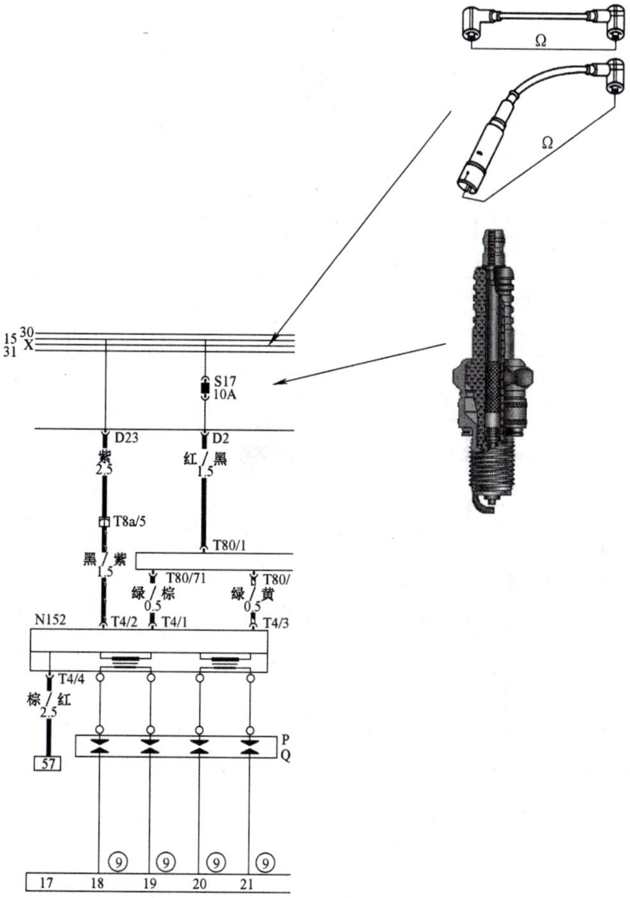	根据热值的大小，火花塞分为冷型、热型和热值中等型三种类型。发动机的技术性能不同，对火花塞的要求也不相同。对于高速、大功率、高压缩比的发动机，应选用冷型火花塞，反之选用热型火花塞，介于两者之间的发动机，应选用中等热值的火花塞。
12. 凸轮轴位置传感器的电路图与实物的对照	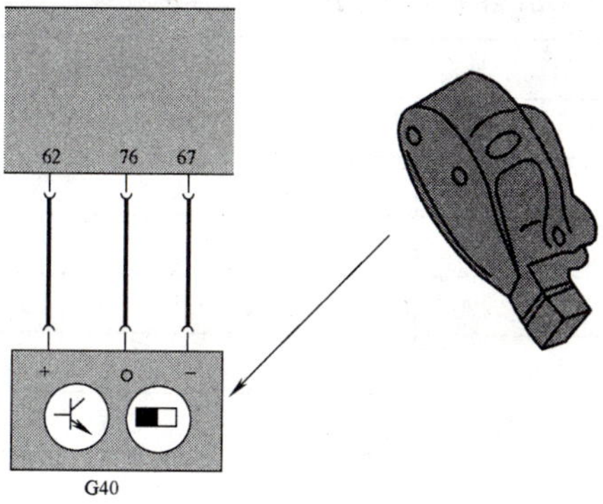	凸轮轴位置传感器位于发动机的气缸盖上或凸轮轴正时齿轮的后侧，它采集发动机第1缸上止点位置信号。控制单元依据此信号来确定点火顺序，此传感器同时也用于单个气缸的爆燃控制。若此传感器出现故障，则发动机的爆燃控制被关闭，同时点火提前角将变到最大。

（续）

操作步骤	操作示意图	说　明
13. 爆燃传感器的电路图与实物的对照	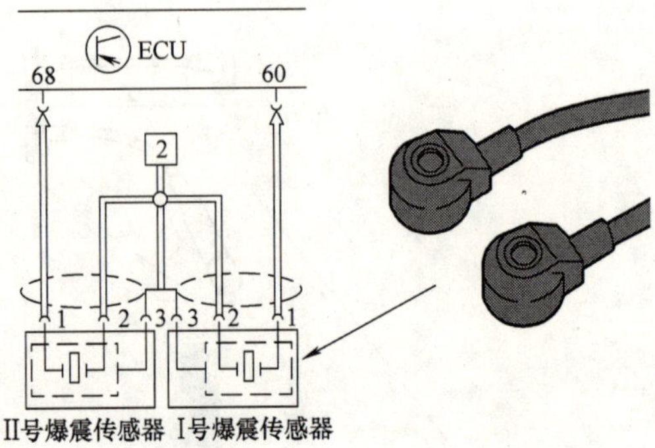	爆燃传感器安装于发动机的缸体上，它感知发动机爆燃的情况，并将信号反馈给控制单元。适当地减小点火提前角，可防止发动机爆燃。
14. 曲轴位置传感器的电路图与实物的对照	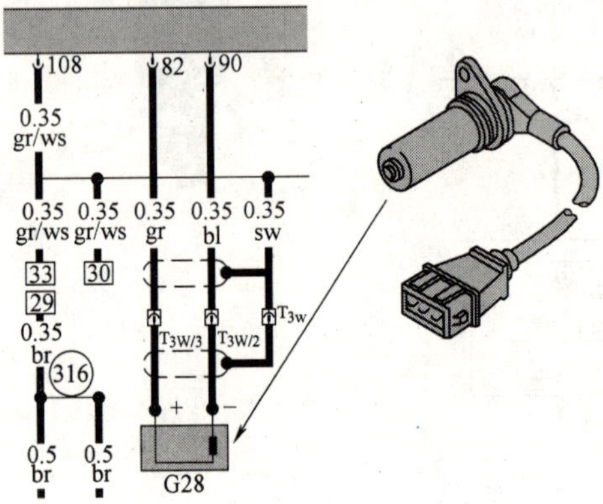	曲轴位置传感器一般安装在曲轴的前端或后端。它用于采集曲轴转角位置信号（确定点火和喷油时间）与发动机转速信号。

任务练习

1）参照相关维修资料，在实车上找出桑塔纳 2000GSi 轿车点火系统各零部件的安装位置，并将结果填写在表 3-1 中。

表 3-1　桑塔纳 2000GSi 轿车点火系统各零部件的安装位置查找表

序号	零部件名称	元件代号	安装位置	备注
1				
2				
3				
4				
5				
6				
7				
8				

（续）

序号	零部件名称	元件代号	安装位置	备注
9				
10				
11				
12				
13				
在本次实训任务中你遇到的困难是什么？你怎样解决？				

2）叙述电控点火系统的组成与工作原理。

3）口述桑塔纳2000GSi轿车点火系统各零部件的作用。

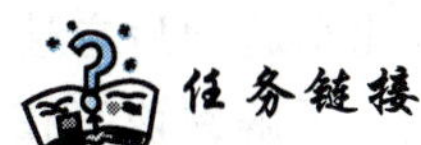

任务链接

1. 点火系统的作用

点火系统的作用是在发动机各种工况和使用条件下，在气缸内适时、准确、可靠地产生足够强的高压电火花，点燃气缸内的可燃混合气，使发动机做功。

2. 桑塔纳2000GSi型轿车点火系统的特点

桑塔纳2000GSi型轿车，配置AJR发动机，采用德国博世（BOSCH）公司先进的Motronic3.8.2电子控制多点汽油顺序喷射和无分电器的直接电子点火（DLI）系统。此点火系统采用每两个气缸共用一个闭磁路式点火线圈的结构，点火线圈与点火控制器组装成一体，称为点火控制组件或点火动力组件。点火线圈初级电路的接通与切断由点火控制组件根据电控单元发出的指令进行控制。当每个线圈初级绕组的电流被切断时，次级绕组中产生的高压电会同时分配到两个气缸，使火花塞跳火。该系统同时利用两个爆燃传感器，使发动机电控单元（ECU）能有效地识别每个气缸是否产生爆燃，保证发动机免受劣质汽油引起的强烈爆燃的损害。

任务拓展

查找相关维修资料，试举出几款我国目前采用的双缸同时点火的点火系统的常见车型。

任务二　检查更换火花塞和高压线

任务准备

桑塔纳 2000GSi 整车、数字式万用表、世达工具、火花塞间隙规、火花塞、高压线等。

任务目标

1）了解检查和更换火花塞、高压线的重要性；
2）能够用数字式万用表检测高压线和抗干扰插头的电阻值；
3）能够观察判断火花塞及其外观是否正常；
4）能够用火花塞间隙规测量火花塞间隙；
5）能够按操作流程正确拆装火花塞和高压线；
6）能够在 10min 内独立完成火花塞和高压线的检查与更换工作。

任务实施

如前所述，一辆桑塔纳 2000GSi 型轿车，行驶里程为 80 000km。此车起动后怠速不稳，发动机抖动，加速困难，行驶过程中时有耸车。通过询问车主，了解到该车在对发动机进行常规保养时只更换了机油和三滤，其他零件几乎没有更换。经检查确认：此故障存在于点火系统的高压部位。为此，检查并更换火花塞和高压线。

操作步骤	操作示意图	说　明
1. 将车辆驶入工作场地，做好操作前的安全检查和前期准备工作		作业现场应具备良好的通风和照明条件，并应做好以下准备工作：清洁工作场地；配备有效的灭火器材；检查现场是否存在易燃易爆物品和妨碍作业的物品；准备相关作业工具和设备；安装车轮挡块；检查发动机机油液位、冷却液液位高度；插入废气抽气管；记录车辆信息；确认现场安全；安装座椅套、地板垫及转向盘套等。

（续）

操作步骤	操作示意图	说　明
2. 确认车辆安全并将点火开关置于关闭(OFF)位置		确认变速器变速杆置于空挡位置；拉紧驻车制动器；开启发动机舱盖并确保支撑杆稳定牢固；安装翼子板防护垫及前格栅防护垫。
3. 用专用工具拔出第1缸至第4缸高压线的抗干扰插头		根据故障症状，查阅桑塔纳2000GSi轿车维修手册或技术资料，确定诊断思路和检查步骤。用专用工具夹紧高压线抗干扰插头的外壳，然后拔出高压线。 注意：如果直接拉拔高压线绝缘部位，可能造成高压线的断裂和损坏。
4. 从点火线圈处拔下所有的高压线	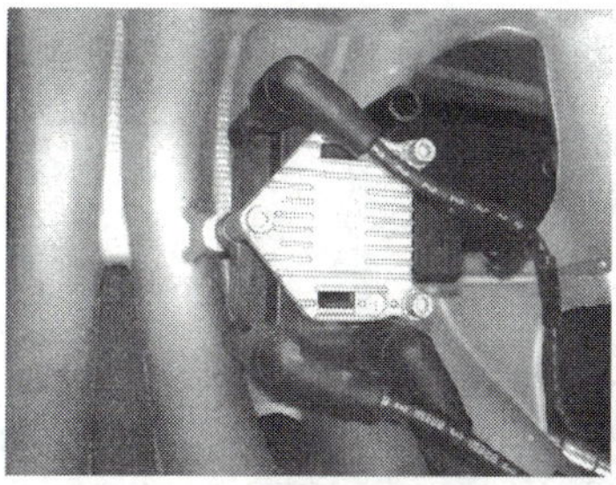	点火线圈安装在进气歧管的内侧，拔下高压线时，应注意用力均匀，防止高压线插孔损坏。
5. 观察每根高压线的外表是否损坏	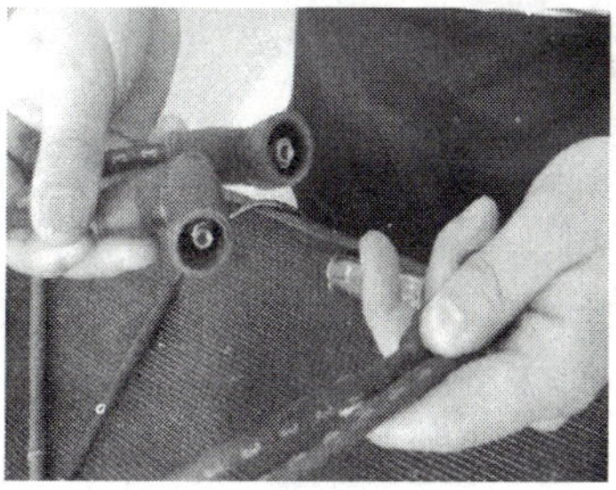	如果高压线的外表破损严重，将导致其绝缘性能的降低或导电，产生漏电现象。

(续)

操作步骤	操作示意图	说　明
6. 测量高压线的整体电阻	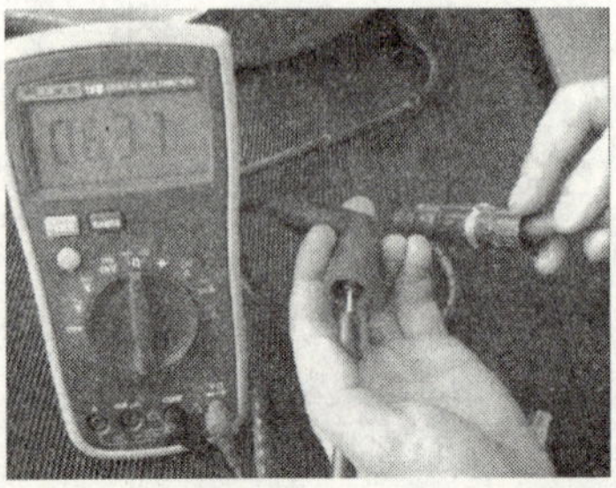	测量第1缸至第4缸高压线的电阻值。其标准电阻值为5.8～6.2kΩ,图中显示实测电阻值为6.37kΩ。测量结果显示电阻值偏大,应更换新品。如果所测电阻值为无穷大,说明高压线内部断路,也应更换新品。如果所测电阻值正常,则需测量抗干扰插头外壳与高压线极柱之间的电阻,测量值无穷大为正常。 注意:更换新品后,仍需测量电阻值和绝缘性,确认合格后方可安装。
7. 拆下火花塞		用专用工具依次拧松火花塞,然后用压缩空气吹去火花塞周围的杂物,再用专用工具依次拆下第1缸至第4缸的火花塞。
8. 检查火花塞的工作状况	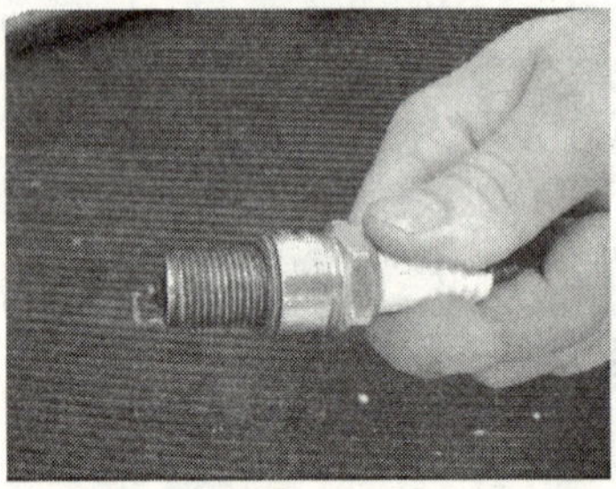	观察火花塞的电极发现:第2缸和第3缸的火花塞电极周围无积炭,颜色呈淡黄色,说明火花塞工作正常;而第1缸和第4缸的火花塞电极周围有明显积炭,颜色呈黑色,且间隙过大,可确定第1、4缸的火花塞工作不良。因此,第1、4缸需要更换新的火花塞。
9. 更换火花塞	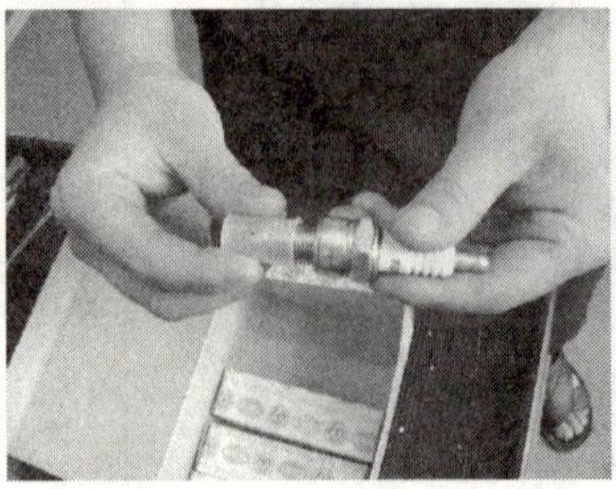	更换火花塞要选用与原火花塞热值相同的火花塞。可采用博世(BOSCH)的8DC或9DC型号的火花塞,或采用贝鲁(BERU)的14-6DC或14-7DTU型号的火花塞,还可采用香槟(CHAMPION)N7YC和N7BYC型号的火花塞,也可采用国产南京火花塞厂和株洲火花塞厂生产的T41961型号的火花塞。

（续）

操作步骤	操作示意图	说　明
10. 检测火花塞间隙	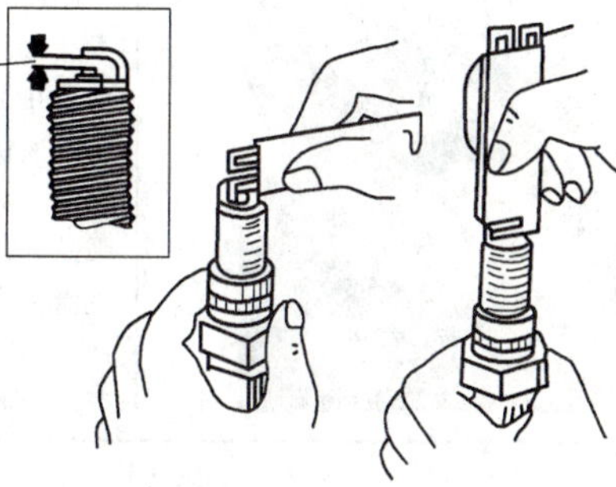	火花塞中心电极与侧电极之间的间隙，称为火花塞间隙。火花塞间隙对发动机的工作性能有很大的影响。桑塔纳 2000GSi 火花塞的标准间隙值为 0.9～1.1mm。测量结果需符合标准要求。如果火花塞间隙不符合标准要求，则需进行调整。 注意：火花塞间隙的测量与调整必须使用火花塞间隙规。
11. 安装火花塞	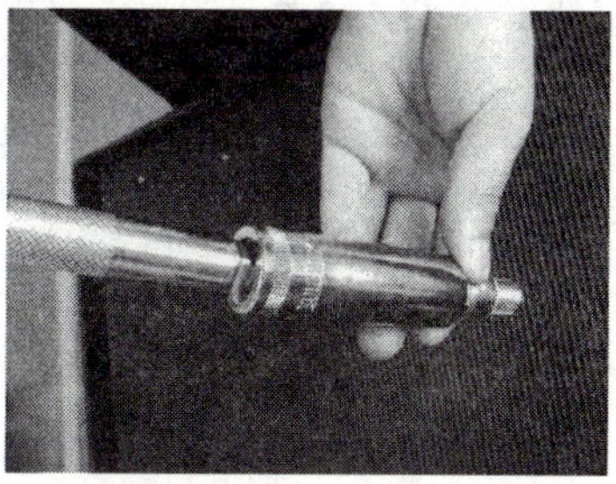	使用专用工具正确安装火花塞，然后用数字式扭力扳手按规定的拧紧力矩拧紧火花塞。 标准的火花塞拧紧力矩为 30N·m。
12. 安装新的高压线	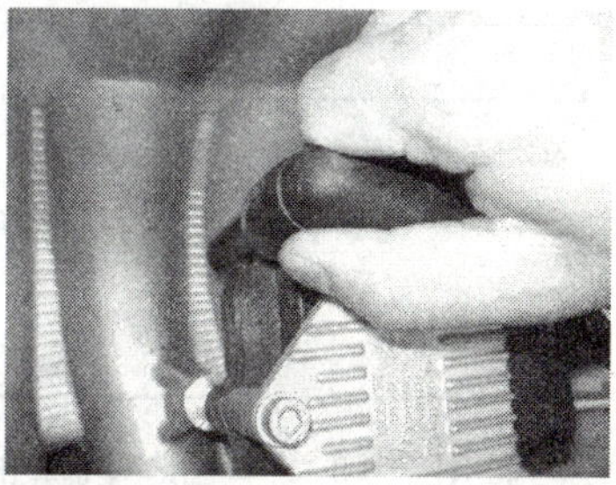	在安装新的高压线插头时，应注意高压线的长短，不同长度的高压线应对应不同的气缸。原厂配备的高压线外表中均标有气缸编号，以防插错。点火线圈模块插孔旁的 A、B、C、D 符号分别对应第 1 缸至第 4 缸的高压线位置。
13. 在火花塞上安装高压线抗干扰插头		使用专用工具正确安装高压线，并确认抗干扰插头已牢固安装在火花塞上。同时，全面检查各零件是否安装到位，以避免工作失误，确保一次完成操作过程。

（续）

操作步骤	操作示意图	说　明
14. 起动发动机		起动发动机，观察仪表，如故障灯不亮，说明系统正常。进一步观察发动机在不同工作状态下的现象：发动机怠速稳定；中、高速加速良好，响应灵活。对车辆进行路试，发动机动力强劲，故障现象完全消失。 清洁整理工具和设备，打扫工作场地，清洗车辆内、外部，等待车主接车。至此，维修任务完成。

任务练习

1）检测拆换下的火花塞和高压线并填写表3-2。

表3-2　火花塞和高压线的检测结果记录

火花塞和高压线的检测记录					
检测项目	检测细则	标准参数	检测结果	是否正常	是否需要更换
火花塞	外观				
	间隙				
高压线	外观				
	电阻				
抗干扰插头	外观				
	电阻				
检测结论：					

2）查阅相关的维修资料，查找“通用”和“丰田”汽车的火花塞间隙值。其使用寿命为多长？白金、铱金火花塞的间隙是多少？使用寿命多长？

3）高压线的作用是什么？电控点火系统采用的高压线有什么特点？

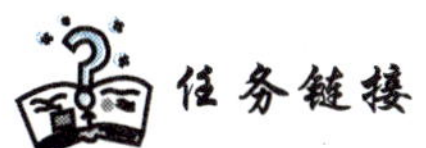

任务链接

1. 汽油发动机点火系统的分类

汽油发动机点火系统按其组成和产生高压电方式的不同，可分为传统蓄电池点火系统、电子点火系统、微机控制点火系统等几大类型。

（1）传统蓄电池点火系统　传统蓄电池点火系统以蓄电池和发电机为电源，借点火线圈和断电器的作用，将低压电转变为高压电，再通过分电器分配到各缸火花塞，使火花塞两电极之间产生电火花，点燃可燃混合气。传统点火系统由于产生的高压电比较低、高速时工作不可靠、使用过程中需经常检查和维护，目前已经被电子点火系统和微机控制点火系统所取代。

（2）电子点火系统　电子点火系统主要分为有触点点火系统和无触点点火系统两大类。无论是哪一类电子点火系统，都是利用电子元件（晶体三极管）作为开关来接通或断开点火系统的初级电路、通过点火线圈来产生高压电的。有触点的电子点火系统用减小触点电流的方法，来减小触点火花，改善点火性能，它是一种半导体辅助点火装置，目前已被无触点或微机控制点火系统所取代。无触点的电子点火系统利用传感器代替断电器触点，克服了与触点相关的一切缺点。目前应用较多的传感器主要有磁脉冲式、霍尔效应式和光电效应式三种。

（3）微机控制点火系统　微机控制点火系统可以通过各种传感器感知多种因素对点火提前角的影响，使发动机在各种工况和使用条件下的点火提前角都与相应的最佳点火提前角比较接近，并且不存在机械磨损等问题，克服了传统点火提前角调整装置的缺陷，使点火系统的发展更趋完善，发动机的性能得到进一步改善和更加充分的发挥。因此，微机控制点火系统是继无触点的普通电子点火系统之后，点火系统发展的又一次飞跃，是目前最新型的点火系统，已广泛应用于各种中、高级轿车中。

2. 桑塔纳2000GSi发动机双缸直接点火系统的特点

桑塔纳2000GSi发动机点火系统采用了无分电盘的双缸直接点火系统，因此，任何一个火花塞和高压线的损坏将影响与其相关的另一气缸的工作，导致点火性能降低，发动机工作不良。

在双缸直接点火系统中，如果由于一个火花塞或高压线损坏而使相应的点火回路断开，那么和它共用一个点火线圈的火花塞也因该电路的故障而不能跳火，从而使两个气缸不工作；如果一个火花塞或高压线由于短路而不能跳火，但电气回路没有断开，那么和它共用一个点火线圈的另一个火花塞仍然能够正常跳火。

任务拓展

1）更换丰田卡罗拉轿车的火花塞，观察其操作方法和步骤与更换桑塔纳轿车的火花塞有什么不同？

2）对比“任务链接”中的几种点火系统，说一说其控制功能和结构有什么异同。

任务三　检查更换点火线圈总成

任务准备

桑塔纳 2000GSi 整车、数字式万用表、世达工具、点火线圈总成等。

任务目标

1）能够用 LED 测试灯正确判断线路的状态；
2）能够用数字式万用表检测点火线圈次级绕组的电阻值；
3）能够正确判断点火线圈是否损坏；
4）能够在 15min 内独立完成更换点火线圈的任务。

任务实施

一辆桑塔纳 2000GSi 轿车，配置 AJR 电喷发动机。该车停驶一段时间后，因蓄电池无电而采用了充电—起动两用仪器进行辅助起动，但无着车迹象。经检查确认，此故障是由点火线圈的损坏引起的，所以更换了点火线圈。

操作步骤	操作示意图	说　明
1. 用专用工具拔下高压线		用专用工具夹紧高压线的抗干扰插头的外壳，拔下高压线。
2. 将备用火花塞插入高压线防干扰插头端		将备用火花塞插入到已拔下的高压线防干扰插头端内，火花塞的外壳与缸体应良好接地。

（续）

操作步骤	操作示意图	说　明
3. 拔下4个喷油器连接器的插头	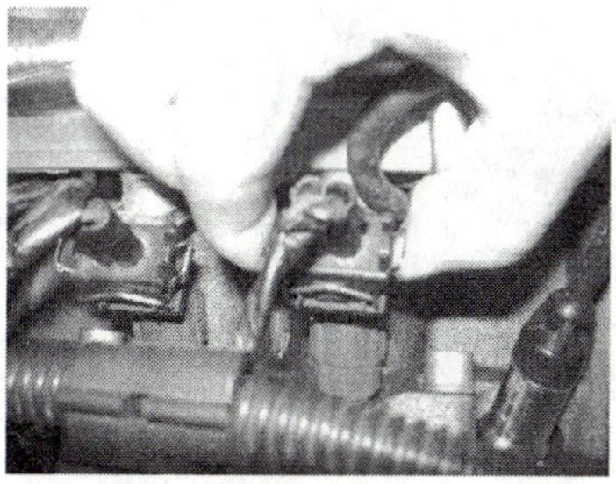	拔下喷油器插头的目的在于，当检查高压线跳火时，防止燃油喷入气缸内。
4. 观察火花塞的跳火现象	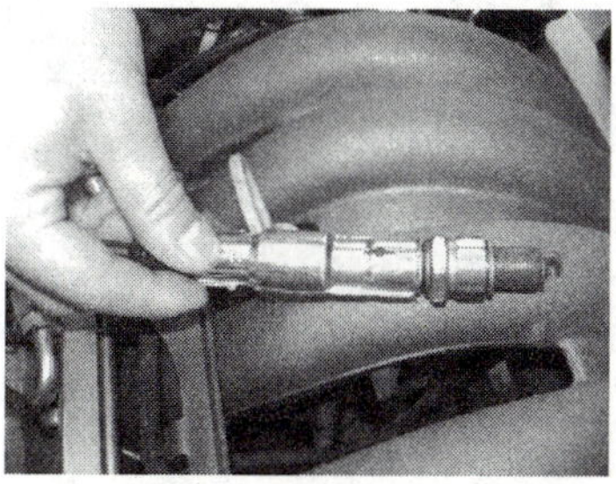	起动发动机，检查火花塞电极是否有跳火现象。用同样的方法检查其他所有高压线的跳火情况，然后关闭点火开关。 诊断结果：所有高压线均无跳火现象。 注意：起动前再次确认变速杆是否置于空挡位置，驻车制动器是否已拉紧，且每次起动发动机的时间不要超过5s。
5. 确定诊断思路		查阅桑塔纳2000GSi轿车维修资料，根据故障现象确定诊断思路，制订维修方案，确认操作步骤。
6. 拔下点火线圈线束连接器的插头	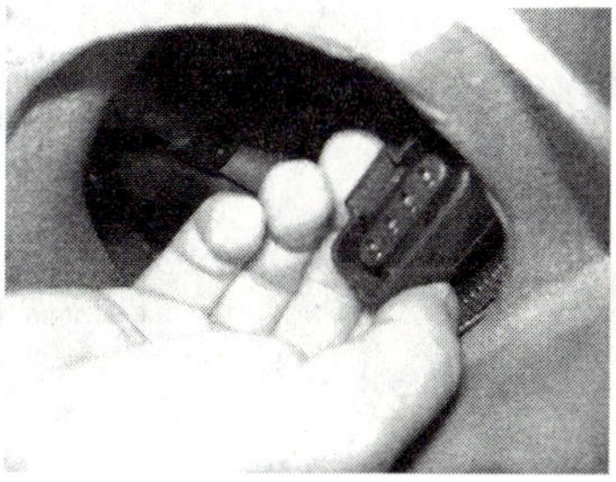	拔下点火线圈线束连接器的插头时，应注意先按压连接器的锁扣，当锁扣完全解除后，向外拔下连接器插头。 注意：切勿在未解除锁扣的情况下强制拔下连接器，以免造成连接器锁扣损坏。

（续）

操作步骤	操作示意图	说　明
7. 将 LED 测试灯探针插入至线束连接器的 2 号端子内	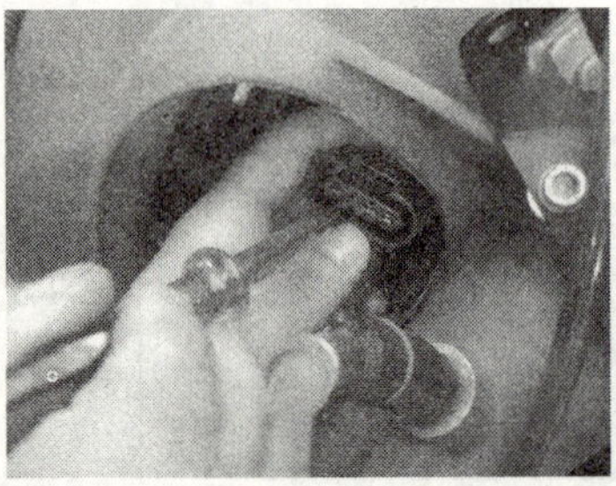	如果 LED 测试灯的探针较粗，不能直接插入至端子内，应改为专用测试探针延长线辅助操作，以防连接器插片损坏。
8. 将 LED 测试灯的另一端连接在发动机的搭铁点	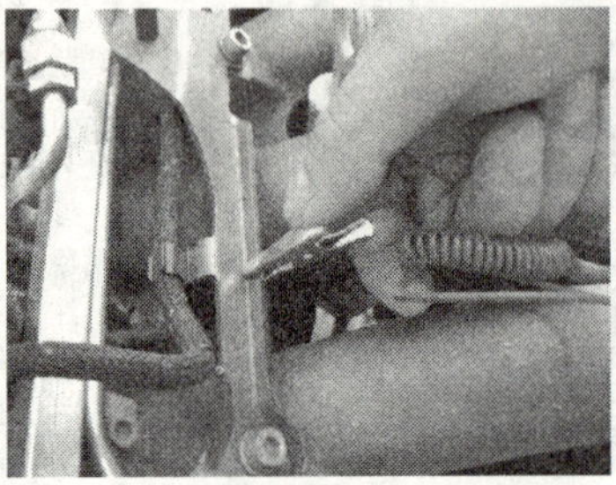	确保搭铁点接触良好。
9. 检查线束连接器 2 号端子（点火线圈的电源 12V）的工作状况	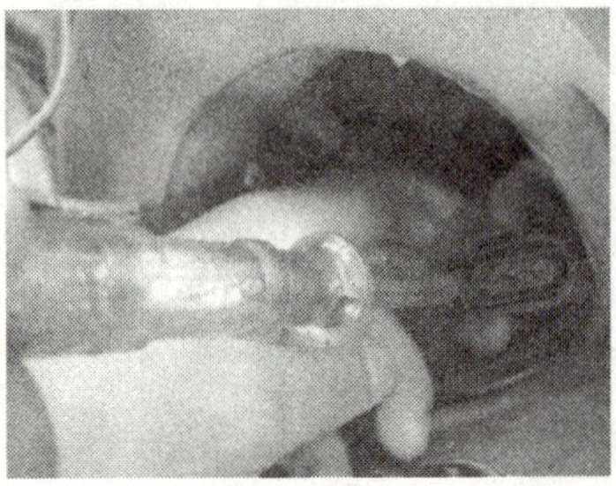	打开点火开关，不起动发动机，观察 LED 测试灯是否点亮。 测试结果：LED 测试灯点亮。 结论：线束连接器 2 号端子正常。 关闭点火开关。
10. 检查线束连接器 4 号端子的工作状况	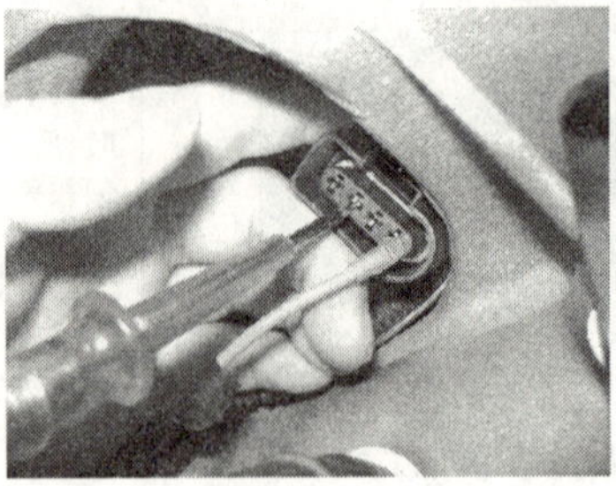	用专用测试延长线辅助操作，将 LED 测试灯的另一端插入至线束连接器的 4 号端子内，打开点火开关，不起动发动机，观察 LED 测试灯是否点亮。 测试结果：LED 测试灯亮。 结论：连接器的 4 号端子和线束均正常。

（续）

操作步骤	操作示意图	说　　明
11. 测量2号端子和4号端子的电源电压		将数字万用表的量程调整至直流电压挡。将万用表的红表笔插入至连接器插头的2号端子内，黑表笔插入至连接器插头的4号端子内。
12. 测量直流电压		测量直流电压并确认电压值是否符合要求。标准电压为12～14V，实际电压为12.31V，测量结果说明电压符合要求。 诊断结果：点火线圈连接器2号端子和4号端子线束正常，无断路现象。 关闭点火开关。
13. 观察第1、4缸点火控制器的脉冲信号		将LED测试灯的一端连接在点火线圈线束连接器的1号端子内，另一端连接在点火线圈线束连接器的4号端子内。起动发动机，观察LED测试灯是否闪烁。 测试结果：LED测试灯闪烁。 结论：第1、4缸点火控制器的脉冲信号正常。
14. 观察第2、3缸点火控制器的脉冲信号		将LED测试灯的一端连接在点火线圈线束连接器的3号端子内，另一端连接在点火线圈线束连接器的4号端子内。起动发动机，观察LED测试灯是否闪烁。 测试结果：LED测试灯闪烁。 结论：第2、3缸点火控制器的脉冲信号正常，且电控单元、线束和连接器均正常。 关闭点火开关。 确认故障范围：点火控制组件损坏。

（续）

操作步骤	操作示意图	说　明
15. 插回4个喷油器连接器的插头	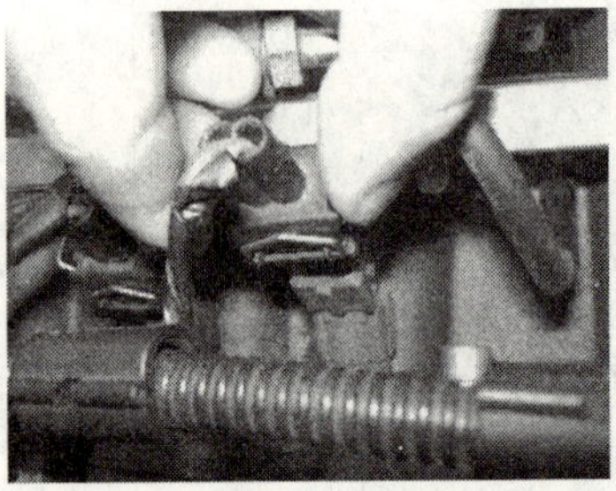	插入喷油器连接器插头时，注意方向和位置，应用双指按压弹簧扣，直至安装到位。
16. 拔下所有连接在点火线圈端的高压线，检测高压线的电阻值	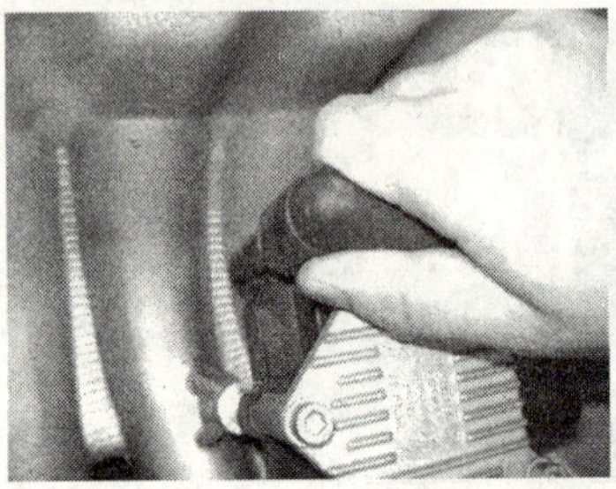	点火线圈安装在进气歧管的内侧，拔下高压线时，应注意用力均匀，防止高压线插孔损坏。 高压线的检测方法和操作步骤详见任务二。
17. 拆下点火线圈	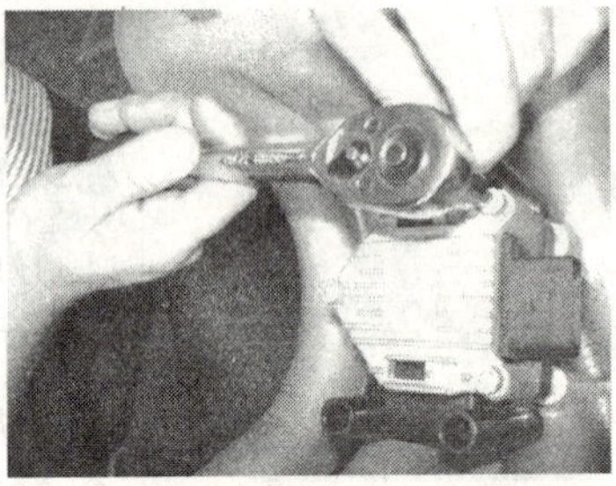	选择合适的工具，拆下点火线圈的固定螺栓，取下点火线圈。
18. 检测点火线圈次级绕组的电阻值	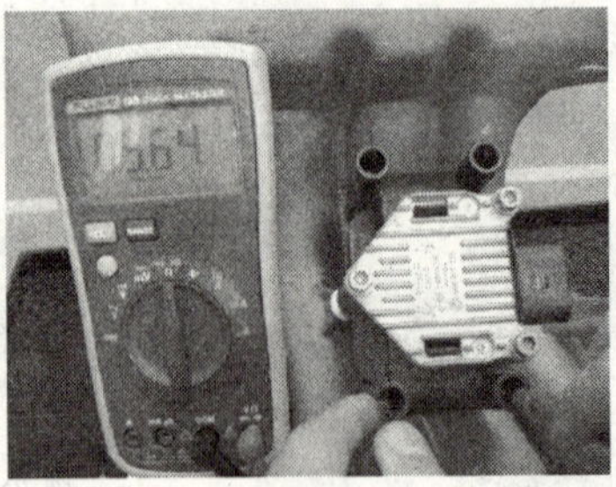	将数字式万用表的两表笔分别插入高压线圈的A、D两插孔，检测第1、4缸点火线圈次级绕组的电阻，其标准电阻值为4～6kΩ，实测电阻值为5.64kΩ。再将数字式万用表的两表笔分别插入高压线圈的B、C两插孔，检测第2、3缸点火线圈次级绕组的电阻，其标准电阻值为4～6kΩ，实测电阻值为5.64kΩ。所测阻值均符合规定值。

（续）

操作步骤	操作示意图	说　明
19. 确认故障点	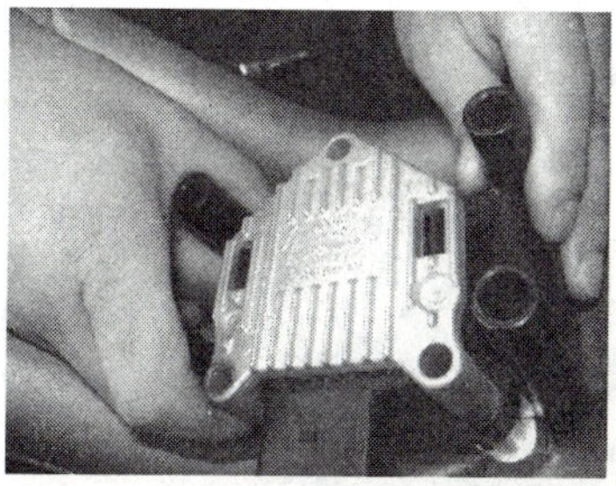	经测试确认：高压线正常；电源电压正常；电控单元 J220 对点火控制组件的控制功能正常。经综合分析，确认故障为点火控制组件损坏。由于点火线圈和点火控制组件组合在一起，因此必须更换新的点火线圈总成。
20. 安装新的点火线圈	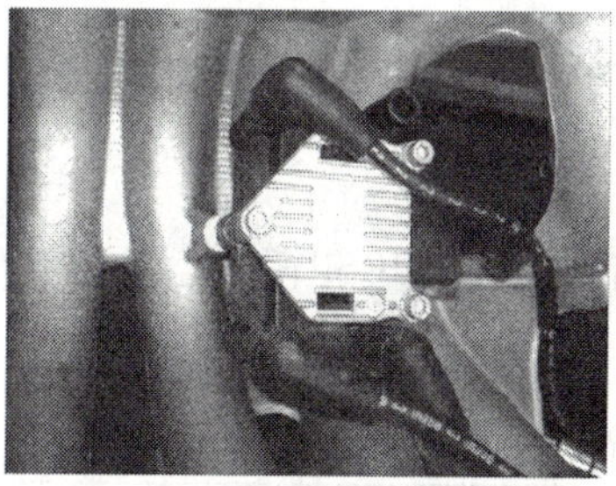	安装点火线圈，并按规定的拧紧力矩(10N·m)拧紧点火线圈的固定螺栓。 将第1、2、3、4缸的高压线分别安装到点火线圈的插孔内，切勿插错。
21. 分别将高压线的另一端插入到相应的火花塞上	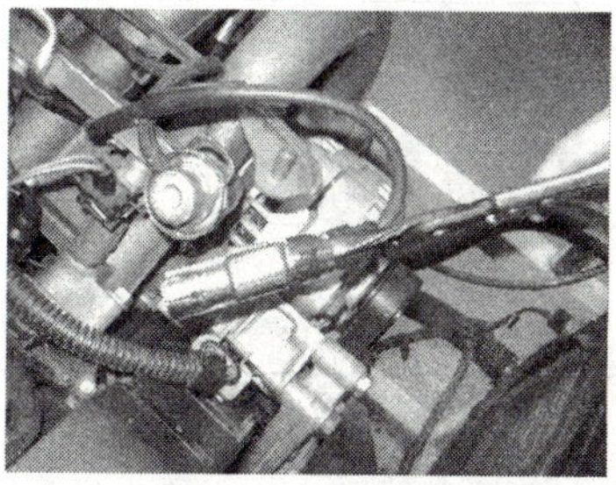	用专用工具安装高压线，并确认抗干扰插头已牢固地安装在火花塞上，然后全面检查各装配零件是否安装到位。
22. 将线束连接器插回到点火线圈的插孔内	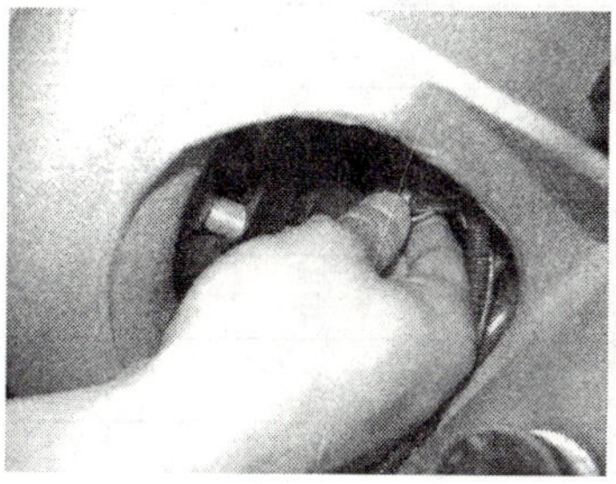	插入连接器插头时，必须确认点火开关已置于“OFF”位置，并注意插头的方向和位置。连接器应平行插入，直至安装到位。

（续）

操作步骤	操作示意图	说　　明
23. 起动发动机		起动发动机，观察发动机的运行状态：工作正常，怠速稳定，中、高速加速良好。至此，发动机故障已经排除。关闭点火开关，停止发动机运转。 清洁整理工具和设备，打扫工作场地，清洗车辆内、外部。至此，维修任务完成。 在诊断操作的整个过程中，要时刻做到：整顿、整理、清扫、清洁、自律、安全、节约的“7S”作业规范，养成良好的操作习惯。

任务练习

1）设置相同的故障，在上海桑塔纳 2000GSi 轿车上进行实操检测，并将检测结果填写在表 3-3 中。

表 3-3　高压线和点火线圈的检测分析

检测项目	检测细则	标准数据或状态	检测结果	是否正常
高压线	外观			
	电阻值			
点火线圈	外观			
	次级电阻值			
其他需要检测的项目				

2）完成点火线圈的更换，填写表 3-4 的流程记录。

表 3-4　更换点火线圈的流程记录

操 作 内 容	操作要点及规范	完成情况记录	结果说明
1. 断开点火线圈连接器			
2. 拆卸高压线			
3. 选择拆装工具			
4. 拆卸点火线圈固定螺栓			
5. 取下点火线圈			
6. 检查新的点火线圈			
7. 安装点火线圈			

（续）

操作内容	操作要点及规范	完成情况记录	结果说明
8. 安装固定螺栓			
9. 确认安装是否准确			
10. 安装第1缸高压线			
11. 安装第2缸高压线			
12. 安装第3缸高压线			
13. 安装第4缸高压线			
14. 安装点火线圈连接器			
15. 确认点火顺序是否准确			
16. 起动发动机			
17. 观察仪表状态			
18. 观察怠速状态			
19. 观察中速状态			
20. 观察高速状态			
21. 是否出现其他状态			
22. 关闭点火开关			
23. 复查安装状况			
24. 工具的整理与清洁			
25. 操作规范化			

任务链接

1. 点火系统常用的点火方式

（1）同时点火方式　同时点火方式是点火系统采用每两个气缸共用一个点火线圈、4个气缸共用两个点火线圈的结构，每个点火线圈对应的两个气缸的火花塞同时产生高压电。同时点火方式是目前应用最广泛的一种微机控制点火系统的点火方式。

（2）独立点火方式　独立点火方式是每个气缸的火花塞配置一个点火线圈，各个独立的点火线圈直接安装在火花塞上，单独向火花塞提供高压电，各缸独立点火。这种结构的特点是省掉了高压线，因此可以使高压电能的传递损失和对无线电的干扰降低到最低水平。

2. 点火线圈的作用和分类

点火线圈是将蓄电池或发电机输出的低压电转变为高压电的升压变压器。它由初级绕组、次级绕组和铁心等组成。按磁路的形式不同，点火线圈可分为开磁路点火线圈和闭磁路点火线圈两种。

3. 点火线圈的故障

桑塔纳2000GSi型轿车点火系统中的点火线圈发生故障时，发动机将立即熄火或不能起动，而ECU不能检测到该故障信息，故障码也无法显示。

4. 故障原因分析

本故障产生的原因在于操作人员在起动发动机时，采用了充电—起动两用仪器进行辅助起动。由于此设备无限压、限流装置，输出的瞬间高电压、大电流造成点火线圈内部的控制组件损坏，从而导致发动机无法起动。因此，在采取辅助电源起动时，必须采用相同容量的蓄电池。

任务拓展

1）对比双缸同时点火方式和独立点火方式的点火系统，观察各组成元件的异同。

2）实车观察丰田卡罗拉轿车的点火系统与桑塔纳2000GSi型轿车的点火系统有什么不同。

3）查一查，试举出几款我国目前采用的双缸同时点火方式的点火系统的常见车型。

4）试举出几款我国目前采用的独立点火方式的点火系统的常见车型。

任务四　低压电路的故障诊断与排除

任务准备

桑塔纳2000GSi整车、数字式万用表、维修资料、世达工具、LED测试灯、剥线钳、绝缘胶带、低压线等。

任务目标

1）能够用LED测试灯正确测试线路；

2）能够用数字式万用表检测线束的电阻值和电压值；

3）能够判断线束是否存在断路、短路和搭铁现象；

4）能够按正确的操作流程进行故障的诊断与检查，并确认故障点；

5）能在20min内独立完成故障的检查、诊断与维修工作。

任务实施

一辆桑塔纳2000GSi轿车，因事故而对车辆的前部进行了钣金修复。车辆竣工后，在行驶中经常因车辆振动而导致发动机熄火，最后导致发动机无法起动。诊断结果：此故障存在于点火系统中的低压控制电路。

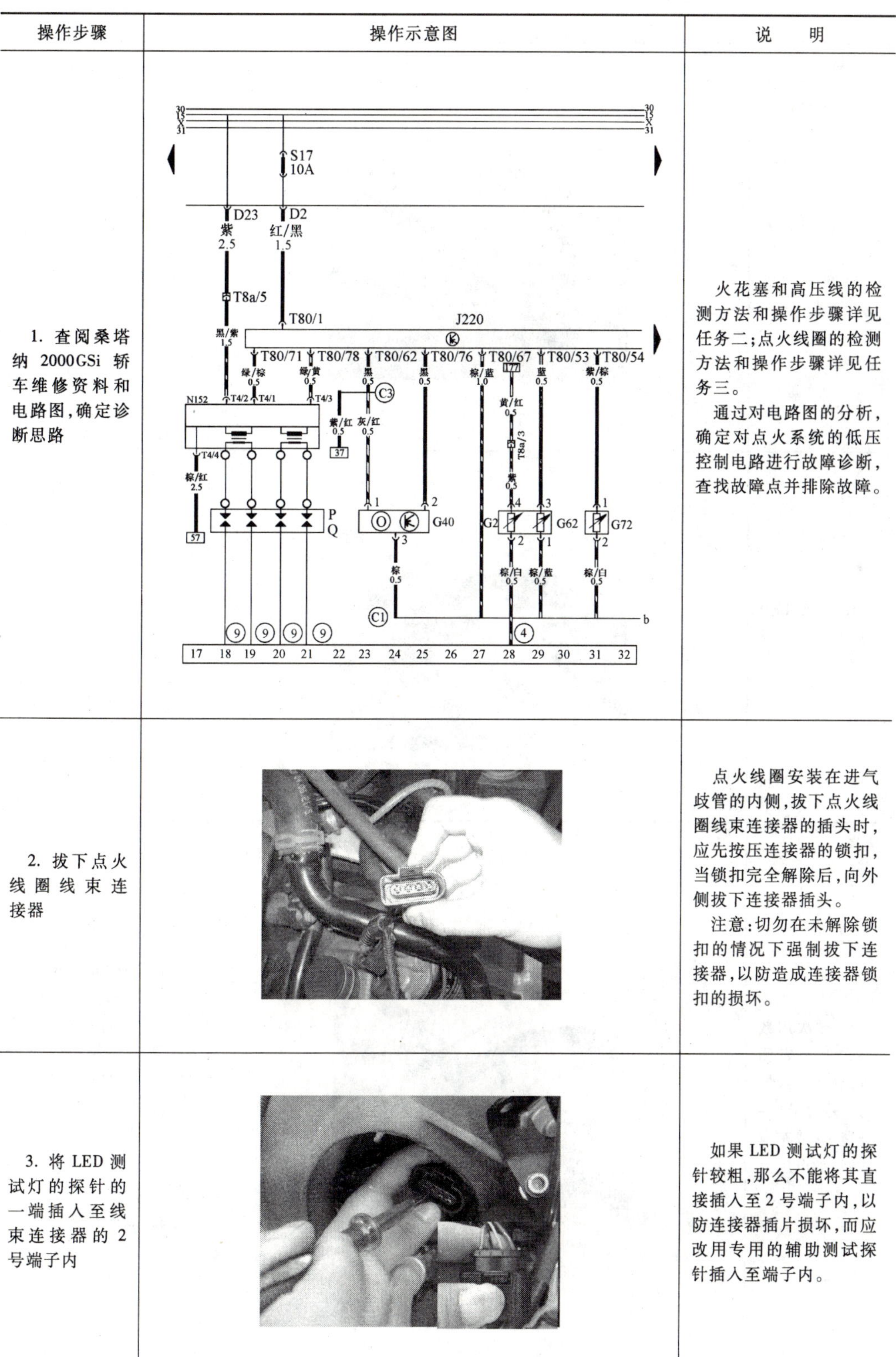

操作步骤	操作示意图	说　明
1. 查阅桑塔纳 2000GSi 轿车维修资料和电路图，确定诊断思路		火花塞和高压线的检测方法和操作步骤详见任务二；点火线圈的检测方法和操作步骤详见任务三。 通过对电路图的分析，确定对点火系统的低压控制电路进行故障诊断，查找故障点并排除故障。
2. 拔下点火线圈线束连接器		点火线圈安装在进气歧管的内侧，拔下点火线圈线束连接器的插头时，应先按压连接器的锁扣，当锁扣完全解除后，向外侧拔下连接器插头。 注意：切勿在未解除锁扣的情况下强制拔下连接器，以防造成连接器锁扣的损坏。
3. 将 LED 测试灯的探针的一端插入至线束连接器的 2 号端子内		如果 LED 测试灯的探针较粗，那么不能将其直接插入至 2 号端子内，以防连接器插片损坏，而应改用专用的辅助测试探针插入至端子内。

（续）

操作步骤	操作示意图	说　　明
4. 将LED测试灯的另一端连接在发动机的搭铁点		必须确保搭铁点的接触良好。
5. 观察LED测试灯是否点亮		打开点火开关，LED测试灯不亮。 测试结果：无电源电压，2号端子或线束异常。
6. 再次用数字式万用表测量，确认连接器的2号端子与4号端子（或车身搭铁）的电压值		测量的标准电压值为：11～14V。2号端子与4号端子间的实测电压为0V，测量结果不正常；2号端子与车身搭铁间的实测电压为0V，测量结果不正常。 结论：线束存在断路现象。 关闭点火开关。

（续）

操作步骤	操作示意图	说　　明
7. 检查中央线路板背面的白色的代号为D的线束连接器和23号端子的状况	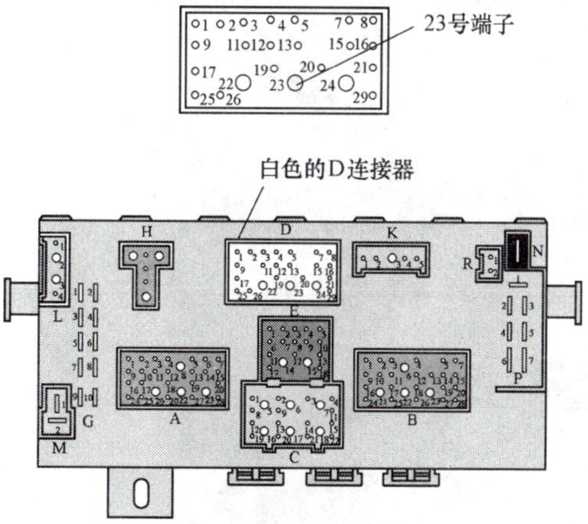 23号端子 白色的D连接器 中央线路板背面板结构	目视观察中央线路板背面的白色的代号为D的线束连接器以及23号紫色导线，连接正常。用数字式万用表测量D连接器的23号紫色导线端子与车身搭铁的电压值，标准电压为11～14V。实测电压为12.5V，电压正常。根据23号紫色导线的路径寻找通向点火线圈2号端子黑色线束的T8/5插接器，用数字式万用表测量T8/5插接器与车身搭铁的电压，其值为12.5V，电压正常。关闭点火开关。用万用表电阻挡测量T8/5插接器至点火线圈连接器2号端子的电阻值。 标准电阻：<0.5Ω；实测电阻：无穷大。 检测结果：不正常。点火线圈2号端子至T8/5插接器之间的导线存在断路现象。
8. 解剖线束，查找导线断路的故障部位并修复线束		进行此操作前，应先拆除蓄电池负极接线柱电缆，然后解剖线束，查找导线断路的故障部位。根据T8/5插接器至点火线圈的线束走向查找故障点，发现在前围板左侧点火线圈的2号黑色导线已被切断，故障点找到。用剥线钳、绝缘胶带等工具对黑色导线进行剥线、焊接和包扎，使线束恢复原状。
9. 用万用表的电阻挡测量点火线圈连接器的2号黑色导线与8/5插接器之间的电阻值	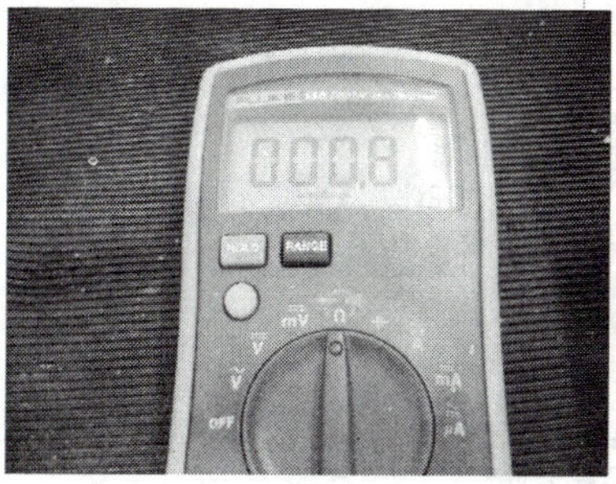	标准电阻：<0.5Ω。 测量电阻：0.8Ω，减去仪表误差值0.55Ω，实际电阻值：0.25Ω，电阻值符合规定要求。连接T8/5插接器，再次用同样的方法测量点火线圈连接器2号黑色导线与中央线路板背面白色的代号为D的线束连接器中的23号紫色导线的电阻，测量结果也小于0.5Ω，说明电阻值已恢复正常。 维修结果：导线电阻值正常，断路现象消除，线束恢复正常。

（续）

操作步骤	操作示意图	说　明
10. 用万用表电阻挡测量点火线圈连接器4号端子与车身搭铁之间的电阻值	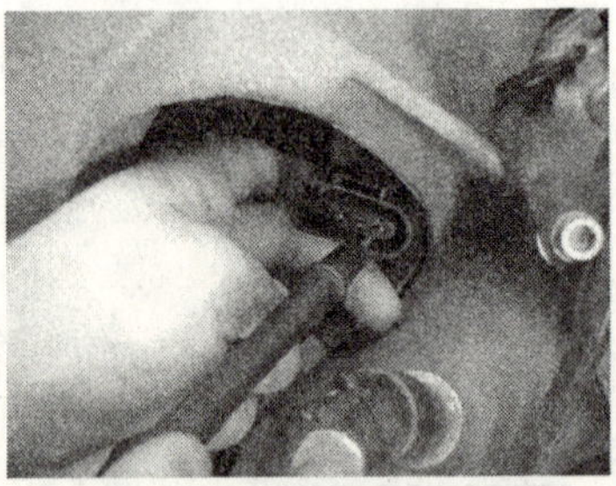	标准电阻：<0.5Ω。 实测电阻：0.3Ω。 检测结果：正常。 结论：线束无断路现象。 连接蓄电池负极接线柱电缆，其固定螺栓的拧紧力矩为10N·m。
11. 再次测量连接器2号端子与4号端子间的电压值	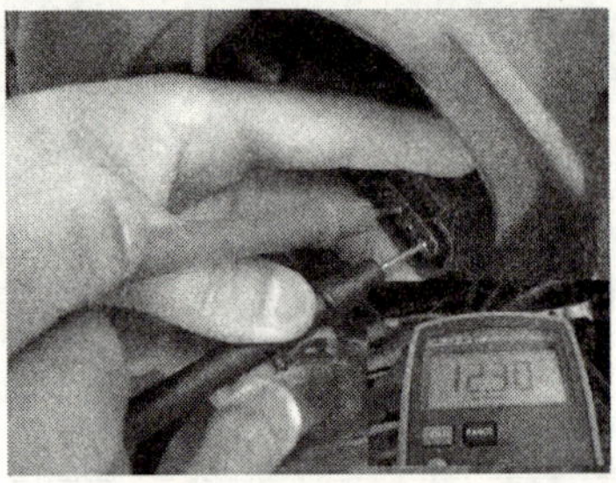	将数字式万用表的量程调整至直流电压挡。万用表的正表笔连接至点火线圈2号端子，负表笔连接至连接器插头4号端子。打开点火开关，测量电源电压。 标准电压：11～14V；实测电压：12.30V。 电源电压恢复正常。
12. 将LED测试灯连接在点火线圈线束连接器的1、4号端子间	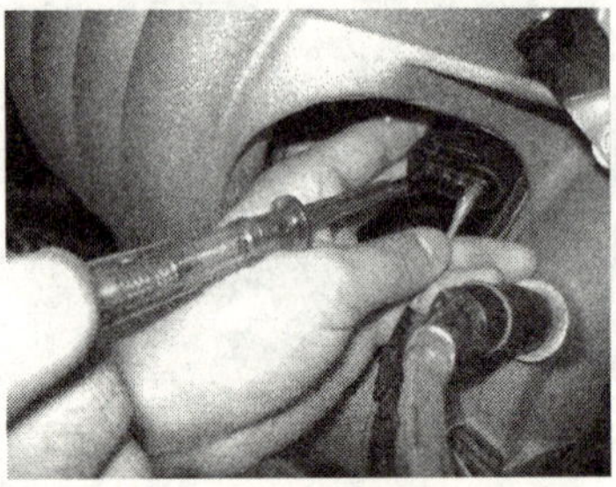	将LED测试灯的一端连接在点火线圈线束连接器的1号端子内，另一端连接在点火线圈线束连接器的4号端子内。
13. 起动发动机并观察第1、4缸的脉冲信号		起动前，先拆除喷油器的连接器，且每次起动发动机的时间不得超过5s。 观察LED测试灯是否闪烁。 结论：LED测试灯不闪烁。

（续）

操作步骤	操作示意图	说　明
14. 用 LED 测试灯观察第 2、3 缸的脉冲信号并分析判断		将 LED 测试灯的一端连接在点火线圈线束连接器的 3 号端子内，另一端仍然连接在点火线圈线束连接器的 4 号端子内。 起动发动机，观察 LED 测试灯是否闪烁。 结论：LED 测试灯不闪烁。 关闭点火开关。 故障现象分析：点火线圈连接器 1 号和 3 号端子与电控单元 J220 之间的线束存在断路现象。
15. 再次拆除蓄电池负极接线柱电缆		用梅花扳手将蓄电池负极接线柱的锁紧螺母拧松，分离接线柱电缆，确保接线柱电缆与蓄电池完全断开。
16. 拆除发动机电控单元 ECU 的连接器		必须由水平位置平行向外侧拉动连接器锁扣的手柄方能完全解除锁止。 不允许在未完全解锁的情况下强制拆除连接器。
17. 查找电控单元 ECU 连接器的编号		根据桑塔纳 2000GSi 轿车维修手册和电路图，查找得知，点火线圈连接器 1 号端子的线束与电控单元 J220 连接器的 71 号端子线束相连接；点火线圈连接器 3 号端子的线束与电控单元 J220 连接器的 78 号端子线束相连接。依此确定测量方法。

（续）

操作步骤	操作示意图	说　明
18. 用万用表的电阻挡测量点火线圈连接器的 1 号端子与电控单元 J220 连接器的 71 号端子间的电阻值	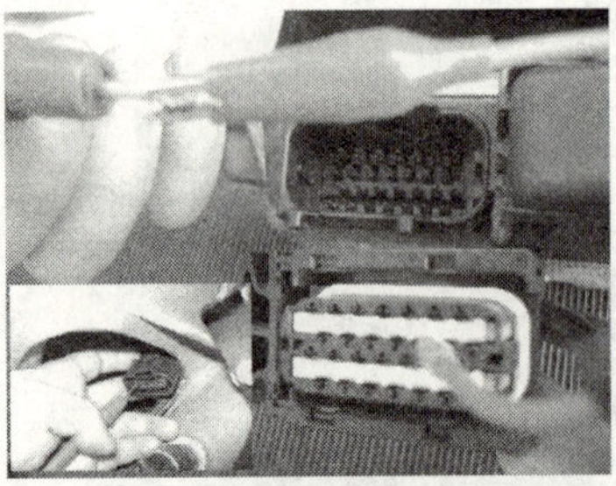	用万用表测量导线的电阻值。 标准电阻：<0.5Ω。 实测电阻：无穷大。 检测结果：不正常。 结论：线束存在断路现象。
19. 用万用表的电阻挡测量点火线圈连接器的 3 号端子与电控单元 J220 连接器的 78 号端子间的电阻值	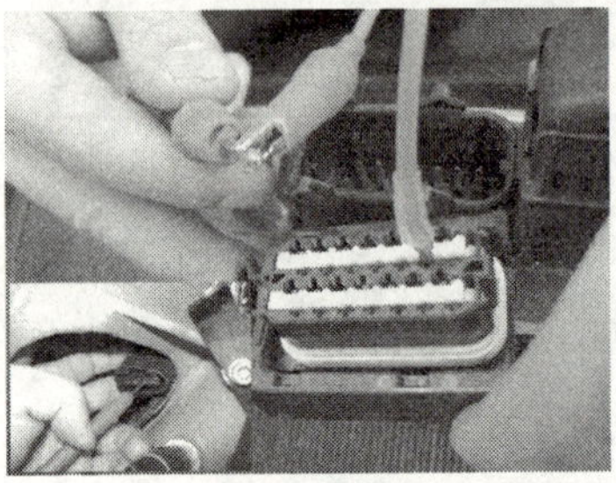	用万用表测量导线的电阻值。 标准电阻：<0.5Ω。 实测电阻：无穷大。 检测结果：不正常。 结论：线束存在断路现象。
20. 解剖线束，寻找线束断路的故障点并修复	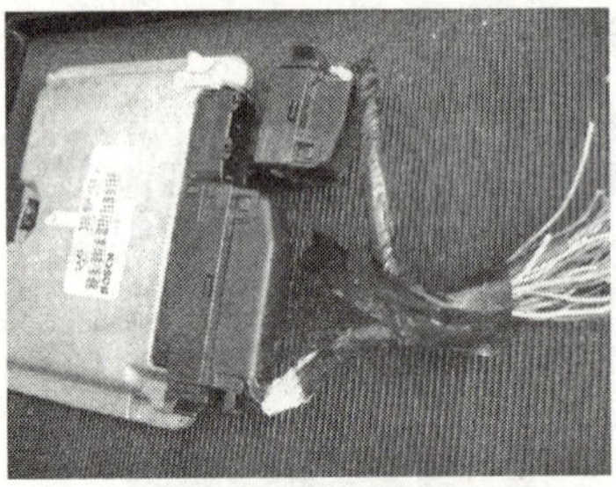	解剖线束，查找导线断路的故障部位。根据电控单元 J220 线束的走向查找，发现在电控单元连接器的附近，点火线圈连接器 1 号线束与电控单元 J220 连接器 71 号线束、点火线圈连接器 3 号线束与电控单元 J220 连接器 78 号线束已被切断。故障点找到。用剥线钳、绝缘胶带等工具对导线进行剥线、焊接和包扎，使线束恢复原状。
21. 用万用表的电阻挡再次测量点火线圈连接器的 1 号端子与电控单元 J220 连接器的 71 号端子间的电阻	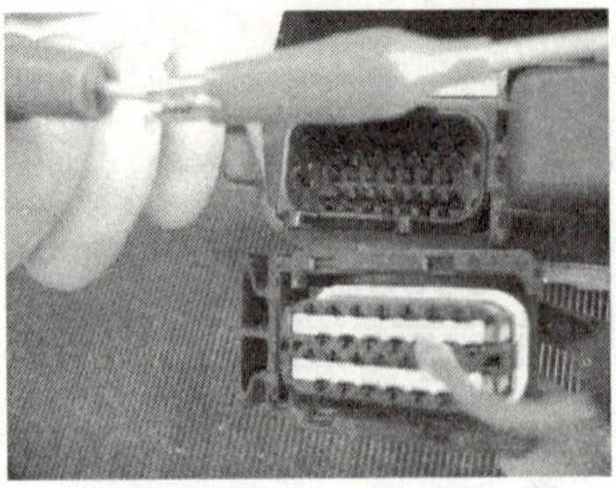	标准电阻：<0.5Ω。 实测电阻：0.4Ω。 检测结果：电阻值符合规定要求。 结论：线束恢复正常。

（续）

操作步骤	操作示意图	说明
22. 用万用表的电阻挡测量点火线圈连接器的3号端子与电控单元J220连接器的78号端子间的电阻值	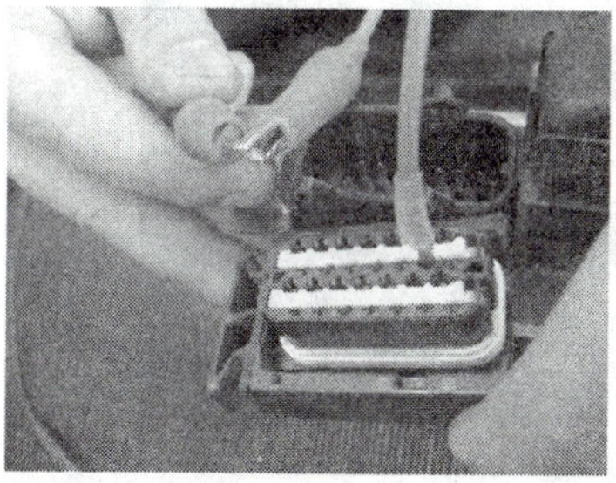	标准电阻：<0.5Ω。 实测电阻：0.4Ω。 检测结果：电阻值符合规定要求。 结论：线束恢复正常。
23. 用万用表的电阻挡测量点火线圈连接器的3号端子与1号端子间的绝缘状况	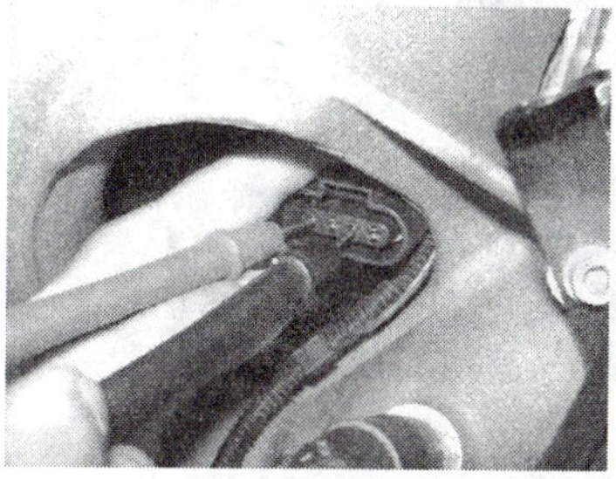	标准电阻：>10kΩ。 实测电阻：无穷大。 检测结果：正常。 结论：线束间绝缘良好。
24. 用万用表的电阻挡测量点火线圈连接器的1、3号端子与车身搭铁之间的绝缘状况	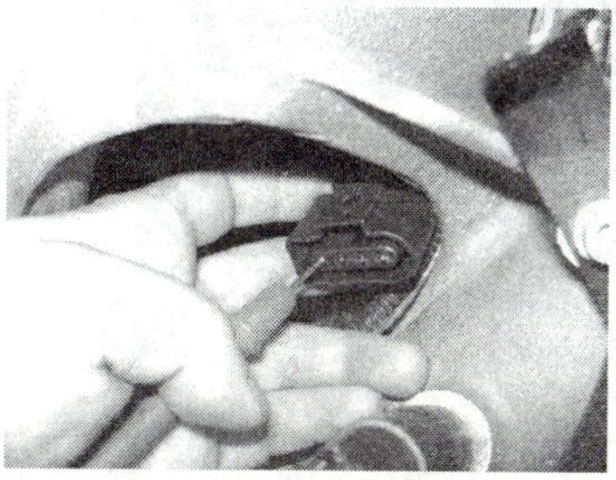	标准电阻：>10kΩ。 实测电阻：无穷大。 检测结果：正常。 结论：线束与车身绝缘良好。
25. 用万用表的电阻挡测量点火线圈连接器的1、3号端子与连接器的2号端子之间的绝缘状况	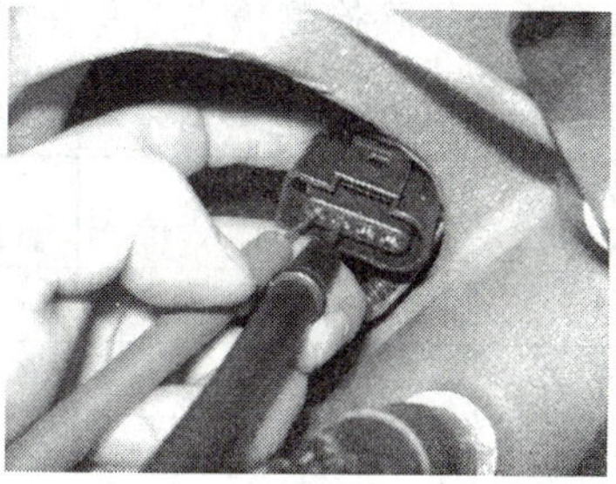	标准电阻：>10kΩ。 实测电阻：无穷大。 检测结果：正常。 结论：线束间绝缘良好。

（续）

操作步骤	操作示意图	说明
26. 连接安装电控单元J220连接器		安装电控单元J220连接器时，应先将锁扣手柄水平完全拉出，然后将连接器小心插入至电控单元J220的相应位置中，再将锁止手柄平行向内压紧，至连接器完全锁止为止。 注意：不允许在未完全解锁的情况下强制安装连接器。
27. 连接各部件的插接器	a) b) c) d)	a. 连接4个喷油器连接器的插头； b. 连接点火线圈线束连接器； c. 将第1缸至第4缸的高压线插入到点火线圈的A、B、C、D插孔内； d. 将高压线的另一端插入到相对应的火花塞中。
28. 起动发动机		连接蓄电池负极接线柱电缆，起动发动机，观察车辆的工作状态：发动机怠速稳定，中、高速加速良好，工作正常；车辆路试，发动机动力强劲、性能良好。至此，故障已经排除。 清洁整理工具和设备，打扫工作场地，清洗车辆内、外部。至此，维修任务完成。

任务练习

将点火系统低压电路的故障诊断与排除检测报告填写在表3-5中。

表3-5　点火系统低压电路的故障诊断与排除检测报告

检测类别	检测项目	标准数据或状态	维修前的测量值或状态	是否正常	原因分析与故障点确认	维修后的测量值或状态	是否正常
LED测试灯检测	T4/2—搭铁						
	T4/2—T4/4						
	T4/1—T4/4						
	T4/3—T4/4						

（续）

检测类别	检测项目	标准数据或状态	维修前的测量值或状态	是否正常	原因分析与故障点确认	维修后的测量值或状态	是否正常
数字式万用表检测	T4/4—搭铁						
	T4/2—T4/4						
	D23—搭铁						
	D23—T4/2						
	T4/1—T80/71						
	T4/3—T80/78						
	T4/2—电源						
ECU	点火信号						
	电源搭铁						

维修过程中应注意的事项：

任务链接

1）发动机电控系统的检修，主要包括传感器、执行器、线束以及电控单元 ECU 的检测与诊断。为了准确快捷地找到故障点以及查找线路的方便，诊断前应先查阅相关的维修资料，确定诊断思路、操作步骤和操作方法，然后再进行故障的诊断与排除。

2）检修发动机电控系统的注意事项。

① 插拔点火系统各线束的连接器前，应先关闭点火开关。

② 拔插 ECU 连接器前，必须将所有的用电设备和点火开关均置于关闭位置，然后再拆除蓄电池负极接线柱电缆。

③ 切勿在发动机运转时插拔点火系统的各连接器。

④ 切勿用试火的方法检测发动机电控系统的故障。

任务拓展

1）模拟相似故障，根据相关维修资料排除通用汽车点火系统的故障。

2）尝试对采用独立点火方式的丰田卡罗拉轿车的点火系统进行故障诊断与排除。

任务五　爆燃传感器的故障诊断与排除

桑塔纳 2000GSi 整车、故障诊断仪器和示波器、数字式万用表、维修手册、常用工

具等。

任务目标

1）能够实时观察、感觉发动机的爆燃声；

2）能够用数字式万用表检测爆燃传感器的电阻值；

3）能够判断爆燃传感器是否正常；

4）能够按规定的要求正确安装爆燃传感器；

5）能在10min内独立完成检测、诊断和排除故障的任务。

任务实施

一辆桑塔纳2000GSi轿车，在高温、急加速或上坡时有明显的爆燃声。初步诊断结果：点火时间过早。故对爆燃传感器及其线束进行了检测与诊断。

操作步骤	操作示意图	说明
1. 用故障诊断仪和示波器正确读取检测故障码、数据流和波形		起动发动机，读取故障码和数据流。 仪器显示：系统正常。无故障码显示，且数据流也正常。 用示波器对爆燃传感器的信号进行检测，发现第1、2缸爆燃传感器无输出波形，也无输出电压；而第3、4缸爆燃传感器有输出波形，且有0.3~1.4V的输出电压。
2. 检查爆燃传感器连接器和线束表面的磨损状况		目视观察：爆燃传感器连接良好，线束外表无破损。 注意：绿色的1号爆燃传感器G61为第1、2缸共用的爆燃传感器；蓝色的2号爆燃传感器G66为第3、4缸共用的爆燃传感器。
3. 检查爆燃传感器连接器的插头		拔出绿色的1、2缸爆燃传感器连接器的插头，观察连接器内部的接触状况。 观察结果：连接器无锈蚀氧化现象，其内部接触良好。

（续）

操作步骤	操作示意图	说　明
4. 查阅维修资料和电路图，确定诊断思路	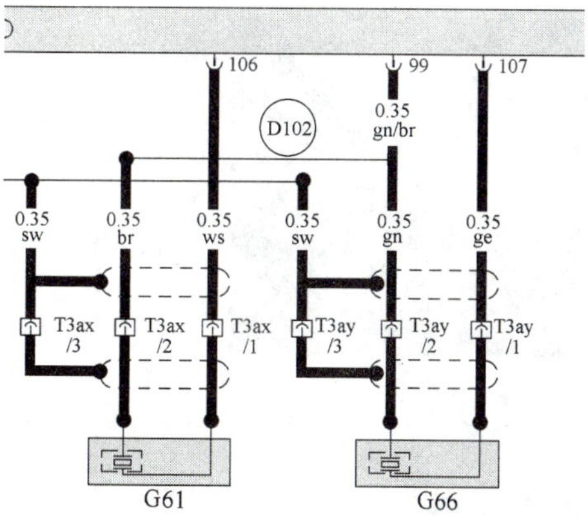 106 99 107 D102 0.35 gn/br 0.35 sw 0.35 br 0.35 ws 0.35 sw 0.35 gn 0.35 ge T3ax /3 T3ax /2 T3ax /1 T3ay /3 T3ay /2 T3ay /1 G61 G66	根据仪器的检测结果分析：绿色的第1、2缸爆燃传感器无输出波形，信号不正常；而蓝色的第3、4缸爆燃传感器有输出波形，信号正常。因此，故障存在于第1、2缸爆燃传感器、线束或紧固螺栓的某点。
5. 检查爆燃传感器的绝缘状况	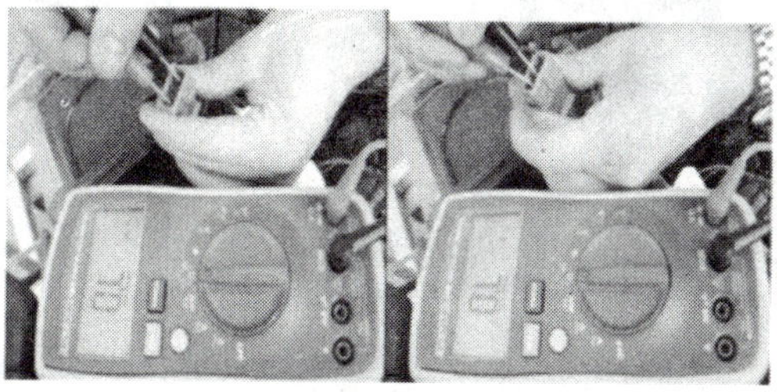	将万用表的表笔分别连接至爆燃传感器的1号与3号端子、2号与3号端子，测量传感器的绝缘状况。 标准值：>1MΩ；实际测量值：无穷大。 结论：爆燃传感器的绝缘性能良好，无短路现象。
6. 检测爆燃传感器的电阻值	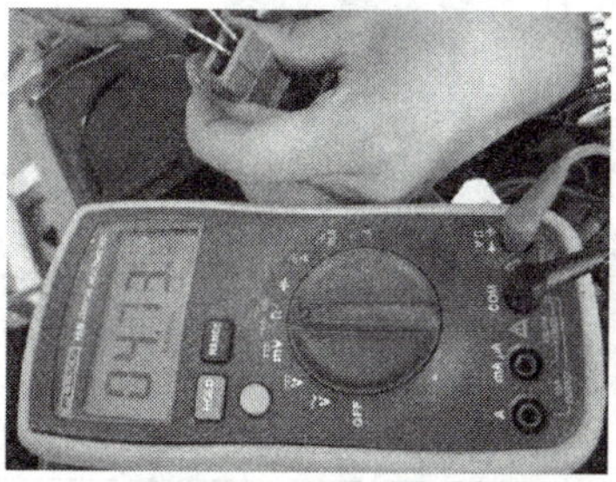	将万用表的表笔连接至爆燃传感器的1号与2号端子，测量传感器的电阻值。 标准值：>1MΩ；实际测量值：4.73MΩ。 结论：电阻值正常，爆燃传感器良好。 注意：爆燃传感器的三个端子之间不应有短路、断路现象，否则应更换爆燃传感器；传感器插头和发动机控制单元的线束插头间的线路若出现断路或短路现象，也应排除故障。
7. 观察检查爆燃传感器固定螺栓的安装状况	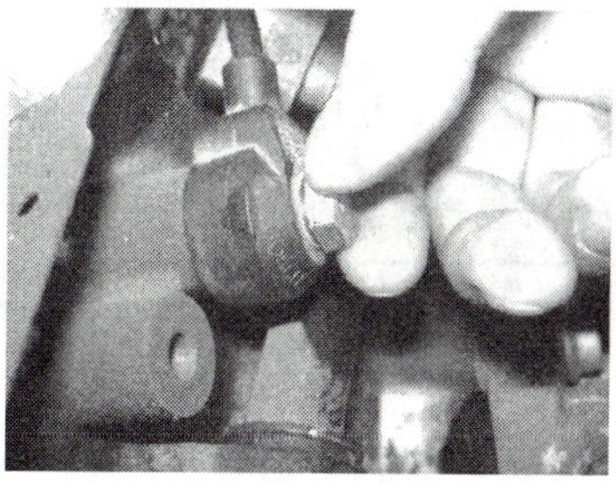	检查发现：1号爆燃传感器的固定螺栓松动。 诊断分析：由于1号爆燃传感器和线束均正常，因此诊断仪器无法显示故障码；而爆燃传感器固定螺栓的松动导致电控单元J220无法检测到爆燃信号，从而将1、2缸的点火提前角调节到爆燃的极限位置，造成发动机运转时产生明显的爆燃声。据此，故障点确定。

（续）

操作步骤	操作示意图	说　明
8. 用扳手拧紧爆燃传感器的固定螺栓		由于操作空间较小，应先选用合适的工具预紧爆燃传感器的固定螺栓。
9. 按规定的拧紧力矩拧紧爆燃传感器固定螺栓		调整数字式扭力扳手的力矩。爆燃传感器固定螺栓的拧紧力矩为20N·m（由于传感器的输出特性在出厂时已经调好，使用中其拧紧力矩不得随意调整）。
10. 起动发动机		观察发现，车辆在高温状态、急加速或在上坡时无爆燃声，故障排除。 清洁整理工具和设备，打扫工作场地，清洗车辆内、外部。做到：整顿、整理、清扫、清洁、自律、安全、节约的“7S”作业规范。至此，维修任务完成。

任务练习

1）将爆燃传感器的检测分析填写在表3-6中。

表3-6　爆燃传感器的检测分析

检测项目和部位	检测条件（查阅资料）	标准数据（查阅资料）	检测结果	是否正常
爆燃传感器的1号与2号端子				
爆燃传感器的1号与3号端子				

（续）

检测项目和部位	检测条件（查阅资料）	标准数据（查阅资料）	检测结果	是否正常
爆燃传感器的 2 号与 3 号端子				
爆燃传感器的拧紧力矩				
输出波形和信号电压				
其他需要检测的项目				
检测和操作过程中应注意的事项：				

2）参阅相关维修资料，查找通用、丰田等轿车爆燃传感器的安装位置和接线方法。

任务链接

1. 爆燃

所谓爆燃是指燃烧室中，末端可燃混合气在正常燃烧火焰前锋未到达时的一种自燃现象。爆燃使发动机功率降低、油耗增加、部件受损。点火时间过早是产生爆燃的主要原因。

爆燃传感器将检测到的发动机爆燃信号——气缸体振动的压力波，转变为电信号传给 ECU，控制系统立即将点火时间推迟，以避免爆燃。爆燃消失后，控制系统使点火提前角逐步恢复。爆燃传感器发生故障时，发动机在一定的运转条件下，ECU 才能够检测到爆燃，并使发动机转入故障应急状态运行，此时的发动机在加速时会产生爆燃声。

2. 点火提前角

计算机控制的点火提前角由三部分组成：初始点火提前角（又称原始点火提前角）、基本点火提前角和修正点火提前角。

实际点火提前角 = 初始点火提前角 + 基本点火提前角 + 修正点火提前角。

任务拓展

1）查一查，常见的爆燃传感器有哪几种？都是如何进行工作的？

2）根据前面的操作步骤，试画出爆燃传感器电路故障的检查、诊断和排除的流程图。

项目总结

本项目通过对桑塔纳 2000GSi 型轿车无分电器直接电子点火（DLI）系统的四个故

障案例的诊断、分析与排除，引申出汽油机点火系统的分类、组成、结构与工作原理等相关内容。通过本项目的学习和实训，要熟悉微机控制点火系统各零部件的结构和检测方法；掌握使用专用工具的能力；了解点火系统常见故障的现象，提高分析判断能力；掌握点火系统常见故障的诊断和排除方法。

项目练习

1）点火系统的基本作用和基本要求各有哪些？

2）说明无分电器微机控制点火系统的组成，并简述其工作原理。

3）什么是点火线圈？电控点火系统采用的是什么形式的点火线圈？

4）火花塞的作用是什么？有几种类型？电控点火系统采用的火花塞有什么特点？

5）测一测，记一记，填写表3-7。

表3-7　桑塔纳2000GSi型轿车点火系统线路的检测作业

<table>
<tr><th rowspan="2">序号</th><th rowspan="2">检测项目</th><th colspan="2">检测部位</th><th rowspan="2">标准值/Ω</th><th rowspan="2">检测值/Ω</th><th rowspan="2">判断结果</th><th rowspan="2">是否需要维修</th></tr>
<tr><th>ECU端子号</th><th>零件端子号</th></tr>
<tr><td rowspan="4">1</td><td rowspan="4">至点火线圈（N152）</td><td>搭铁点</td><td>4</td><td>通</td><td></td><td></td><td></td></tr>
<tr><td>2</td><td>D23</td><td>通</td><td></td><td></td><td></td></tr>
<tr><td>78</td><td>3</td><td><0.5</td><td></td><td></td><td></td></tr>
<tr><td>71</td><td>1</td><td><0.5</td><td></td><td></td><td></td></tr>
</table>

（续）

序号	检测项目	检测部位		标准值/Ω	检测值/Ω	判断结果	是否需要维修
		ECU 端子号	零件端子号				
2	至霍尔传感器（G40）	62	1	<0.5			
		76	2	<0.5			
		67	3	<1			
3	至爆燃传感器（G61）	68	1	<0.5			
		67	2	<1			
		2	3	<0.5			
4	至爆燃传感器（G66）	60	1	<0.5			
		67	2	<1			
		2	3	<0.5			
5	其他需要检测的项目						
6	检测过程中应注意的事项：						
7	维修方案：						

6）设置一个点火系统的故障，试画出故障诊断、排除的作业流程图。

项目四 照明信号系统的故障检测与排除

项目情境

如今，汽车已经进入寻常百姓家，在日渐拥挤的交通状况下，车辆磕磕碰碰的事情时有发生。昨天晚上6点钟左右，沈老师的车与一辆奥迪A6车在路口进行了“亲密接触”，右前照灯被剐蹭，造成前照灯破碎。

今天我们给沈老师的车做一次简单的修理，让我们从灯具的认识、前照灯的更换与调整开始吧！

项目描述

此案例为右前照灯被剐蹭造成前照灯破碎，我们可以先从灯具的认识入手，认识照明信号系统的灯具、控制开关等实物，学会辨认各种型号的灯泡以及如何正确地更换汽车灯具；更换前照灯完毕后，能调整前照灯的近、远灯光束；同时，熟悉连接各种灯具的电路，会检测和维修汽车照明信号系统的常见故障。

项目目标

知识目标：

1. 认识汽车照明装置的类型。
2. 能说出前照灯的种类和用途。
3. 能看懂照明系统的电路图及电器元件的连接关系。

技能目标：

1. 能正确操作照明装置。
2. 能拆装与更换照明装置。
3. 能检测与调整前照灯。
4. 能诊断与排除照明系统的一般故障。

情感目标：

1. 能积极地与他人沟通，主动学习，认真观察，独立完成任务练习，与小组成员共同完成任务。

2. 能自觉学习项目的安全守则，规范安全操作流程。

3. 能遵守实训车间“7S”的管理规定，做到衣着整洁，工具设备清洁、摆放到位。

任务一　认识汽车照明及信号系统灯具

任务准备

桑塔纳志俊轿车、灯具及灯光开关若干、桑塔纳志俊轿车的电气设备维修手册。

任务目标

1）初步认识汽车的照明灯具、开关；

2）能区分出汽车灯具的种类和用途。

任务实施

操作步骤	操作示意图	说　明
一、外部照明灯具及信号灯的认识		
1. 将车停在平坦的场地上	1 2 3	1—侧转向灯 2—前组合灯 3—前雾灯
2. 认识前组合灯的前罩部分	1 2 3 4	1—前照灯护壳 2—转向灯 3—近光灯 4—远光灯
3. 认识前组合灯的后罩部分	1 2	1—灯光调整螺母 2—灯座后盖

（续）

操作步骤	操作示意图	说　明
4. 认识前组合灯的内部		1—近光灯灯座 2—远光灯灯座 3—驻车灯灯座 4—转向灯灯座 5—前照灯电源插头
5. 认识前雾灯		1—雾灯灯光调整螺栓 2—电源插头 3—灯罩
6. 认识侧转向灯		1—侧转向灯灯罩 2—侧转向灯灯泡
7. 认识尾灯		1—高位制动灯 2—倒车灯 3—后组合灯 4—牌照灯
8. 认识倒车灯	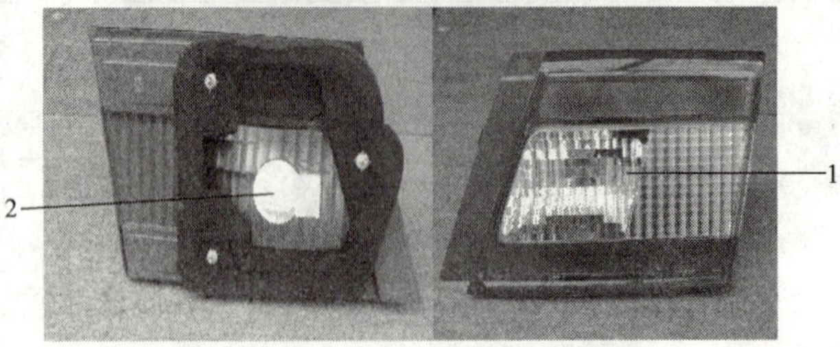	1—倒车灯 2—雾灯

（续）

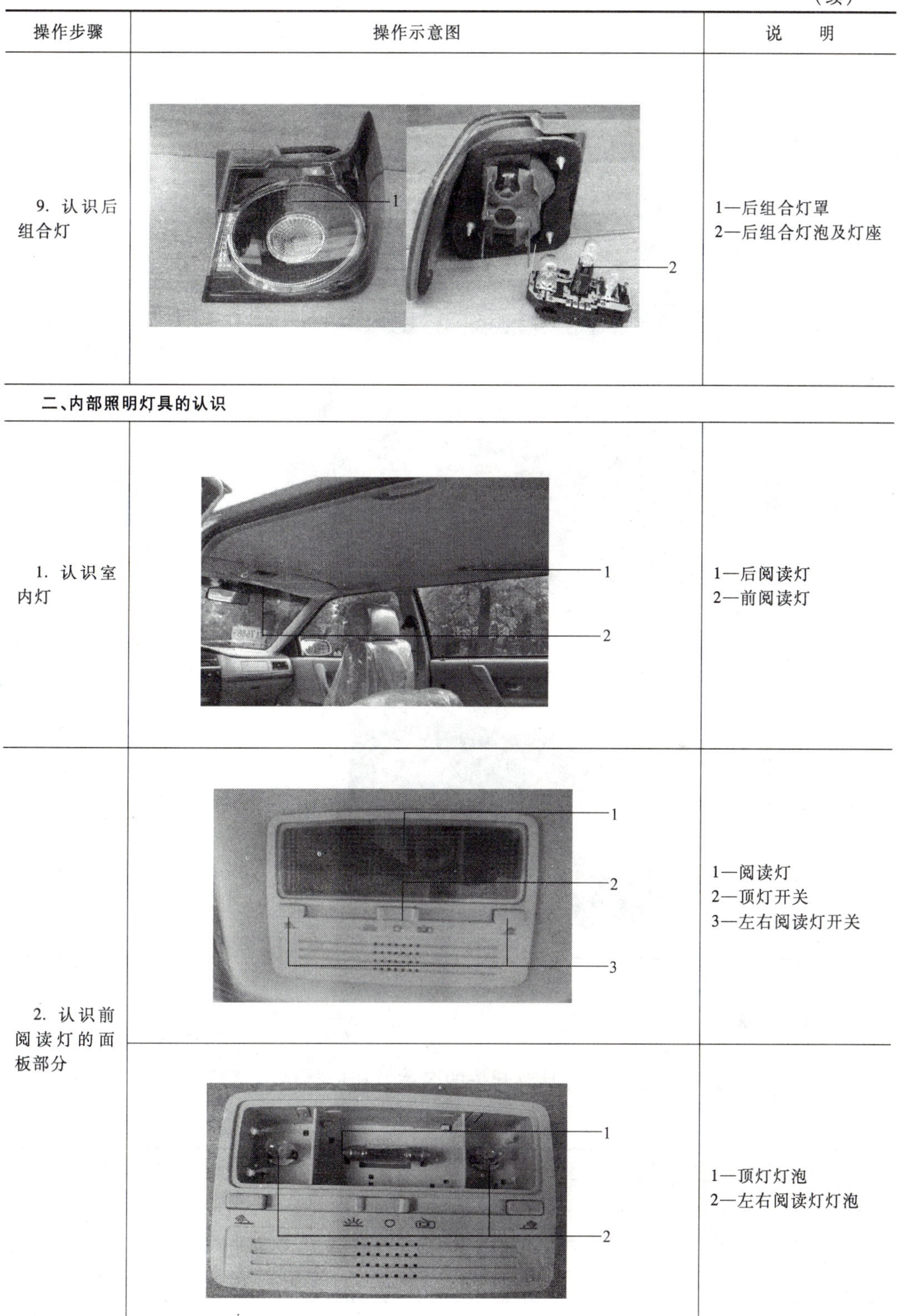

操作步骤	操作示意图	说　明
9. 认识后组合灯		1—后组合灯罩 2—后组合灯泡及灯座
二、内部照明灯具的认识		
1. 认识室内灯		1—后阅读灯 2—前阅读灯
2. 认识前阅读灯的面板部分		1—阅读灯 2—顶灯开关 3—左右阅读灯开关
		1—顶灯灯泡 2—左右阅读灯灯泡

（续）

操作步骤	操作示意图	说　明
3. 认识前阅读灯的灯座部分		1—电源插头 2—顶灯延迟关闭电路板
4. 认识后阅读灯		1—阅读灯 2—阅读灯开关
三、灯光开关的认识		
认识灯光总开关		1—灯光总开关 2—仪表盘灯光调节旋钮

任务练习

对照实车，分组指出各个灯具及开关的名称及相应挡位，填写表 4-1。

表 4-1　各个灯具及开关的名称及相应挡位

灯具及开关的名称	颜色	挡位数目	功能及要求

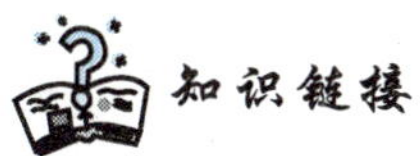

常见汽车灯具的种类、用途和功率，见表 4-2。

表 4-2　常见汽车灯具的种类、用途和功率

灯　具	用　途	功　率
前照灯	安装在汽车头部两侧，用来照明车前道路	远光灯：40～60W 近光灯 35～55W
雾灯	安装在汽车头部或尾部，在雾天、雪天、暴雨或尘埃弥漫等情况下，用来改善车前道路的照明情况	前雾灯 45～55W 后雾灯 21W 或 6W
倒车灯	安装在汽车尾部，当变速器挂倒挡时，自动发亮，照明车后侧，同时警示后方车辆和行人注意安全	20～25W
制动灯	安装在汽车尾部，在踩下制动踏板时，发出较强的红光，以示制动	20～25W
转向灯	转向灯一般安装在汽车头、尾部的左右两侧，用来指示车辆的行驶趋向	20～25W
顶灯	轿车及载货车一般仅设一只顶灯，除用作车室内照明外，还可兼起监视车门是否可靠关闭的作用	5～15W
阅读灯	装于乘员席前部或顶部，聚光时乘员看书不会使驾驶员产生眩目现象	5～15W
行李箱灯	装于轿车或客车的行李箱内，当开启行李箱盖时，灯自动发亮，照亮行李箱内的空间	5W
仪表照明灯	装在仪表板的反面，用来照明仪表指针及刻度板	2W

认真观察一款日系轿车的灯光信号系统，区分其与桑塔纳志俊轿车的不同点。

任务二　更换远光灯、近光灯及转向灯灯泡

桑塔纳志俊轿车、维修手册、常用的拆装工具、前照灯灯泡、转向灯灯泡、5～25N·m 的扭力扳手。

1）能熟练地更换汽车各种型号的灯泡；

2）能正确地判断灯泡的好坏。

任务实施

操作步骤	操作示意图	说明
一、更换远光灯灯泡		
1. 打开发动机舱盖并断开蓄电池负极电缆		1)打开发动机舱盖,并用支撑杆撑住; 2)关闭点火开关; 3)松开蓄电池负极桩的紧固螺母,断开蓄电池接地线。
2. 拆卸蓄电池		更换左前照灯灯泡,需拆卸蓄电池。
3. 拆除蓄电池的固定卡子		用扳手或套筒拆除蓄电池的固定卡子,否则前照灯的后盖不易拆出。
4. 松开前照灯后盖的弹簧扣		1)用螺钉旋具向外松开前照灯后盖的两个紧固弹簧扣; 2)注意不要用力过大。

（续）

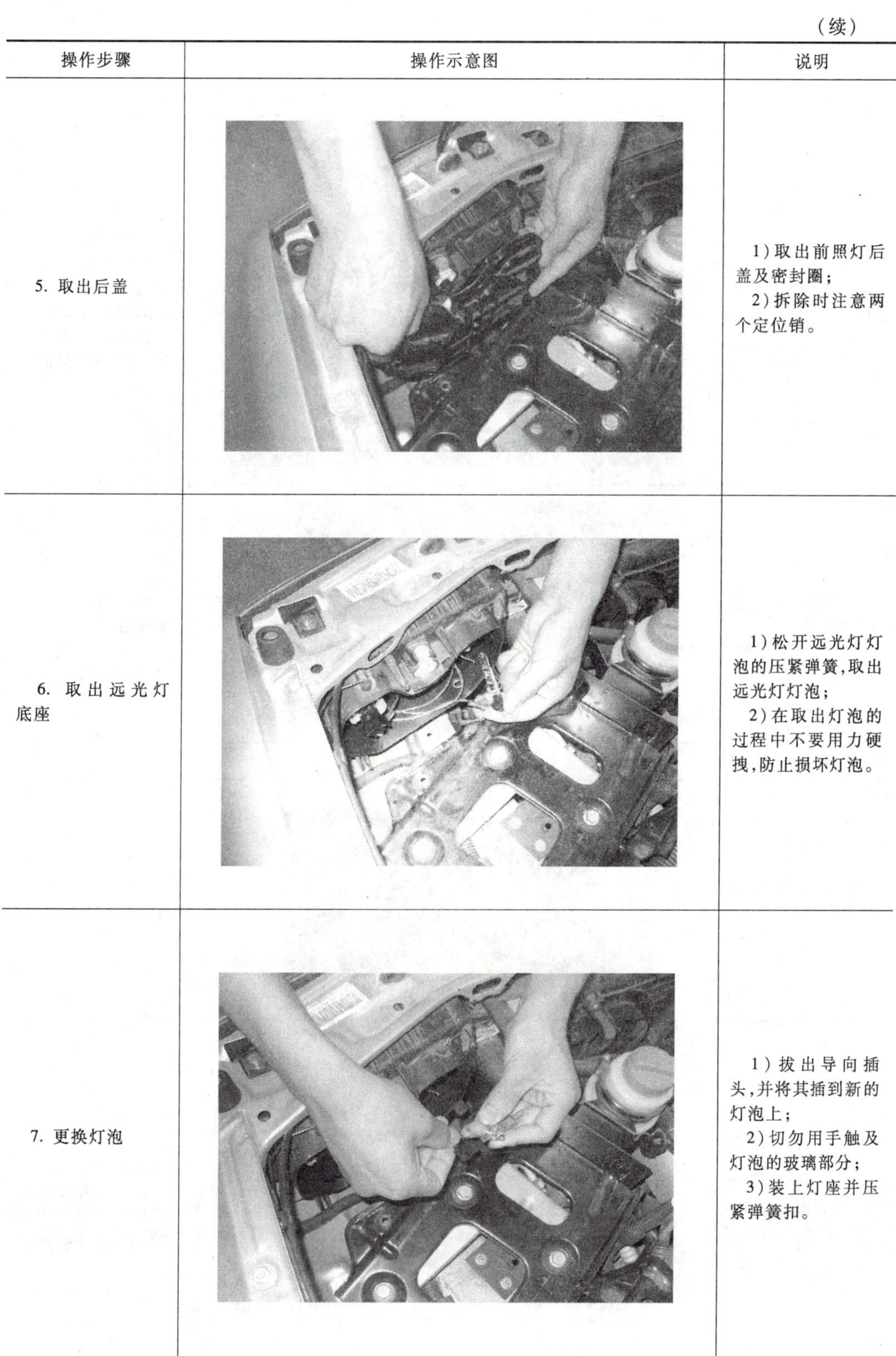

操作步骤	操作示意图	说明
5. 取出后盖		1）取出前照灯后盖及密封圈； 2）拆除时注意两个定位销。
6. 取出远光灯底座		1）松开远光灯灯泡的压紧弹簧，取出远光灯灯泡； 2）在取出灯泡的过程中不要用力硬拽，防止损坏灯泡。
7. 更换灯泡		1）拔出导向插头，并将其插到新的灯泡上； 2）切勿用手触及灯泡的玻璃部分； 3）装上灯座并压紧弹簧扣。

（续）

操作步骤	操作示意图	说明
二、更换近光灯灯泡		
1. 取出近光灯灯泡	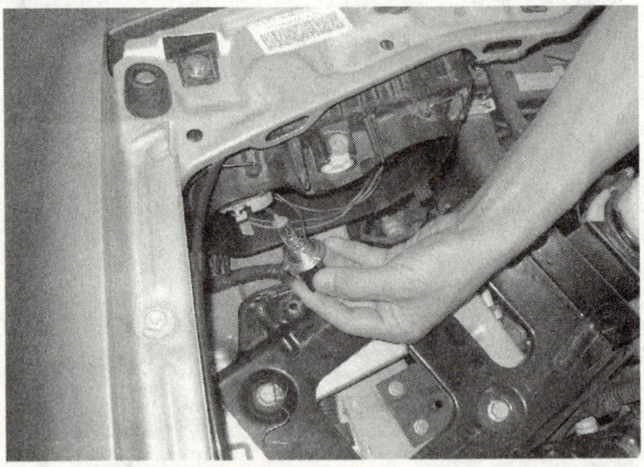	1）松开近光灯灯泡的压紧弹簧，取出灯泡； 2）在取出灯泡的过程中不要用力硬拽，防止损坏灯泡。
2. 取出旧灯泡并换上新灯泡	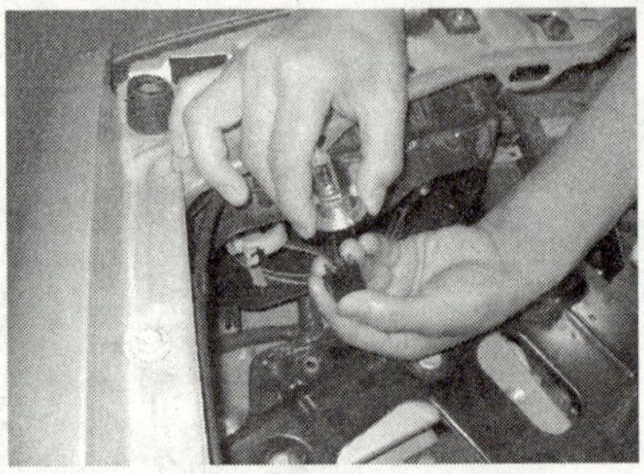	1）拔出导向插头，并将其插到新灯泡上； 2）装上灯座并压紧弹簧扣； 3）安装灯泡时切勿用手触及灯泡的玻璃部分。
三、更换转向灯灯泡		
1. 取出转向灯灯座	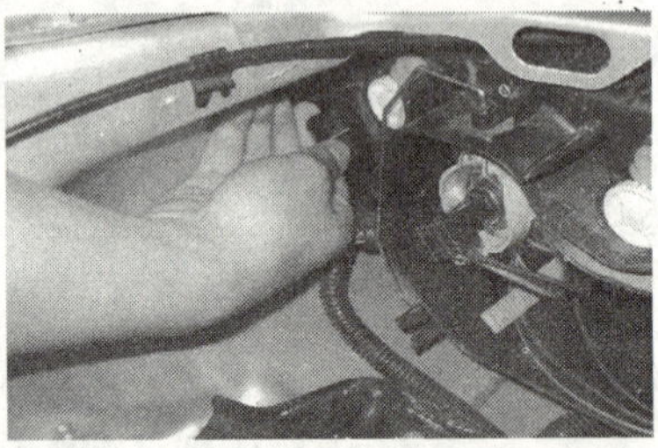	按逆时针方向转动，松开灯座。
2. 取出旧灯泡并换上新灯泡	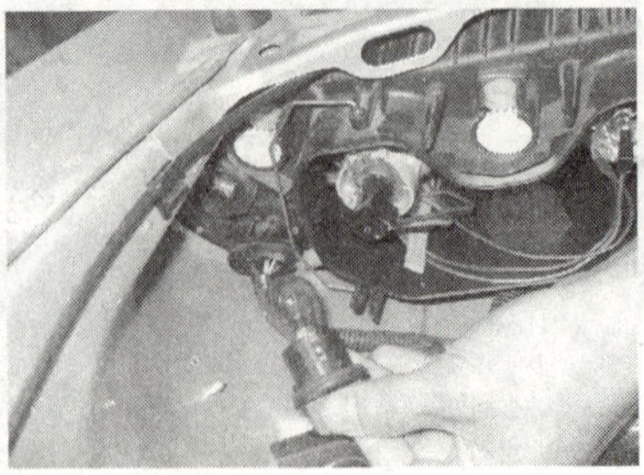	1）松开灯座后取出灯座及灯泡； 2）在取出灯泡的过程中不要用力硬拽，防止损坏灯泡；

（续）

操作步骤	操作示意图	说明
2. 取出旧灯泡并换上新灯泡		3)用手指略向下按住灯泡并逆时针转动灯泡，将其从灯座上脱出； 4)将新灯泡略向下按住并顺时针转动灯泡，将其装入灯座。
3. 将转向灯及灯座装入反射罩内		1)将转向灯及灯座仔细地放入灯罩内； 2)注意对正记号； 3)顺时针旋紧到位。
4. 安装前照灯后盖及蓄电池		1)安装步骤与拆卸的顺序和方向相反； 2)蓄电池两极桩的紧固螺母的拧紧力矩是5N·m。

任务练习

更换前照灯灯泡的正确顺序是什么？请填写表4-3。

表4-3　更换前照灯灯泡的测评记录单

正确的顺序	注意事项	存在的问题	小组讨论结果

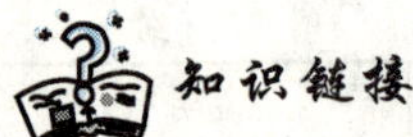

知识链接

1. 前照灯的要求

汽车前照灯的照明效果直接影响着夜间的交通安全，世界各国都以法律的形式规定汽车前照灯的照明标准，以确保夜间行车的安全。对前照灯的基本要求如下：

1）前照灯应能保证行车时提供均匀的照明，使驾驶员能看清前方100m内路面上的障碍物。现代高速汽车的照明距离已达到200～400m。

2）前照灯应能防止眩目，以免夜间会车时驾驶员因眩目而造成交通事故。

2. 前照灯的结构

桑塔纳志俊轿车的前照灯的结构如图4-1所示。

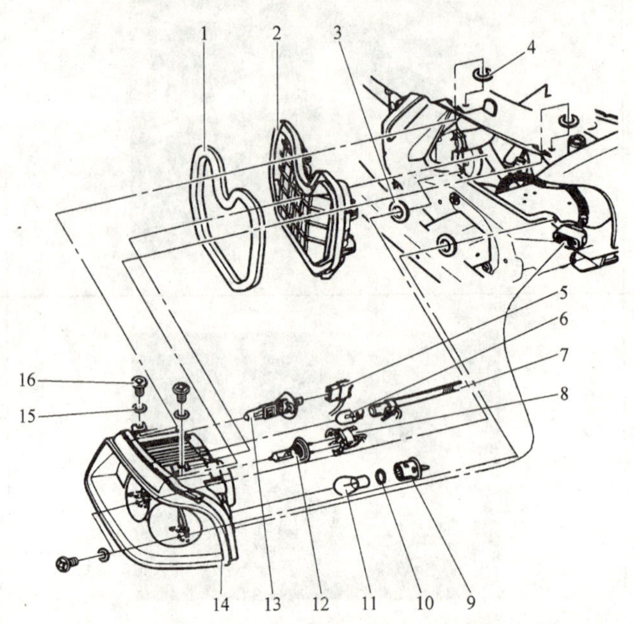

图4-1　桑塔纳志俊轿车前照灯的结构

1—密封圈　2—前照灯后盖　3—垫圈　4—垫圈　5—远光灯插头　6—驻车灯灯泡　7—驻车灯灯座　8—近光灯灯座　9—转向灯灯座　10—垫圈　11—转向灯灯泡　12—近光灯灯泡　13—远光灯灯泡　14—前照灯壳体　15—垫圈　16—螺栓

3. 前照灯灯泡的分类

目前，汽车前照灯的灯泡主要有两种，白炽灯泡和卤钨灯泡。若充入灯泡中的气体为惰性气体，即为白炽灯泡；若充入灯泡中的气体是卤族元素（碘、氯、氟、溴）和惰性气体，即为卤钨灯泡。卤钨灯泡从外形上分为H1、H2、H3、H4四种，如图4-2所示，其中H4是双丝灯泡，广泛用于前照灯，H1、H2、H3为单丝灯泡，用于辅助前照灯（如雾灯等）。

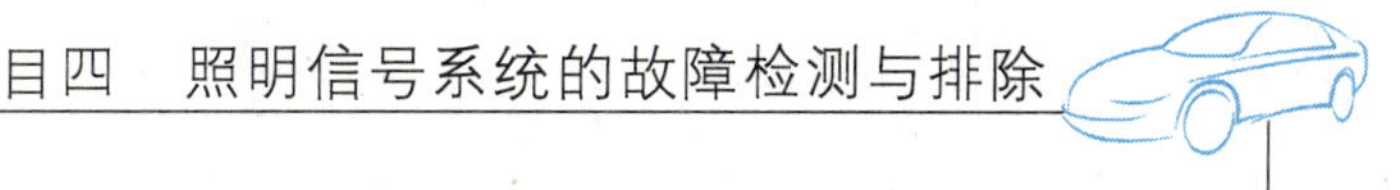

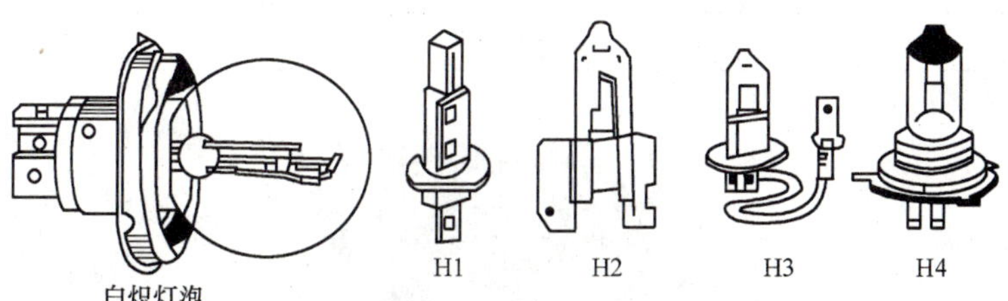

图 4-2　不同类型的汽车前照灯灯泡

任务拓展

收集一些汽车的灯泡，区分它们的用途和种类。

任务三　前照灯总成的更换、检测及调整

任务准备

桑塔纳志俊轿车、常用拆装工具、灯光检测仪、维修手册。

任务目标

1）能熟练地拆装前照灯总成；
2）能用前照灯检测仪进行灯光检测；
3）掌握前照灯的调整方法，可以对一般车辆的前照灯进行正确的调整。

任务实施

操作步骤	操作示意图	说明
一、拆装、更换前照灯总成		
1. 拆除蓄电池负极电缆		1)关闭点火开关； 2)断开蓄电池负极接地线； 3)更换左前照灯前要拆卸蓄电池。

（续）

操作步骤	操作示意图	说明
2. 拆下前保险杠罩及前照灯固定条		1）能正确地使用举升器； 2）举升汽车是为了便于拆除前保险杠罩； 3）拆除前照灯固定条。
3. 拆除前照灯总成	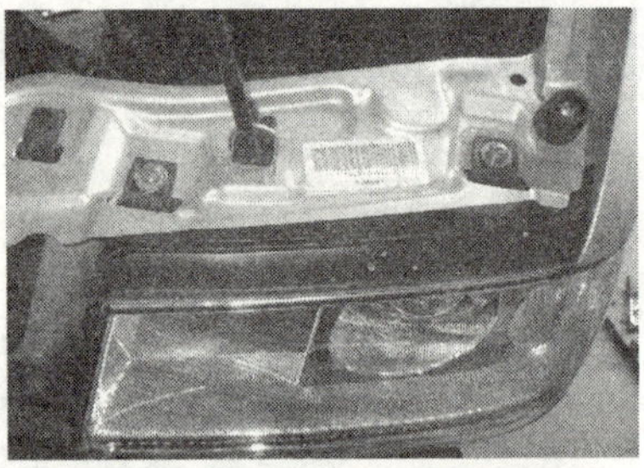 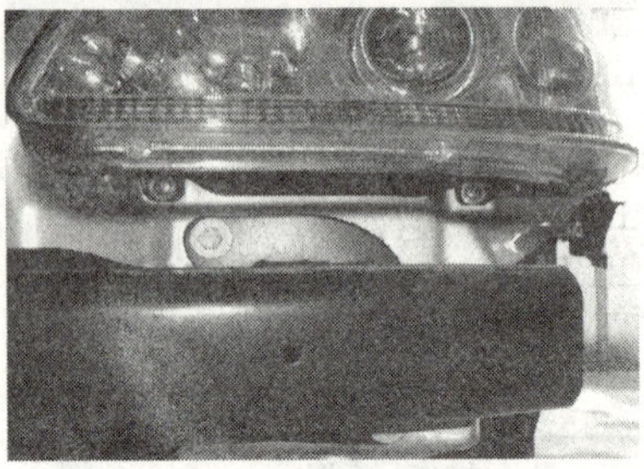	1）用螺钉旋具拆下前照灯上部的两个固定螺栓； 2）两个螺栓分3次交替拧松。
4. 拔出前照灯的电源插头		按下插头的锁止扣后才能拔出前照灯的电源插头。

（续）

操作步骤	操作示意图	说明
5. 取出前照灯总成		取出前照灯时要轻拿轻放。
6. 更换新灯具并装复		安装的步骤与拆卸的步骤相反。
二、检测与调整前照灯		
1. 准备车辆和检测仪		1）将车辆停在水平地面上； 2）清除前照灯上的污垢； 3）检查轮胎气压应符合汽车制造厂的规定； 4）检查汽车蓄电池应处于充足电的状态； 5）检查检测仪聚光镜和反射镜上应无污物； 6）检查检测仪导轨应无杂物卡滞。
2. 水平对正汽车与检测仪		1）驾驶座上应坐有体重75kg左右的驾驶员； 2）调整远光灯与聚光屏中心的距离，使其在0.5m左右； 3）用车辆摆正找准器使检测仪与被检车辆对正。

（续）

操作步骤	操作示意图	说明
3. 调整光度室到水平		调整带有水平仪的光度室到水平。
4. 检测		1）开亮前照灯，用前照灯照准器使检测仪与被检前照灯对正； 2）设置斜度参数（前照灯护板上部一般印有倾斜度）。
5. 调整		1）用内六角扳手转动左右两个调整螺母； 2）调整前照灯，直到显示屏上出现“OK”为止。

任务练习

操作并填写下面的前照灯检查与调整记录表，见表 4-4。

表 4-4　前照灯检测与调整操作记录

序号	作业项目	操作内容	配分	评分标准	小组评分	扣分原因	得分
1	检测	将汽车垂直驶近检测仪，使前照灯与检测仪受光器保持规定的距离	10	操作方法不正确扣 5 分			
				操作不熟练扣 5 分			

（续）

序号	作业项目	操作内容	配分	评分标准	小组评分	扣分原因	得分
2	检测	用车辆摆正找准器使检测仪与汽车对正	15	操作方法不正确扣 10 分			
				操作不熟练扣 5 分			
		按下测量开关，检查光束照射位置	20	操作方法不正确扣 10 分			
				读取结果不正确扣 10 分			
3	调整	调整光束照射位置	30	调整方法不正确扣 20 分			
				调整结果不正确扣 10 分			
		调整完毕，再次检查光束照射位置	15	检查方法不正确扣 10 分			
				调整结果不正确扣 5 分			
4	安全文明生产	遵守安全操作规程，正确使用工量具，操作现场整洁	10	每项扣 2 分，扣完为止			
		安全用电、注意防火，无人身、设备事故		因违规操作发生重大人身和设备事故的，技能成绩得 0 分			
5	分数合计		100				

知识链接

Tecno Test432 灯光检测仪界面按钮的操作方法

下面以近光灯的调整为例，介绍灯光检测仪界面按钮的操作方法。

操作步骤	操作示意图	说　明
1. 按“ON”键开机		1）设备进入自动检测状态； 2）自动检测完毕，显示屏会显示出“TYPE OF REGULATION”。
2. 快速按“SELECT/ENTERT”键进入菜单选择，按下“SELECT/ENTERT”键 2s 确认		功能菜单： 1）BEAM CONFIRM（近光灯确认）？ 2）TO HIGH DAZZLE CONFIRM（远光灯确认）？ 3）FOGS LAMPS CONFIRM（雾灯确认）？

（续）

操作步骤	操作示意图	说　明
3. 确认调整近光灯后,设置斜度参数		1)显示屏上显示的是百分斜度值; 2)按下“SELECT/ENTERT”键2s加以确认。
4. 灯光调整		按照显示屏上的“➡”引导进行调整。
5. 调整结束		显示屏上出现“BEAM OK”时,调整结束。

任务拓展

1）课外阅读国家《机动车运行安全技术条件》（GB 7258—2004）中关于前照灯的标准。

2）阅读桑塔纳志俊轿车维修手册，如图4-3所示，调整前雾灯灯光。

图4-3　前雾灯调整螺栓

任务四　正确连接照明信号线路

任务准备

桑塔纳志俊轿车、常用拆装工具、维修手册、熔断器及继电器若干。

任务目标

1）熟练拆装照明系统的灯光开关及插座；

2）能分辨出插座上的导线端子及其功能；

3）参考维修手册，能看懂照明系统的电路图。

任务实施

操作步骤	操作示意图	说　明
1. 拆除灯光总开关		1）关闭点火开关； 2）断开蓄电池负极接地线； 3）按下旋钮，向右转动，并向外拉出开关总成。
2. 拔出开关插座		1）拔出开关插座； 2）注意插座上的锁扣。
3. 撬出塑料锁止扣		用螺钉旋具撬出导线的塑料锁止扣。

（续）

操作步骤	操作示意图	说　明
4. 推开端子的自锁扣	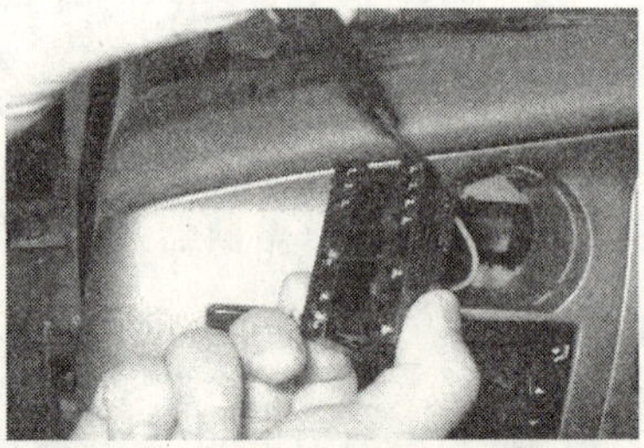	用螺钉旋具推开导线端子上的自锁扣。 注意：桑塔纳志俊轿车导线端子的自锁扣有上下两片。
5. 拔出导线	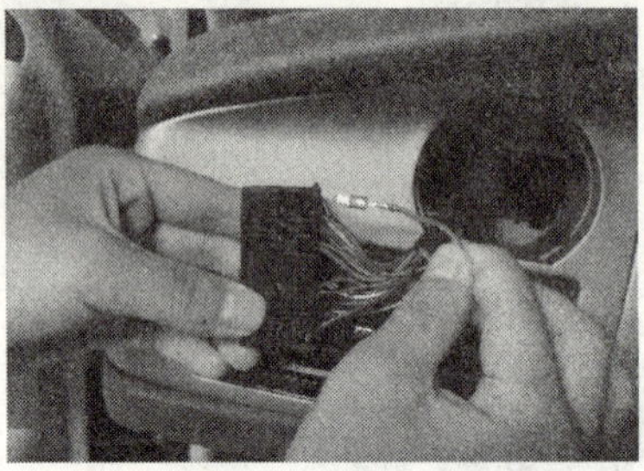	1)用手拉出该导线； 2)其余导线的拆除方法与上述相同。
6. 认识灯光开关插座的导线端子号	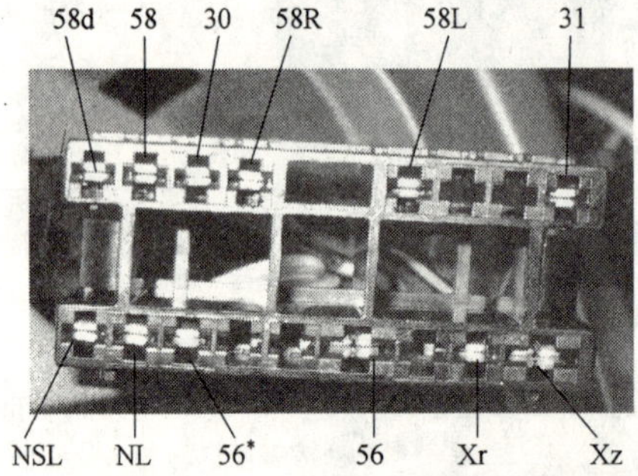 58d　58　30　58R　58L　31 NSL　NL　56*　56　Xr　Xz	Xz—至点火开关 Xr—车辆起步时方可接通的大容量电器用相线 56、56*—至前照灯变光开关 NL—至前雾灯熔断器及前雾灯 NSL—至后雾灯 31—接地线 58L—至左停车灯及停车灯开关 58R—至右停车灯及停车灯开关 30—常火线 58—至牌照灯 58d—至开关、仪表等照明灯
7. 认识转向开关插座及导线端子	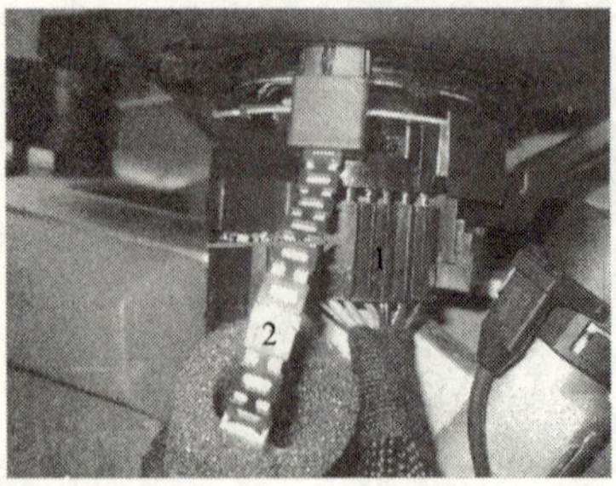 1 2	1—变光、驻车、喇叭组合插座 2—安全气囊导线 注意：拆变光插座时，不要拽出安全气囊导线的插头。

（续）

操作步骤	操作示意图	说　　明
7. 认识转向开关插座及导线端子	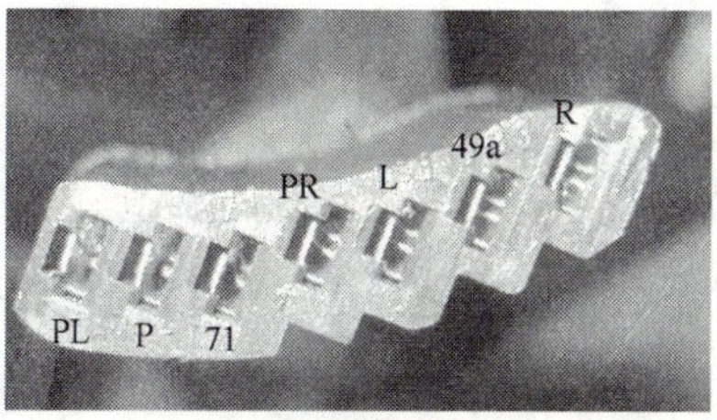	PL—至左驻车灯 P—点火开关驻车挡 71—至喇叭按钮 PR—右驻车灯 L—至左转向灯 49a—至转向继电器21 R—至右转向灯
8. 认识前照灯电源插座及导线端子号	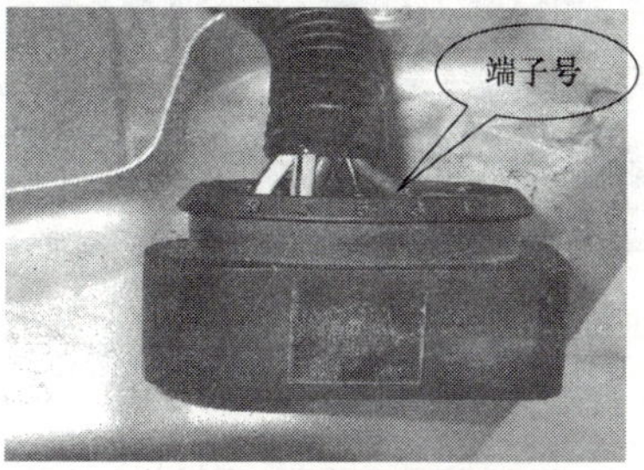 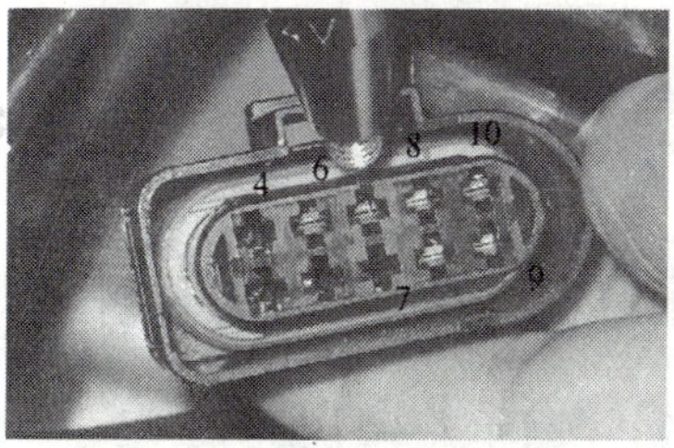	4号端子—至地线 6号端子—至转向灯 7号端子—至近光灯 8号端子—接地 9号端子—远光灯 10号端子—驻车灯
9. 认识变光开关插座及导线端子	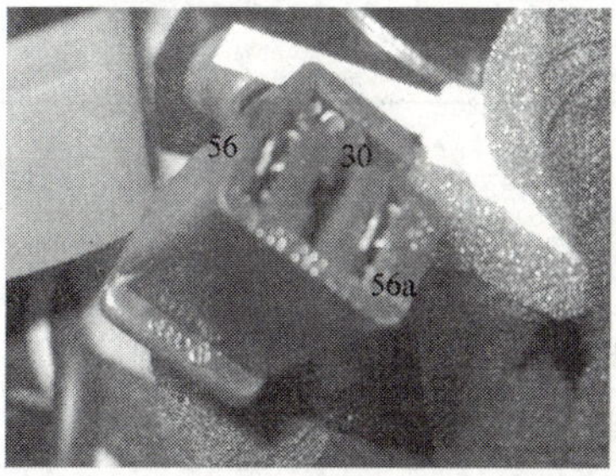	30—常火线 56—至近光灯熔断器及近光灯 56a—至远光灯熔断器及远光灯
10. 认识后组合灯的插座及导线端子		1—至制动灯 2—至转向灯 3—31(接地) 4—至尾灯

（续）

操作步骤	操作示意图	说　明
11. 认识灯光熔断器	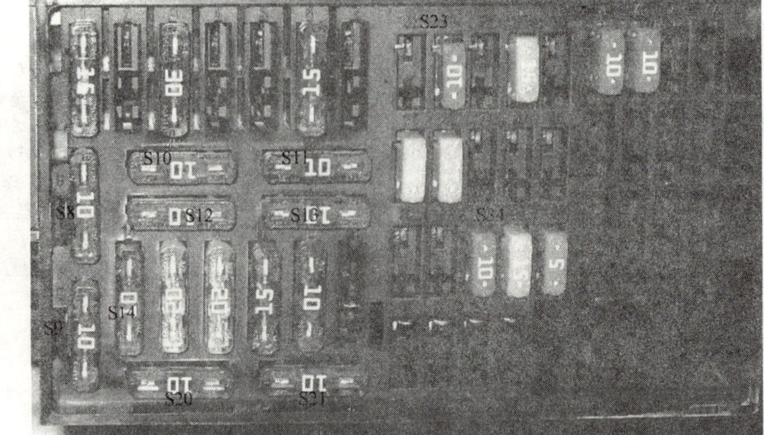 S8—左远光灯　S9—右远光灯　S10—左近光灯　S11—右近光灯　S12—牌照灯　S13—左停车灯　S14—右停车灯、右尾灯　S20—后雾灯　S21—前雾灯　S23—制动灯　S34—转向闪光器	
12. 认识转向闪光器（21）的位置及插脚		31—接地线 49a—接报警开关 7 号端子 49—接报警开关 2 号端子

任务练习

对照图 4-4，检查灯光总开关的好坏（开关Ⅲ挡，检查 Xz—56 端子间是否导通），并填写表 4-5。

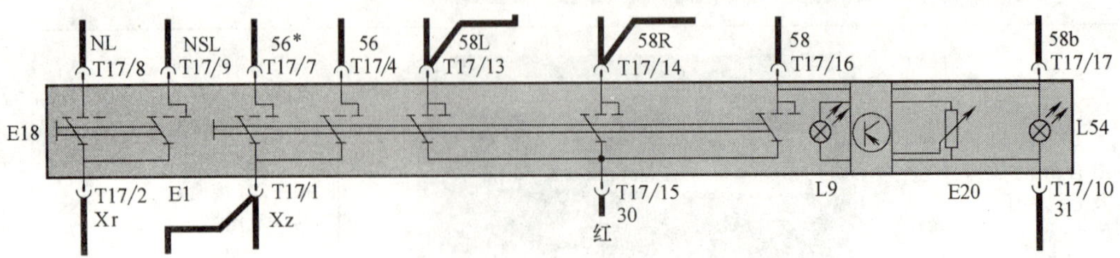

图 4-4　灯光总开关原理图

表 4-5　灯光总开关挡位表

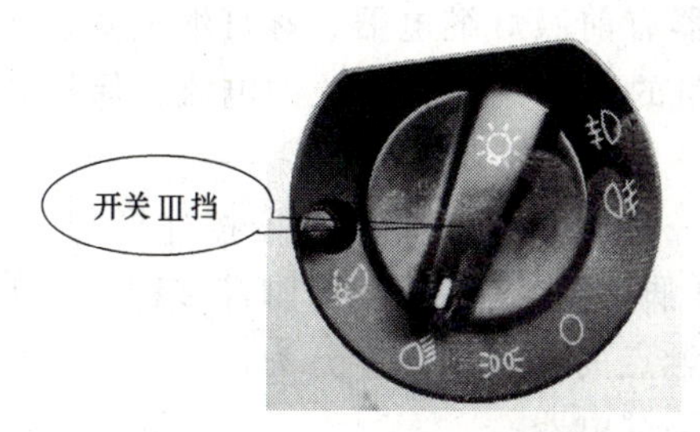

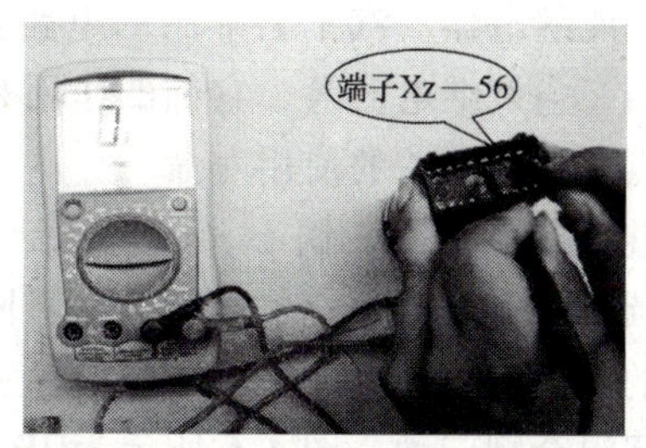

开关挡位	(Xr—NL)	Xr—NSL	Xz—56*	Xz—56	30—58L	30—58R	30—58
○							
Ⅰ							
Ⅱ							
Ⅲ							
Ⅳ							

说明：看懂灯光总开关原理图并判断开关是否良好，两端子导通打“○”，不导通的打“—”。

知识链接

1. 熔断器

现代汽车上使用最多的熔断装置为一次性的熔断器，它一般用于保护局部电路，其限额电流值较小。熔断器的主要组成部分是熔丝，其材料是锌、锡、铅、铜等金属的合金。常见的熔断器按外形可分为熔片式、熔管式、绝缘式、缠丝式和插片式等，如图 4-5 所示。

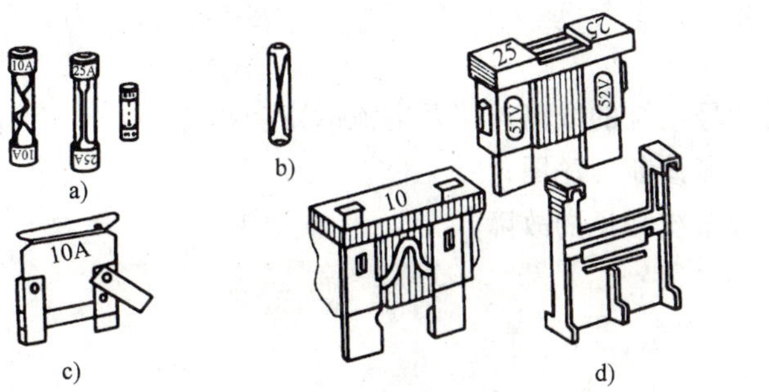

图 4-5　常见的熔断器

a）熔管式　b）、d）绝缘式　c）缠丝式

2. 继电器

汽车用继电器有功能继电器和电路控制继电器两种。如闪光继电器、间歇刮水器等为功能继电器。汽车上常用的电路控制继电器有前照灯继电器、雾灯继电器、起动继电器、空调继电器等，它们的作用是控制电路的通断，减少开关的电流，保护开关的触点，延长开关的使用寿命。

继电器由线圈、铁心、磁轭、活动触点臂、触点等组成。继电器按外形的不同，分为圆形和方形两种；按插脚数目不同，分为3脚、4脚、5脚和6脚等多种；按工作电压的不同，分为12V和24V两种；按继电器触点的状态不同，分为常开型、常闭型和开闭混合型三种。图4-6所示为JD系列标准型继电器。

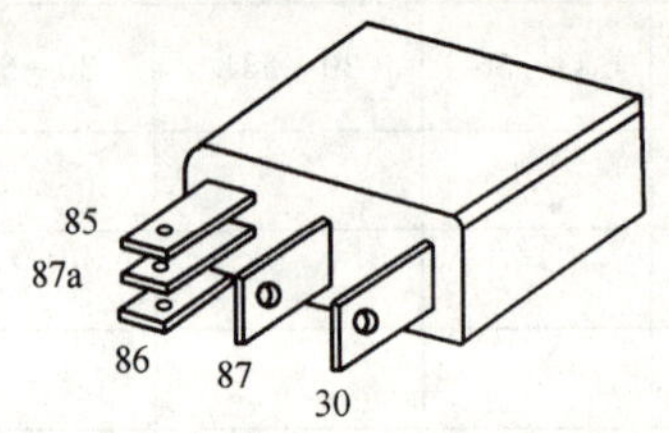

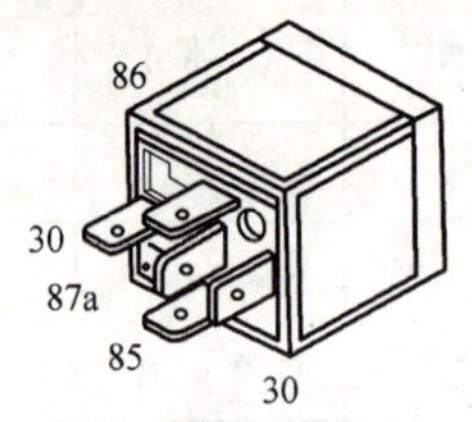

图4-6 JD系列标准型继电器

阅读维修手册，试画出桑塔纳3000轿车前照灯的系统电路简图。

任务五 照明信号系统常见故障的排除

任务准备

桑塔纳志俊轿车、万用表、试灯、连接导线、维修手册。

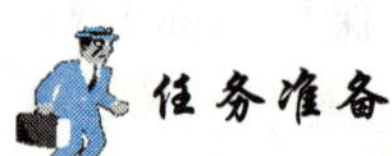

任务目标

1）熟悉汽车照明信号系统的线路连接及电流的走向；

2）能正确地写出故障诊断程序图；

3）能排除照明信号系统常见的故障。

任务实施

操作步骤	操作示意图	说　　明
一、远光和近光都不工作		
1. 拨动变光开关		如果前照灯不亮，检查前照灯插座的电压。 如果前照灯亮，转到第5步。
2. 检查前照灯电压是否正常		如果电压正常，故障一般是灯泡断路或者前照灯接地线接触不良。 如果电压不正常，转到第3步。
3. 检查S8、S9、S10、S11熔断器是否有断路		如果熔断器断路，应给予更换。 如果熔断器正常，转到第4步。
4. 将灯光开关旋钮转到Ⅲ挡，用试灯检查变光开关插座的56号端子		如果56号端子的电压正常，故障一般在变光开关或变光开关与熔断器之间的连接导线上。 如果56号端子电压为零，故障一般在灯光开关与变光开关的连接导线上或灯光开关上。

（续）

操作步骤	操作示意图	说　明
5. 检查灯光开关插座的56端子	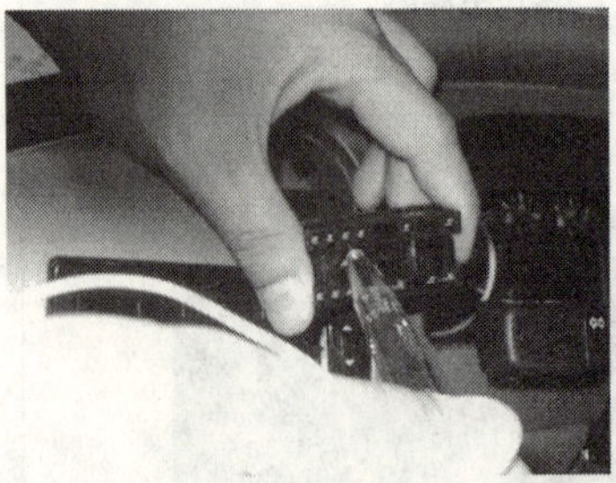	如果有电，故障在灯光开关与变光开关之间的连接导线上。 如果无电，转到第6步。
6. 检查点火开关的"x"端子		如果"x"端子的导线电压为零，检查点火开关及连接导线。 如果电压正常，检查灯光总开关。
二、报警灯工作正常，转向灯不工作		
1. 检查S34熔断器	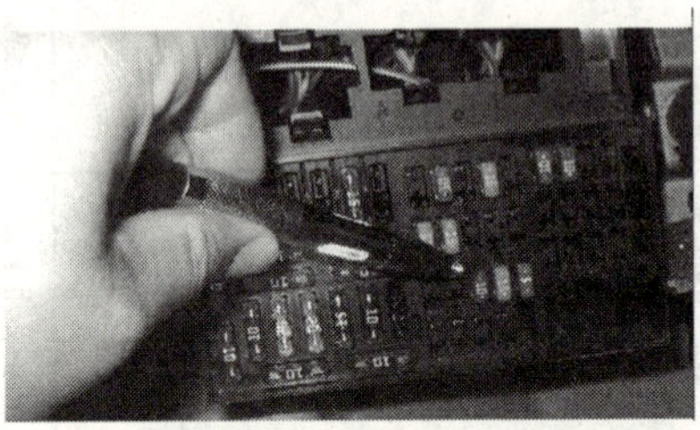	如果熔断器断路，应给予更换。 如果正常，转到第2步。
2. 检查转向灯开关49a的电压	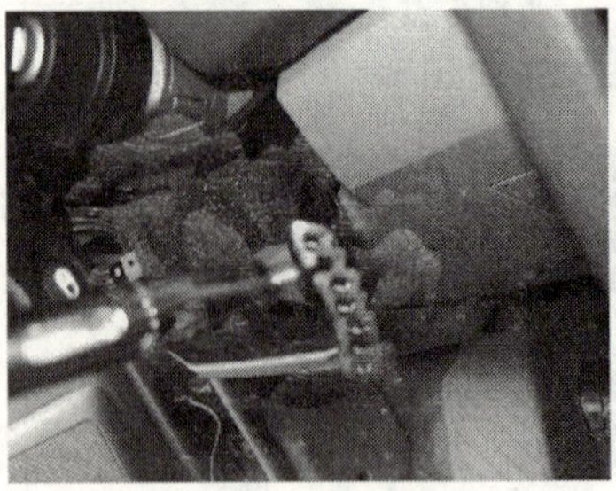	如果电压正常，故障一般在转向开关上。 如果电压为零，转到第3步。

（续）

操作步骤	操作示意图	说　明
3. 检查报警灯开关 1 号端子导线的电压		如果电压为零，故障一般在熔断器 S34 与报警灯开关的连接线上。 如果电压正常，故障一般在报警灯开关上。

任务练习

将前照灯远光、近光灯故障诊断与排除操作记录填在表 4-6 中。

表 4-6　前照灯远光、近光灯故障诊断与排除操作记录

序号	项目	操作内容	配分	评分标准	小组评分	扣分原因	得分
1	分析灯光线路的电路原理	前照灯近光、远光线路的原理分析（可口试或笔试）	30	远光灯线路分析错误扣 10 分			
				近光灯线路分析错误扣 10 分			
2	检测电路并排除故障	近光灯电路的检测并排除故障	60	线路检测错误扣 10 分，故障不能排除扣 5 分			
		远光灯电路的检测并排除故障		线路检测错误扣 10 分，故障不能排除扣 5 分			
3	安全文明生产	遵守安全操作规程，正确使用工量具，操作现场整洁	10	每项扣 2 分，扣完为止			
		安全用电、注意防火，无人身、设备事故		因违规操作发生重大人身和设备事故的，技能成绩得 0 分			
4	分数合计		100				

知识链接

当桑塔纳轿车的一只转向信号灯烧坏时，其闪光频率会加快一倍的原因是：桑塔纳轿车装用的闪光器是有触点的集成电路电子闪光器，其核心器件是一块集成电路 U243B，其内部的电路主要由输入检测电路、电压检测电路、振荡电路及功率输出电路四部分组成。图 4-7 所示为集成电路电子闪光器的简图。

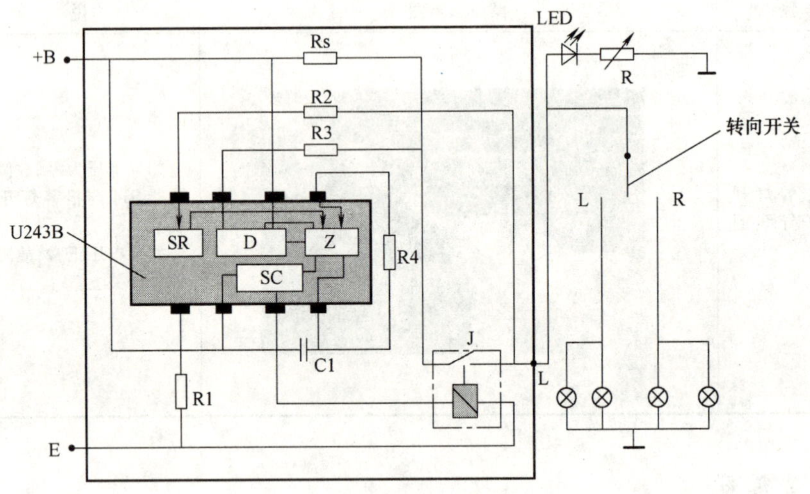

SR—输入检测器　D—电压控制器　Z—振荡器　SC—输出级　Rs—取样电阻

图 4-7　集成电路电子闪光器的简图

输入检测电路用来检测转向开关是否接通；振荡电路由一个电压比较器和外接 R4 和 C1 构成。内部电路给比较器的一端提供了一个参考电压，比较器的另一端则由外接 R4 和 C1 提供一个变化的电压，从而形成电路的振荡。

振荡电路工作时，输出电路控制继电器线圈的电路，使继电器的触点反复开闭，于是转向信号灯和转向指示灯便以 80 次/min 的频率闪烁。如果一只转向灯烧坏，则流过取样电阻的电流减小，其电压降低，经电压检测电路识别后，输出电路控制振荡电路电压比较器的参考电压，从而改变了闪光的频率，使转向信号的闪光频率加快一倍。

任务拓展

排除桑塔纳志俊轿车放松喇叭按钮后喇叭长鸣不停的故障，并讨论写出排除喇叭长鸣不停故障的基本方法和流程。

项目总结

本项的学习重点应放在：灯光信号系统各种灯具、仪表结构的作用、结构和工作原理；前照灯的拆装、检测和调整；灯光信号系统的故障诊断与排除。

项目练习

对照桑塔纳轿车前照灯控制电路及组合开关实物，请完成以下内容：

1）圈出变光开关在图中的位置，并实测变光开关的几根连接线，分别记录其颜色

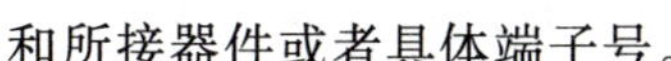

和所接器件或者具体端子号。

2）用文字和箭头表示前照灯的控制电路路径。

3）分析前照灯远光灯不亮的原因。

项目五 汽车仪表和报警系统的检测与维护

项目情境

某桑塔纳2000轿车的车主严先生，最近对自己车燃油表的工作状况有点烦恼。据他说，不管一次加多少油，燃油表的指针就是不动，也不知道剩下的油还有多少，让人时刻提心吊胆。这是怎么回事呢？

项目描述

造成上述现象的原因，很有可能是汽车仪表和报警系统出现了故障。要对该系统进行诊断，首先要知道汽车仪表和报警系统的组成，其次要明确该系统组成部件之间的相互关系。目前，大部分汽车都是采用组合仪表，其中一个表坏了，就意味着整个组合仪表都要更换。因此，组合仪表的拆卸、分解、清洗、检测和安装是该系统检修的基本功。当然，仪表显示不正常，除了可能是仪表本身的原因外，还有可能是因为信号采集的源头，如传感器、线路等的故障，故需要学习掌握仪表、报警系统常见故障的诊断与排除的一般方法及破损部件的更换步骤。

项目目标

知识目标：

1. 能正确描述仪表与报警系统的意义与基本组成。
2. 掌握各种仪表与报警装置的功用。
3. 了解各种仪表与报警装置的结构及工作原理。
4. 掌握各种仪表与报警装置的检测方法。

能力目标：

1. 能正确完成仪表与报警系统的日常维护作业。
2. 能够对汽车仪表与报警装置进行检测。
3. 能完成仪表与报警系统常见故障的诊断作业。

情感目标：

1. 使学生养成安全操作，团队协作，服从“7S”管理的良好职业素养。
2. 养成主动探索知识，获得方法以提高学习效率的习惯。
3. 具有良好的心理素质和克服困难的毅力。

任务一　认识汽车仪表和报警系统

任务准备

桑塔纳 2000GSi 实车一辆、实训手册。

任务目标

1）认识汽车仪表台的总体布局；

2）认识汽车仪表和报警系统的组成，掌握各个部件的作用。

任务实施

汽车仪表和报警系统能显示汽车运行的主要参数，便于驾驶员随时了解汽车主要部件的工作情况，以便及时发现可能出现的故障，以利于故障的排除。

操作步骤	操作示意图	说　明
一、认识汽车仪表和报警系统		
认识仪表台的总体布局。		汽车仪表大部分都集中安装在驾驶室内转向盘正前方的专用仪表板上。 桑塔纳轿车的仪表和报警系统的主要组成部件如下： 冷却液温度表、燃油表、车速里程表和转速表、冷却液温度报警灯、机油压力过低警告灯、燃油量过少警告灯和ABS警告灯等。
二、认识各组成部件		
1. 燃油表		燃油表是用来表示汽车油箱中的存油量，而不是用来检测汽车油耗的。 信号来源：燃油表传感器。

（续）

操作步骤	操作示意图	说　明
2. 冷却液温度表	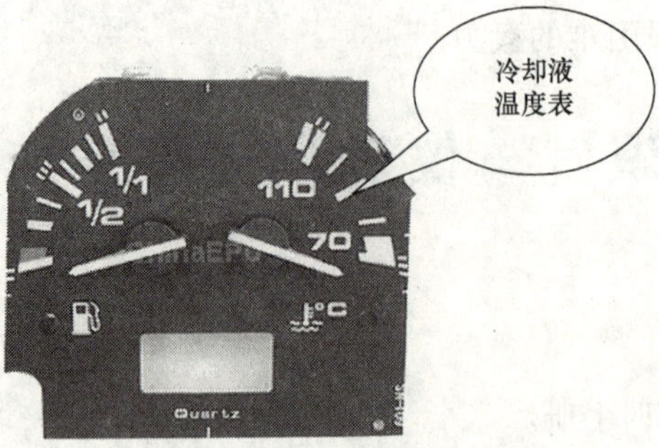 冷却液温度表	冷却液温度表显示发动机冷却液的工作温度，单位是℃（摄氏度）。 信号来源：冷却液温度传感器。
3. 发动机转速表	 1/min x 100	发动机转速表指示发动机的运转速度，指示目的是为了检查和调整发动机，并监视发动机的工作状况，更好地掌握换挡时机。 信号来源：点火器。
4. 车速里程表	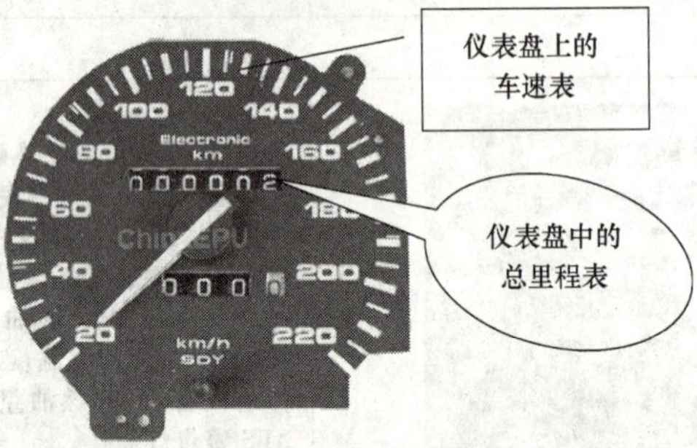 仪表盘上的车速表 仪表盘中的总里程表	车速表指示汽车的行驶速度。 总里程表记录汽车行驶过的总路程，以公里数计。 信号来源：车速传感器。
5. 冷却液温度报警灯	 仪表盘中的冷却液温度报警灯	当发动机冷却液温度高到一定程度时，报警灯自动点亮，以示警报。

（续）

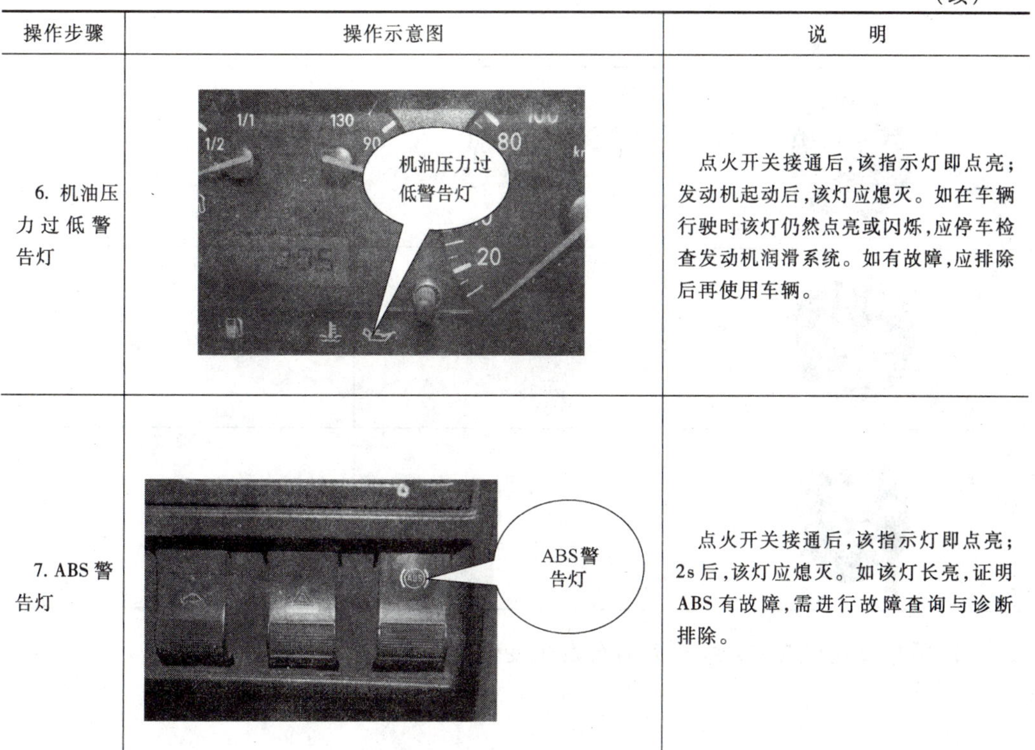

操作步骤	操作示意图	说　明
6. 机油压力过低警告灯	机油压力过低警告灯	点火开关接通后，该指示灯即点亮；发动机起动后，该灯应熄灭。如在车辆行驶时该灯仍然点亮或闪烁，应停车检查发动机润滑系统。如有故障，应排除后再使用车辆。
7. ABS 警告灯	ABS警告灯	点火开关接通后，该指示灯即点亮；2s 后，该灯应熄灭。如该灯长亮，证明 ABS 有故障，需进行故障查询与诊断排除。

任务测评

1）分组对照实车完成表 5-1。

表 5-1　汽车报警系统的警告灯实例

图　标	名　称	作　用
(!)		
O/D OFF		

（续）

图　标	名　称	作　用

2）哪些仪表在点火开关打开后会发生变化？

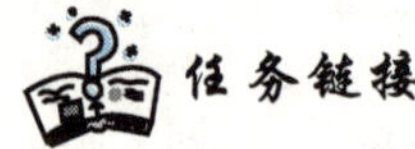

任务链接

1. 车速里程表

桑塔纳 2000 型轿车采用的电子车速里程表是采集安装在变速器主传动输出端盖上的车速传感器输出的脉冲信号，通过导线输入车速里程表来工作的。如图 5-1 所示为电子车速里程表，它由永久磁铁、矩形塑料框内线圈针轴、游丝、电子模块、步进电动机和机械计算器组成。

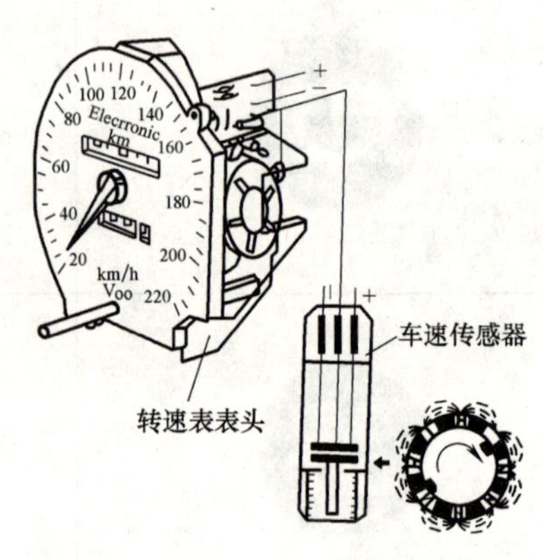

图 5-1　电子车速里程表

安装在变速器主传动输出端盖上的车速传感器，检测到输出轴上脉冲齿轮转速信号的脉冲变化，并将其输送到车速表表头。信号频率愈快，车速表指针的偏转愈大，指示的车速愈高。同时，里程表中的电子模块把脉冲量转换成里程数，通过机械计算器累计起来。

在车速里程表上，还有一个短程（单程）里程表，当需要消除短程里程时，只需按一次复位

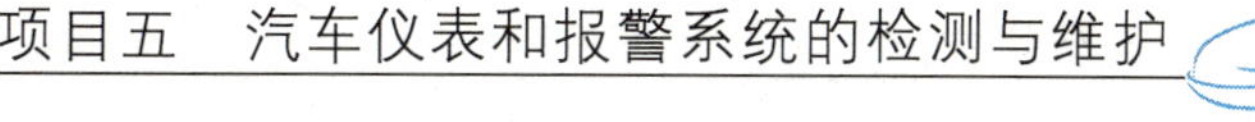

杆，短程里程表就会归零。

2. 发动机转速表

桑塔纳 2000 型轿车采用电子发动机转速表。其中 2000GLi 型轿车发动机转速表是从点火线圈中获得一次电流中断时产生的脉冲信号，在点火线圈中转换成电压脉冲，经数字集成电路计算后，在表头上偏转指针以显示出发动机转速的。2000GSi 型轿车则是由安装在飞轮侧的发动机转速传感器，直接把转速脉冲信号输入表头并转换成发动机转速信号的。

当发动机转速超过 6 000r/min 时，指针进入表头的红色警戒区，这时应放松加速踏板，以免损伤发动机机件。对于电控喷射式发动机的 GLi、GSi 型轿车的发动机电子控制系统，ECU 则通过立即切断喷油器的供油来阻止发动机转速的上升，直到恢复正常转速后，又继续供油。

3. 发动机机油压力指示

桑塔纳 2000 型轿车的机油压力指示系统，由低压油压开关、高压油压开关、油压检查控制器、机油压力指示灯等组成。当发动机工作时，它用来检测发动机主油道中机油压力的大小。

低压油压开关安装在发动机的缸盖上，其外壳直接接地。低压油压开关为常闭型开关，在油压低于 0.03MPa 时常闭（发动机未发动）；在油压高于 0.03MPa 时，此开关打开。

高压油压开关安装在机油滤清器的支架上，其外壳直接接地。高压油压开关为常开型开关，在油压低于 0.18MPa 时，开关常开；在油压高于 0.18MPa 时，此开关闭合。

任务拓展

查找通用别克君威、丰田卡罗拉、长安福特、东风本田轿车的仪表板的布置，并与桑塔纳 2000 轿车的仪表板比较，看有何区别，各有哪些特色？

任务二　拆卸组合仪表

桑塔纳 2000GSi 实车一台、实训手册、扳手、尖嘴钳、螺钉旋具等。

任务目标

1）能按规范步骤有序地拆卸组合开关的线束；

2）能按规范步骤有序地拆卸和更换仪表盘。

任务实施

操作步骤	操作示意图	说　明
一、准备工作		
1. 拆卸蓄电池负极电缆	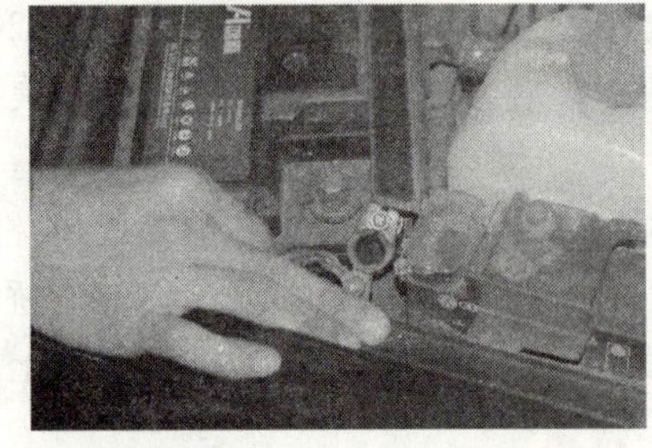	做好车辆防护;开启发动机舱盖并确保支撑杆稳定牢固;安装翼子板防护垫及前格栅防护垫;确认变速器挡位置于空挡位置;拉紧驻车制动器;将点火开关置于关闭(OFF)位置;拆下蓄电池搭铁线。 提示:断电必须可靠。
2. 调整转向盘		将转向盘调整至中间位置,使车轮保持直线行进状态。 提示:直线行进状态便于转向盘的正确安装。
二、拆卸转向盘		
1. 拆去转向盘盖板		双手握住并下压转向盘盖板,使盖板的锁扣从下盖板中脱出,拔下喇叭搭铁线。
2. 拆下转向盘		用24mm的套筒扭力扳手拧松转向盘固定螺母。 提示:拧动时,一人紧握转向盘,另一人使用工具拧松。确认转向盘位于中间位置后,双手用力上托转向盘的两对称端,将转向盘从转向柱的花键中脱出。

（续）

操作步骤	操作示意图	说　明
三、拆卸组合开关		
1. 拆卸转向盘饰板		用螺钉旋具拆下组合开关罩的3条固定螺钉，取下组合开关罩盖的下壳和上罩盖。
2. 拔下各开关插头	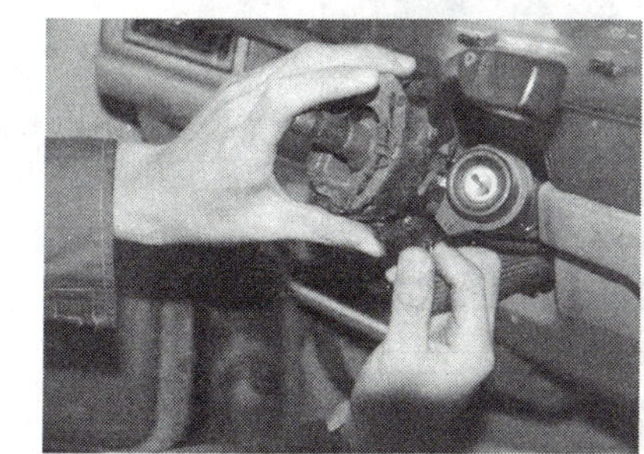	拔下转向灯、刮水器电动机、玻璃清洗器电动机、前照灯变光开关的插头。 提示：禁止使用螺钉旋具等工具撬插头，以免造成损伤。
3. 取下组合开关	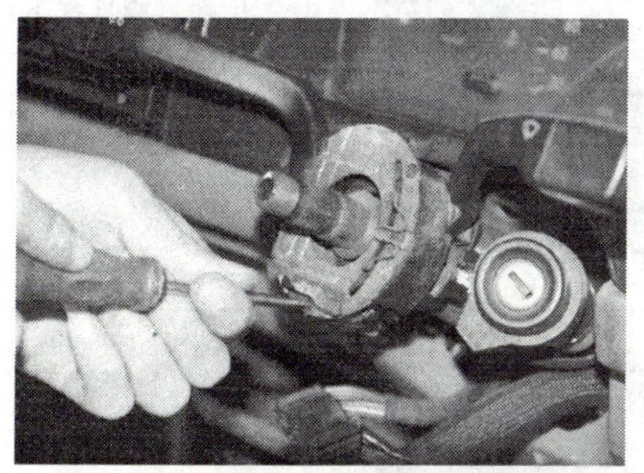	用一字螺钉旋具拆下组合开关的3个固定螺钉，取下组合开关，拔出组合开关线束。
四、拆卸组合仪表盘		
1. 取下组合仪表外框	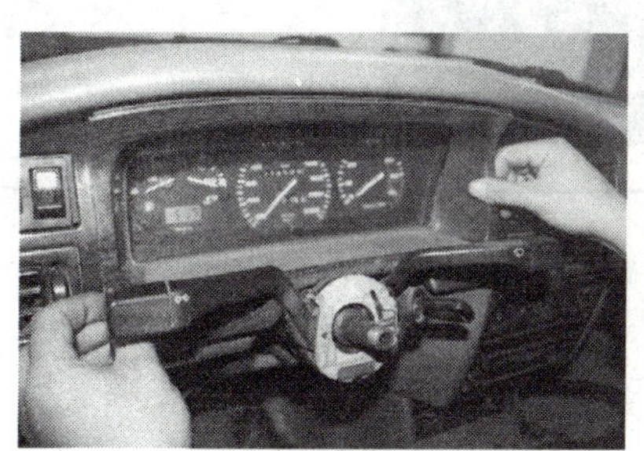	取下组合仪表外框。 提示：组合仪表外框通过卡口连接，可用手直接拆下。

（续）

操作步骤	操作示意图	说　明
2. 拆下组合仪表总成	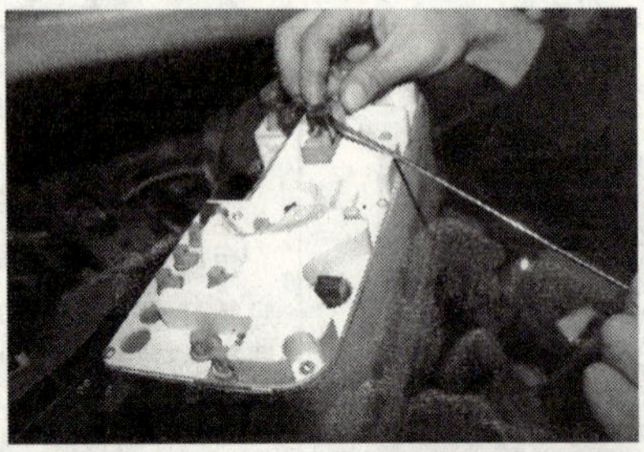	用螺钉旋具拧下组合仪表的两条固定螺钉；将组合仪表从仪表盘中取出；拔下综合插接头；取下组合仪表。 提示：使用螺钉旋具撬起插头，然后拔下综合插接头。
3. 分解组合仪表盘	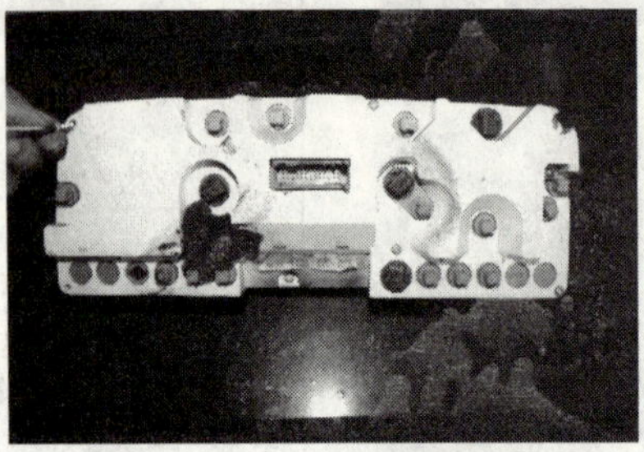	先用螺钉旋具拧下固定螺钉（7个），再拧下稳压器的固定螺钉，取下后盖。
4. 取下仪表板的电路板	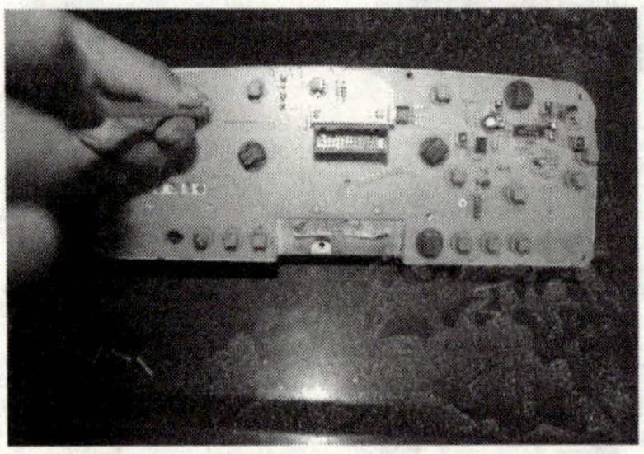	用螺钉旋具拧下线路板的固定螺钉（8个），取下线路板。 提示：取电路板之前，小心地拔出插脚。
5. 取下各种表头	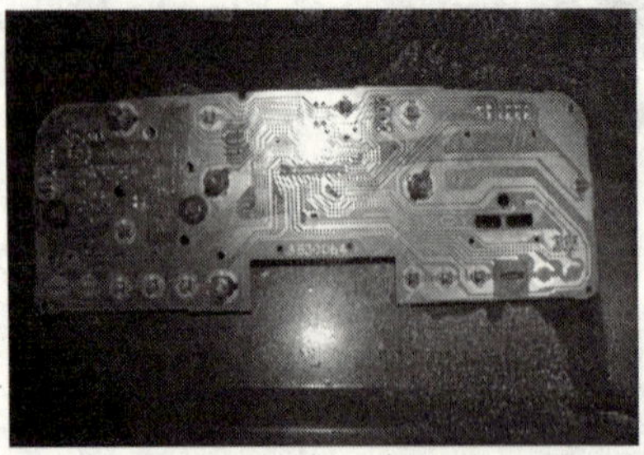	

任务练习

1）分组拆卸，了解组合仪表。

2）通过拆卸实习，完成表5-2中的内容。

表 5-2　拆卸实习中的注意事项

拆卸动作	注意事项
拆卸转向盘	
取组合仪表盘外框	
拔综合插接头	
取仪表板电路板	

任务链接

1. 组合仪表拆卸的注意事项

1）拆卸组合仪表时，应先拆下蓄电池的负极电缆，以免手触摸仪表板后面时造成线路短路。

2）拆组合仪表的装饰面板时，由于固定螺钉一般是隐蔽的，因此要仔细查找固定螺钉，否则强行拆卸将会损坏装饰面板。

3）拆卸组合仪表时，应注意仪表板后面的线束插接器及车速里程表的软轴接头，一般都带有锁止机构，切忌强拆。

4）从电路板上拆下仪表表芯、电源稳压器、照明及指示灯时，小心不要损坏印制电路。

5）拆卸仪表及传感器时，注意动作要轻，不要敲打。

2. 仪表与传感器装配的注意事项

1）单独更换表芯或仪表传感器时，注意仪表与传感器必须配套使用。

2）电热式机油压力传感器安装时有方向要求，不得装错。

3）仪表与传感器的接线及传感器的搭铁必须可靠。

4）电磁式仪表的接线柱有极性之分，不得接错。

任务拓展

丰田卡罗拉轿车仪表的拆卸步骤：拆蓄电池负极电缆、拆 CD 边的装饰板 4 片、拆中央出风口、拆 CD 机、拆杂物箱、拆杂物箱后仪表台里的副气囊螺钉及插头、拆仪表台两边的饰板（是插板）、拆仪表板饰板、拆仪表板、拆转向盘上的气囊、拆转向盘转向柱的装饰罩、拆组合开关、拆中央控制面板（空调等按钮）、拆中央扶手、拆主驾驶侧仪表台的下侧。

任务三　检测与更换燃油表传感器

任务准备

桑塔纳 2000GSi 待修车一辆、工具推车一辆、万用表、套筒扳手、其他常用工具及清洁用物品。

任务目标

1）能根据顾客的陈述对故障部位进行检测诊断；

2）能对故障部位进行修复，并进行必要的修复验证。

任务实施

根据顾客陈述的燃油表指针始终不动的现象，进行检测与故障排除。

操作步骤	操作示意图	说明
一、准备工作		
将车辆驶入工作场地，做好操作前的安全检查和前期准备工作		作业现场应具备良好的通风和照明条件；清洁工作场地；配备有效的灭火器材；检查现场是否存在易燃易爆物品和妨碍作业的物品；检查准备相关的作业工具和设备；安装车轮挡块；检查发动机机油液位、冷却液液位的高度；插入废气抽气管；记录车辆信息；现场安全确认；安装座椅套、地板垫及转向盘套等。
二、判断故障点		
1. 拔下燃油表传感器的接线插头		打开后备箱盖，用十字螺钉旋具拧下盖板上的3个螺钉，取下盖板；将传感器的信号导线直接搭铁，打开点火开关。
2. 观察燃油表的指示情况		如果指针开始向满刻度方向移动，说明故障在燃油表传感器。
三、拆卸、检测及更换发送装置		
1. 拆卸燃油表发送装置		从密封凸缘上拔下进油管、回油管和通气管，再拔下3个端子的导线插头；用专用工具旋下大螺母，从燃油箱开口处拉出密封凸缘和橡胶密封件，拔下密封凸缘内的燃油表导线插头；将专用工具插入到燃油箱内燃油泵壳体的3个拆装缺口内，旋松燃油泵，从燃油箱中拉出燃油泵。

（续）

操作步骤	操作示意图	说明
2. 检查燃油表发送装置	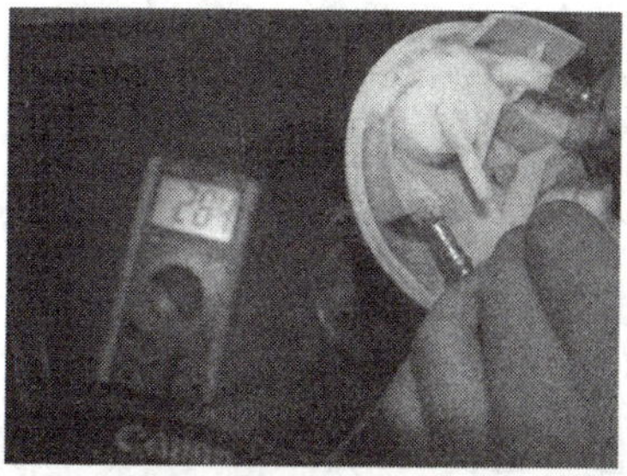	将数字式万用表设定在电阻测试功能挡，将负表笔与发送装置的搭铁端相连，正表笔与可变电阻的接线端相连，再将发送装置保持在正常的安装位置，并将浮子杆靠在空箱限制位置，读取电阻值，将结果与标准值进行比较；然后再将发送装置保持在正常的安装位置，并将浮子杆靠在满箱限制位置，读取电阻值，将结果与标准值进行比较。
3. 更换燃油表传感器	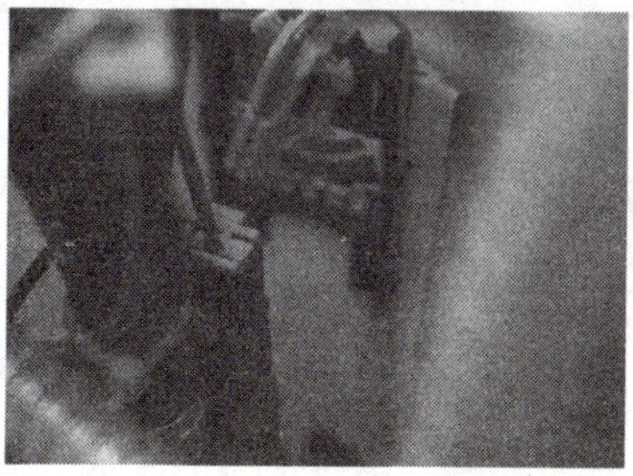	从卡槽中取出滑动电阻板，用电烙铁把电阻板与线路分开，用同样的方法把新的电阻板与线路焊接起来，安装到位。
四、安装及复检燃油发送装置		
1. 安装燃油表发送装置	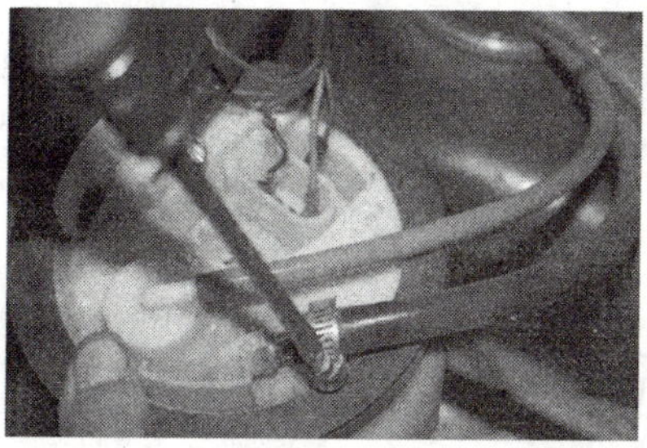	将燃油泵连同密封凸缘下引出的输油管和回油管以及燃油泵接头插入到燃油泵上，并保证软管接头连接紧固；将燃油泵插入到燃油箱内，用专用工具将燃油泵拧紧在燃油箱底部的固定位置上；在燃油箱的开口上安装好密封圈，安装时用燃油将密封圈润湿；将密封凸缘连同浮子和燃油传感器插入到燃油箱的开口并压到底，用专用工具拧紧大螺母，接上密封凸缘上部的进油管和回油管以及3个端子的接头。 提示：密封凸缘上的箭头必须对准燃油箱上的箭头。
2. 复检燃油表的指示情况		打开点火开关，观察仪表；关闭点火开关，向油箱加油。再次打开点火开关，观察仪表，燃油表指针发生偏转，故障现象完全消失。 清洁整理工具和设备，打扫工作场地，清洗车辆内、外部，等待车主接车。至此，维修任务完成。

任务练习

1）写出燃油表指针始终不动的故障诊断流程图。

2）完成燃油表发送装置的检测报告（见表5-3）。

表5-3　燃油表发送装置的检测报告

检测项目	检测细则	标准参数	检测结果	是否正常	是否需要更换
燃油表发送装置	浮子杆靠在空箱限制位置时的电阻				
	浮子杆靠在满箱限制位置时的电阻				

检测结论：

任务链接

燃油表

上海桑塔纳2000型轿车的燃油表为电热式，由带稳压器（与冷却液温度表共用）的油面指示表和油面高度传感器（变阻器）组成，其工作原理如图5-2所示。

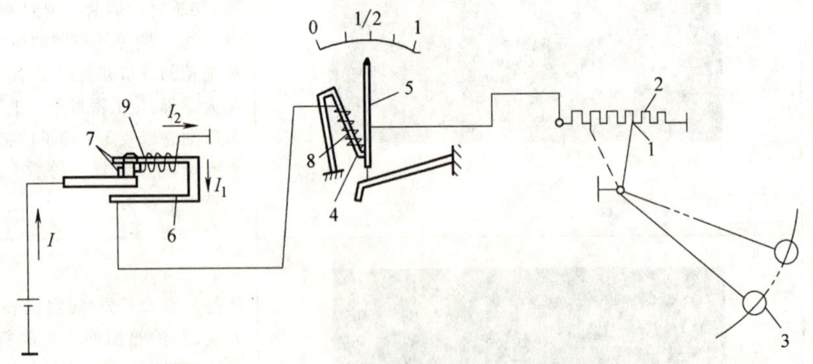

图5-2　电热式燃油表的工作原理

1—液面传感器滑动接触片　2—可变电阻　3—浮子　4—表头双金属片　5—燃油表指针
6—稳压器的双金属片　7—触点　8—加热线圈　9—电热线圈

燃油表工作时，电流自蓄电池经稳压器的双金属片6、燃油表加热线圈8、油面高度传感器的可变电阻2和滑动接触片1，最后回到蓄电池。当油量少时，浮子3处于较低位置，滑动接触片的触点位于可变电阻的右端，此时电阻最大而电流最小，表头里的加热线圈8散热量少，使表头里的双金属片4产生的变形较小，指针处于接近“0”位。当加油后，油面高度增加时，浮子上升，触点1逐渐向左移动，回路电阻减小，电流增大，双金属片4的热变形增大，指针5随之右移，当油箱加满时，指针移到最大刻度“1”上。

任务拓展

燃油表的接线情况

燃油表传感器上，有一根棕色导线接地，变阻信号经紫/黑色导线进入中央电路板E5接点，通过中央电路板内部结构与B3接点相导通，经紫/黑色导线，再经过仪表板白色14孔插件进入仪表板印制电路板与燃油表连接，燃油表电源由稳压器输出端A供给。

任务四　检查与更换ABS轮速传感器

任务准备

数字式万用表、桑塔纳2000GSi轿车维修手册、世达工具、故障诊断仪。

任务目标

1）正确使用故障诊断仪；
2）能够用数字式万用表检测轮速传感器的电阻值；
3）能够用规范的操作步骤更换轮速传感器。

任务实施

ABS警告灯常亮故障的诊断方法。

操作步骤	操作示意图	说　明
一、准备工作		
将车辆驶入工作场地，做好操作前的安全检查和前期准备工作		作业现场应具备良好的通风和照明条件；清洁工作场地；配备有效的灭火器材；检查现场是否存在易燃易爆物品和妨碍作业的物品；检查准备相关的作业工具和设备；安装车轮挡块；检查发动机机油液位、冷却液液位的高度；插入废气抽气管；记录车辆信息；现场安全确认；安装座椅套、地板垫及转向盘套等。

（续）

操作步骤	操作示意图	说　明
二、故障点的确认		
1. 观察 ABS 警告灯的情况		进入驾驶室，将点火开关打开，观察 ABS 警告灯，常亮。 提示：正常情况下，ABS 警告灯应点亮约 2s 后熄灭。
2. 查询与诊断故障情况	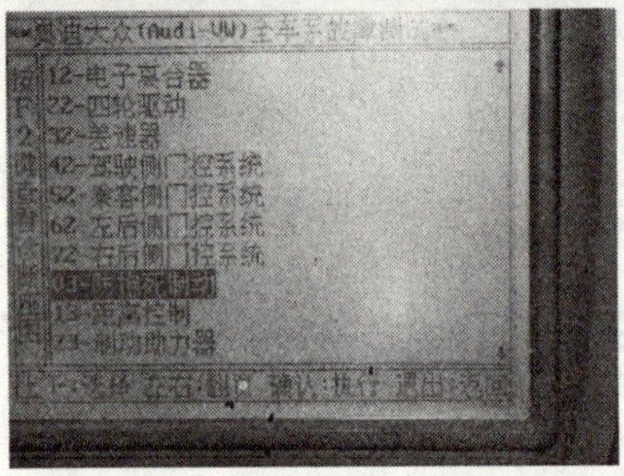	连接故障诊断仪，读取故障码，进入轮速传感器测量数据流页面，放松驻车制动器，将车辆举升至轮胎最低点离地面约 20cm 的高度，分别转动左前轮、右前轮、左后轮和右后轮，观察页面数据的变化，如果其中有一项数据始终为零，则检查该轮的轮速传感器。
三、拆卸与检测轮速传感器		
1. 拆卸轮速传感器的连接线	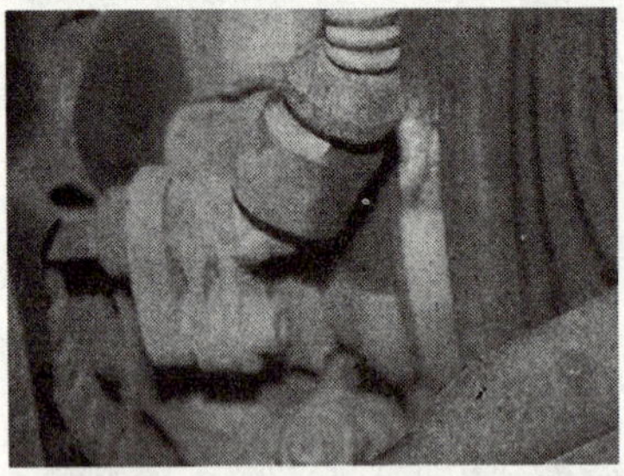	将车辆举升至一定高度，用手拔下轮速传感器的插头，并从减振器卡箍中脱出传感器线束。 提示：点火开关应关闭，拔插头时严禁使用螺钉旋具撬别。
2. 取下轮速传感器		使用 5mm 的内六角扳手拧松轮速传感器的固定螺栓，转动并拔出轮速传感器 提示：拔出轮速传感器时，严禁使用螺钉旋具撬别，以防损坏传感器。
3. 检测轮速传感器	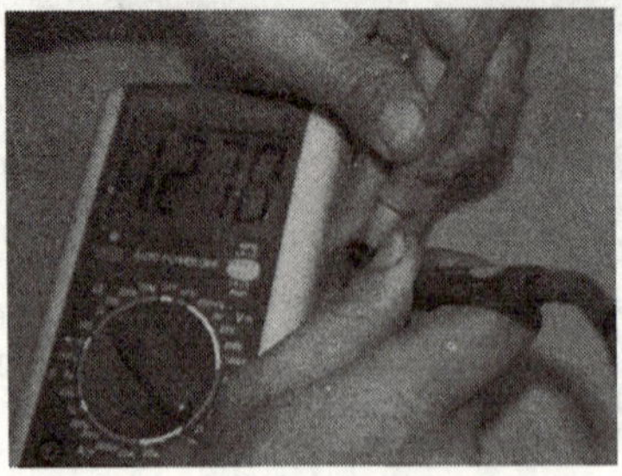	先观察轮速传感器的清洁度，再用万用表测量轮速传感器的感应线圈的电阻值。 提示：正常阻值为 1 ~ 1.3kΩ。如果测量值不在规定范围内，应更换轮速传感器。

（续）

操作步骤	操作示意图	说　明
四、更换及安装轮速传感器		
1. 更换轮速传感器		用万用表测量新的轮速传感器的感应线圈的电阻值。
2. 安装轮速传感器		将轮速传感器插入到安装孔中，并保证轮速传感器的间隙值，然后按规定的拧紧力矩拧紧固定螺栓，连接好线束。
五、复检故障及整理工位		
1. 复查ABS警告灯的情况		降下车辆，拉好驻车制动器，打开点火开关，观察ABS警告灯，要求警告灯点亮约2s后熄灭。
2. 清洁车辆，整理工具		在操作过程中始终贯彻“7S”的作业规范。

任务练习

完成表5-4所示ABS报警系统的检测报告。

表 5-4 ABS 报警系统的检测报告

车　　型	
故障现象	
相关数据流的读取结果	
传感器的清洁度	
齿隙检查	
传感器的阻值测量	
轮速传感器间隙值的检测	
任务难点	

任务链接

轮速传感器数据流的检测步骤。

连接金德 K81 故障诊断仪，翻到防抱死系统中的数据流读取页面，其操作步骤如下：

1）输入显示组“001”，按“F1”键确认，屏幕显示（汽车静止时）：

1	0km/h
2	0km/h
3	0km/h
4	0km/h

2）输入显示组“002”，按“F1”键确认，屏幕显示（汽车静止时）：

1	255km/h
2	255km/h
3	255km/h
4	255km/h

为了检查轮速传感器的工作情况，必须用举升机升起车辆，使 4 个车轮离地，然后用手转动车轮。

3）输入显示组“002”，按“F1”键确认，屏幕显示：

1	3km/h
2	6km/h
3	10km/h
4	7km/h

4）输入显示组“003”，按“F1”键确认，屏幕显示（不踩制动踏板）：

0km/h

5）输入显示组“003”，按“F1”键确认，屏幕显示（踩制动踏板）：

1km/h

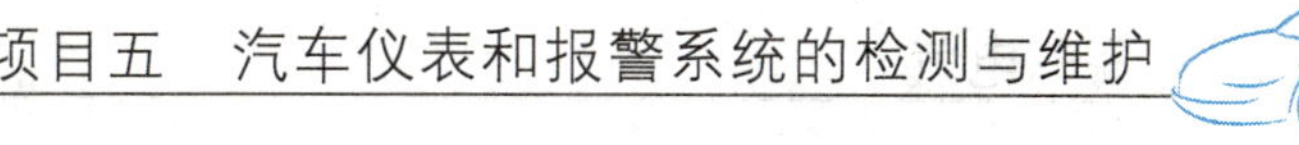

6）放下汽车，并使汽车缓慢行驶，屏幕显示：

1	3km/h
2	6km/h
3	2km/h
4	1km/h

其中，区域1和2的数据偏差<6km/h为正常，区域3和4的数据偏差<2km/h为正常。

任务拓展

ABS使用与维修中的一般性注意事项

目前，大多数ABS系统都具有很高的工作可靠性，通常无需对其进行定期的特别维护，但在使用、维护和检修过程中，应在以下几个方面特别注意：

1）在点火开关处于点火位置时，不要拆装系统中的电器元件和线束插头，以免损坏电子控制装置。若要拆装，应先将点火开关断开。

2）高温环境也容易损坏电子控制装置，所以在对汽车进行烤漆作业及对系统中的元器件或线路进行焊接时，也应将线束插头从电子控制装置上拆下。

3）在蓄电池电压低时，系统将不能进入工作状态，因此要注意对蓄电池的电压进行检查，特别是在汽车长时间停驶后的初次起动时更要注意。

4）不要让车轮转速传感器和传感器齿圈沾染油污或其他脏物，不要敲击转速传感器，否则会影响系统的控制精度，甚至使系统无法正常工作。

5）由于在很多具有防抱死制动功能的制动系统中都有供给防抱死制动压力调节所需能量的蓄能器，所以在对这类制动系统的液压系统进行维修作业时，应首先使蓄能器中的高压制动液完全释放，以免高压制动液喷出伤人。在释放蓄能器中的高压制动液时，先将点火开关断开，然后反复地踩下和放松制动踏板，直到制动踏板变得很硬时为止。另外，在制动液压系统完全装好以前，不能接通点火开关，以免电动泵通电运转。

6）大多数防抱死控制系统中的车轮转速传感器、电子控制装置和制动压力调节装置都是不可修复的，如果发生损坏，应该进行整体更换。

7）在对制动液压系统进行维修以后，或者在使用过程中发觉制动踏板变软时，应按照要求对制动系统进行空气排除。

8）应尽量选用汽车生产厂推荐的轮胎。

项目总结

1）通过观察实物，熟悉各种仪表与报警装置的布置位置及作用。

2）仪表电路通常由仪表、发送装置和仪表调压器组成。

3）上车，打开点火开关，首先观察各仪表与报警装置工作是否正常；当仪表与报警装置不工作或工作不良时，应根据电路原理图，对其线路、机械传动装置和传感器

进行检测、诊断，排除相应故障；若线路、机械传动装置和传感器工作正常，则应根据组合仪表拆卸的步骤更换相应的仪表。

4）在排除故障前，先查阅维修手册，确认所有具体步骤或防范措施。

项目练习

1）根据图标写出报警灯的名称。

2）如果其他仪表、报警灯工作正常，但冷却液温度表和燃油表不工作，故障原因很有可能是____________损坏，因为________。

3）燃油表在一般情况下应将________接线柱与电源线相接。

4）试对燃油表指针总指向“1”的故障原因进行分析。

5）前、后轮速传感器与左、右轮速传感器能不能互换？为什么？

6）为什么在现代汽车上都加装了仪表稳压器？

7）试述仪表系统安装完毕后应做哪些测试？

8）在网络上查找仪表、报警系统还有哪些常见的故障，应如何排除，然后到实车上进行实践对比。

项目六 汽车空调系统的检测与维护

项目情境

一辆桑塔纳3000型轿车，打开空调后经过几分钟的运行，出风口的温度降到20℃左右，就再也降不下去了。该车为事故车，经过拆检，发现进风罩密封不良。重新进行密封后，试车有好转，但还不能达到要求，对于这样的故障，我们应如何分析排除呢?

项目描述

要确诊并排除这个故障，首先要认识汽车空调系统，懂得汽车空调控制面板上各个按钮的含义和正确的操作方法；其次要能规范进行汽车空调系统的检测操作，能对汽车空调系统的各个部件进行检测，特别是进行压缩机的检测与更换；在部件的检测与更换时，还要对汽车制冷系统进行清扫并进行制冷剂和冷冻油的补给。在更换膨胀阀后，试车效果还是不理想，经过分析可能存在散热不良的故障。清洗冷凝器后，再次试车有好转，测量出风口的温度降到了5℃，故障已被排除。最后，还需要对空调系统的电路做全面检查，这需要对电磁离合器和各个部件的控制原理做进一步的了解。

项目目标

知识目标：

1. 解释汽车空调系统的组成及工作原理。
2. 叙述汽车空调制冷系统各部件的结构及工作原理。
3. 叙述鼓风机电路、散热器风扇电路的工作原理及其与电磁离合器电路的关系。

技能目标：

1. 根据维修手册，制定计划并规范完成汽车空调的维护作业。
2. 在教师指导下，查阅维修资料，制定计划并规范完成汽车空调制冷系统制冷剂的加注作业。
3. 查阅相关维修资料，制定计划并规范排除电磁离合器的典型故障。
4. 正确诊断与排除空调系统散热器水温过高等典型故障。

情感目标：

1. 树立学生的岗位意识，强化学生的综合职业素养。
2. 培养学生团队合作解决问题的能力，良好的规范意识和安全责任意识。

任务一　认识汽车空调系统

任务准备

桑塔纳3000型轿车维修手册、桑塔纳3000型轿车、汽车空调实训台架。

任务目标

1）正确使用汽车空调面板各按钮；

2）认识汽车制冷系统各部件的位置及作用；

3）叙述汽车空调系统的基本组成及功用。

任务实施

操作步骤	操作示意图	说　明
一、认识汽车空调控制面板各按钮的功能		
1. 认识手动空调的控制面板	温度调节开关 送风模式开关 风速开关 内外循环开关 空调起动开关	汽车空调的控制面板安置在靠近仪表板中心的位置，以便于驾驶员操作。它可用于起动或停止空调、温度调节、内外循环切换等。
2. 认识自动空调的控制面板	除霜开关 自动模式开关 AUTO MODE 内外循环开关 温度调节开关 送风模式开关 风速开关 空调起动开关	自动空调能根据驾驶员设置的“希望温度”自动调节车内空气的温度，自动控制送风量和空气分布。
二、认识汽车空调制冷系统的各部件		
1. 认识汽车空调制冷系统的部件	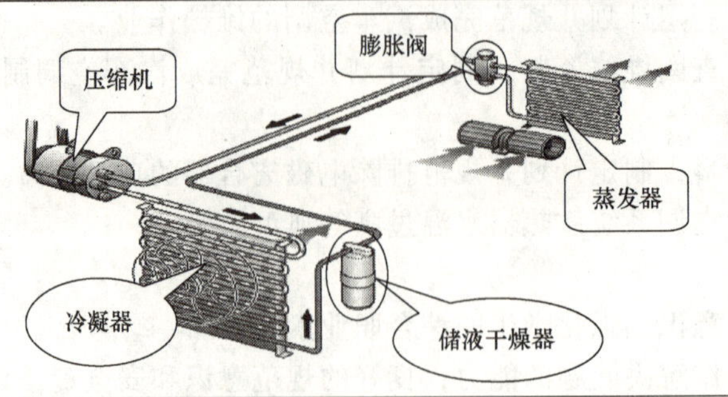	汽车空调制冷系统由压缩机、冷凝器、储液干燥器、膨胀阀、蒸发器等部件组成，并由高低压管连接组成一个封闭的系统。

（续）

操作步骤	操作示意图	说　明
2. 认识空调压缩机	接低压管 接高压管	位置：在发动机前方，由曲轴驱动。 结构形式：有往复活塞式和旋转式两种。
3. 认识冷凝器		位置：发动机散热器前部，有利于散热的部位。 结构形式：管片式、管带式、鳍片式三种。
4. 认识蒸发器	蒸发器芯 O形圈	位置：仪表盘下方。 结构形式：管带式、层叠式。
5. 认识储液干燥器	L管 视液镜 组合开关 储液干燥器 C管	位置：冷凝器的后方。 结构：由滤网、干燥剂、视液镜组成。

（续）

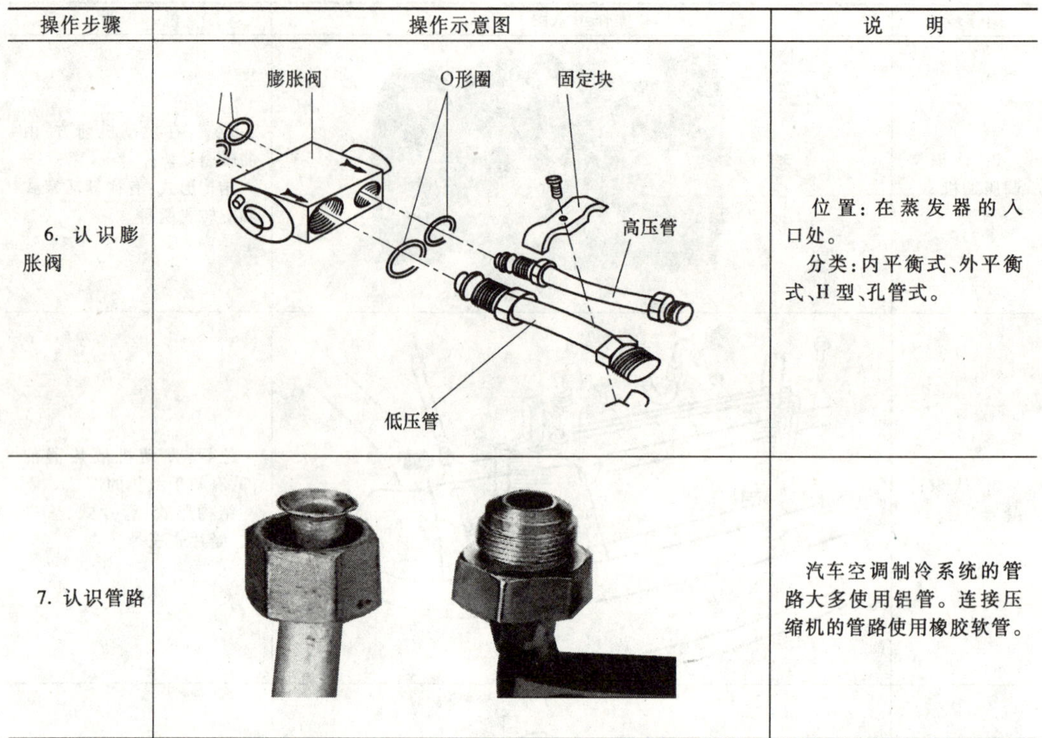

操作步骤	操作示意图	说　　明
6. 认识膨胀阀	膨胀阀、O形圈、固定块、高压管、低压管	位置：在蒸发器的入口处。 分类：内平衡式、外平衡式、H型、孔管式。
7. 认识管路		汽车空调制冷系统的管路大多使用铝管。连接压缩机的管路使用橡胶软管。

任务练习

1）表6-1是桑塔纳3000轿车的空调面板按钮，请填写各按钮的功能。

表6-1　桑塔纳3000空调面板按钮的功能

按钮				MODE			AUTO
所表示的功能							

2）指出图6-1所示汽车空调系统各部件的名称，并在车上指出相关部件的实际安装位置。

任务链接

1. 汽车空调系统的功用

汽车空调系统通过对汽车车室内的空气温度、湿度、风速和清洁度的调节来改善汽车车室内乘员的舒适性。

2. 汽车空调系统的组成

（1）制冷系统　对车室内的空气或由外部进入车室内的新鲜空气进行冷却或除湿，

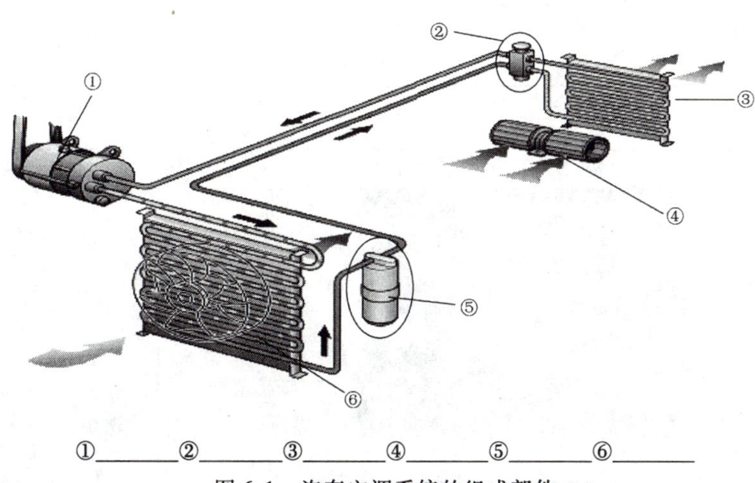

图 6-1　汽车空调系统的组成部件

使车室内的空气变得凉爽舒适。制冷系统由压缩机、冷凝器、膨胀阀、蒸发器和储液干燥器等总成组成，各总成通过管路形成一个密封的系统。

制冷系统由汽车发动机来提供动力，发动机通过传动带使压缩机转动。制冷系统的部件主要分布在发动机舱和车室内。

（2）采暖系统　主要用于取暖，通过对车室内的空气或由外部进入车室内的新鲜空气进行加热，达到取暖、除湿的目的。

（3）通风系统　将外部的新鲜空气吸进车室内，起通风和换气的作用。同时，通风对防止风窗玻璃起雾也起着良好的作用。

（4）空气净化系统　除去车室内空气中的尘埃、臭味、烟气及有毒气体，使车室内的空气变得清洁。

（5）控制系统　对制冷和暖风系统的温度、压力进行控制，同时对车室内空气的温度、风量和流向进行控制，完善了空调系统的正常工作。

任务二　汽车空调系统的操作与检查

桑塔纳 3000 型轿车维修手册、桑塔纳 3000 型轿车、汽车空调实训台架。

任务目标

1）能规范完成汽车空调的维护作业；

2）能为客户提出正确使用和维护空调的建议；

3）能叙述汽车空调的工作原理。

任务实施

操作步骤	操作示意图	说　明
一、汽车空调的操作检查		
1. 检查外观	连接是否牢靠 软管是否老化	检查空调系统各软管有无磨损和老化现象、各接头处的连接是否牢靠、管路是否与其他零件相碰、各接头处是否有泄漏的油迹。
2. 检查鼓风机	选择不同的鼓风机转速	分别置鼓风机开关至1速、2速、3速、4速，观察鼓风机转速的变化。
3. 检查车内空气的分配模式	MODE 选择不同的送风模式	选择各种送风模式并起动除霜控制，核实送风模式是否符合要求。

（续）

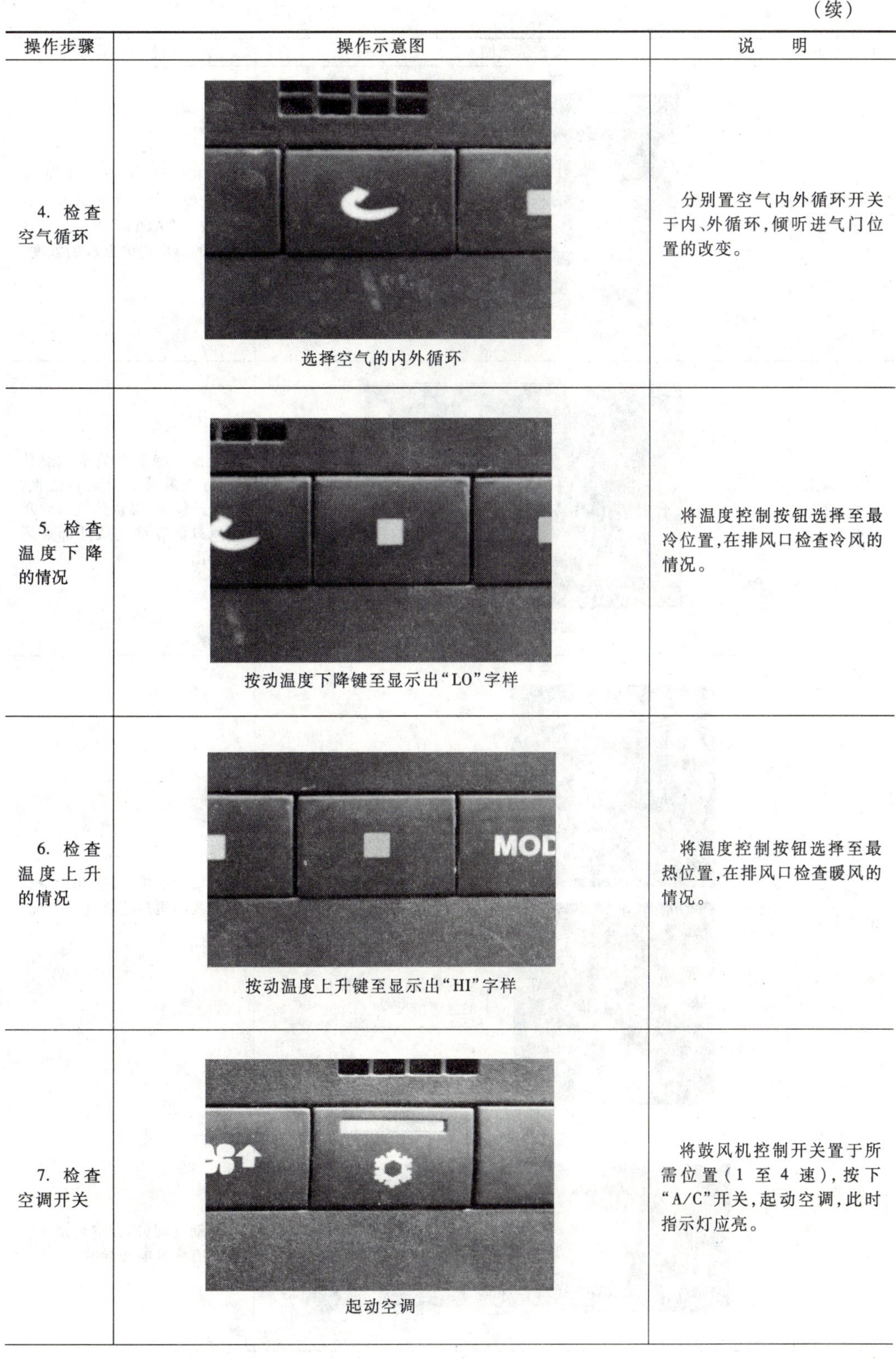

操作步骤	操作示意图	说　　明
4. 检查空气循环	选择空气的内外循环	分别置空气内外循环开关于内、外循环，倾听进气门位置的改变。
5. 检查温度下降的情况	按动温度下降键至显示出“LO”字样	将温度控制按钮选择至最冷位置，在排风口检查冷风的情况。
6. 检查温度上升的情况	按动温度上升键至显示出“HI”字样	将温度控制按钮选择至最热位置，在排风口检查暖风的情况。
7. 检查空调开关	起动空调	将鼓风机控制开关置于所需位置（1 至 4 速），按下“A/C”开关，起动空调，此时指示灯应亮。

（续）

操作步骤	操作示意图	说　明
8. 检查内存功能	AUTO 起动自动模式	按下“OFF”开关，关闭点火开关，等待15s，再开启点火开关，按下“AUTO”开关，确认设置的温度仍为上次的温度。
9. 检查新鲜空气通风开关	起动除霜模式	置温度控制开关于强热位置，置送风模式于除霜位置，打开外循环，确认热气从除霜通风口而冷空气从外部通风口排出。
10. 检查空调的怠速提升情况	空调起动前，发动机的怠速情况 空调起动后，发动机的怠速情况	起动发动机，观察起动空调前后发动机怠速转速的情况。
11. 系统检查	AUTO MODE	起动空调，检查空调正常工作时有无异响和异味。

（续）

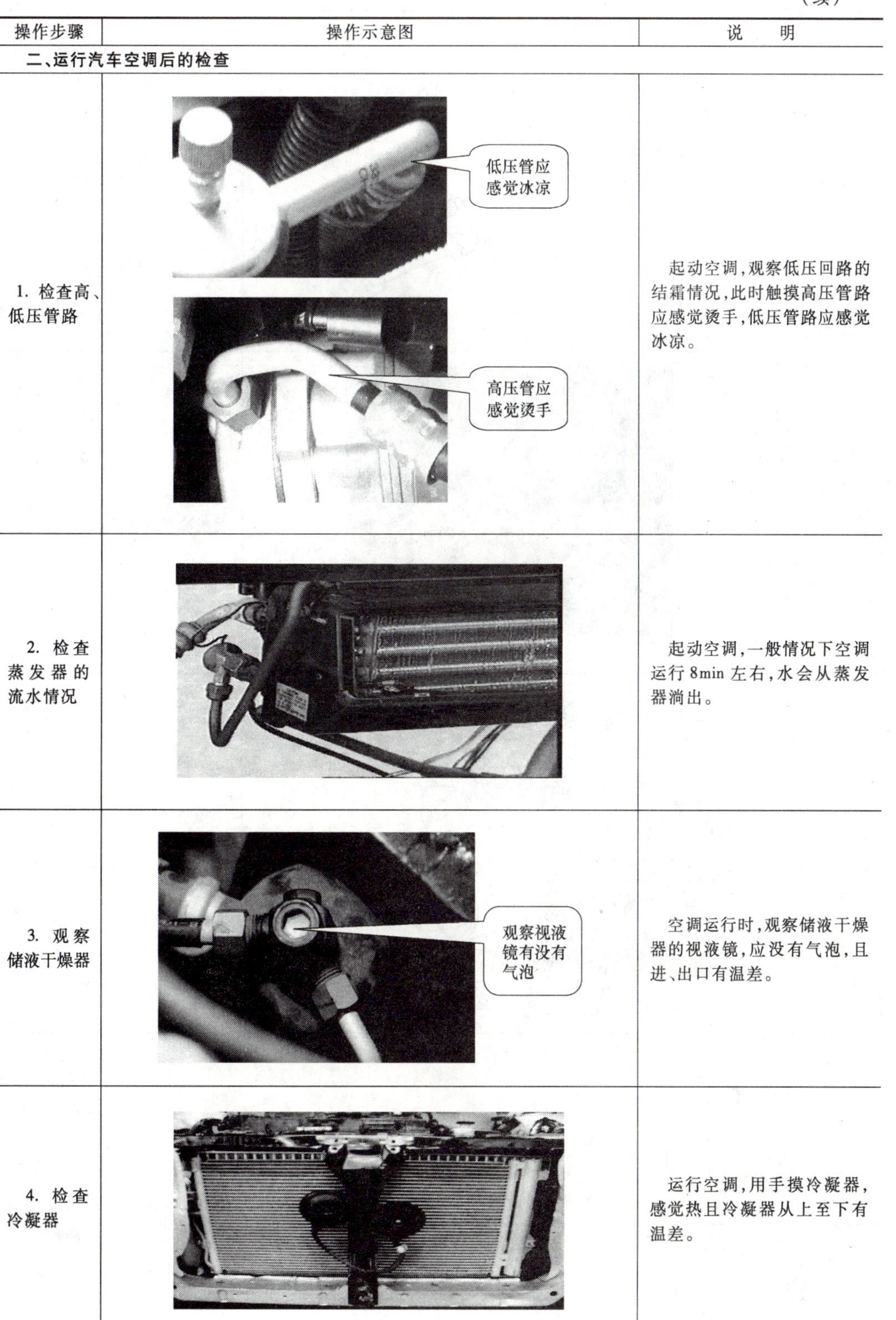

操作步骤	操作示意图	说　　明
二、运行汽车空调后的检查		
1. 检查高、低压管路		起动空调，观察低压回路的结霜情况，此时触摸高压管路应感觉烫手，低压管路应感觉冰凉。
2. 检查蒸发器的流水情况		起动空调，一般情况下空调运行 8min 左右，水会从蒸发器淌出。
3. 观察储液干燥器		空调运行时，观察储液干燥器的视液镜，应没有气泡，且进、出口有温差。
4. 检查冷凝器		运行空调，用手摸冷凝器，感觉热且冷凝器从上至下有温差。

（续）

操作步骤	操作示意图	说　明
5. 检查热力膨胀阀		运行空调，用手摸热力膨胀阀，前后应有明显的温差。
6. 检查发动机冷却液温度	90 130 检查发动机冷却液温度	开启空调一段时间，检查发动机冷却液温度，应不过热。
7. 检查驱动带与压缩机的固定情况	检查压缩机驱动带 CH87-0028	检查空调压缩机驱动带的张紧力应适宜，驱动带无损坏，压缩机的安装支架不得松动。

任务练习

1）对照实车，进行汽车空调的操作检查，然后填写表6-2。

表6-2　汽车空调系统的检查记录表

检查项目	外观检查	鼓风机风速	空气分配模式	内外循环	温度下降情况
检查结果					
检查项目	温度下降情况	空调开关	内存功能	空调怠速提升情况	新鲜空气通风开关
检查结果					

2）如图6-2所示，请写出制冷剂在制冷循环各环节中的状态，并用彩笔注明高压侧和低压侧。

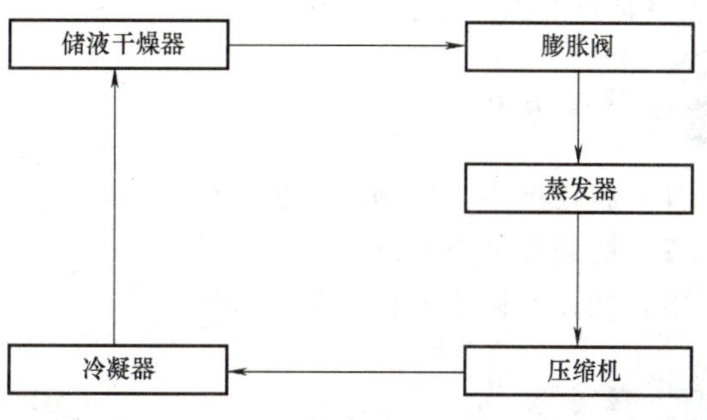

图6-2　制冷循环示意图

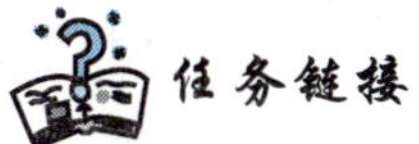

任务链接

1. 汽车空调的工作过程

（1）压缩过程　将压缩机吸入蒸发器出口处的低温低压的制冷剂气体，压缩成高温高压的气体并排出压缩机的过程。

（2）放热过程　高温高压的过热制冷剂气体进入冷凝器，由于压力及温度的降低，制冷剂气体冷凝成液体，并放出大量的热的过程。

（3）节流过程　温度和压力较高的制冷剂液体通过膨胀装置后体积变大，压力和温度急剧下降，以雾状（细小液滴）排出膨胀装置的过程。

（4）吸热过程　雾状的制冷剂液体进入蒸发器，因此时制冷剂的沸点远低于蒸发器内的温度，故制冷剂液体蒸发成气体。在蒸发过程中大量吸收周围的热量后，低温低压的制冷剂蒸气又回到压缩机。

2. 汽车空调在日常使用中的注意事项

1）不应频繁地开启和关闭空调，两次操作之间应间隔2min以上。

2）先通风再开空调。汽车开动后不宜立刻开空调，应打开车上所有的车窗，起动外循环，将热量排出去，待车室内的温度下降后再开启空调。

3）汽车在行驶时应交替使用内外循环的功能，停车后使用空调的时间不能过长。

4）在空气进气口附近不能堆放物品。

5）在到达目的地停车之前的几分钟应停止制冷，稍后开启自然风，在停车前使空调管道内的温度回升，消除与外界的温差，从而保持空调系统的相对干燥，避免因潮湿造成大量真菌的繁殖。

6）车内温度维持在22℃左右，车内外的温差维持在6～10℃较合适。

7）在不使用空调的季节偶尔起动制冷系统，使压缩机和制冷系统的密封圈得到润滑，提高压缩机和制冷系统的密封圈的使用寿命，亦可去除车室内的异味。

8）定期清洗发动机散热器及冷凝器，提高冷凝器的散热效果。

9）自动空调要经常使用空调面板的“AUTO”功能，使室内的温度相对稳定，人体感觉较舒适，同时也能保证室内的空气质量。

任务三　更换汽车空调压缩机

任务准备

桑塔纳3000轿车的维修手册、桑塔纳3000型轿车、世达工具120件套、歧管压力

表、空调查漏工具等。

任务目标

1）叙述汽车空调制冷系统各部件的作用、工作原理；

2）能规范地更换汽车空调压缩机；

3）知道空调压缩机的常见故障。

任务实施

操作步骤	操作示意图	说　明
一、制冷剂的回收与外部部件的拆卸		
1. 运行汽车空调		在打开空调的情况下，让发动机运转至少 10min，然后再关闭发动机。
2. 回收空调系统的制冷剂		连接歧管压力表、制冷系统和制冷剂再循环回收机。
3. 拆卸外部部件		拆卸进气管等外部部件。

（续）

操作步骤	操作示意图	说　　明
4. 断开蓄电池负极搭铁线	断开负极搭铁线	拆下蓄电池的负极搭铁线，以防在操作的过程中造成电器元件的损坏。
二、空调压缩机的拆卸		
1. 拆下压缩机电缆	断开电磁离合器的插接头	在拆卸的过程中先拆电线。
2. 拆下压缩机上的高、低压管	用27mm的呆扳手拆下低压管	从压缩机上拆下高、低压管，应立即包住拆开的管接头，以免潮气或尘土进入系统。
3. 拧松压缩机的固定螺栓	用8mm的内六角扳手拧松固定螺栓	拧松压缩机的3个固定螺栓，为后面拆卸压缩机驱动带作准备。

（续）

操作步骤	操作示意图	说　明
4. 拆卸压缩机驱动带	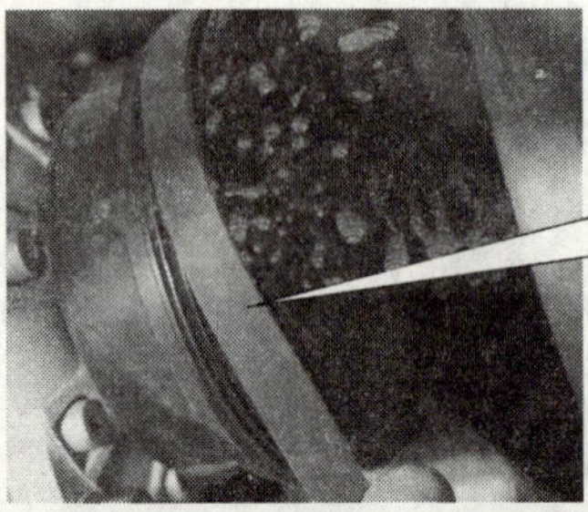	在拆卸时应注意先用内六角扳手固定住螺栓，再顺时针拧张紧螺栓，拆卸驱动带。
5. 拆下压缩机	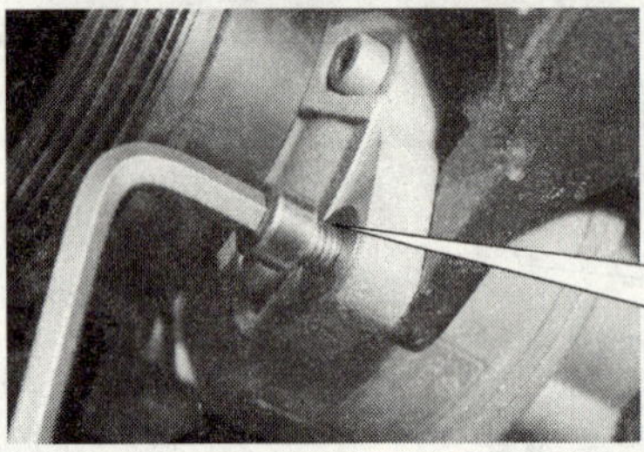	用内六角扳手分 3 次拆下压缩机的固定螺栓，拆下压缩机。
三、空调压缩机的安装		
1. 安装压缩机	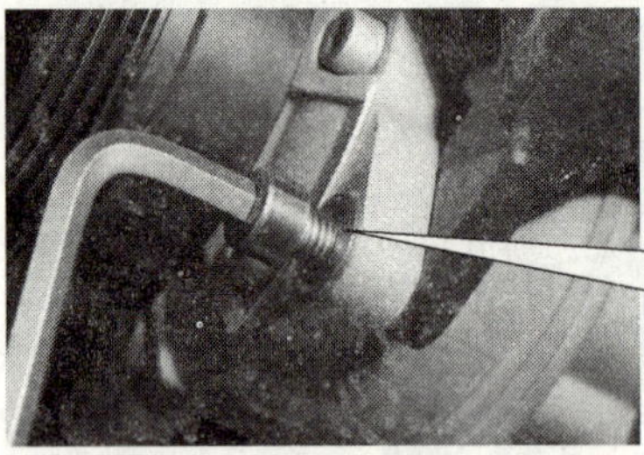	用 8mm 的内六角扳手装上压缩机固定螺栓，不要拧紧。
2. 安装压缩机驱动带	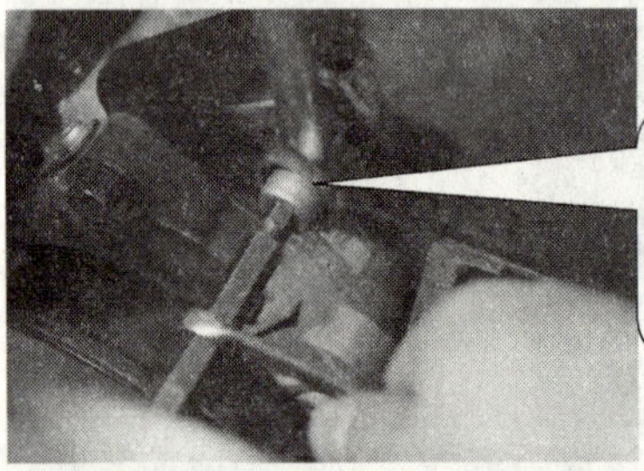	检查压缩机驱动带，如不符合要求，应予以更换，安装时注意检查驱动带的张紧度。
3. 拧紧压缩机固定螺栓	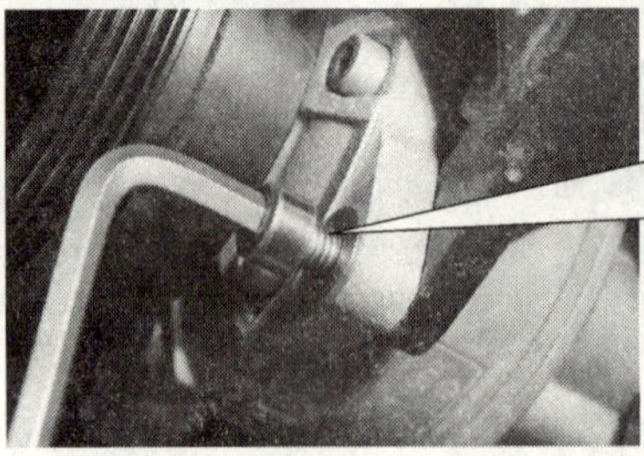	查阅维修资料，按规定的拧紧力矩拧紧压缩机的固定螺栓。

（续）

操作步骤	操作示意图	说　明
4. 安装压缩机高、低压管	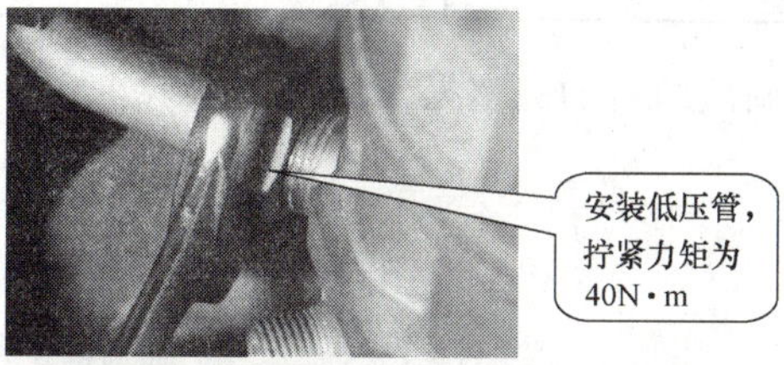 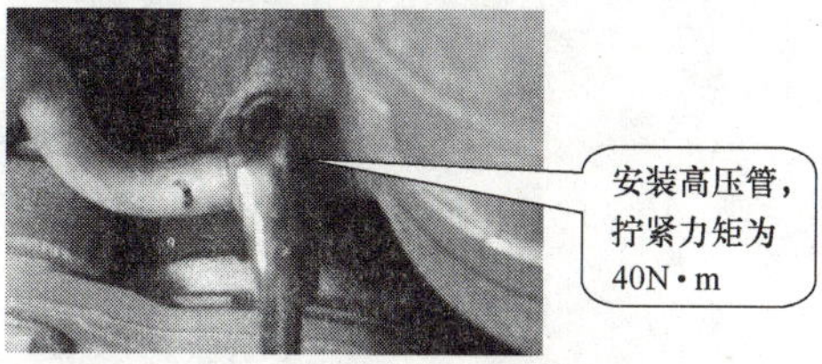 安装低压管，拧紧力矩为40N·m 安装高压管，拧紧力矩为40N·m	更换新的O形环，按规定的拧紧力矩安装压缩机高、低压管。
5. 装上压缩机电缆	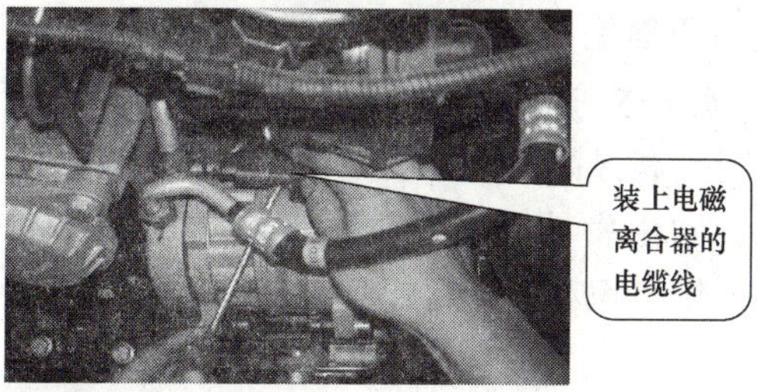 装上电磁离合器的电缆线	装上电磁离合器的电缆线，注意要连接牢靠。
6. 安装外部元件	 安装进气管等部件	装上压缩机旁边的外部元件。
7. 安装蓄电池的负极搭铁线	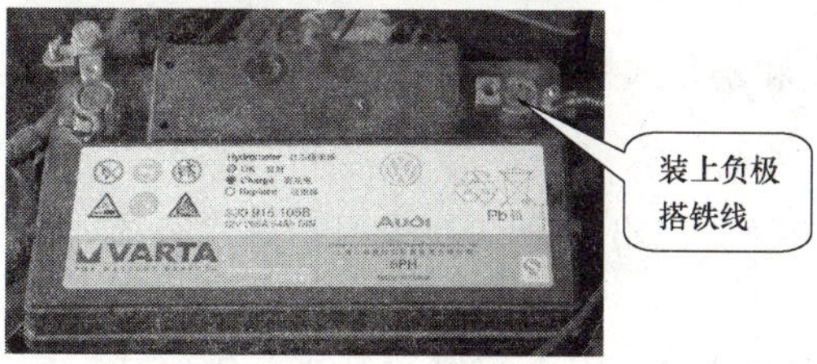 装上负极搭铁线	安装蓄电池负极搭铁线，注意连接牢靠。

任务练习

1）拆卸制冷剂循环管路的零件时，如果更换了零件，部分冷冻油可能会残留在旧零件中，从而导致制冷循环中的冷冻油不足。因此，更换零件时，必须补充冷冻油至指定量。请查阅维修资料，完成表6-3，并按规定量补充加注冷冻油。

表 6-3 制冷系统冷冻油的补充记录

	压缩机	冷凝器	蒸发器	储液干燥器	管路
冷冻油的补充量/ml					

2）写出检测和更换汽车空调压缩机的完整操作流程。

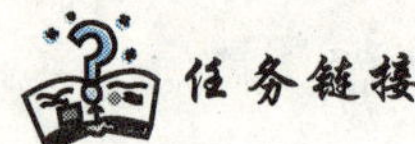

任务链接

1. 压缩机

汽车空调压缩机起着输送和压缩制冷剂蒸汽、保证制冷循环正常工作的作用，它吸入在蒸发器中被蒸发的制冷剂气体并对其进行压缩，以使其在冷凝器中容易液化。制冷剂在压缩机中被压缩后即变成高温高压气体。

压缩机是制冷系统的心脏，它由发动机通过驱动带和电磁离合器来驱动。压缩机的制冷能力取决于气缸的有效工作容积和传动比。

2. 冷凝器

冷凝器是一种热交换器，其安装位置一般是在车辆的前部。

冷凝器的作用是将制冷剂由气态转变成液态，释放制冷剂所含的热量，它通过风扇将空气吸入并流经散热装置，以利于排出热量。

制冷系统工作时，来自压缩机的制冷剂以高温高压的气态形式从顶部进入冷凝器；经过冷凝器时，制冷剂释放它所含的大量热量并凝集在底部；在冷凝器出口，制冷剂处于高压低温的液态。气态的制冷剂在冷凝器的出口必须完全液化，否则可能导致制冷能力降低。

冷凝器有管片式、管带式和鳍片式三种类型。

3. 储液干燥器

储液干燥器临时贮存从冷凝器流出的液态制冷剂，滤除杂质，吸收水分，以防止制冷系统的管路脏堵和冰塞。

储液干燥器主要由外壳、视液镜、安全熔塞和管接头等组成。它的外壳由钢材焊接或拉伸而成，在其内部装有中心吸管、干燥剂和过滤网等。储液干燥器的上部出口端装有一个玻璃视液镜，用于观察制冷剂在工作时的流动状态，判断制冷剂量以及制冷系统的基本工作情况。

4. 膨胀阀

膨胀阀也称节流阀，是组成汽车空调制冷系统的主要部件。它安装在蒸发器的入

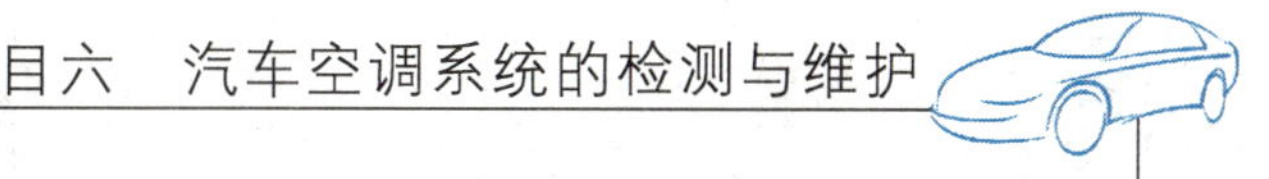

口处，是汽车空调制冷系统的高压与低压的分界点。

膨胀阀把来自储液干燥器的高压液态制冷剂节流减压，调节和控制进入蒸发器中的液态制冷剂量，使之适应制冷负荷的变化。

5. 蒸发器

蒸发器和冷凝器一样，也是一种热交换器，也称冷却器，是制冷循环中获得冷气的直接器件。

蒸发器的作用是将来自热力膨胀阀的低温、低压液态制冷剂在其管道中蒸发，使蒸发器和周围空气的温度降低，同时对空气起除湿作用。

任务拓展

汽车空调制冷压缩机的应用概况

目前应用在汽车空调上的压缩机不少于 30 种，按运动形式和主要零部件的不同，汽车空调压缩机分为往复活塞式和旋转式两种，如图 6-3 所示，往复活塞式压缩机又分为曲轴连杆式、径向活塞式和轴向活塞式三种，旋转式压缩机又分为旋叶式、转子式、螺杆式和涡旋式四种。

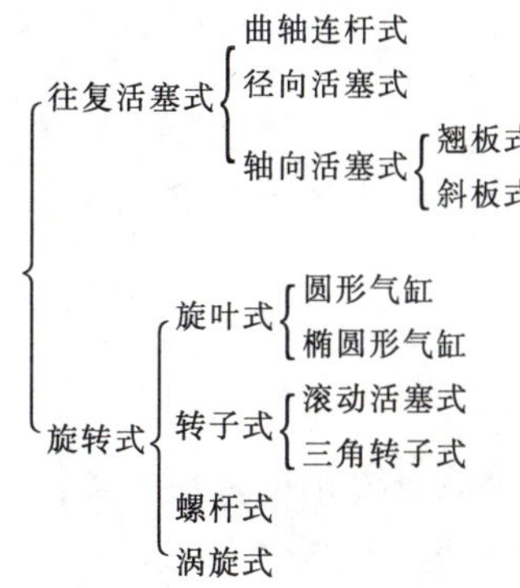

图 6-3 汽车空调压缩机的分类

各类压缩机的应用情况如下：

1）曲轴连杆式压缩机是使用时间最早、最长的第一代产品。至今，中型曲轴连杆式压缩机仍在公共汽车和旅游客车上大量应用。

2）翘板式和斜板式压缩机是第二代产品。它们的优点是没有连杆，主轴上惯性较小，结构紧凑。从 1953 年至今，汽车空调都以它们为主。

3）径向活塞式压缩机虽然在 20 世纪 70 年代便已问世，但在应用过程中，遇到了旋转式压缩机的竞争，所以这种压缩机至今没有得到应有的重视。

以上这几种压缩机均属于往复活塞式压缩机。往复活塞式压缩机的共同特点是活塞作往复运动，所以运动的惯性力大，转速的提高受到了限制。在相同体积下与其他压缩机比较，其制冷量小、振动大、容积效率较低，特别是惯性力对转速的限制，是它们可能被旋转式压缩机所取代的根本原因。

4）旋叶式、滚动活塞式、三角转子式和螺杆式压缩机可以称为第三代产品。它们的共同特点是容积系数较高，都需要大量的粘度较高的冷冻油润滑和密封，所以润滑系统较复杂。

5）涡旋式压缩机为第四代产品。其特点是基本具备了汽车对空调压缩机提出的要求，是一种最有前途的压缩机。目前应用在轿车上的空调压缩机的型号已全面地显示了其优越性，但其在大型客车上的应用还有一定局限性。

为了保护地球的有限资源、减少环境污染，各国对汽车的每 100 公里耗油量都作出了严格的限制。加装空调后，汽车油耗会增加 7% ~10%，因此节能型汽车空调压缩机是今后的发展方向。很显然，在高速下调节压缩机的制冷输出量、降低发动机的能量消耗、保证汽车具有优良的动力性和车内的舒适性、降低油耗，是当今各类型压缩机开发研制的方向。

变容量压缩机便是根据上述要求提出来的。它可以根据发动机的转速、车内的温度自动调节压缩机的容量。现在，为了满足节能及舒适度的需求，汽车空调多采用变容量压缩机。

任务四　制冷系统的清扫补给作业

任务准备

桑塔纳 3000 轿车的维修手册、桑塔纳 3000 型轿车、真空泵、歧管压力表、空调查漏工具等。

任务目标

1）正确使用维修汽车空调的各种专用仪器和工具；

2）规范进行汽车制冷系统的清扫补给作业。

任务实施

操作步骤	操作示意图	说　明
一、制冷剂的回收		
1. 认识歧管压力表	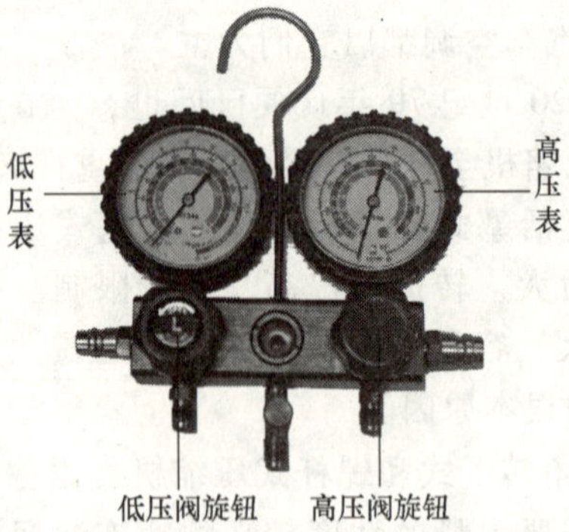 低压表 高压表 低压阀旋钮 高压阀旋钮	歧管压力表的组成。

（续）

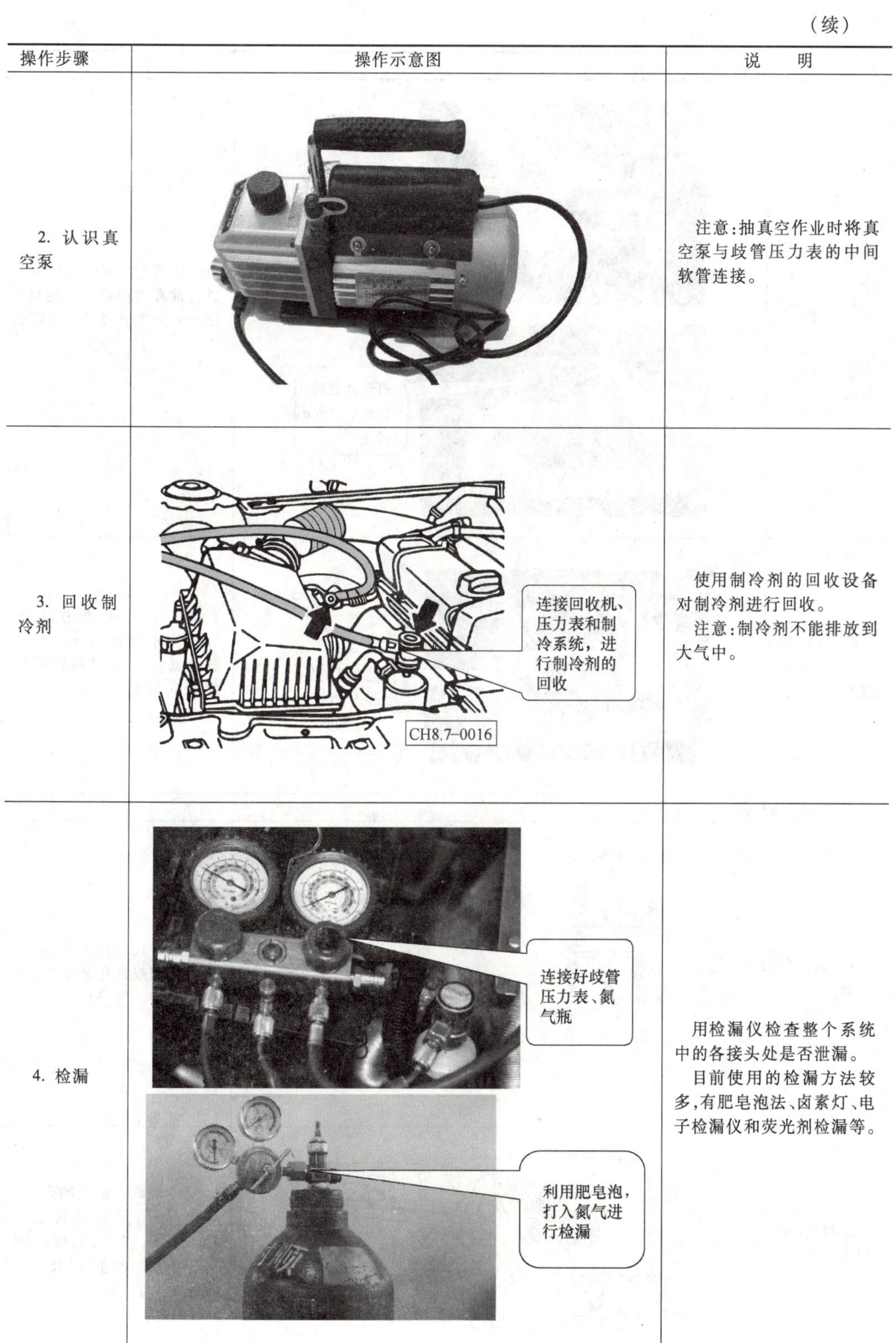

操作步骤	操作示意图	说　明
2. 认识真空泵		注意：抽真空作业时将真空泵与歧管压力表的中间软管连接。
3. 回收制冷剂	连接回收机、压力表和制冷系统，进行制冷剂的回收 CH8.7-0016	使用制冷剂的回收设备对制冷剂进行回收。 注意：制冷剂不能排放到大气中。
4. 检漏	连接好歧管压力表、氮气瓶 利用肥皂泡，打入氮气进行检漏	用检漏仪检查整个系统中的各接头处是否泄漏。 目前使用的检漏方法较多，有肥皂泡法、卤素灯、电子检漏仪和荧光剂检漏等。

（续）

操作步骤	操作示意图	说　明
5. 抽真空	 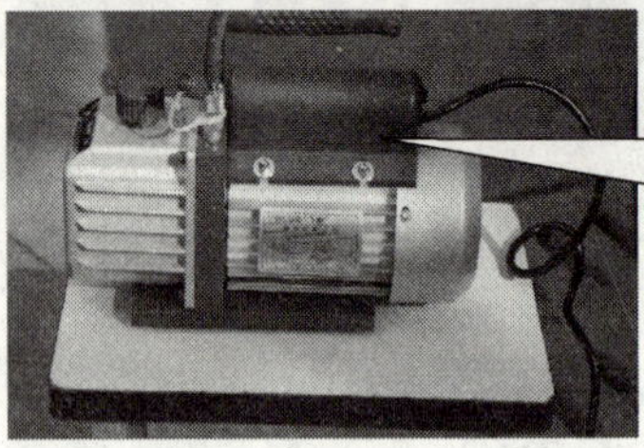 把压力表、真空泵等部件连接好 打开真空泵抽真空15min以上	使用真空泵对空调系统进行抽真空作业，至少持续15min，真空度为 -0.1MPa以下。
6. 真空检漏，并再次抽真空	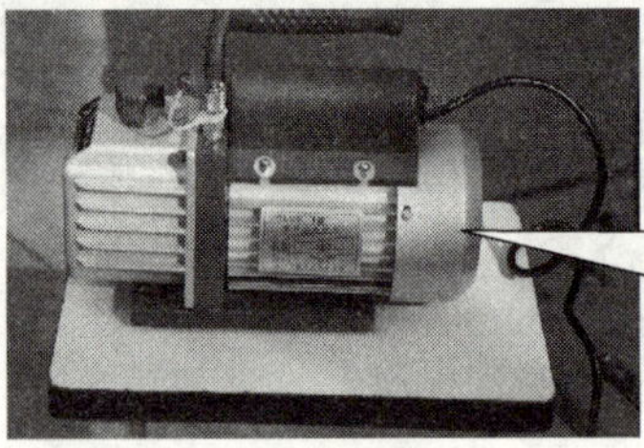 检查系统是否还有泄漏，再次抽真空	关闭手动阀，低压表在5min内不得有回升。再次起动真空泵，打开歧管压力表的低压阀门，继续抽真空 15min。
二、制冷剂的加注		
1. 加注制冷剂	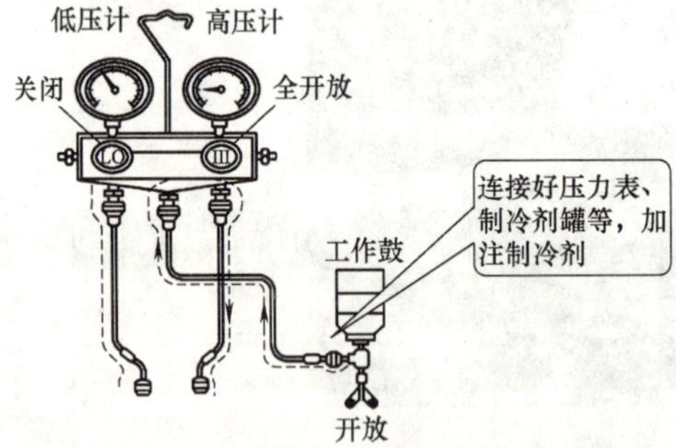 低压计　高压计 关闭　全开放 LO　HI 连接好压力表、制冷剂罐等，加注制冷剂 工作鼓 开放	连接好歧管压力表，可以从高压侧或低压侧加注，但要注意加注的条件。
2. 检查制冷剂数量、检漏	 1500r/min 开 高 最冷	制冷剂数量检查的条件：车门全开，发动机转速在1500r/min 以上，温度控制开关调至最冷位置，鼓风机风速最大。

任务练习

1）进行汽车制冷系统的清扫补给作业，既要保证经济性又要符合环保要求，请对下列项目做出正确排序，并写出各项操作的要点。

① 抽真空：

② 气体检漏：

③ 加注制冷剂：

④ 回收制冷剂：

⑤ 再次抽真空：

⑥ 检查制冷剂数量、检漏：

⑦ 真空检漏：

正确的排序：

2）进行真空检漏时，关闭手动阀，低压表指针在__________ min 内不得有回升。若真空度下降，则表明有______________，应该采取的操作是____________________。

3）加注制冷剂作业在抽真空作业后进行，查阅车辆的维修资料，车辆的制冷剂加注量是____ g。

任务链接

1. 制冷剂

1）制冷剂又称冷媒，是在制冷系统中用于热量交换并循环流动的物质。

2）应用于汽车上的制冷剂种类如图 6-4 所示，有 R134a 和 R12 两种。R12 遇极冷和强光会分解，释放出氯，故对臭氧层有破坏作用，所以基本已被淘汰。

3）R134a 制冷剂的性质。

① 无色、无臭、不燃、不爆，基本无毒。

② 对大气层没有破坏作用。

③ 分子直径比 R12 略小，易通过橡胶向外泄漏，也较易被分子筛吸收。

④ 与矿物油不相溶，需使用合成油。

⑤ 制冷性能比 R12 略差，约差 20% 。

⑥ 有镀铜现象，故系统不可使用铜材料。

图 6-4　汽车用制冷剂

⑦ 有很强的吸水性，需使用高效新型干燥材料——沸石。

⑧ 能燃烧，不可靠近火源。

2. 冷冻油

1）冷冻油的定义：冷冻油是一种能与制冷剂相溶，并能够对压缩机起润滑作用且化学性质稳定的液体润滑剂。

2）冷冻油的作用：①润滑功能。②冷却功能。③密封功能。④降低机械噪声功能。

3）对冷冻油的要求：

① 化学稳定性：不会与制冷剂或其他存在于系统内的材料起化学作用；

② 热稳定性：不会在如排放阀等高温部位积聚过量的炭沉积物；

③ 低蜡含量：能防止油和制冷剂的混合物在系统的低温部位结成絮状蜡质沉淀物；

④ 低凝点：能防止析出的油凝固在管道内。

4）冷冻油的加注量：制冷系统对冷冻油的加注量有严格的规定。冷冻油过多或过少，都会导致制冷系统出现故障。更换冷凝器等零部件时，可直接加注冷冻油，可通过维修资料查找冷冻油的加注量要求。

3. 歧管压力表

1）歧管压力表的组成情况：低压表及软管是蓝色的，其接头与系统低压检修阀相连；高压表及软管是红色的，其接头与系统高压检修阀相连；中间软管是黄色的，与真空泵或制冷剂罐相连。

2）歧管压力表的功能：通过两个手动阀和三根软管的组合作用，使歧管压力表具有四种功能。

3）歧管压力表的读数：低压表既用于显示压力，也用于显示真空度，真空度的读数范围为0～－100kPa；压力刻度从0开始，量程不小于420kPa。高压表的压力刻度从0开始，量程不小于2110kPa。

4. 真空泵

真空泵用于系统抽真空作业。真空是指在给定的空间内低于一个标准大气压的气体状态。真空度是指空间所具有的气体压力与标准大气压力的差值。制冷系统在加注制冷剂前，必须排除系统内的空气和水分，即抽真空。抽真空作业时需将真空泵的接头与歧管压力表的中间软管相连。

5. 空调管路抽真空的步骤

1）关闭点火开关，拔下压缩机上的电源插头。

2）将歧管压力表的高压表连接至储液罐的维修阀上，低压表连接在蒸发器至压缩机之间的低压管路维修阀上，中间软管连接到真空泵接口上。

3）起动真空泵，缓慢打开高、低压表两侧的手动阀。

4）开始抽真空，使低压表指示的真空度达到－100kPa，抽真空时间为5～10min。

5）当低压表指示的真空度达到－100kPa后，关闭高、低压表的手动阀，静置5min后，观察压力表的指示情况。

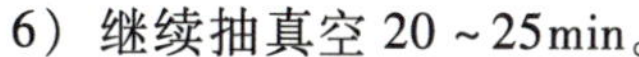

6）继续抽真空 20～25min。

6. 空调制冷剂的加注步骤

1）在确认制冷系统没有泄漏之后，将注入阀连接到制冷剂罐上。

2）将高、低压表的中间软管连接到注入阀的连接头上，然后沿顺时针方向拧紧注入阀的手柄，使注入阀的阀针在制冷剂罐上顶开一个小孔。

3）拧松高压表一侧的手动阀，将制冷剂罐倒立，使制冷剂以液态形式注入制冷系统。

4）当制冷剂灌注速度减缓后，可关闭高压表一侧的手动阀，开启低压表一侧的手动阀，将制冷罐正立，起动发动机并使压缩机怠速运转，让气态的制冷剂从低压表一侧吸入压缩机。此时通过开关低压阀门，控制低压表的指示值在 250kPa 以下。

5）向制冷系统注入规定数量的制冷剂后，应按以下方法拆下压力表：关闭高、低压表两侧的手动阀，关闭制冷剂罐上的注入阀，先拆下低压维修阀软管，使发动机停止工作，断开空调系统开关，待高压侧压力下降后，方可从高压维修阀上拆下高压软管。

任务五　电磁离合器控制电路的诊断与维修

任务准备

桑塔纳 3000 型轿车维修手册、桑塔纳 3000 型轿车、汽车专用万用表。

任务目标

1）理解鼓风机电路、散热器风扇电路的工作原理及其与电磁离合器电路的关系；

2）对电磁离合器的典型故障能做出正确的诊断并予以排除。

任务实施

操作步骤	操作示意图	说　明
1. 检测压缩机电磁离合器的电源		断开电磁离合器的线束插头，用万用表的直流电压挡测量电磁离合器线束与车身接地之间有没有电压。

（续）

操作步骤	操作示意图	说　明
2. 检测组合开关	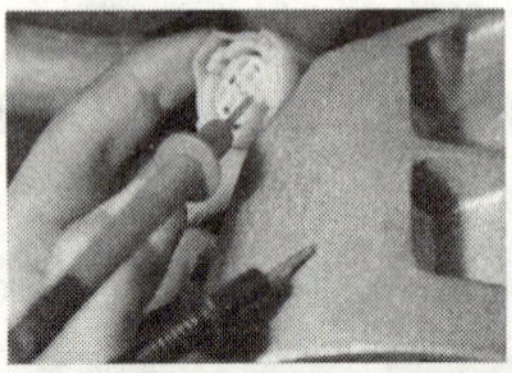 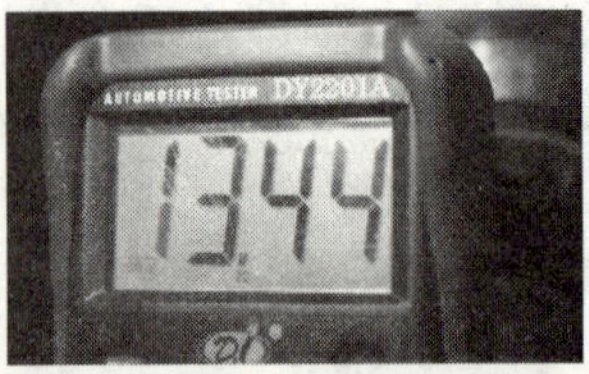 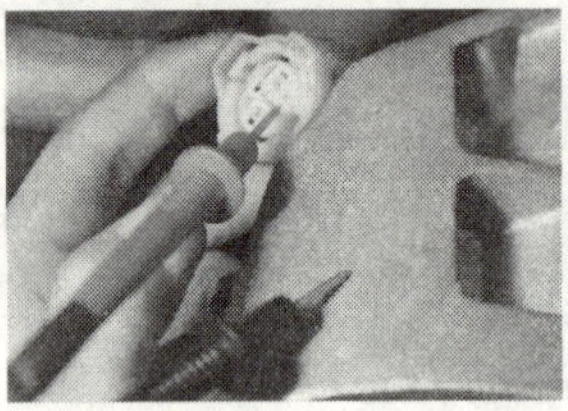 	检测低压开关的进出端子与车身搭铁之间是否有12V的电压。
3. 检测空调继电器	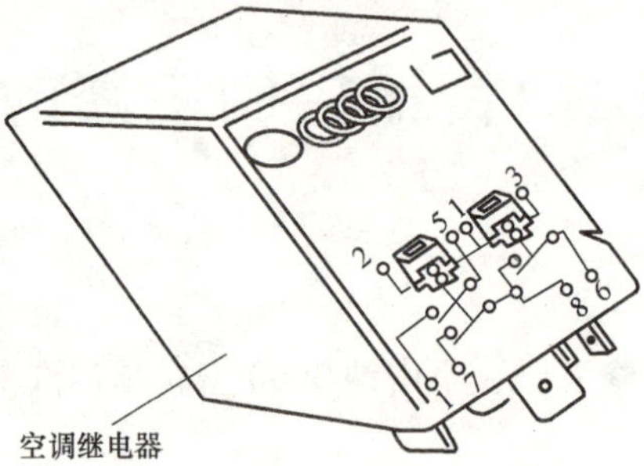 空调继电器	检测空调继电器J32的5号端子与车身搭铁之间是否有12V的电压。
4. 检测空调开关	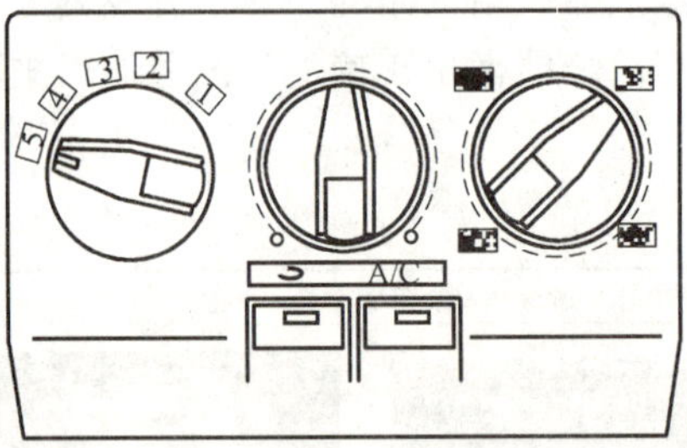	检测空调开关与车身接地之间是否有12V的电压。
5. 检测熔丝	  空调继电器熔丝	检测熔丝是否正常。

1）用万用表对电磁离合器进行测试，将结果记录在表 6-4 中。

表 6-4　电磁离合器的检测记录

测试项目	电磁离合器的插头	组合开关	空调继电器	空调开关	空调熔丝
万用表挡位					
测试数值					

2）如图 6-5 所示为典型的散热器风扇控制电路，该电路图所表示的状态为____，在图上用彩笔画出其另一状态并分析其工作原理。

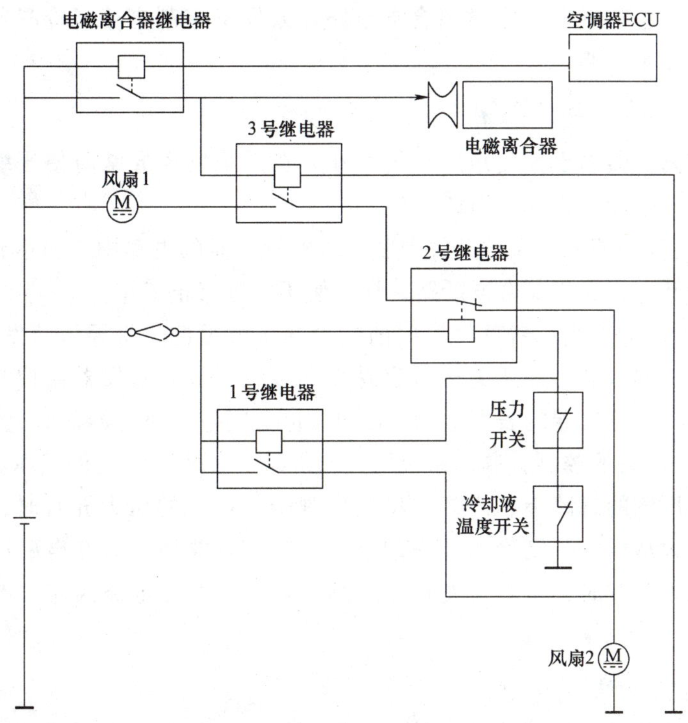

图 6-5　典型的散热器风扇控制电路

① 散热器风扇工作不良对制冷系统有哪些影响？

② 有哪些原因会导致散热器风扇工作不良？

任务链接

1. 电磁离合器

电磁离合器是连接发动机和压缩机的装置，是由发动机通过传动带驱动的，它控制压缩机的工作。电磁离合器由定子、转子、前板等元件组成，前板和压缩机轴安装在一起，定子通过卡子开口环固定到压缩机的前壳上，内线圈中产生的电磁力吸引前板贴近转子，转子包括轴承和带轮，在发动机正常运转时转动，通过带轮和传动带把动力传送给压缩机的中心块。

2. 汽车空调电路

汽车空调电路包括压缩机电磁离合器电路、鼓风机控制电路、冷凝器风扇控制电路和发动机怠速控制电路。

3. 压缩机电磁离合器电路

压缩机电磁离合器用于控制压缩机的工作，在系统出现异常时使压缩机停止工作以保护系统元件或减少对组件的损坏。

1）蒸发器温度的调节：温控开关串联在电磁离合器的电路中，当达到设定的温度时，温控开关断开，将电磁离合器断路，从而使压缩机停止工作。

2）蒸发器温度的控制：若蒸发器内的制冷剂压力过低，将导致蒸发器表面结霜，使制冷效果降低，同时制冷剂压力过低容易损坏系统元件。蒸发器温控开关与温度控制开关做成一体，当蒸发器的表面温度过低时，应关闭电磁离合器，避免蒸发器结霜。

3）制冷系统压力的控制：制冷系统压力异常时，会使系统元件损坏。压力开关安装在制冷系统高压侧的管路上，当开关检测到制冷循环中的压力异常时，将关闭压缩机以防止故障扩大从而保护制冷循环中的组件。压力开关还串联在电磁离合器的电路中，当检测到压力异常时，压力开关断开，使电磁离合器的电路断路，电磁离合器不工作。

4. 冷凝器风扇的控制

冷凝器的散热效果直接影响制冷效果。冷凝器风扇与电磁离合器并联，当电磁离合器运行时，冷凝器风扇也运行。

5. 发动机怠速控制电路

发动机怠速运行时，制冷系统工作也需要消耗能量，若没有发动机怠速控制电路，发动机处于怠速时起动制冷系统，会使发动机熄火。

6. 鼓风机控制电路

鼓风机调节开关与压缩机电磁离合器线圈串联，若不起动鼓风机，制冷系统不能工作。其原因是若制冷系统工作而鼓风机不工作，会导致蒸发器表面结霜，且蒸发器周围的空气不能与车室内的空气进行交换，因此没有制冷效果。

任务拓展

制冷系统的动力来自发动机，当制冷系统工作时，发动机就增加了负荷。为了减少制冷系统对车辆的影响，某些车辆上设有低速切断控制装置、加速切断控制装置和压缩机锁定切断控制装置。

1. 低速切断控制装置

当发动机 ECU 检测到发动机的空转转速低于指定的怠速转速时，发动机 ECU 将切断电磁离合器电路，从而减少发动机的负荷。此控制方式的主要目的是防止由于发动机转速突然下降而造成的熄火。

2. 加速切断控制装置

当车辆加速特别是从低速加速时，需要很大的发动机输出功率。当加速器在低速完全打开时，为有效地将所有的发动机输出功率用于加速并维持空调的制冷效果，电磁离合器需要关闭几秒以减少发动机的负荷。发动机 ECU 根据发动机转速、节气门开度、歧管真空度和车辆速度等信号，判断是否向电磁离合器电路输出切断空调系统工作的信号。

3. 压缩机锁定切断控制装置

压缩机和动力转向泵一般是通过相同的驱动带由发动机来驱动的。若压缩机锁定后仍继续工作，不但会损坏驱动带而且会严重影响动力转向装置的工作。所以一旦压缩机被锁定，就需要切断电磁离合器并停止压缩机的工作。

压缩机锁定切断的控制方式是：空调 ECU 通过比较压缩机转速和发动机转速来检测驱动带打滑的情况。如果打滑状况高于预定状况，空调 ECU 即给发动机发送“锁定判定”信号，由发动机 ECU 切断电磁离合器电路。

项目总结

1）汽车空调是“汽车空气调节”的简称，汽车空调技术包括了降温、供热、降湿、通风、净化、调风速、防噪声等方面的技术，是空气调节中功能要求最全面的空调技术之一。

2）汽车空调制冷系统是由压缩机、冷凝器、储液干燥瓶、膨胀阀、蒸发器等部件组成，而制冷循环是由压缩、放热、节流和吸热四个过程组成。

3）制冷剂分 R-12 与 R-134a 两种，在使用时要注意规范使用。

4）汽车空调系统常见的电路包括鼓风机电路、冷凝风扇控制电路、压缩机电磁离合器控制电路以及通风控制电路等。

5）在汽车空调系统中，一般都设有压力保护开关，包括高压保护开关和低压保护开关两种。

项目七 汽车电动车窗及刮水系统的检测与维护

项目情境

一辆大众2000GSi型轿车疾驰在公路上，这时天下起了雨，风窗玻璃已模糊不清，驾驶员拨了拨刮水器开关，发现刮水器没有像以前一样工作。此时面对复杂的交通状况，驾驶员不得不靠边停车。刮水器到底是机械受损还是电路故障呢？

雨越下越大，天色渐暗，进行了些简单的察看后，驾驶员已无计可施。当他回到车内等待救援时，又一个麻烦接踵而至，他发觉左前车窗再也无法升起。这时，他如果守着车子，将会经受寒冷的考验，如果离开就有车子被盗的危险。那么有没有一种简单快速的检修方法，可以避免类似情况的发生呢？

项目描述

因电动车窗及刮水系统为常用系统，且系统内运动件、摩擦点及铰接点较多，故发生故障的几率较高，检修电动车窗升降机构及刮水系统为常规修理项目。

我们将分五个任务来掌握这两大系统的构造、拆装、检测、排除故障等内容。通过本项目的学习，能基本掌握两大系统的系统构造及工作原理，在简单检测了解系统的工作状况下，能够快速地诊断故障部位，并采取更换或修复措施，使系统恢复正常的工作状况。

项目目标

知识目标：

1. 能识读电动机车窗系统、刮水系统电路图。
2. 掌握车窗升降及刮水两大系统机械构造及工作机理。

技能目标：

1. 能完成各部件的拆装。
2. 掌握各部件检验方法。
3. 初步具备故障现象分析及故障范围确定的能力。

情感目标：

1. 掌握相关的安全知识。
2. 养成良好的工作习惯，做好场地、设备、车辆的保洁维护工作。
3. 培养判断故障的逻辑思维能力。

任务一　更换车窗升降机构及中央控制开关

任务准备

大众2000GSi待修车一辆、工具推车一辆、常用拆卸工具与电工工具、10号丁字扳手、万用表、其他常用工具及清洁物品。

任务目标

1）更换车窗升降机构；
2）更换中央控制单元。

任务实施

操作步骤	操作示意图	说　明
一、更换车窗升降机构		
1. 车辆防护	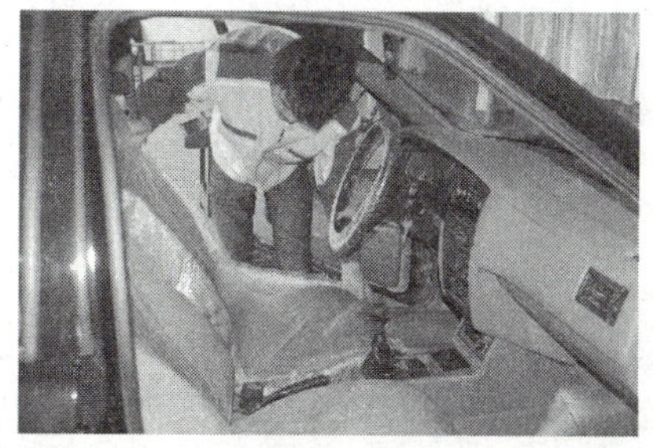	方法：将车辆固定，作业环境安全检视，拉驻车制动，安装三件套。 注意事项：工作前先进行人员与车辆保护。
2. 拆卸蓄电池负极螺栓 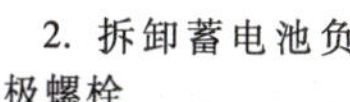		方法：用10号丁字扳手将螺栓拧松。 注意事项：如有腐蚀现象，先进行清理，防止螺栓断裂。

（续）

操作步骤	操作示意图	说　明
3. 拆卸蓄电池负极	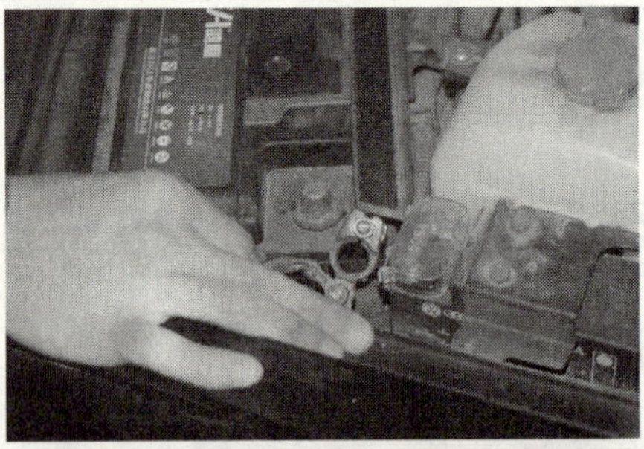	方法：将蓄电池负极线脱开一边。 注意事项：防止工作过程中桩头与蓄电池负极相互接触。
4. 拆卸内拉手饰框	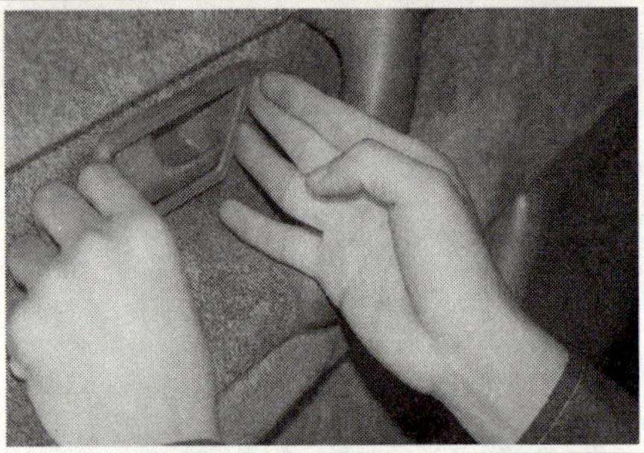	方法：用手指抵住向后推。 注意事项：方向要正确，用力要适度，防止拉手碎裂。
5. 拆电动后视镜开关	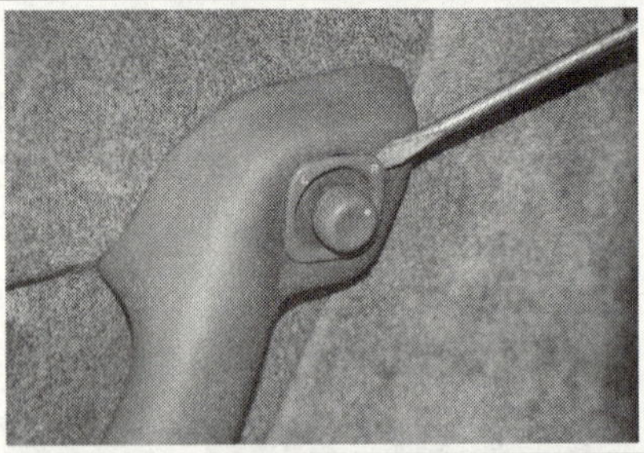	方法：用一字螺钉旋具将开关撬出。 注意事项：用力要均匀，不得单边用力，防止留下刮痕。
6. 拆卸后视镜开关总成	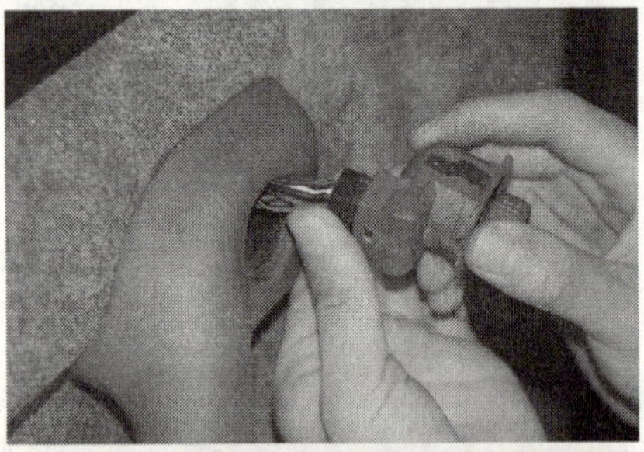	方法：先往插紧方向用力，然后将线束插头两侧向内压，使卡扣松开，再向后拔出。 注意事项：禁止直接向后拔或用其他硬件撬开座孔，造成卡扣失效。
7. 松开拉手固定螺钉	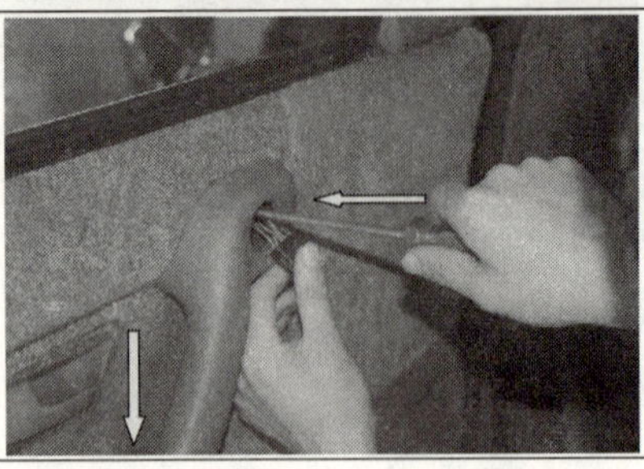	方法：用十字螺钉旋具将螺钉拧出（两处）。 注意事项：防止螺钉跌落。

（续）

操作步骤	操作示意图	说　　明
8. 拆卸内饰板侧螺钉		方法：用十字螺钉旋具将螺钉拧出。靠近门铰链侧需用短柄螺钉旋具或用小棘轮扳手。 注意事项：仔细观察，防止螺钉遗漏，图中指示处均为坚固点。
9. 拆卸内饰板		方法：双手同时用力，先将下部脱开。 注意事项：下部有一个卡扣，需向上抬，待卡扣处脱离后，再向外拉。要注意观察有无固定点，不得强行脱离。
10. 松开玻璃托架螺栓		方法：临时接通电源，将玻璃升至1/3位置，用丁字套筒松开玻璃托架螺栓（两处）。 注意事项：高度以适合拆卸为宜，松开后将固定片一起拿出。
11. 将车窗升至顶端合适位置		方法：将分离后的车窗玻璃升至顶端，并做好固定。 注意事项：固定要牢固，防止滑落。
12. 松开电动升降机的固定螺栓		方法：用丁字扳手松开固定点（五处）。 注意事项：先预松全部固定点，然后将螺栓取下。

（续）

操作步骤	操作示意图	说　明
13. 取出升降机构		方法：将升降导轨向一侧倾倒，从下孔取出。 注意事项：防止玻璃滑落，防止其他线束受损。
14. 分离电动机中间插接线	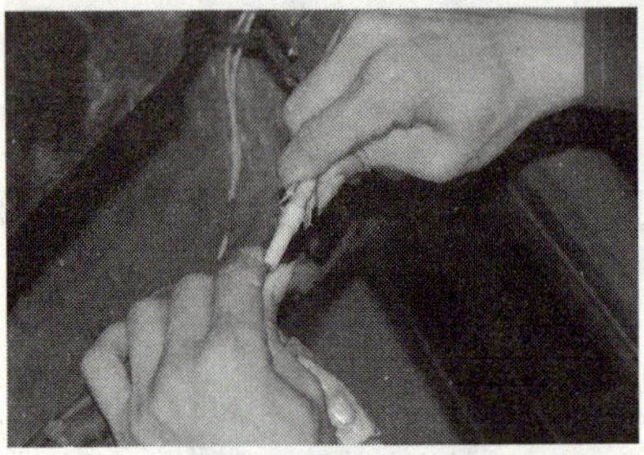	方法：先往插紧方向用力，然后将线束插头两侧向内压，使卡扣松开，再向后拔出。 注意事项：禁止直接向后拔，造成卡扣损坏。
15. 检查升降机构	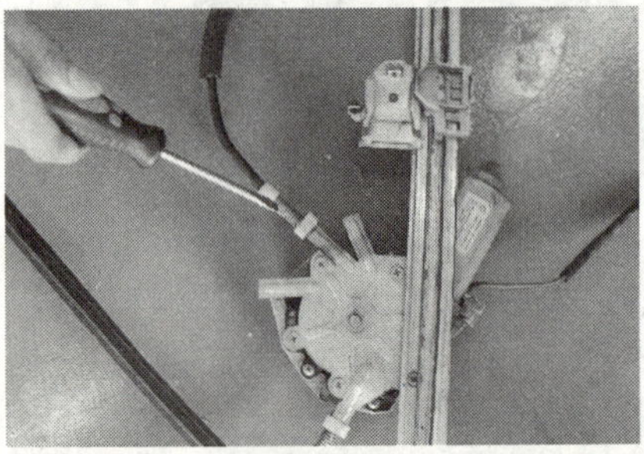	方法：检查卡扣及滑轮有无松动，导轨及滑块有无磨损，钢丝有无断裂、起毛。
16. 检测电动机	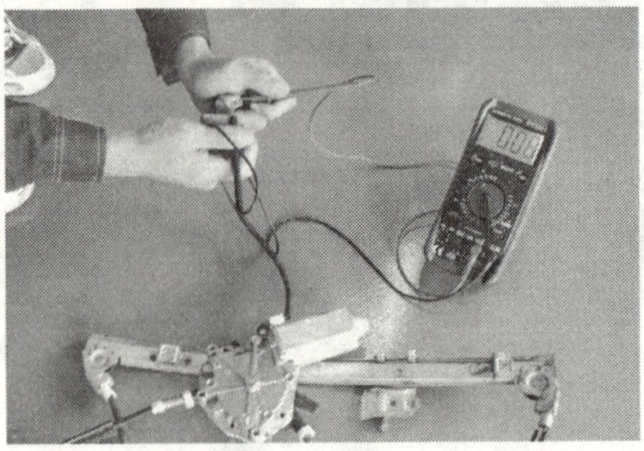	方法：测量电动机的阻值是否正常。

（续）

操作步骤	操作示意图	说　　明
17. 检测线束	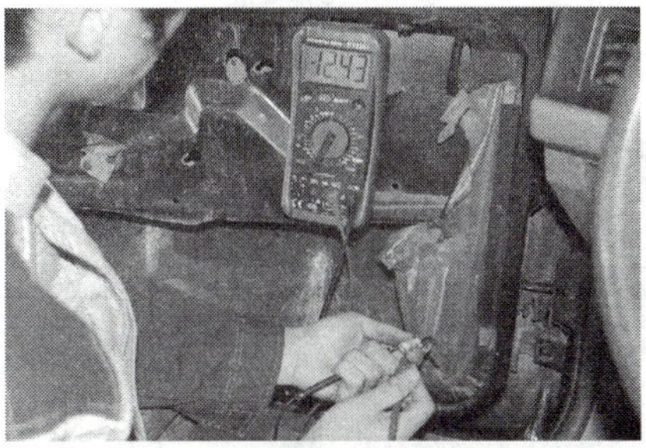	方法：接通电源，测量线束供电回路是否有电压。 注意事项：要清洁插头，点火开关与升降开关应为打开状态。
18. 安装新升降机构	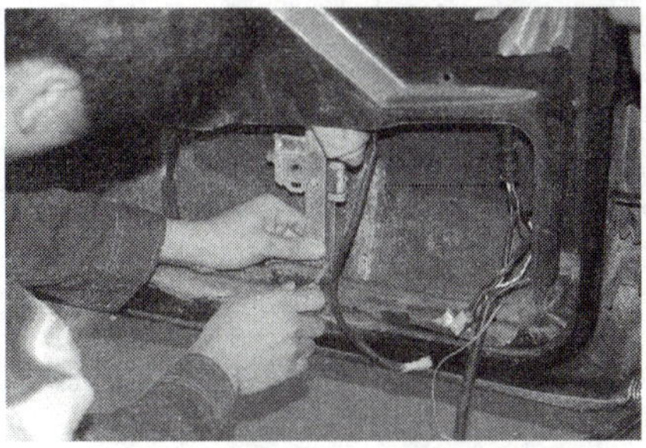	方法：与拆卸顺序相反。 注意事项：先进行预紧。
19. 预紧固定螺栓及玻璃托架螺栓		方法：提前调准升降机的安装点，将玻璃入位。 注意事项：安装点要舒适，移动玻璃动作要慢。
20. 反复升降车窗		方法：连接好线束，升降车窗，使装配位置达到最佳。 注意事项：遇卡滞、碰撞、刮线，应立即停止并检查。

（续）

操作步骤	操作示意图	说　明
21. 紧固螺栓，再次检查升降是否顺畅	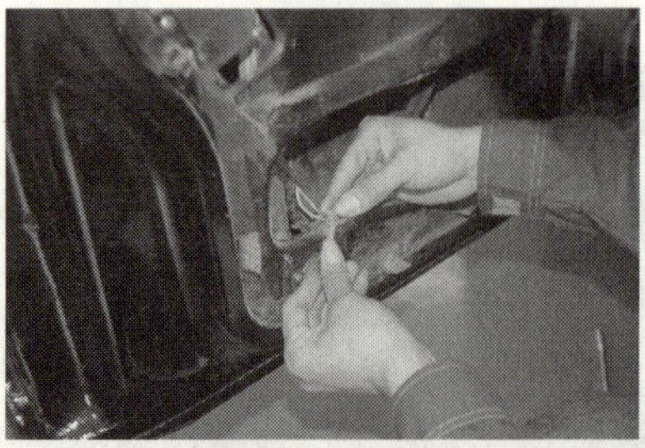	方法：紧固相关螺栓，固定其他线束，再次进行升降试验，确认安装良好。 注意事项：线束必须固定，并检查是否全部插紧。
22. 门内饰板及各附件的装复	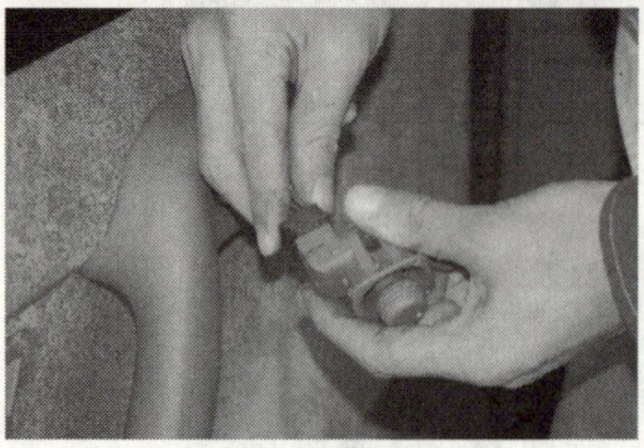	方法：装复顺序与拆卸顺序相反。 注意事项：开关件装上后要进行工作测试，不得有多余零件。 图示为装复后视镜控制开关。
二、更换中央控制开关		
1. 拆卸中央控制开关（电动机控制开关）	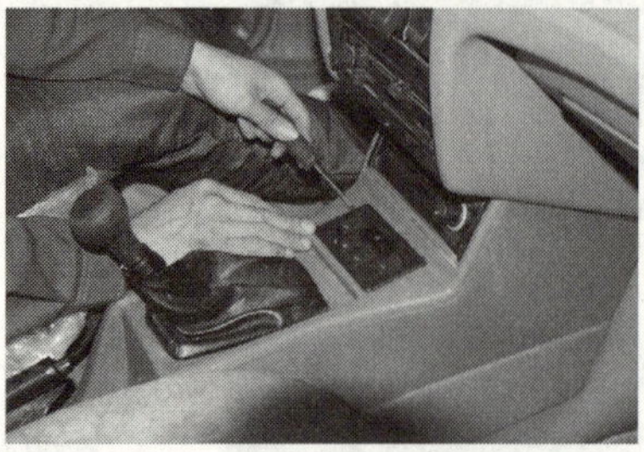	方法：用一字螺钉旋具沿开关四周撬出。 注意事项：用力均匀，不得单边用力，防止留下刮痕。
2. 判断开关是否良好	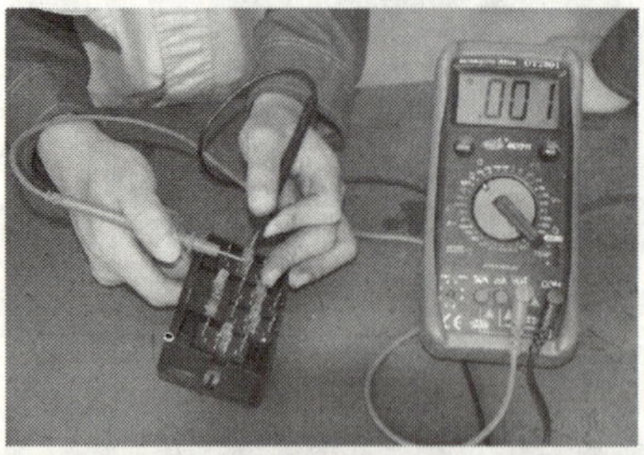	方法：用万用表进行通断测试。其中只要有一个开关失效即需更换。 注意事项：进行清洁除锈，用万用表测电阻，在通、断两种状态下检测。
3. 判断线束是否正常	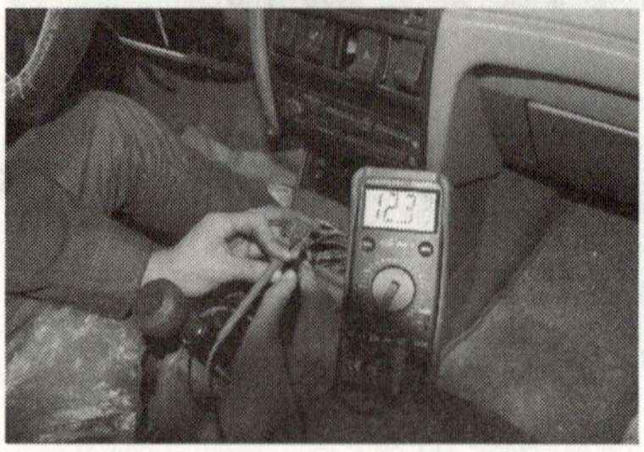	方法：临时接通电源，用万用表检测电源电压，同时检测接地线是否正常。 注意事项：进行清洁除锈，电源适时通断。

（续）

操作步骤	操作示意图	说　明
4. 更换中央控制开关		方法：双手同时水平放入，用力均匀。 注意事项：仔细检查开关卡扣是否完好，阻力过大时需查找原因，防止开关及饰框损坏。
5. 装复后检查各相关件是否工作可靠		方法：装复到位，进行最后试验，各部件工作应正常可靠。 注意事项：若有多余零件，要查找原因后纠正，清点工具，清理场地。 图示为坚固蓄电池桩头。

任务练习

简单回顾任务过程，完成下列选择或填空，在括号内选择合适的选项并打√，横线上填入正确的数值或方法。

一、安全文明操作测评

在更换升降机构的任务中，必须做好车辆的安全防护工作，措施有（□关闭点火开关、□拉紧驻车制动、□挡位入空挡）并安装三件套翼子护垫等；工作开始前，为防止电源意外接通或搭铁造成机件损坏，必须将蓄电池（□正极、□负极）断开。

二、操作过程测评

1）拆卸内拉手时有（□2 处、□3 处、□1 处）螺栓，拆卸门内饰板时有（□6 处、□7 处、□2 处）螺栓，需仔细检查内饰板是否有其他固定点，（□由下向上、□由上向下、□上下同时）脱开内饰板，不得强行拆卸。

2）将玻璃升至（□三分之一、□三分之二、□顶端）位置，先松开玻璃托架螺栓（□3 处、□2 处、□1 处），并将玻璃移至顶端固定，再松开升降机构固定螺栓（□3 处、□4 处、□5 处），拔下电动机线束后取出。

3）检查升降器元件，（□卡扣及滑轮有松动、□导轨及滑块磨损、□钢丝断裂、□钢丝起毛），用万用表测得电动机阻值为____________，（□需要、□不需要）更换。

4）因为许多升降器不工作的故障并非本身引起的，所以安装前需要确认电动机线束是否正常供电。打开点火开关，并按下相应的升降开关，用万用表测得线束电压为__________，表明线束供电（□正常、□不正常）。

5）装复时要特别注意升降机构上下运动时是否顺畅，需通过二次坚固法来进行，即先预紧后多次升降，让各机构间装配位置舒适，然后再作紧固。同时必须对线束进行固定，防止（□同玻璃发生刮擦、□线束松动、□雨水进入受潮）。

6）用万用表检查中央控制开关的通断情况来判定开关是否正常，同时用万用表__________挡，检查线束中的供电是否正常，相应端子为__________与__________端（见图 7-1）。

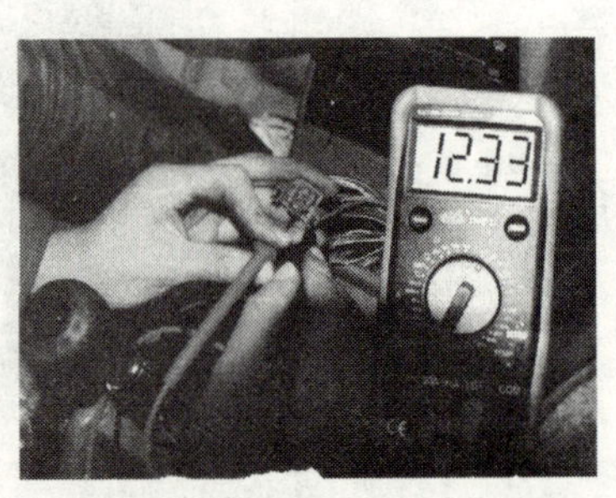

图 7-1　中央控制开关线束检测

三、检查检验测评

工作完成后通过（□玻璃是否正常升降、□有无多余零件、□相关系统是否正常工作）来检验任务的完成质量，并清点工具，清理场地。

任务链接

一、机械式升降机构的结构

桑塔纳轿车钢丝式车窗升降机构的结构如图 7-2 所示。

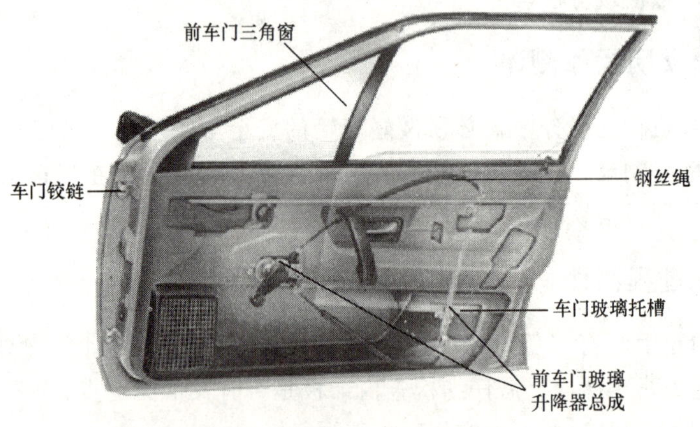

图 7-2　桑塔纳轿车钢丝式车窗升降机构的结构图

二、电动车窗的原理及组成

电动车窗主要由车窗玻璃升降器（又称换向器）、电动机、控制电路等组成。车窗玻璃升降器主要有蜗轮蜗杆式、齿轮齿扇式和齿轮齿条式等类型。

桑塔纳2000型轿车所用的电动车窗玻璃升降器的结构如图7-3所示，其机械部分主要由蜗轮、蜗杆、绕线轮、钢丝绳、导轨、滑动支架等组成。当电动车窗玻璃升降器中的直流永磁电动机电路接通后，转轴输出转矩，经蜗轮蜗杆减速后，再由缓冲联轴器传递到转丝筒，带动转丝筒旋转，使钢丝绳拉动安装在玻璃支架上的滑动支架在导轨中上下运动，达到车窗玻璃升降的目的。

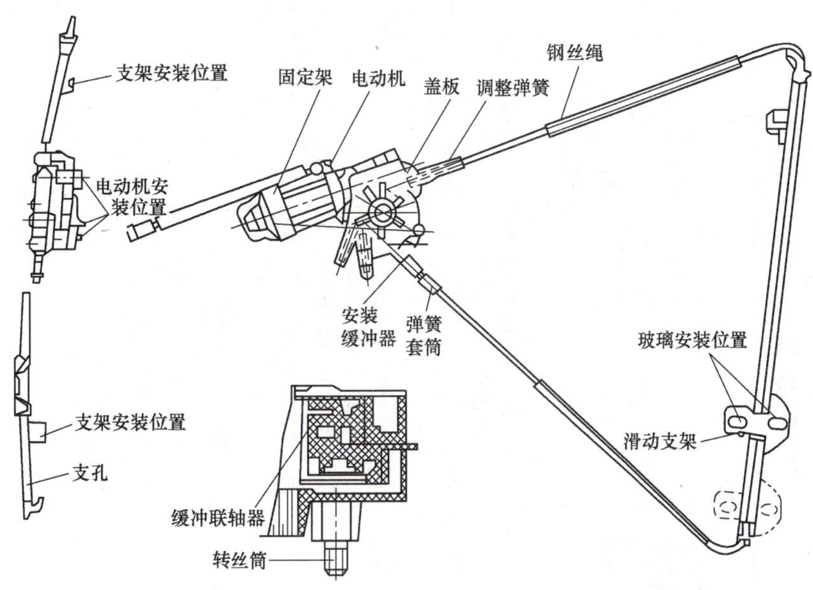

图7-3　桑塔纳轿车电动车窗玻璃升降器的结构图

任务拓展

根据维修手册查找车窗中央控制模块（舒适电脑）的位置，并用正确的拆装顺序进行拆装。

任务二　检修车窗升降系统的电路故障

任务准备

大众2000GSi待修车一辆、工具推车一辆、常用拆卸工具与电工工具、万用表、10号丁字扳手、其他常用工具及清洁物品。

任务目标

1）识读车窗控制系统的电路图；
2）检修车窗升降系统的电路故障。

任务实施

操作步骤	操作示意图	操作说明
一、识读车窗控制系统的电路图		
1. 系统电路介绍	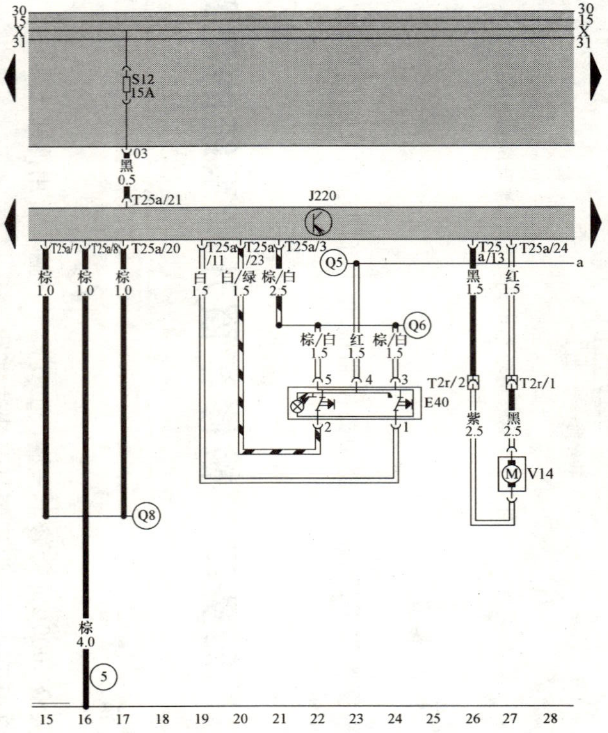 E40—左前摇窗机开关(中央控制台上)(红色插头) J220—Motronic 发动机控制单元 S12—舒适系统控制单元、ABS 控制器熔丝,15A T1e—1 针插头,黑白色,在中央电器后面 T2r—2 针插头,在左前门内 T25—25 针插头,在 ABS 控制单元上 T25a—25 针插头,在舒适系统控制单元上 V14—左前摇窗电动机,在左前门内 Q5—正极连接线(30a),在车身线束内 Q6—连接线,在车身线束内 Q8—接地连接线,在车身线束内 5—接地点,在中央电器左侧星形接地爪上	德系轿车电路图的特点: ①上部为高电位,底部为零电位; ②只反映电路连接关系; ③零件、接点等以代号表示,并附说明; ④单系统分类明确。 图示为车窗控制系统的局部电路图。

（续）

操作步骤	操作示意图	操 作 说 明
2. 图物对照左前门控系统的控制原理	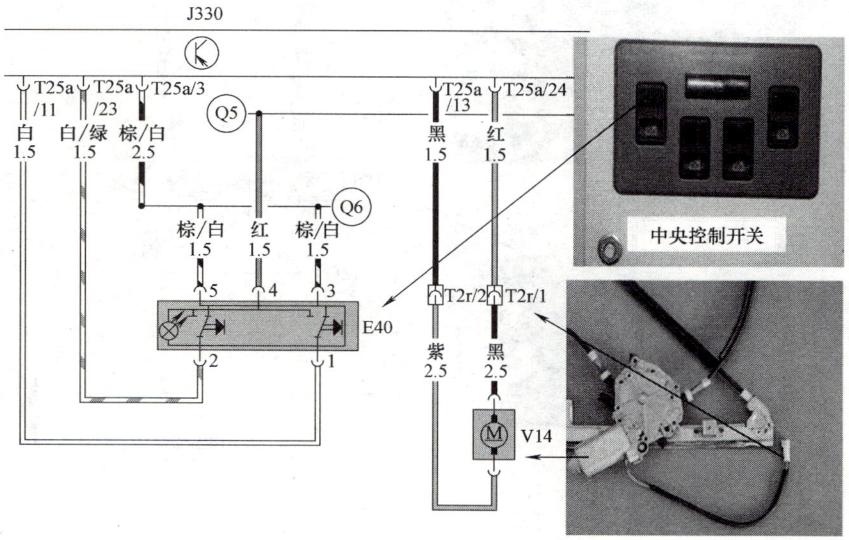	说明： ①图为左前门局部电路，E40 为左前升降开关，4 脚为供电端，1、2、3、5 同 J330 舒适控制模块 T25a/11、T25a/23、T25a/3 相接。双触头开关接通与断开使 T25a/11、T25a/23 产生高低电位，使 J330 获得上升或下降信息，从而触发 V14 升降电动机正转或反转。 ②V14 为升降电动机，通过供电极性的变化实现正转或反转，其两极同 J330 的 T25a/13、T25a/24 相连接，并受其控制。 ③T2r/1、T2r/2 为中间插接器，如实物对照图所示。

（续）

操作步骤	操作示意图	操作说明
3. 图物对照右前门控系统的控制原理	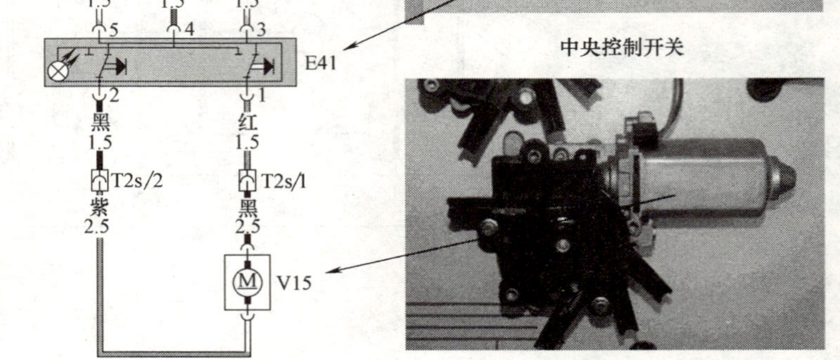 中央控制开关 升降电动机	说明： ①图为右前窗升降控制电路，E41 中的 4 脚为供电端，双触头开关 1 号触头接通，电流通过 1 号触头经 V15、2 号脚至 T25a/14，由 J330 控制接地。 ②双触头开关 2 号触头接通，电流通过 2 号触头经 V15、1 号脚至 T25a/14，由 J330 控制接地，此时电动机反转。

（续）

操作步骤	操作示意图	操作说明
4. 图物对照后门控系统的控制原理	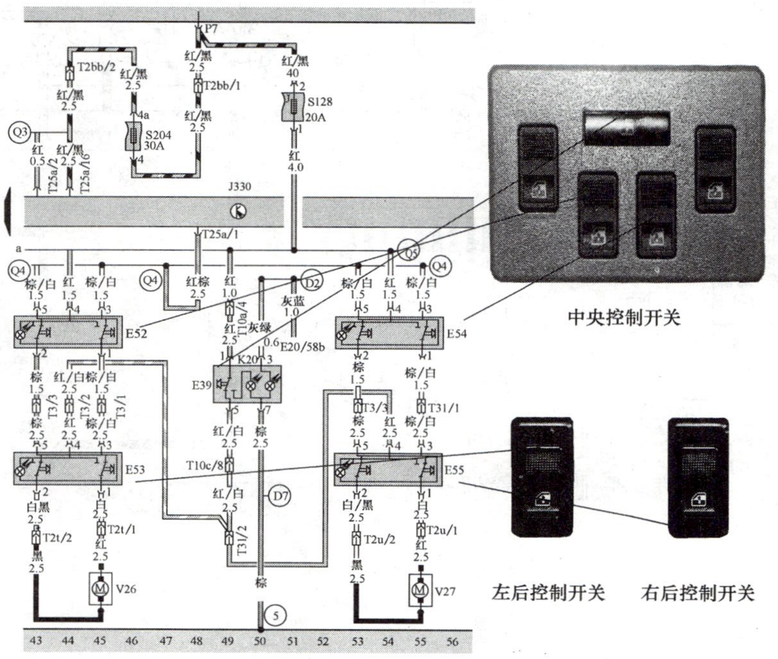 中央控制开关 左后控制开关　右后控制开关	说明： ①电路由中央继电器板P7供电，经S128熔丝至线束内节点Q5分五路，其中三路供给E52、E54的4号端子及E39的1号端子，其他两路为前面所述的E40、E41。 ②经E39开关控制后，分两路，分别输送到后升降开关E53、E55的4号端子。 ③开关控制两个后窗升降电动机的原理同右前升降电动机。

（续）

操作步骤	操作示意图	操作说明
5. 排除四车门失效故障的检查	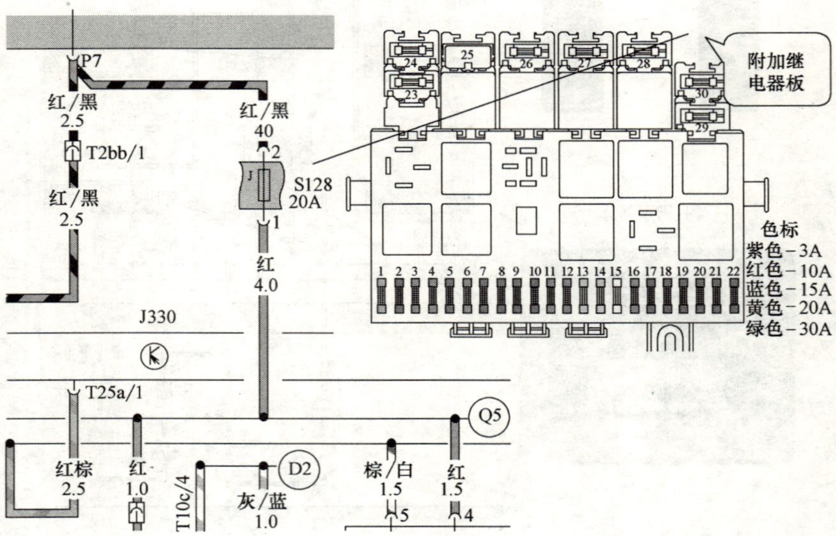 P7 红/黑 2.5 T2bb/1 红/黑 2.5 红/黑 40 2 J S128 20A 1 红 4.0 J330 T25a/1 红棕 2.5 红 1.0 T10c/4 灰/蓝 1.0 D2 棕/白 1.5 5 红 1.5 4 Q5 附加继电器板 23 24 25 26 27 28 29 30 1 2 3 4 5 6 7 8 9 10 11 12 13 14 15 16 17 18 19 20 21 22 色标 紫色－3A 红色－10A 蓝色－15A 黄色－20A 绿色－30A	故障现象：四车门升降失效。 检查方法：检查驾驶室下方的继电器板S128号熔丝，是否有烧蚀或插接松动现象。用万用表测量供电脚及熔丝的通断，修复或更换熔丝。 故障分析：S128熔丝串接在本系统总供电线上，若熔丝熔断，则会使整个系统断电，造成系统不工作。

（续）

<table>
<tr><th>操作步骤</th><th>操作示意图</th><th>操作说明</th></tr>
<tr><td colspan="3">二、检修车窗升降系统电路部分的故障</td></tr>
<tr><td>1. 排除左前车门失效故障（一）：线束检测</td><td>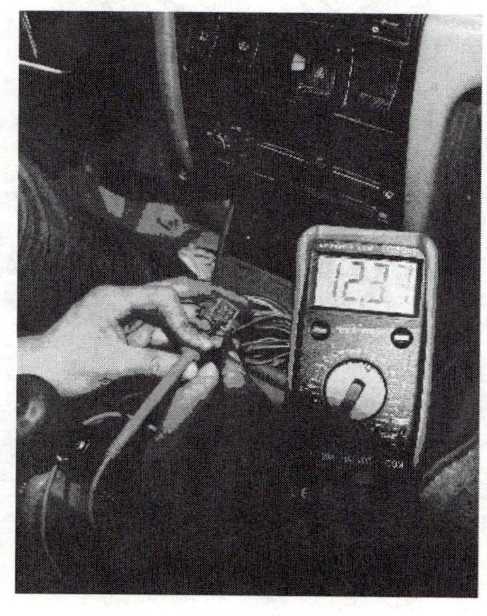

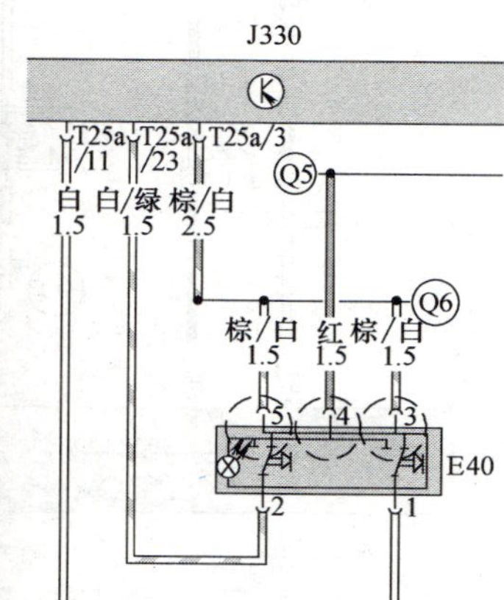
</td><td>故障现象：左前车门车窗升降系统不工作。
检查方法：测量 E40 的 4 号端子（线束）是否有电压，如有电压应检查 E40 开关的功能是否良好。
开关检查用万用表测量通断。
故障分析：在电源线正常的前提下：①开关失效，致使 J330 无法获得开关信息，电动机不工作。②开关正常，检查 T25a 插头组 E40 线束。</td></tr>
</table>

（续）

操作步骤	操作示意图	操作说明
2. 排除左前车门失效故障（二）：左门电动机线束的检测	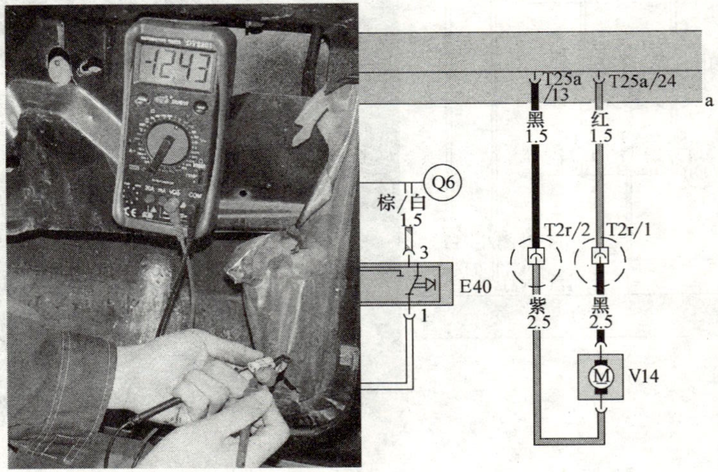	检查方法：脱开 T2r 插接组：①测量线束端电压，打开开关，有 12V 电压，表明正常。②测量 V14 电动机电阻。 故障分析：①因为故障为左前单机不工作，故总电源与 J330 控制模块故障的可能性极小，因此故障范围集中在开关、V14 的可能性最大。②在上述检查后，根据情况考虑线束插接不良或线束断路故障。

（续）

操作步骤	操作示意图	操 作 说 明
3. 排除两后门失效故障		故障现象：两后窗升降机构失效。 检查方法：①脱开中央控制开关，用万用表检查开关通断功能；②检查E39的1号端子（线束上），测量其电压。 故障分析：①因为两后门同时出现故障，故两后门总电源故障的可能性大；②电源检查正常则检查开关，电源线检查无电压则检查至Q5节点线束。③若以上均无问题，则检查T25a/1端子是否松动、腐蚀。
4. 排除单后门失效故障（一）：电动机线束检测		故障现象：左后门升降机构不工作。 检查方法：同步骤2。 故障分析：对电动机供电线束回路确认正常。若不正常，检查线束是否断路。

（续）

操作步骤	操作示意图	操作说明
5. 排除单后门失效故障（二）：控制开关检测		检查方法：用万用表测量开关通断时的电阻值。 故障分析：在线束正常的基础上，检查开关是否正常，可通过更换开关排除故障。
6. 排除舒适系统控制单元不工作的故障		故障现象：电动门窗全部不工作，中央门控也不工作。 检查方法：检查 J330 模块电源线路上 S12 熔丝是否松动与烧损，检查星形接地点是否可靠。 故障分析：舒适系统控制单元不工作，那么所涉及的门控系统及电动门窗系统也不工作，两个主要原因可能是 J330 的供电线与搭铁线松动，当然模块本身也有可能损坏。

任务练习

简单回顾任务过程，完成下列选择或填空，在括号内选择合适的选项并打√，横线上填入正确的数值或方法。

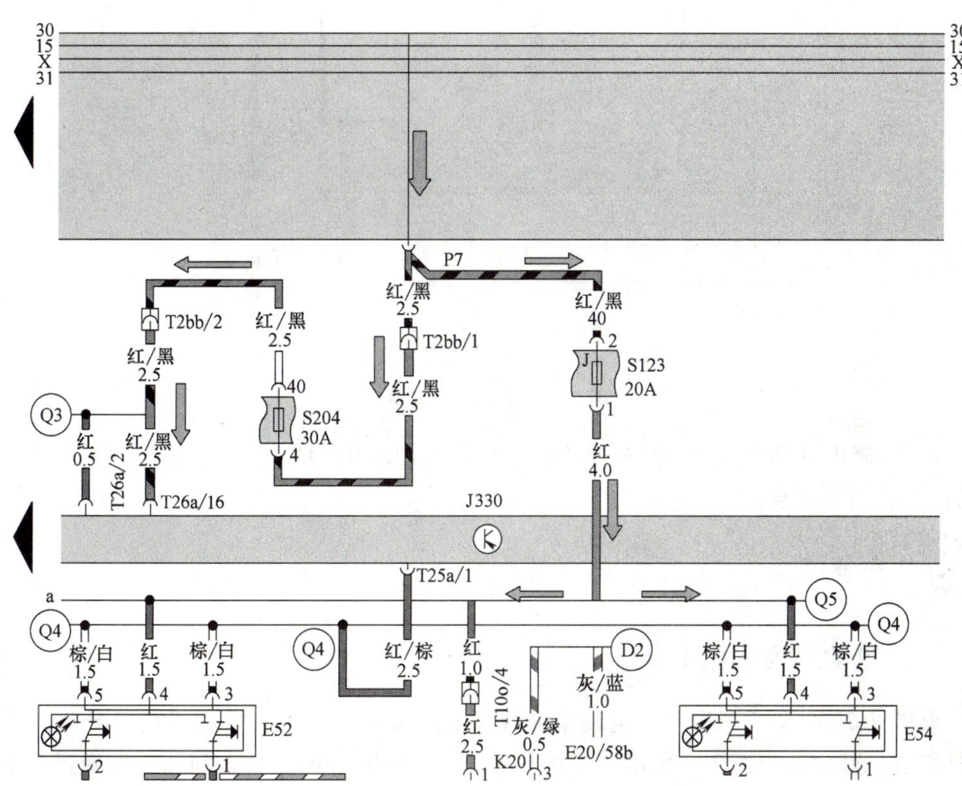

图 7-4　车窗升降控制系统的主供电电路

1）由图 7-4 可知，电动门窗系统由 30 号线供电至中央继电器盒 P7 端，然后经 S128 熔丝供电至 Q5 节点，Q5 节点同时给______________、______________、____________及 E40、E41 供电。故 S128 断路将使（□后部车窗、□所有车窗、□左前车窗）不工作。

P7 端同时经 S204 后至 T25a/16，该线路为舒适系统控制单元 J330 的工作电源，若 S204 断路，J330 无法工作，将导致（□全部车窗不能升降、□能正常工作、□中央门控系统同时失效）。

2）排除左前门故障中，对 E40 开关线束进行检测时，检测 E40 的 4 端子与 E40 的 3 端子，电压值为____________V，判断结果为（正常、不正常），若正常则须检查 E40 开关本身故障，方法为：____________（参考局部电路图 7-5）。

3）以上检查都正常的情况下，检查升降电动机线束及元件是否正常，检查线束，测得电压值为____________V；判断结果为（□正常、□不正常）。

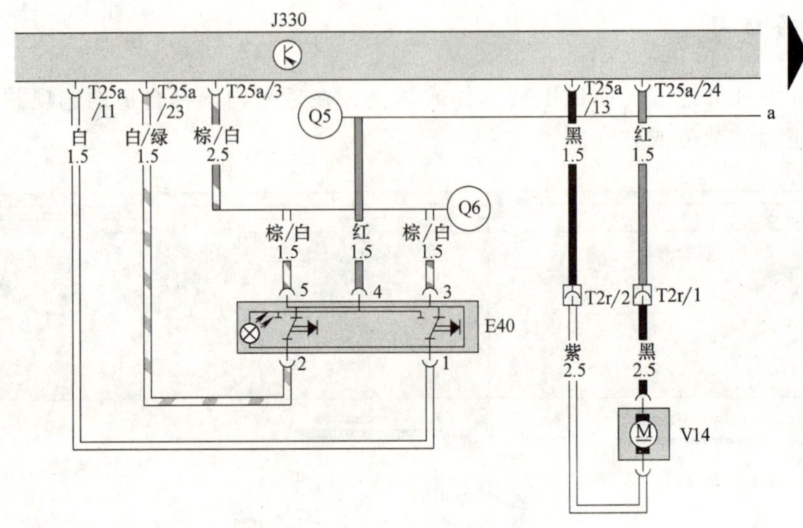

图 7-5　左前门控制电路

4）升降电动机元件的检测中，电阻的实际测量值为____________；判断结果为（□正常、□不正常）。

一、电动车窗电路分析

桑塔纳 2000 型轿车采用的电动车窗装置由翘板按键开关、传动机构、升降器及电动机组成，其电路如图 7-6 所示。按键开关 E39、E40、E41、E52 和 E53 被安置在中央通道面板上的开关盘上，其中黄色按键开关 E39 为安全开关，可以使后车窗开关 E53 和 E55 不起作用；E40、E41、E52 和 E54 分别为左前、右前和左后、右后门玻璃升降开关。为使左后和右后门玻璃能独立升降，在两后门上分别设置了 E53 和 E55 两个按键开关。V14、V15、V26 和 V27 分别为左前、右前和左后、右后车窗电动机，电动机为永磁直流电动机，正常工作电流为 4～15A。电动机内带有过载断路保护器，以免电动机超载烧坏。延时继电器 J52 用以保证在点火开关断开后，使车窗延时约 50s 后再断开，使用方便、安全；自动继电器 J51 用于控制左前门车窗电动机，实现点动控制。

接通点火开关后，延时继电器 J52 与 C 路电源相通，其常开触点闭合，按键开关内的 P－通过该触点接地，而 P＋通过熔断器 S37 与 A 路电源相通，此时，按动按键开关便可使车窗电动机转动。

1. 发动机熄火后的延时控制

关闭点火开关后，C 路电源断电，延时继电器 J52 由 A 路电源供电，延时 50s 后，继电器触点断开，按键开关的搭铁线被切断，所有按键开关失去控制作用。

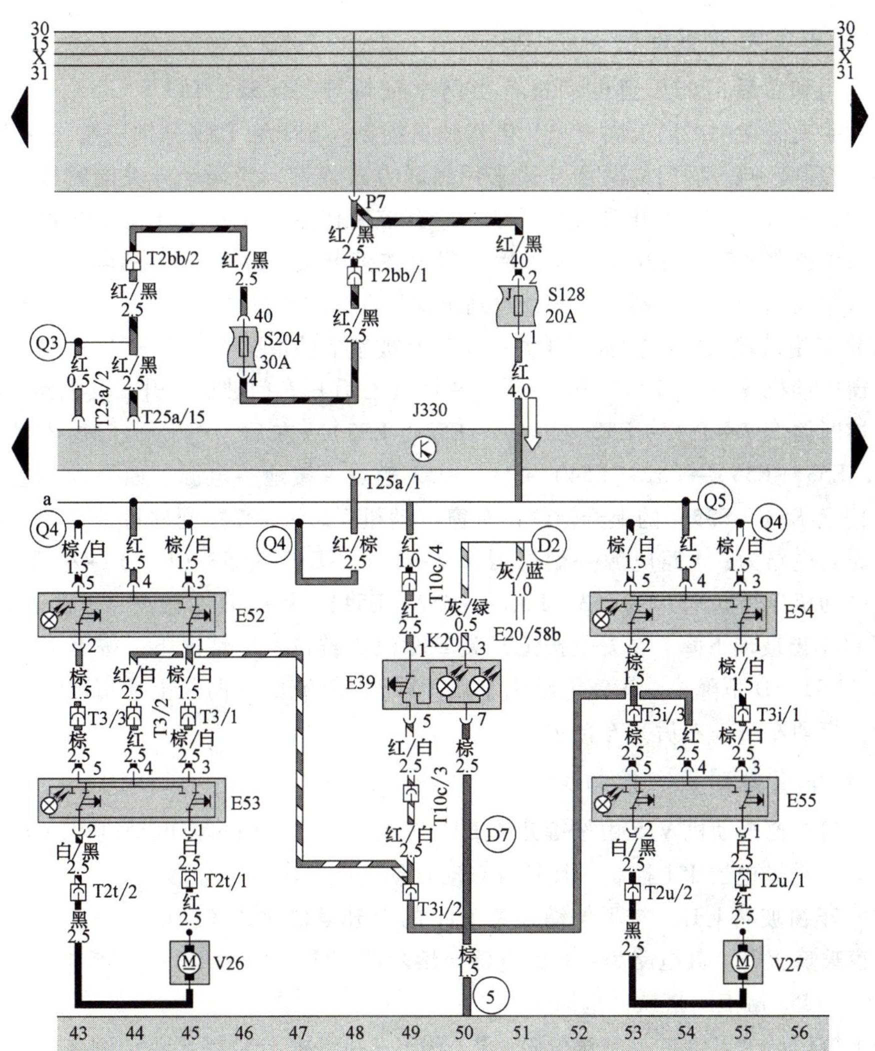

E20—仪表板照明调节器

E39—后门摇窗机安全开关，在仪表板开关上

E52—左后摇窗机开关（中央控制台上）（蓝色插头）

E53—摇窗机开关（左后门上）

E54—右后摇窗机开关（中央控制台上）（黄色插头）

E55—摇窗机开关（右后门上）

J330—舒适系统控制单元，在杂物箱上方

K20—摇窗机安全开关指示灯

S128—电动摇窗机热保护器，2QA 在附加继电器板上

S204—舒适系统控制单元熔丝，3QA 在附加继电器板上

T2bb—2 针插头，白色，在中央电器后面

T2t—2 针插头，在左后门内

T2u—2 针插头，在右后门内

T3—3 针插头，在左后门内

T3i—3 针插头，在右后门内

T10c—10 针插头，黑色，在附加继电器板上（4 号位）

(D2)—连接线（58b），在仪表线束内

(D7)—接地连接线，在仪表线束内

(Q3)—正极连接线（30a），在车身线束内

(Q4)—连接线，在车身线束内

(Q5)—正极连接线（30a），在车身线束内

(5)—接地点，在中央电器左侧星形接地爪上

图 7-6　车窗升降系统的总电路图

2. 后车窗电动机的控制

左后门和右后门的车窗电动机各由两个按键开关 E52、E53 和 E54、E55 控制，E52 和 E54 安装在中央通道面板上，供驾驶员控制；E52 和 E53 分别安装在两后门上，供后乘员控制。同一后门的两个开关采用级联方式连接，当两个开关同时按下时没有控制作用，只有当某一个开关被按下时，才有控制作用。在安全开关 E39 被按下的情况下，E39 的常闭触点断开，切断了后车门上按键开关 E53 和 E55 的电源，使其失去了对各自车窗电动机的控制，因而，起到了保护儿童安全的作用。

（1）车窗玻璃上升　在安全开关 E39 没有被按下的情况下，将 E52（E54）置上升位，车窗电动机 V26（V27）正转，带动左后（右后）车门玻璃上升。其电路为：A 路电源→熔断器 S37→P＋→E52（E54）→E53（E55）→左后（右后）门窗电动机 V26（V27）→E53（E55）→E52（E54）→P－→J52 触点→接地→电源。如果按下左后（右后）车门上 E53（E55）的上升键位，车窗电动机 V26（V27）同样可带动车门玻璃上升，此时其电路为：A 路电源→熔断器 S37→P＋→E39→E53（E55）→左后（右后）门车窗电动机 V26（V27）→E53（E55）→E52（E54）→P－→J52 触点→搭铁→电源。

（2）车窗玻璃下降　在安全按键开关 E39 没有被按下的情况下，按下 E52（E54）或 E53（E55）D 下降位，车窗电动机 V26（V27）电流的方向与上述情况相反，电动机反转，带动左后（右后）车门玻璃下降。

3. 前车窗电动机的控制

右前门车窗电动机 V15 由按键开关 E41 控制，而左前门车窗电动机 V14 由按键开关 E40 和自动继电器 J51 控制，且具有点动自动功能。

（1）车窗玻璃上升　按下按键开关 E41 的上升键位时，车窗电动机正转，带动右前门车窗玻璃上升。其电路为：A 路电源→熔断器 S37→P＋→E41→车窗电动机 V15→E41→P－→J52 触点→搭铁→电源。

按下按键开关 E40 的上升键位时，P＋和 P－经 E40 分别接至自动继电器 J51 的输入端 S2 和 S1，此时，自动继电器 J51 的触点 1 闭合，触点 2 断开，车窗电动机 V14 正转，带动左前门玻璃上升。车窗电动机的电路为：A 路电源→熔断器 S37→P＋→E40→车窗电动机 V14→J51 的常闭触点 1→P－→J52 触点→搭铁→电源。按键开关 E40 复位时，上述电路被切断，电动机 V14 停转。

（2）车窗玻璃下降　按下按键开关 E41 的下降键位时，车窗电动机 V15 反转，带动右前门车窗玻璃下降，其电流通路与上升时相反。

按下按键开关 E40 的下降键位时，P＋和 P－经 E40 分别接至自动继电器 J51 的输入端 S2 和 S1，此时，自动继电器 J51 的触点 2 闭合，触点 1 断开。车窗电动机 V14 的电路为：A 路电源→熔断器 S37→P＋→E40→取样电阻 R→J51 的触点 2→车窗电动机 V14→E40→P－→J52 触点→搭铁→电源，流过电动机 V14 的电流方向与上升时相反，电动机反转，带动玻璃下降。将手抬起时 E40 复位，J51 的触点也复位（触点 2 断开，触点 1 闭合），切断了上述电路，电动机停转。

(3) 点动自动控制　当按下按键开关 E40 下降键位的时间小于等于 300ms 时，自动继电器 J51 判断为点动自动下降操作，于是继电器动作，使触点 2 闭合，流过车窗电动机 V14 的电流方向与正常下降操作时相同，电动机反转，车窗玻璃下降。如果在下降期间 E40 的上升键位不被按下，继电器 J51 的触点 2 将一直处于闭合状态，直至玻璃下降到底，电动机 V14 停转，此时电枢电流将增大，当电流增至约 9A 时，取样电阻 R 上的电压使继电器 J51 动作，触点 2 断开，自动切断车窗电动机的通路回路；如果在下降期间，按下 E40 的上升键位，继电器 J51 将判断为下降操作结束，触点 2 断开，车窗电动机 V14 停转。这样，通过对按键开关 E40 进行点动控制，就可以使左前车窗玻璃停止在任意位置。

二、电动车窗常见故障分析

当电动车窗出现故障时，首先要区分是机械故障还是电路故障。一般出现机械故障时，电动车窗虽然不能工作，但在操纵升降开关时，有时可能会听到继电器的响声和电动机的工作声；如果出现某个机械部位卡死时，则会引起熔丝的烧断或热敏开关断开。常见的电路故障主要有以下几方面：

1）所有车窗都不能上升或下降。引起该故障的原因可能是熔丝或搭铁线出现故障，如果总开关出现故障，也可能引起所有车窗的工作不正常。

2）除驾驶员侧车窗外，其他车窗都不能工作。这一般是由于驾驶员侧总开关上面的安全开关出现故障引起的。

3）车窗只能向一个方向运动。引起该故障的原因主要是开关原因或控制电路的问题，应检查开关和控制电路是否正常。

4）车窗上升和下降两方向都不能运动。引起该故障的主要原因主要是开关、电动机或电路断路。

 **任务拓展**

查找捷达轿车中央门窗控制系统的电路图，进行分析识读，并用文字和箭头表示电路控制路径。

任务三　更换刮水片、刮水臂和刮水连动机构总成

任务准备

桑塔纳 2000GSi 待修车一辆、工具推车一辆、常用拆卸工具与电工工具、10 号丁字扳手、22 号套筒扳手、8 号内六角套筒、其他常用工具及清洁物品。

 **任务目标**

1）更换刮水片；

2）更换刮水臂；

3）更换刮水连动机构总成。

任务实施

操作步骤	操作示意图	说　明
一、更换刮水片		
1. 更换准备		方法：向外翻起刮水臂，并在玻璃上加护垫。 注意事项：防止刮水臂回弹而损伤玻璃。
2. 取出刮水片总成	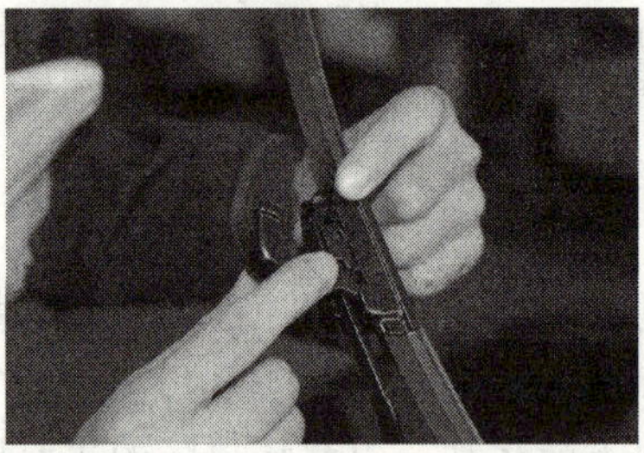	方法：按下锁扣，向下推，使臂片分离。 注意事项：锁扣不能硬扳，左右两手互扣。
3. 安装刮水片	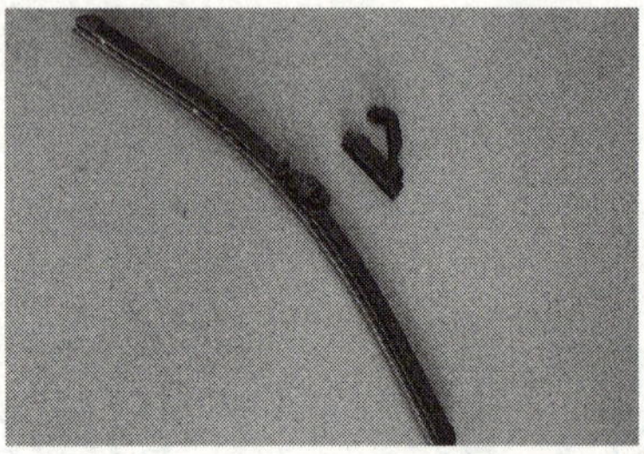	方法：正确选配扣件。 注意事项：扣件一般有几种选配，要根据型号不同进行选择。有些刮水片长短尺寸不一，需正确选择。 图示为扣件分解图。
4. 检查工作状况	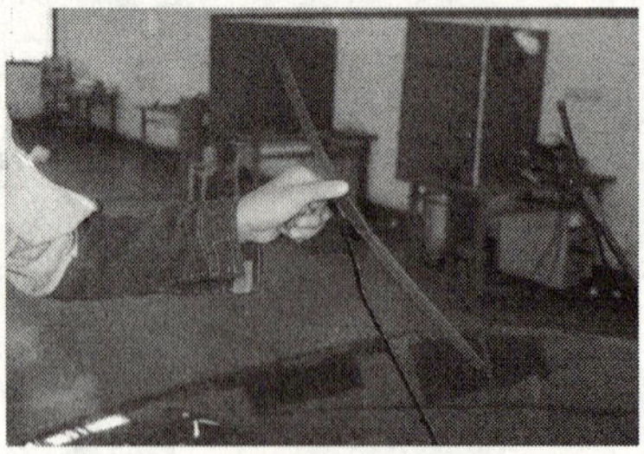	方法：安装后检验刮水片是否能正常摆动。

（续）

操作步骤	操作示意图	说　明
二、更换刮水臂		
1. 拆卸刮水臂螺栓		方法：用10号丁字扳手拆卸，拧紧力矩6N·m。 注意事项：先要撬开塑料帽，因该螺栓容易锈蚀，防止断裂。
2. 安装刮水臂总成		方法：打开开关，使刮水电动机到达始点位，用丁字扳手拧紧。 注意事项：安装后，将刮水臂外翻，防止位置错误伤及其他机件，调整刮水臂的初始位置后落位。
三、更换刮水连动机构总成		
1. 拆卸刮水连动机构附件		方法：拉起防火墙胶条，掀起防雨板。 注意事项：防雨板比较脆，并有卡扣。
2. 拔下刮水电动机插头		方法：先往插紧方向用力，然后将线束插头两侧向内压，使卡扣松开，再向后拔出。 注意事项：禁止直接向后拔或用其他硬物撬开座孔，以防造成卡扣失效。
3. 松开固定螺栓		方法：使用5号内六角套筒拆卸图中所示固定点，其他两处（图中箭头处）在刮水臂转动点处，用22号套筒拆卸。 注意事项：固定点有三处需预松预紧，箭头所示处拧紧力矩为2N·m，内六角螺栓拧紧力矩为13N·m。

（续）

操作步骤	操作示意图	说　明
4. 更换刮水电动机		方法：使用丁字扳手更换，有三处。拧紧力矩为5N·m 注意事项：需预松。
5. 检查刮水连动机构	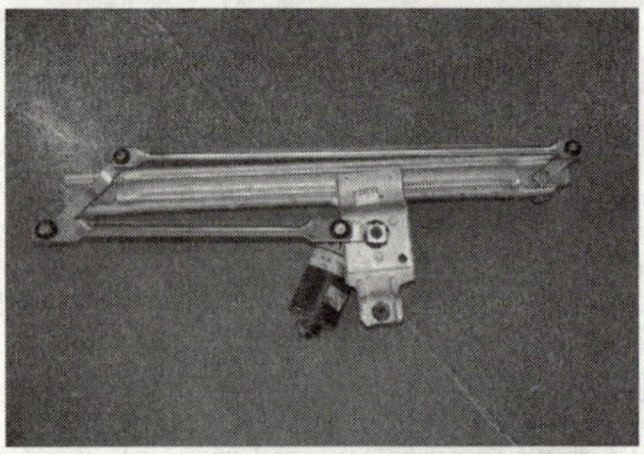	方法：目测，用手摇动，测试工作情况。 注意事项：检查节点是否松动，转动点需润滑。 图示为刮水连动机构总成（带电动机）。
6. 安装刮水连动机构	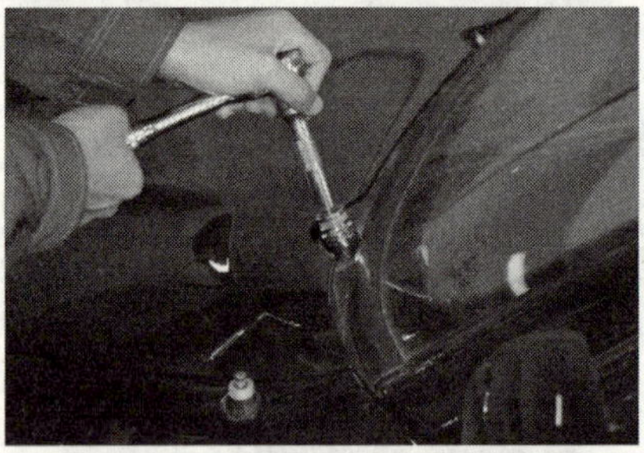	方法：用22号套筒加棘轮扳手安装。拧紧力矩为2N·m。 注意事项：位置舒适，需预紧。
7. 安装附件		方法：安装螺钉装饰帽，盖上防雨板，装上胶条。 注意事项：不能有多余零件。
8. 检查工作是否正常		方法：打开刮水开关，测试各挡位的工作情况。 注意事项：如有异常，及时纠正，清洁整理设备及场地。

任务练习

简单回顾任务过程，完成下列选择或填空，在括号内选择合适的选项并打√，横线上填入正确的数值或方法。

一、安全文明操作测评

在更换刮水片、刮水臂、刮水连动机构任务中，必须做好车辆的安全防护工作，措施有（□关闭点火开关、□拉紧驻车制动、□挡位入空挡）并安装三件套翼子护垫等；工作开始前为防止电源意外接通或搭铁造成机件损坏，必须将蓄电池（□正极、□负极）断开。

二、操作过程测评

1）更换刮水片总成时，将刮水臂（□外翻、□紧贴玻璃）并在玻璃上加垫保护物，新刮水片需选择合适的卡扣，并注意刮水片是否有（□长短、□主副、□左右）之分。

2）更换刮水臂时必须将刮水片置于（□初始、□最高、□中间）位置，刮水臂螺栓的拧紧力矩为____________N·m。

3）刮水连动机构有（□两处、□三处、□四处）固定点，主要检查（□变形、□连动点磨损、□润滑状况）等，拆卸与装复刮水电动机时要注意小曲柄的位置。

4）装复后要检查刮水臂的初始位置是否正确、最高点位置是否正常，如果位置不正常，通过调准（□刮水片卡扣、□刮水臂与转轴配合、□刮水电动机与小曲柄）位置达到最佳。

三、检查检验测评

工作完成后，通过（□刮水初始位置、□刮水是否清晰、□刮水时有无其他异响）来检验任务完成质量，并清点工具，清理场地。

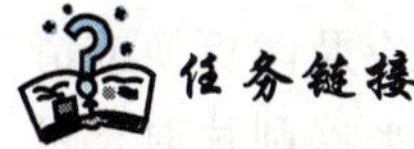

任务链接

一、电动刮水器与清洗系统的组成

在雨天，为了保证行驶安全，车辆上都装有电动刮水器和清洗系统。目前，随着电子技术的发展，很多车辆装有电子感应式刮水器，它能根据车辆的行驶速度和雨量，自动调节刮水器的刮水速度。传统电动刮水器系统的机械传动部分如图 7-7 所示，它包括以下一些主要部件：

1）刮水橡皮条（刮水片）；

2）刮水臂（定位杆）；

3）刮水电动机；

4）刮水架及连杆（刮水连动机构）。

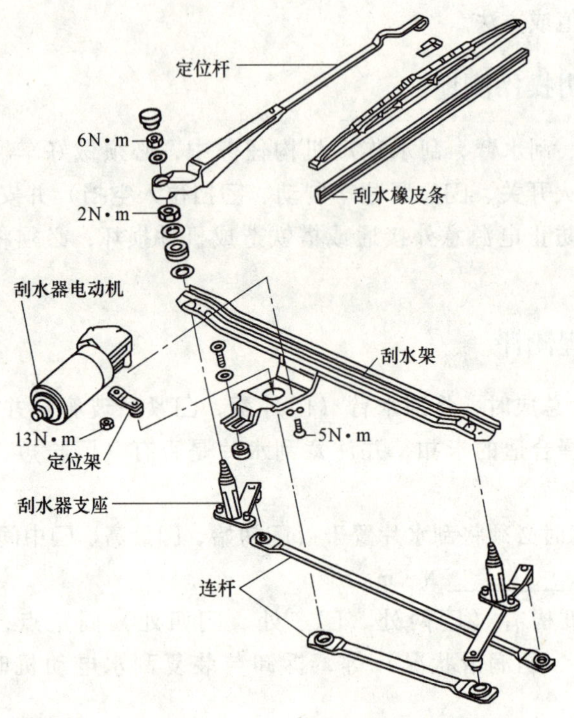

图 7-7　刮水系统的机械结构

二、电动刮水器与清洗系统的使用注意事项

目前，汽车上普遍使用电动刮水器。刮水器虽小，但若使用、维护不当，也可能因其部件损坏而影响雨天驾驶人的视线，危及行车安全。汽车刮水器除了电器故障外，最常见的主要是刮水器刮片及相关的机械故障。为此，在使用、维护刮水器时，应注意以下方面。

1）定期检查刮水器刮片。当发现刮水器刮片严重磨损或脏污时，应及时更换或清洗，否则，将会降低刮水器的工作效能，影响驾驶人的视线。清洗刮水器刮片时，可用蘸有清洗剂的棉纱轻擦去刮片上的污物。刮水器刮片不可用汽油清洗和浸泡，否则，刮片会变形而影响其工作。

2）检查刮水器的工作情况时，应先用水润湿风窗玻璃，因为若刮片摩擦阻力大，可能损伤刮片或烧坏刮水器电动机。接通刮水器开关后，应注意电动机有无异响，尤其当刮水器电动机发出“嗡嗡”响声而不转动时，说明其机械传动部分已锈死或卡住，应立即断开刮水器开关，以防烧坏刮水器电动机。

3）使用中，断开刮水器开关后，刮水器刮片应回到风窗下侧后停止。若停止位置

不当，应加以调整。

4）冬季使用刮水器时，若其刮片被冻住或被雪团卡住，应立即断开开关，清除冰块、雪团后方可继续使用，否则会因刮片阻力过大而烧坏电动机。

5）不要随意拆下刮水器电动机。若因故障确需拆下刮水器电动机时，要小心操作，切勿使电动机意外受损。因为刮水器电动机大多是永磁直流电动机，其磁极采用陶瓷材料，受冲击易损坏。

6）刮水器电动机多为封闭式，不可随意拆卸。必须拆卸时，要保持内部清洁，不可让铁屑之类的污物落入其中；装配刮水器时要给含油轴承的毛毡加注少许润滑油，并更换或补充减速器内部的润滑脂。

任务拓展

1）大众汽车调整刮水片位置及故障现象表（摘自大众维修手册）。

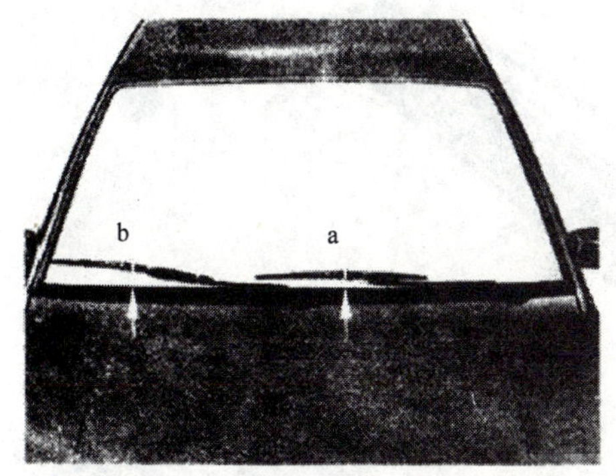

图 1 调整刮水片定位时的位置

a = 36mm b = 63mm

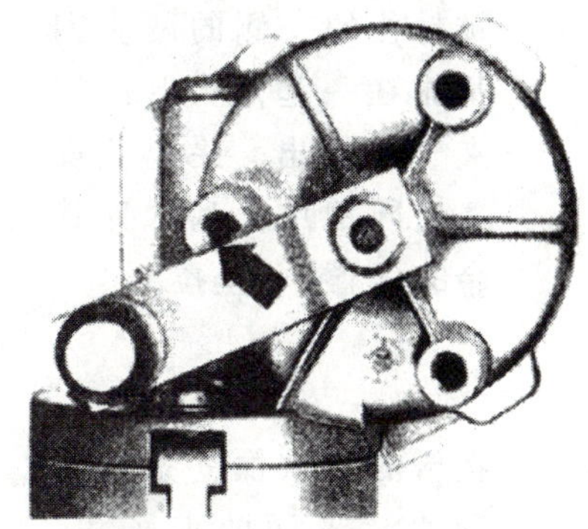

图 2 调整曲柄的定位位置

——使刮水器电动机转到极限位置

——装上曲柄，并调整到仍能看见管内螺纹（箭头所示）为限

刮水器故障现象检查表

玻璃上留有水迹擦痕

原因	**处理方法**
a——刮水器橡皮条弄脏 b——橡皮条因边缘磨损而断裂或磨坏 c——橡皮条老化，表面扯破	a——用硬质尼龙刷和洗涤剂溶液或酒精刷洗刮水器橡皮条 b——更换新的橡皮条 c——调换新的橡皮条

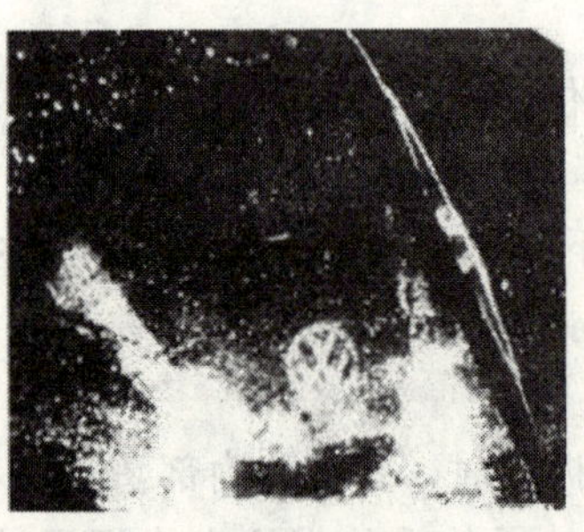
刮水后仍留有积水

a——风窗玻璃沾有油漆抛光剂、机油或柴油　　a——用干净的抹布蘸上硅酮去油剂擦拭风窗玻璃

2）更换大众汽车刮水片刮水橡皮条（摘自大众维修手册）。

拆卸和安装刮水橡皮条

——用鲤鱼钳把刮水橡皮条被封住的一侧的两块钢片钳在一起，从上面的夹子里取出，并把橡皮条连同钢片从刮水片其余的几个夹子里拉出

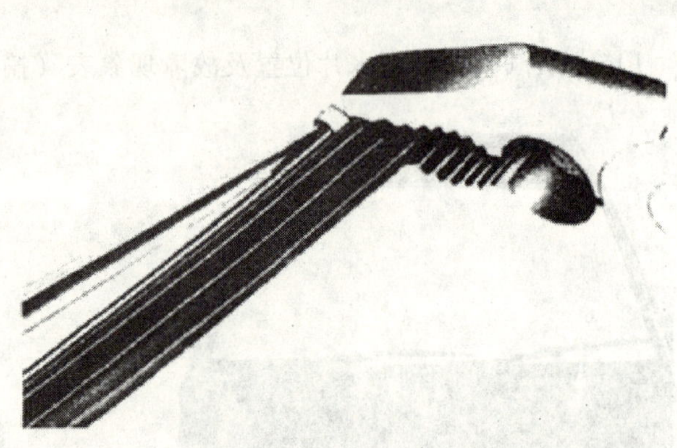

——把新的刮水橡皮条塞进刮水片下面的夹子里，并把它扎紧

——把两块钢片插入刮水橡皮条的第一条槽口，对准橡皮条并使其进入槽内的橡皮突缘

——用鲤鱼钳把两块钢片与橡皮条重新钳紧，并插入上端夹子，使夹子两边的突缘均进入刮水橡皮条的限位槽

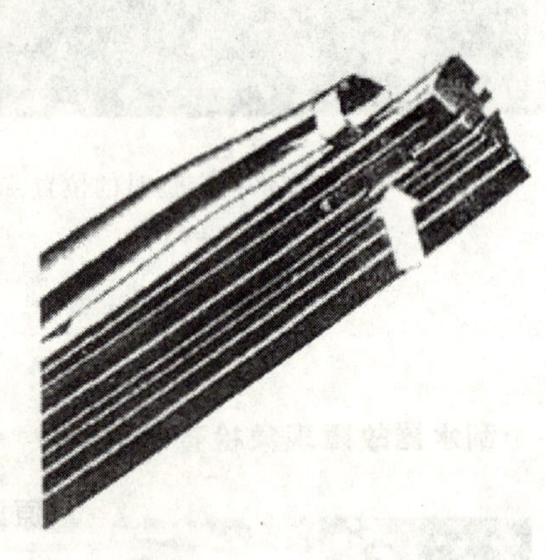

任务四　更换刮水组合开关

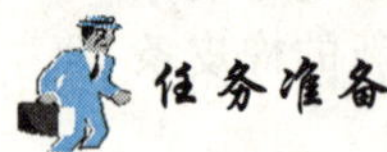

任务准备

桑塔纳2000GSi待修车一辆、工具推车一辆、常用拆卸工具与电工工具、预制力扳手、24号套筒、万用表、其他常用工具及清洁物品。

任务目标

按要求更换刮水组合开关并完成检查检测。

任务实施

操作步骤	操作示意图	说　明
1. 车辆及人员防护，拆装准备		方法：拉驻车制动，安装三件套，将座椅向后拉，并断开蓄电池负极。 注意事项：断电要可靠，防止负极不慎接通。
2. 将车辆转向盘调正		方法：将车辆方向置于直线行进位置。 注意事项：打正方向有利于转向盘的正确安装。
3. 做上记号		方法：用记号笔在转向盘轴及转向盘上做上对应记号。 注意事项：①拆开转向盘盖时要注意喇叭线，将线头分开。②如有转向盘气囊，需根据说明书谨慎操作。
4. 松转向盘轴螺母		方法：另一人员辅助，用 24 号套筒扳手松开螺母。 注意事项：一手扶住转动中心，径向用力。

（续）

操作步骤	操作示意图	说　明
5. 拆卸转向盘饰板	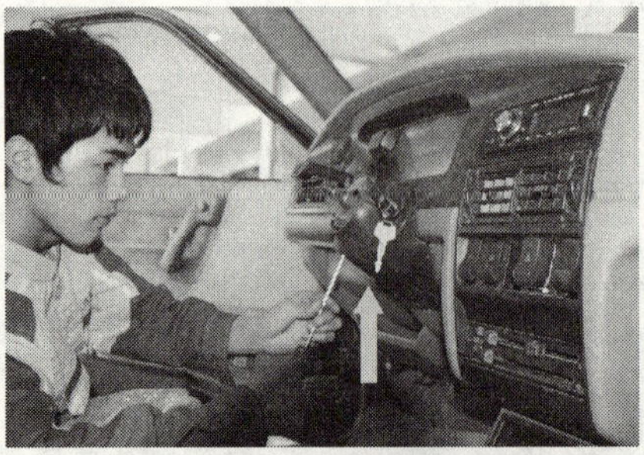	方法：用螺钉旋具拆卸转向盘饰板。 注意事项：拿出饰板时要合理操作，不得强拉。
6. 拔出线束		方法：轴向向后拔出线束。 注意事项：不得向外扳。
7. 松开组合开关的固定螺钉	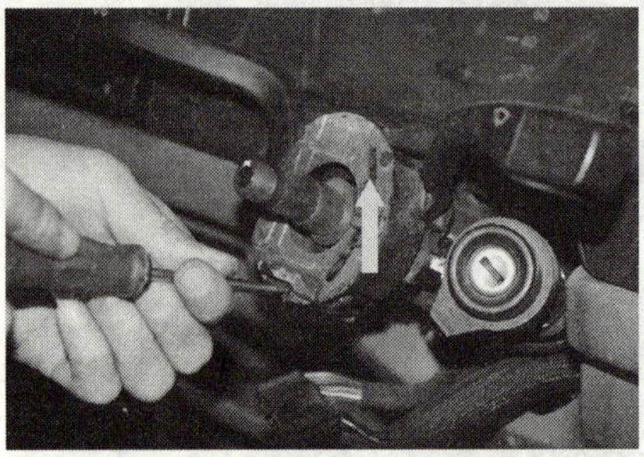	方法：用螺钉旋具拆卸固定螺钉（三处）。
8. 检查组合开关功能（一）	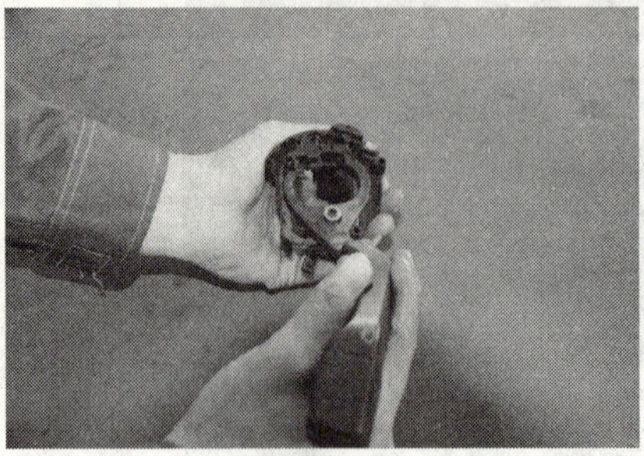	方法：交互切换各挡，看是否可靠灵活。

（续）

操作步骤	操作示意图	说　　明
9. 检查组合开关功能（二）		方法：用万用表测量各挡位接通时的通断情况。 注意事项：找到正确的接点。
10. 更换新组合开关，插上线束		方法：安装转向组合开关，并插入线束（三组）。 注意事项：两组合开关卡扣落位，线束安装到位。
11. 装复转向盘，锁紧螺栓，检查转向盘是否安装到位		方法：根据原记号安装转向盘。 注意事项：对准记号，安装到位。
12. 安装转向盘螺母 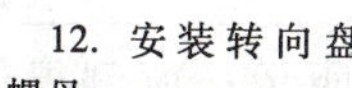		方法：装复饰板，用扭力扳手拧紧转向盘轴螺母，拧紧力矩为40N·m。 注意事项：必须安装垫片。

（续）

操作步骤	操作示意图	说　明
13. 检查转向盘转动是否正常，喇叭是否正常		方法：转动转向盘，检查是否灵活、纵向横向轴向有无异常，各电器工作是否正常。 注意事项：检查有无多余零件，试车前原地踩制动踏板。

任务练习

简单回顾任务过程，完成下列选择或填空，在括号内选择合适的选项并打√，横线上填入正确的数值或方法。

一、安全文明操作测评

在更换刮水组合开关任务中，必须做好车辆的安全防护工作，措施有（□关闭点火开关、□拉紧驻车制动、□挡位入空挡）并安装三件套翼子护垫等，同时要确认转向盘是否带有安全气囊。工作开始前，为防止电源意外接通或搭铁而造成机件损坏，必须将蓄电池（□正极、□负极）断开。

二、操作过程测评

1）拆卸前将方向打至正方向位置，将转向盘盖板后的喇叭线拔出，两线头（向外拖出分开合并），拆卸与安装转向盘螺栓需用（□预制力扳手、□普通扭力扳手、□转角扳手），特别注意是否对准记号及自锁垫片是否已安装，转向盘六角螺母的拧紧力矩为__________。

2）检查组合开关元件内容有（□开关拨动是否顺畅、□挡位是否清晰、□触点是否烧蚀），并通过万用表测通断电阻，检查开关是否良好。

3）* 检查线束可通过进一步了解电路图后进行，可以通过检测__________端与__________端的电压来判断供电是否正常，如图 7-8 所示；可以通过__________端与__________端的电阻测量来判断刮水电动机是否正常，如图 7-9 所示；所测得值为__________ V、__________ Ω。

三、检查检验测评

工作完成后，通过（□转向盘转动无异响、□有无多余零件、□组合开关是否正

图 7-8　检测线束的供电电压

图 7-9　检测刮水电动机电阻

常工作、☐喇叭是否正常）来检验任务的完成质量，并清点工具，清理场地。

任务链接

一、刮水组合开关的使用

刮水组合开关的操纵方法如图 7-10 所示，点火开关接通后，风窗刮水器及洗涤器才能工作。“0”挡——刮水器停，“1”挡——慢速刮水，“2”挡——快速刮水，“3”挡——间歇刮水。自动洗窗/刮水——抬起刮水开关拨杆，刮水器及洗窗器即进行自动洗窗/刮水工作，用于干燥天气或者小雨和雾天。

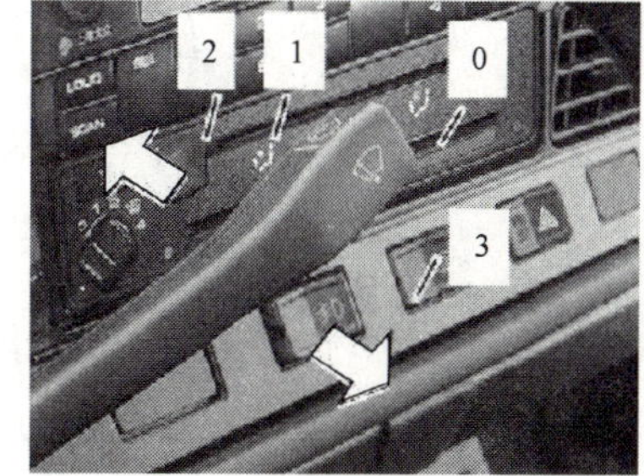

图 7-10　刮水器的操纵

二、转向盘的构造

转向盘的结构如图 7-11 所示。

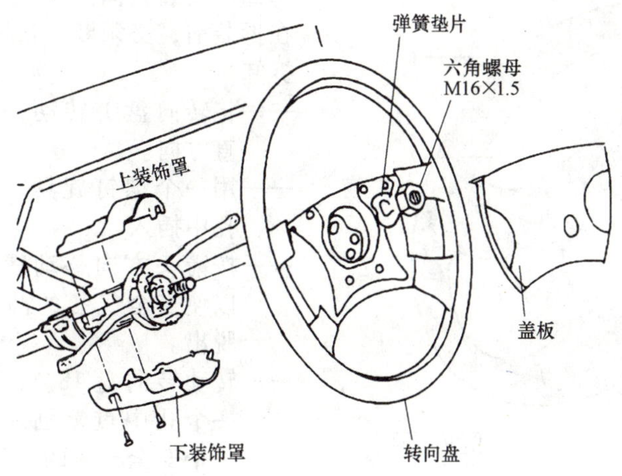

图 7-11　转向盘的结构

三、转向柱的构造

转向柱的结构如图 7-12 所示。

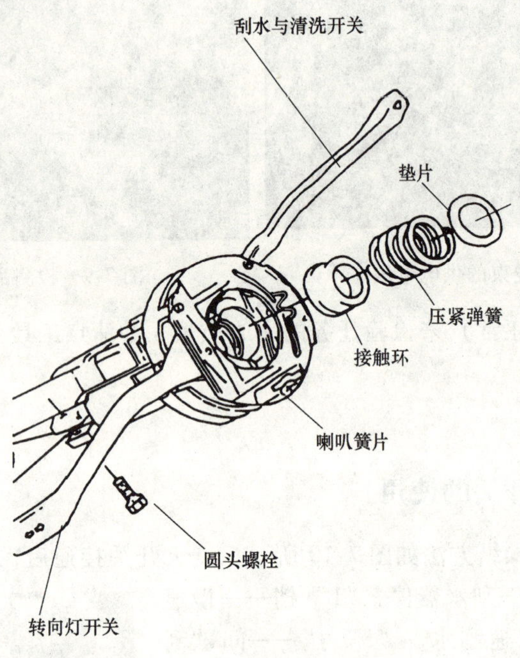

图 7-12　转向柱的结构

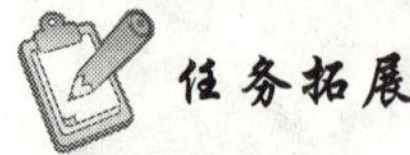

任务拓展

桑塔纳 3000 型带安全气囊的转向盘的拆装（摘自大众修理手册）。

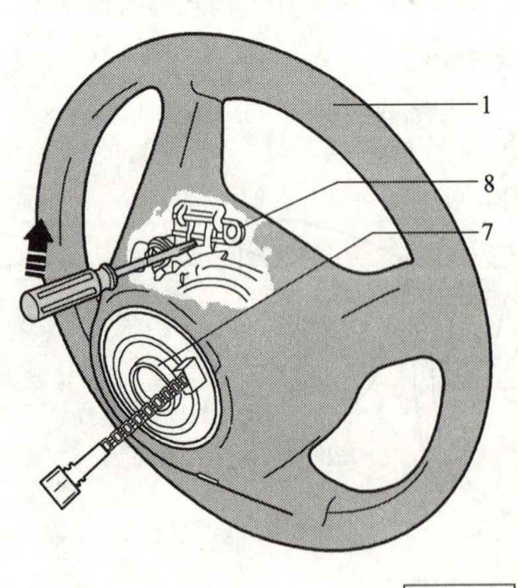

拆卸和安装转向盘

在拆装前，必须断开蓄电池的接地线。

拆卸

——将转向盘 1 转动，直到其条幅成垂直方向。

——用一个螺钉旋具，从转向盘后部的孔中插入。

——按箭头方向移动螺钉旋具。这样可以使安全气囊的凸耳从弹簧夹 8 上脱出。

——转动转向盘 180°，在相反方向的另一个孔中重复刚才的工作，脱开另一个安全气囊的凸耳。

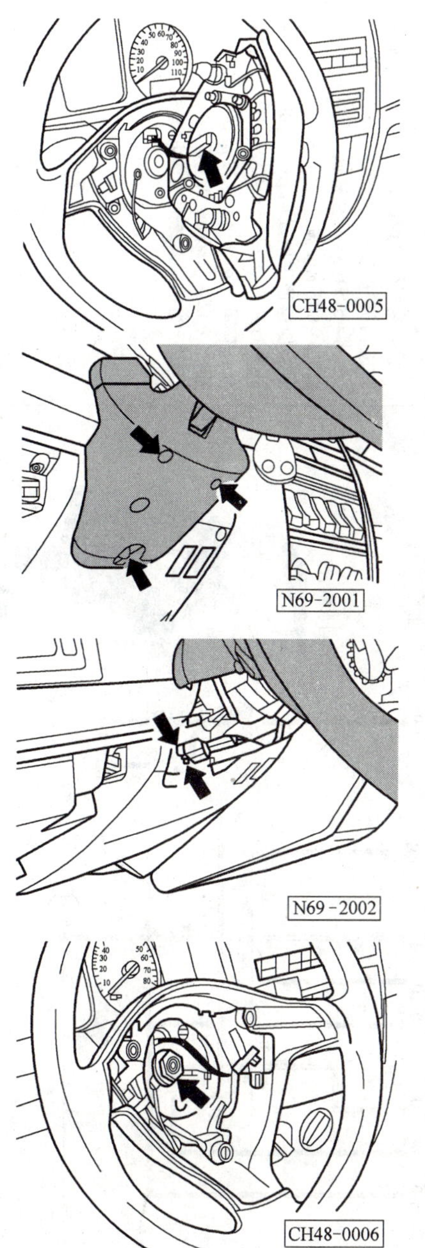

——将转向盘置于直线向前方向。
——断开安全气囊上的线束接头（箭头）。
——拆下安全气囊。

——将转向盘置于直线向前行驶位置。
——松开箭头所示的三个螺钉，拆卸转向盘底部的护罩。

——断开安全气囊的插头连接。

——松开转向盘紧固螺母。
——拆下转向盘。

安装

安装以与拆卸相反的顺序进行。

任务五　检修刮水系统的电路故障

桑塔纳2000GSi待修车一辆、工具推车一辆、常用拆卸工具与电工工具、万用表、试电笔、螺钉旋具一把、其他电工工具及清洁物品。

任务目标

1）识读刮水系统电路图；

2）检修刮水系统的电路故障。

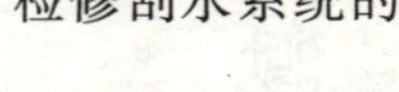

任务实施

<table>
<tr><th>操作步骤</th><th>操作示意图</th><th>说　明</th></tr>
<tr><td colspan="3">一、识读刮水系统的电路图</td></tr>
<tr><td>1. 图物对照高低速挡电路分析</td><td>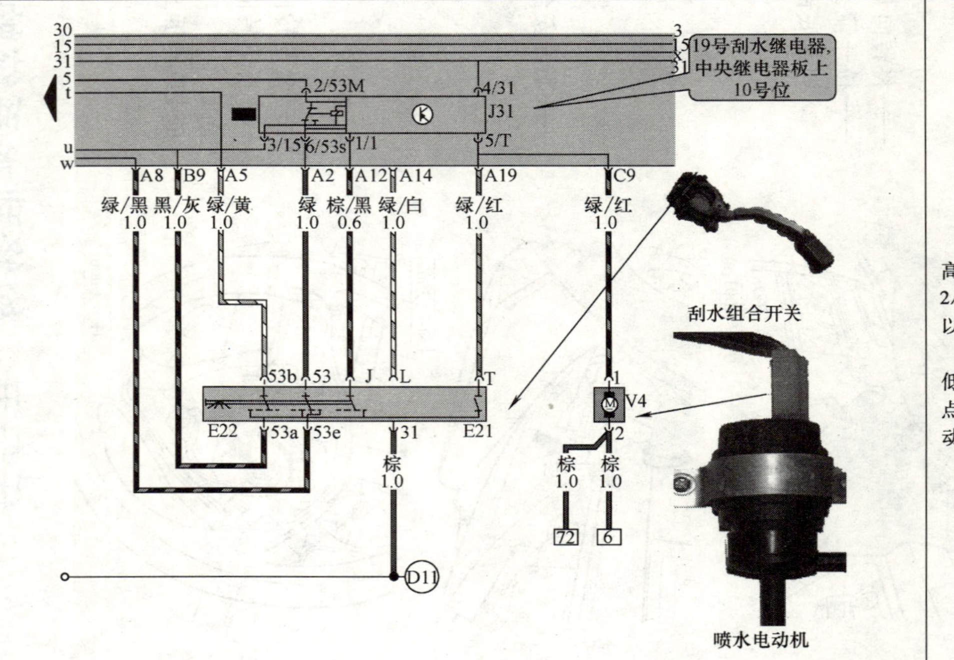</td><td>说明：
①高速挡供电线路，S11→B9→53a→高速挡开关触头→53b→A5→D12→2/53b→5/31→5 号位搭铁。此时电动机以 62～80r/min 高速运转。
②低速挡供电线路，S11→B9→53a→低速挡开关触头→53→A2→J31 常闭触点→4/53→5/31→5 号位搭铁。此时电动机以 42～52r/min 低速运转。
图示为刮水系统的局部电路图。</td></tr>
</table>

（续）

操作步骤	操作示意图	说　　明
2. 图物对照间歇挡电路分析	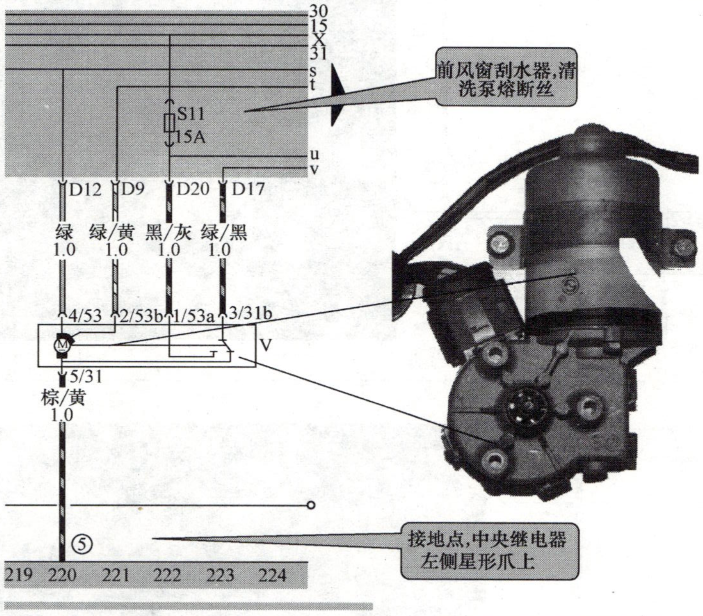 前风窗刮水器,清洗泵熔断丝 接地点,中央继电器左侧星形爪上	说明： 间歇挡时 J31 工作,将常闭触点打开,常开触点闭合,其供电电路为 S11→ J31 的 3/15 脚→常开触点→2/52M→D12→4/53→5/31→5 号位搭铁。此时电动机以 42～52r/min 低速运转。 通过 J31 对常开触点每 6s 的间歇控制达到刮水电动机间歇工作的效果。 间歇控制电路与复位控制不再一一详述。 图示为刮水系统的局部电路图。
二、检修刮水系统的电路故障		
1. 刮水器不工作故障的排除(一)：检查熔丝	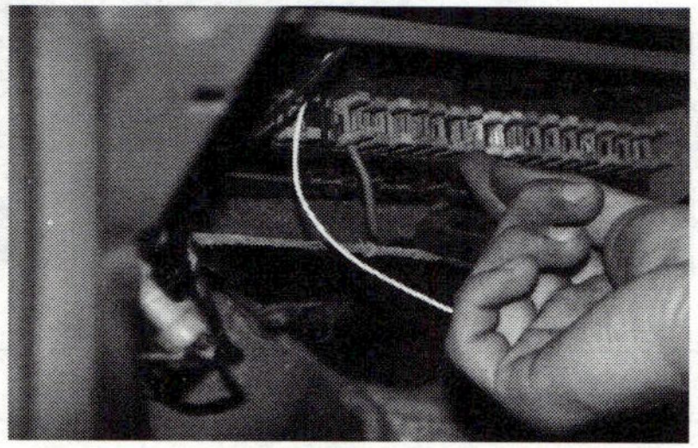	故障现象:刮水系统任何挡都不工作。 方法:检查电源线路上 S11 熔丝是否松动与烧损,检查星形接地点是否可靠。 故障分析:工作电源断路,刮水系统不工作,两个主要原因是 S11 熔丝断路或搭铁线虚接。

（续）

操作步骤	操作示意图	说　　明
2. 刮水器不工作故障的排除（二）：检查刮水电动机线束	4/53 2/53b 1/53a 3/31b M V 5/31 棕/黄 1.0 ⑤	方法：打开点火开关及高速挡，检测4/53b与5/31线束上两脚电压。 故障分析：若有12V电压，则检查电动机元件；若无电压，表明S12后的供电线至组合开关故障。
3. 刮水器不工作故障的排除（三）：检查刮水电动机元件	4/53 2/53b 1/53a 3/31b M V 5/31 棕/黄 1.0	方法：测量4/53与5/31间的电动机电阻，或2/53b与5/31之间的电阻。 故障分析：通过对电动机电阻的测量判定电动机有无损坏。若正常则检查组合开关及供电线束。

（续）

操作步骤	操作示意图	说　明
4. 刮水器不工作故障的排除（四）：检查组合开关线束供电线		方法：打开点火开关，测量 53a 与 31 间的电压。 故障分析：若电压值正常，则需检查组合开关。
5. 刮水器不工作故障的排除（五）：检查组合开关		方法：用万用表测组合开关各挡位的通断情况。 故障分析：组合开关工作不良能导致所有挡位不工作，也有可能导致某一挡位不工作。一般以更换的形式修复。

（续）

操作步骤	操作示意图	说　　明
6. 刮水系统间歇挡不工作故障的排除		故障现象：其他挡正常，间歇挡不工作。 方法：用替换法对 J31 进行更换测试。 故障分析：用替换法是一种简便快速的方法。若替换后正常，则为 J31 故障，若故障依旧存在，则应检查组合开关与相关线路。
7. 点动挡不工作故障的排除	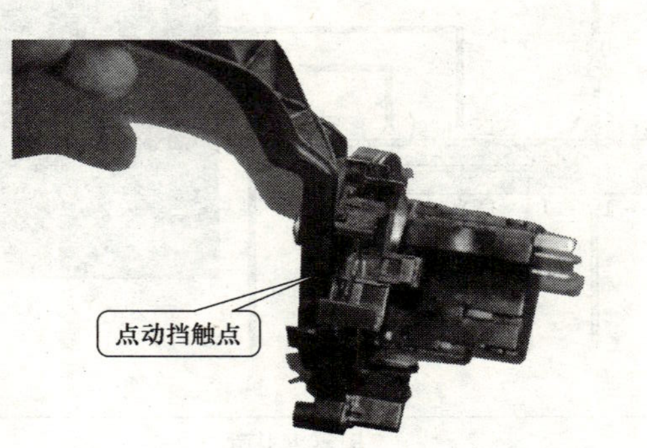	故障现象：点动挡不工作，其他挡位工作正常。 方法：检查点动触点，测量打开情况下触点的通断。 故障分析：其他挡位正常，首要考虑点动挡触点烧蚀问题。

简单回顾任务过程，完成下列选择或填空，在括号内选择合适的选项并打√，横线上填入正确的数值或方法。

一、看图 7-13 答题

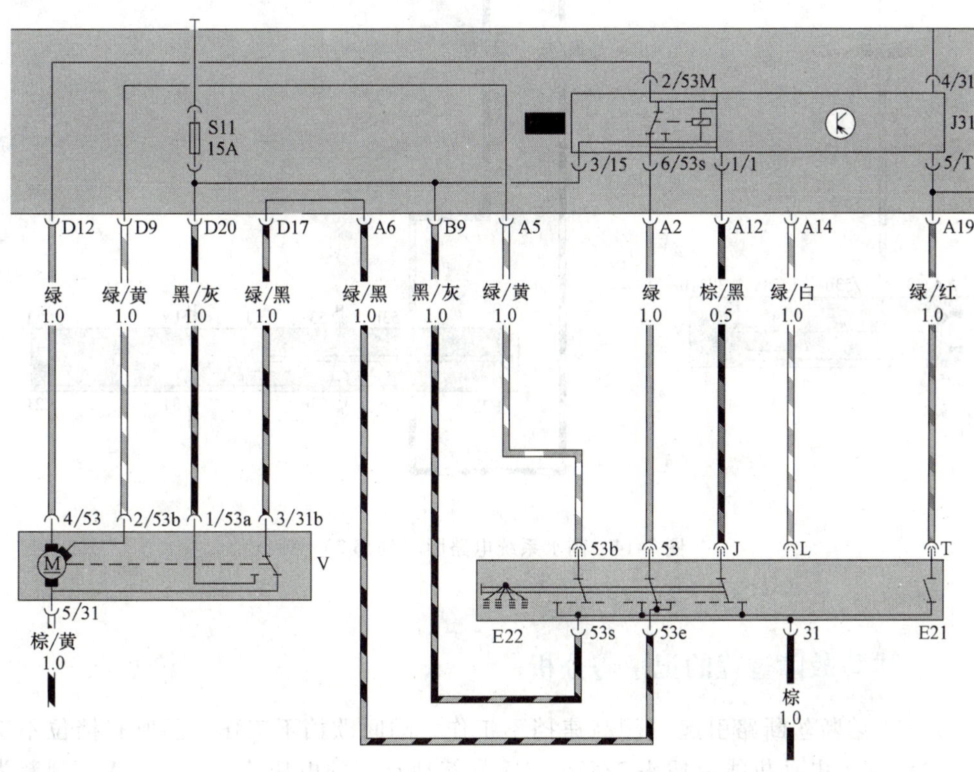

图 7-13　刮水系统电路图（局部 1）

1）高速挡供电线路：S11→________→53a→高速挡开关触头→________→A5→D12→2/53b→5/31→5 号位搭铁。此时电动机以 62～80r/min 高速运转。

2）低速挡供电线路：S11→B9→53a→低速挡开关触头→________→A2→J31 常闭触点→4/53→5/31→5 号位搭铁。此时电动机以 42～52r/min 低速运转。

3）间歇挡：间歇挡时 J31 工作，将常闭触点打开，常开触点闭合，其供电电路为 S11→J31 的 3/15 脚→常开触点→________→4/53→5/31→5 号位搭铁。此时电动机以 42～52r/min 低速运转。通过 J31 对常开触点每 6s 的间歇控制达到刮水电动机间歇工作的效果。

二、补充线路

如图 7-14 所示，图中已经连接好高速挡线路，请将低速挡及间歇挡所涉线路补充

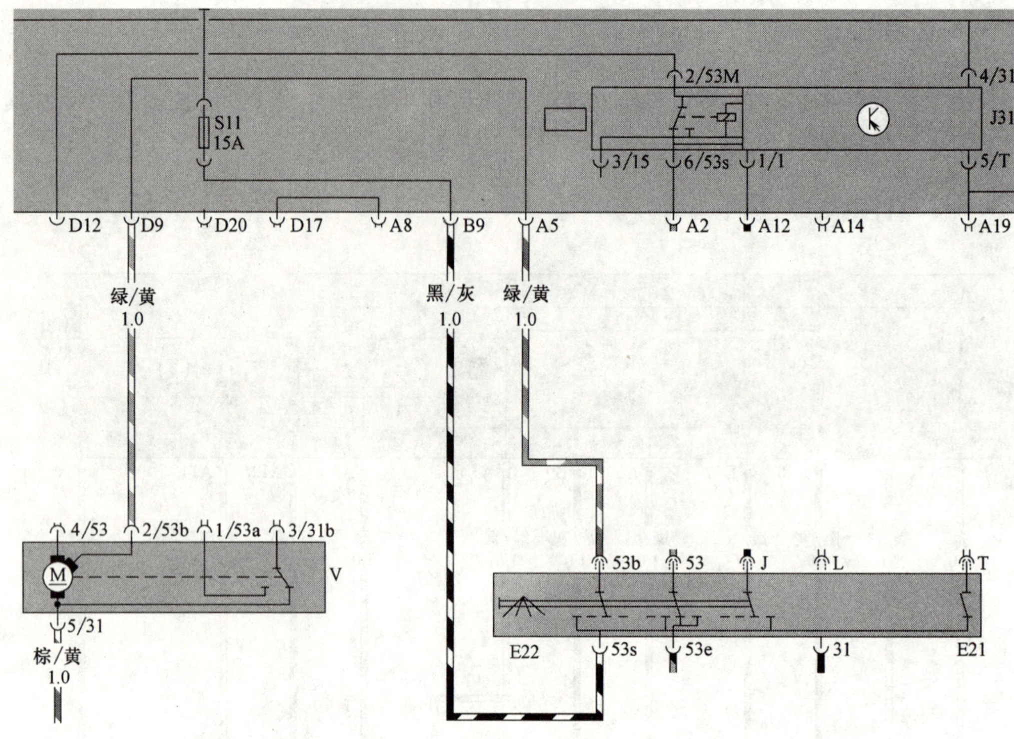

图 7-14 刮水系统电路图（局部 2）

完整。

三、排除故障过程的记录与分析

1）S11 熔断丝断路引起（□高速挡不工作、□间歇挡不工作、□所有挡位不工作），检测刮水电动机线束插头 2/53b 与 5 号接地点间的电压值________V，判断为（□正常、□不正常），若不正常检查（□组合开关高速挡是否打开、□点火开关是否打开、□5 号搭铁点是否牢靠），在确认无误的情况下，故障可能为（□组合开关元件故障、□组合开关至刮水电动机线路出现断路）；若正常，故障为刮水电动机元件故障，测得元件阻值为 2/53b 与 5/31 ________，4/53 与 5/31 ________。

2）间歇挡不工作，其他挡位正常，可用替换法将________号继电器进行更换，点动挡不工作可能的原因为________。

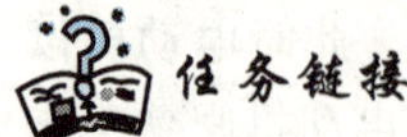 任务链接

轿车风窗刮水器和洗涤器的工作都由刮水器洗涤器组合开关控制，组合开关有 5 个挡位，分别是刮水器高速工作、刮水器低速工作、点动工作、间歇刮水、清洗玻璃。刮水器电动机上装有一个由凸轮轴驱动的一掷两位停机自动复位开关，用来保证在刮水器停止工作后，刮水器的刮片停在风窗玻璃下沿的合适位置。

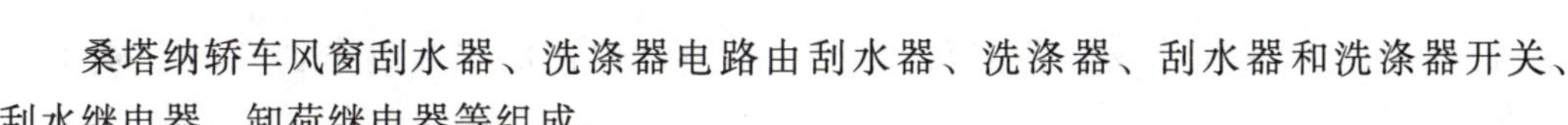

桑塔纳轿车风窗刮水器、洗涤器电路由刮水器、洗涤器、刮水器和洗涤器开关、刮水继电器、卸荷继电器等组成。

在中央线路板内部，端子 D9 与 A5 接通，端子 D20 与端子 D9 接通，端子 D17 与 A6 接通，端子 C9 与 A19 接通，端子 D22 为搭铁端子，卸荷继电器安装在中央线路板 8 号继电器位置，刮水继电器安装在中央线路板 10 号继电器位置。

1. 高速刮水

刮水器和洗涤器开关拨到 1 挡时，刮水器高速工作，电路为：电源正极→中央线路板单端子电源插座→红色导线→点火开关“30”端子→点火开关“X”端子→黑/黄双色导线→熔丝 S11→中央线路板“B9”端子→黑/灰双色导线→刮水器和洗涤器开关“53a”端子→刮水器和洗涤器 1 挡→刮水器和洗涤器开关“53b”端子→绿/黄双色导线→中央线路板 A5 端子→中央线路板 D9 端子→绿/黄双色导线→刮水器电动机“53b”端子→刮水电动机 M→电动机“31”端子→棕色导线→搭铁。此时，电动机内的电流流过电动机偏置电刷，电动机以高速运转。

2. 低速刮水

刮水器和洗涤器开关拨到 2 挡时，刮水器低速工作，电路为：电源正极→中央线路板单端子电源插座→红色导线→点火开关“30”端子→点火开关“X”端子→黑/黄双色导线→熔丝 S11→中央线路板“B9”端子→黑/灰双色导线→刮水器和洗涤器开关“53a”端子→刮水器和洗涤器开关 2 挡→刮水器和洗涤器“53”端子→绿色导线→中央线路板“A2”端子→刮水继电器“53S”端子→刮水继电器触点→刮水继电器“53H”端子→中央线路板“D12”端子→绿/黑双色导线→刮水器电动机 M→电动机“31”端子→棕色导线→搭铁。此时，电动机内的电流通过电动机正对两电刷，电动机以低速运转。

3. 点动刮水

刮水器和洗涤器开关 3 挡为空挡，刮水器处于停止工作状态。当驾驶员按下开关手柄时，刮水器工作情况与手柄在 2 挡时相同，当放开手柄，开关自动回到空挡，实现点动刮水。

任务拓展

一、刮水系统电路间歇电路、复位电路的原理

1. 间歇刮水

当刮水器和洗涤器开关拨到 4 挡时，刮水器间歇刮水（每 6s 工作一次），此时刮水器电路为：电源正极→中央线路板单端子电源插座→红色导线→点火开关“30”端子→点火开关“X”端子→黑/黄双色导线→刮水器和洗涤器开关“53a”端子→刮水器与洗涤器开关 4 挡→刮水器和洗涤器开关“J”端子→棕/黑双色导线→中央

线路板 A12 端子→刮水继电器“J”端子→继电器内部电路→继电器“31”端子→搭铁。

刮水继电器通电后，内部间歇刮水控制电路工作，其触点每 6s 将“53H”端子通电一次，使刮水器电动机工作，此时电路为：电源正极→中央线路板单端子电源插座→红色导线→点火开关“30”端子→点火开关“X”端子→黑/黄双色导线→熔丝 S11→中央线路板“B9”端子→刮水继电器“15”端子→刮水继电器触点→刮水继电器“53H”端子→绿/黑双色导线→刮水器电动机 M→电动机“31”端子→搭铁。

2. 停机复位

在刮水器电动机上设有一个自动复位开关，用以保证刮水器停机时，刮水片复位回到风窗玻璃下沿位置。只有在刮水片回到风窗玻璃下沿时，刮水器电动机才能停转，否则自动复位开关的触点“53e”和“53a”接通，电动机通电继续转动，直到刮水片复位。

当点火开关接通，卸荷继电器线圈通电，电路为：电源正极→中央线路板单端子电源插座→红色导线→点火开关“30”端子→点火开关“X”端子→黑/黄双色导线→卸荷继电器“86”端子→卸荷继电器线圈→卸荷继电器“85”端子→中央线路板“D22”端子→搭铁。卸荷继电器线圈通电后，卸荷继电器触点闭合，刮水器的复位电路接通，电路为：电源正极→中央线路板单端子电源插座→卸荷继电器“30”端子→卸荷继电器触点→卸荷继电器“87”端子→中央线路板“D20”端子→黑/灰双色导线→刮水器电动机端子“53a”、“53e”→绿色导线→中央线路板 A6 端子→绿/黑双色导线→刮水器和洗涤器开关“53e”、“53”端子→刮水继电器“53S”端子→刮水继电器触点→刮水继电器“53H”端子→中央线路板“D12”端子→绿/黑双色导线→刮水器电动机 M→电动机“31”端子→搭铁。当刮水器电动机转动到复位开关的触点“53e”与“31”（搭铁）接通后，电动机电路切断，停止转动，此时刮水片回到风窗玻璃下沿位置。

3. 清洗风窗玻璃

当驾驶员将刮水器和洗涤器开关置于“清洗”位置（5 挡）时，洗涤器电动机通电，电路为：电源正极→中央线路板单端子电源插座→红色导线→点火开关“30”端子→点火开关“X”端子→黑/黄双色导线→熔丝 S11→中央线路板“B9”端子→黑/灰双色导线→刮水器和洗涤器开关“53a”端子→刮水器和洗涤器开关 5 挡→刮水器和洗涤器“5/t”端子→绿/红双色导线→中央线路板 A19 端子→中央线路板“C9”端子→绿/红双色导线→洗涤器电动机→棕色导线→搭铁。此时，洗涤器液泵喷洒洗涤液，刮水器同时工作，如放松开关，洗涤器液泵停止喷水，刮水器复位，停止工作。

二、识读刮水控制系统的电路示意图

刮水控制系统的电路示意图如图 7-15 所示。

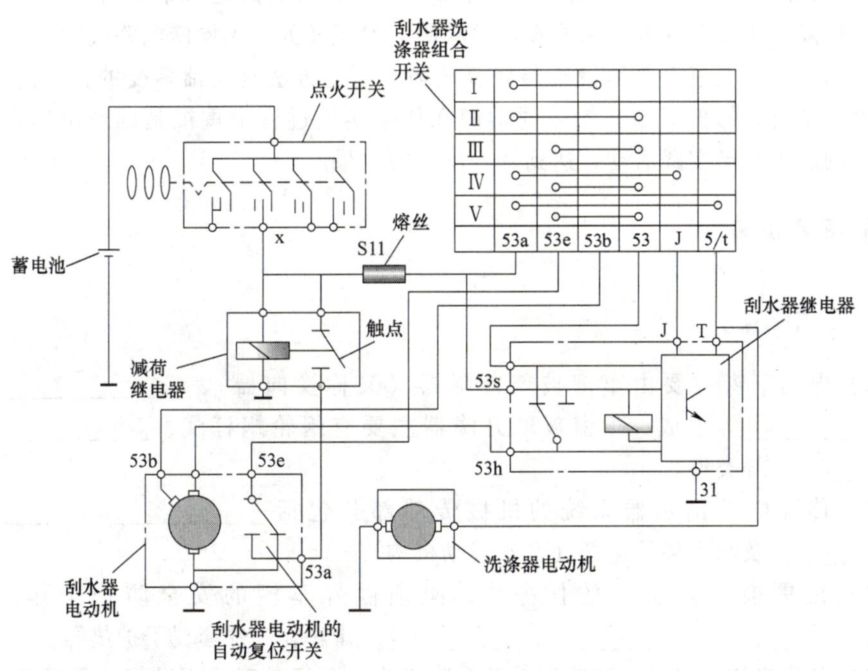

图 7-15　刮水控制系统的电路示意图

项目总结

通过本项目五个工作任务的学习，我们对这两个系统的构成、控制原理及检修方法有了一定的认识，在学习过程中，我们要注意以下几点

1）是否规范操作，做到人员和设备的安全，并能合理运用工具；

2）是否按图示拆装程序完成工作项目；

3）更换过程有无损伤其他机件；

4）更换过程中有没有对零件及相关线束做必要的检查与检验；

5）更换完成后车窗升降机构及其他部件的工作是否正常可靠；

6）检测的方法和得到的数据是否正确。

掌握了本项目涉及车型的结构、原理，以及检修更换方法，是否能够对同类车型进行类似操作呢？

对于本项目一开始出现的刮水器不工作以及车窗玻璃无法升起的现象，现在通过学习我们就可以自己动手尝试去解决它了。

刮水器不工作首先要确认是任意挡都不工作还是某一挡不工作，如果是前一种情况，那就要检查传动机构有没有出现故障，更换某一个机件可参照任务三与任务四进行；然后确认是否是电路引起的所有挡位不工作故障，可参照任务五来进行检查；若是电路故障引起的某一挡位不工作，那就是部分电路引起的故障，直接参照任务五执行检查。

项目情景中明确地指出是某一车窗无法升起，很显然是单个车窗升降机构的机械或电路故障，可参照任务一来检查机械故障，参照任务二来检修电路故障。

当然，为了快速有效地诊断与修复故障，检查方法是灵活多变的，但前提条件是对整个系统有足够的了解。希望同学们在任务实施过程中重视基础理论知识的学习，用科学的思维指导实践活动，达到举一反三的效果。

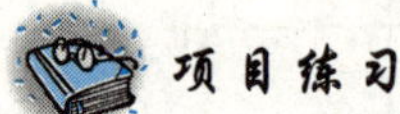

项目练习

一、填空题

1）电动车窗主要由车窗玻璃升降器（又称换向器）、____________、____________等组成。车窗玻璃升降器主要有蜗轮蜗杆式、____________式和____________等类型。

2）传统电动刮水器系统的机械传动部分包括____________、____________、____________及刮水架及连杆（刮水连动机构）。

3）在更换升降机构的任务中，必须做好车辆的安全防护工作，措施有____________、____________、____________，并安装三件套翼子护垫等。

4）升降机构装复时，要特别注意升降机构上下运动时是否顺畅，需通过二次坚固法来进行，____________。同时必须对线束进行固定，防止____________。

5）根据电路图可知，电动门窗系统由30号线供电至中央继电器盒P7端，然后经S128熔断丝供电至Q5节点，Q5节点同时给____________、____________、____________及E40、E41供电，故S128断路将使____________不工作。

6）根据电路图可知，P7端同时经S204后至T25a/16，该线路为舒适系统控制单元J330的工作电源，若S____________断路，J330无法工作，将导致____________。

7）刮水连动机构更换完成后，通过____________、____________及刮水时有无其他异响来检验任务完成的质量，并清点工具，清理场地。

8）拆卸转向盘前，将方向打至正方向位置，将转向盘盖板后的喇叭线拔出，两线头____________，防止短接，拆卸与安装转向盘螺栓需用____________扳手，特别注意是否对准记号及自锁垫片是否已安装，转向盘六角螺母的拧紧力矩为____________。

9）点火开关接通后，风窗刮水器及洗涤器才能工作。“0”挡——刮水器停，“1”挡____________，“2”挡——快速刮水，“3”挡____________。

10）刮水高速挡供电线路：S11→____________→53a→高速挡开关触头→____________→A5→D12→2/53b→5/31→5号位搭铁。此时电动机以62～80r/min高速运转。

11）刮水低速挡供电线路：S11→B9→53a→低速挡开关触头→____________→A2→J31常闭触点→4/53→5/31→5号位搭铁。此时电动机以42～52r/min低速运转。

12）刮水间歇挡：间歇挡时J31工作，将常闭触点打开，常开触点闭合，其供电电路为S11→J31的3/15脚→常开触点→____________→4/53→5/31→5号位搭铁。此

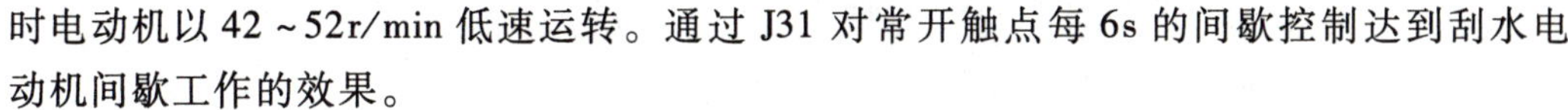

时电动机以 42 ~ 52r/min 低速运转。通过 J31 对常开触点每 6s 的间歇控制达到刮水电动机间歇工作的效果。

二、简答题

1）从几方面来检查和判断升降机构的元件是否完好？

2）若两后门车窗升降失效，可能的故障原因有哪些？

3）更换刮水臂后如何调准其准确位置？

4）简述刮水组合开关线束端检查供电脚所用的仪器及方法。

5）刮水系统间歇挡不工作，其他各挡正常，分析可能的故障原因。

项目八 汽车解码器的基本操作

项目情境

一辆卡罗拉 GLx-i 型轿车，起动后发动机故障指示灯不熄灭，冷却液温度指示灯始终在最低位置，怠速时转速指针一直处于 1400 转左右。一辆桑塔纳 2000 时代骄子轿车，起动后发动机噪声大，抖动，怠速时转速指针不稳定。现有 KT600 汽车专用解码器、万用表等设备，我们该如何初步判断这几种车的故障原因呢？

项目描述

当汽车发动机、ABS、自动变速器或相关电气控制系统出现故障时，为快速准确地确定故障范围，排除故障前需对汽车进行读码。首先确定大致的故障位置，针对故障码，再查看相关数据流，进一步确认故障。若涉及执行器故障，可先对执行元件进行主动测试，确定故障是否出现在执行器上。本项目将带大家认识一些常用的汽车解码器，并学会汽车解码器的基本使用方法。

项目目标

知识目标：

1. 明确解码器操作注意事项。
2. 明确读码、清码、读数据流、元件测试的含义及意义。

技能目标：

学会使用解码器读取和清除故障码、读取相关数据流、进行元件控制测试等相关操作。

情感目标：

1. 通过对比故障码和数据流，逐步养成严谨的操作态度。
2. 通过解码器的操作，培养规范的操作习惯。

任务一 读取故障码和数据流

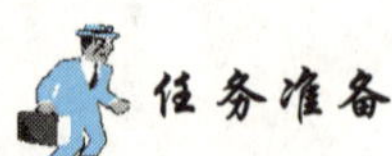

任务准备

卡罗拉 GLx-i 轿车、KT600 诊断仪、万用表等。

任务目标

学会使用解码器清除和读取故障码，读取相关数据流。

任务实施

操作步骤	操作示意图	说　　明
1. 根据不同的汽车型号选择不同的仪器插头		卡罗拉轿车选用 OBD-Ⅱ插头。
2. 连接测试线和解码器主机		紧固螺栓一定要紧固牢靠，否则会造成通信故障。
3. 连接解码器至汽车诊断接口		卡罗拉轿车的诊断接口位于驾驶员杂物箱下方。
4. 解码器开机，并将发动机点火开关置于"ON"挡位		解码器需在汽车点火开关置于"ON"之前开机。

（续）

操作步骤	操作示意图	说　明
5. 进入汽车诊断页面		根据不同的需要进入不同的页面。
		选择“日本车系”、“丰田系列”。
6. 根据汽车型号的具体情况选择合适的操作系统	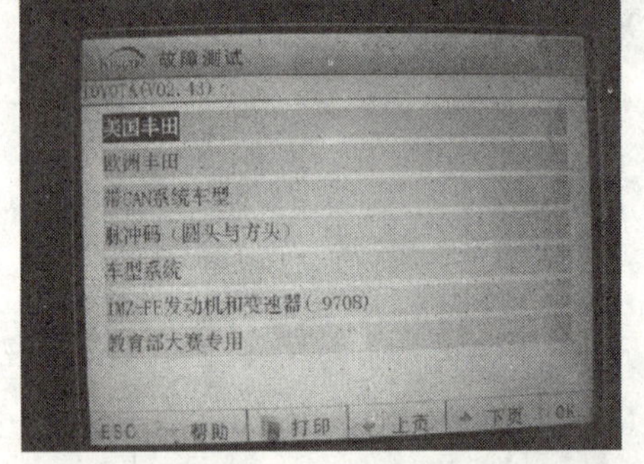	选择“带 CAN 系统车型”。
	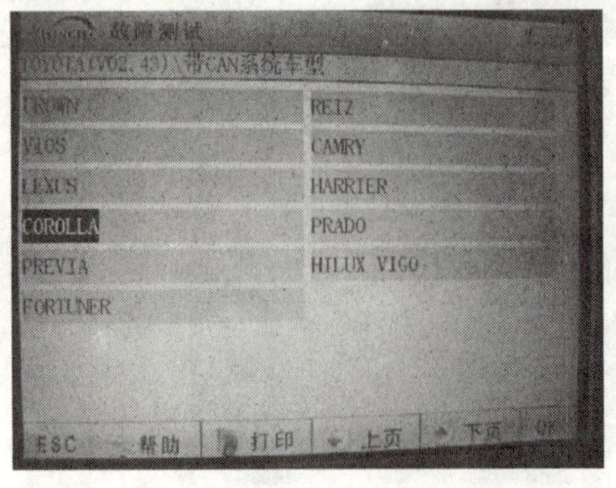	选择“COROLLA”。

（续）

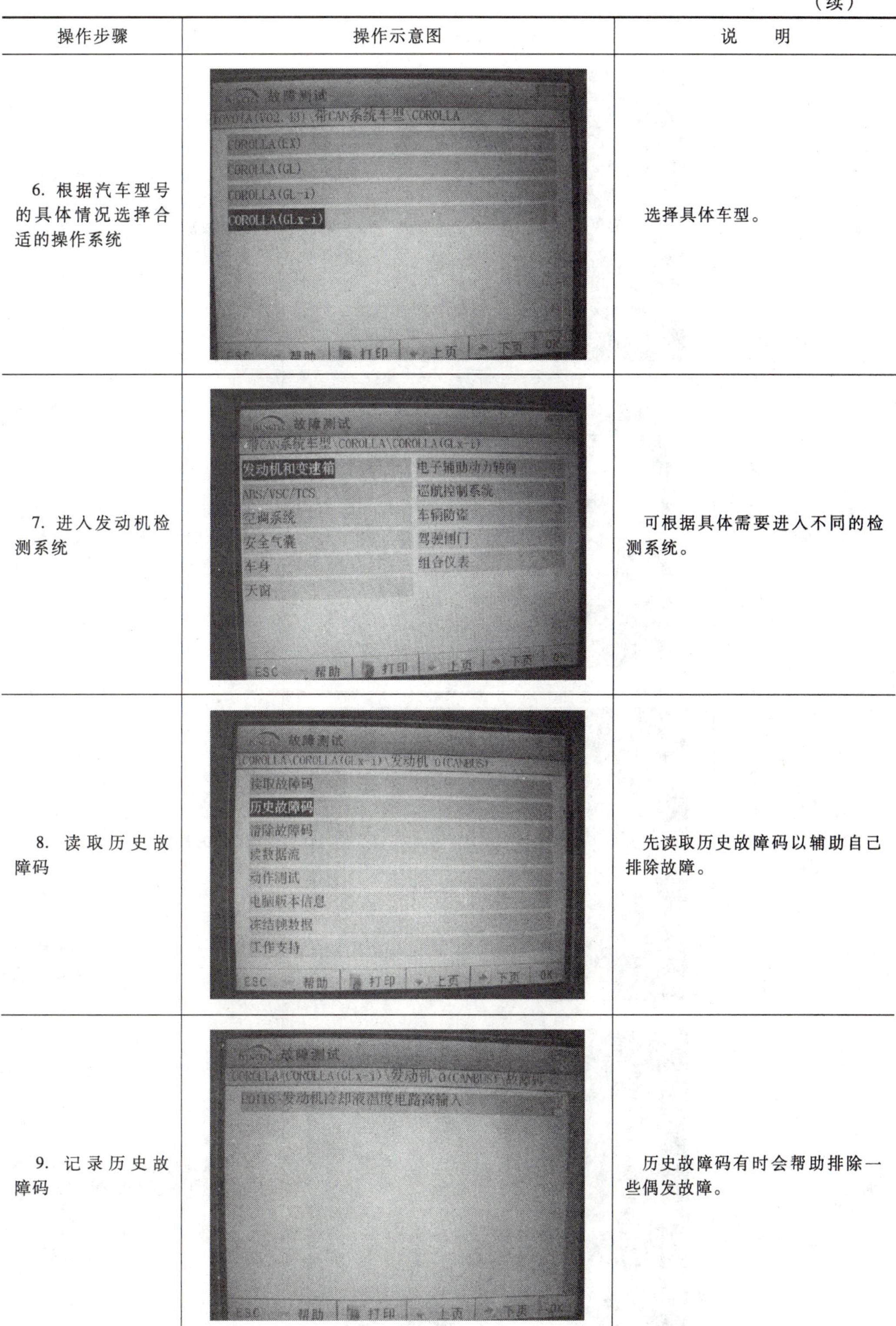

操作步骤	操作示意图	说　明
6. 根据汽车型号的具体情况选择合适的操作系统		选择具体车型。
7. 进入发动机检测系统		可根据具体需要进入不同的检测系统。
8. 读取历史故障码		先读取历史故障码以辅助自己排除故障。
9. 记录历史故障码		历史故障码有时会帮助排除一些偶发故障。

（续）

操作步骤	操作示意图	说　明
10. 清除历史故障码	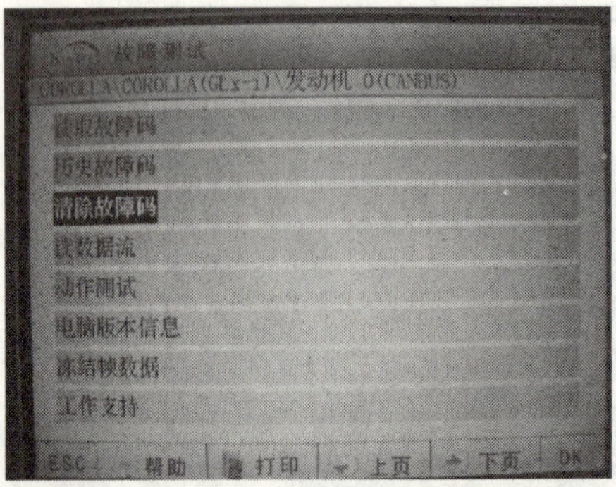	历史故障码可能是之前的操作产生的，不一定是真实的故障，所以在读取故障码之前需将其清除，以防被其误导。
11. 起动发动机		发动机故障码一般要在发动机工作或试图工作后才能被检测出来。
12. 再次读取故障码并记录		此时的故障码才是真实的故障码。
13. 读取相关数据流	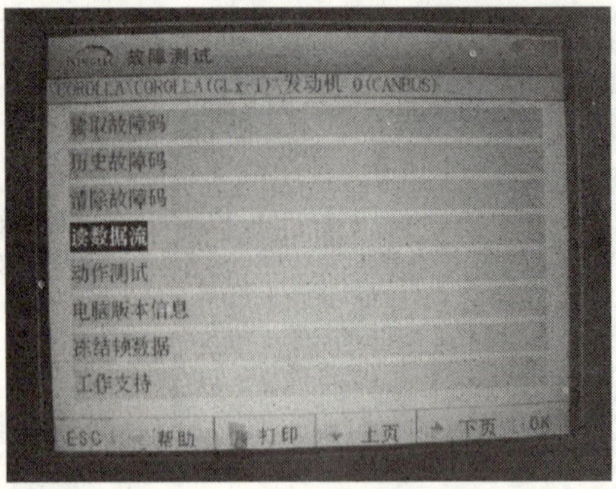	为准确地排除故障，有时我们需要辅助数据流进行综合分析。

（续）

操作步骤	操作示意图	说　明
14. 查看相关数据流	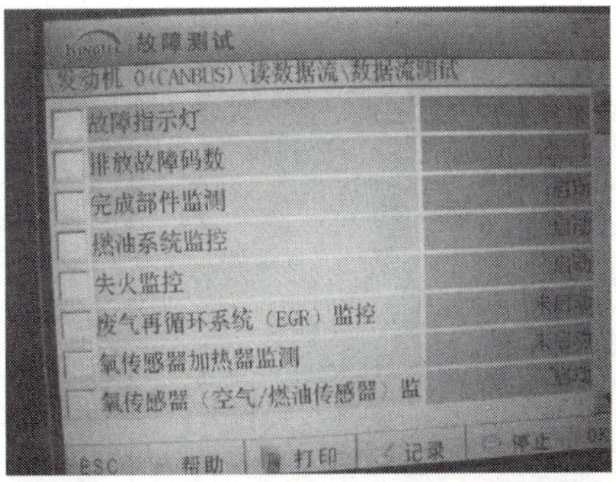	翻看各数据流。
15. 记录重要数据流	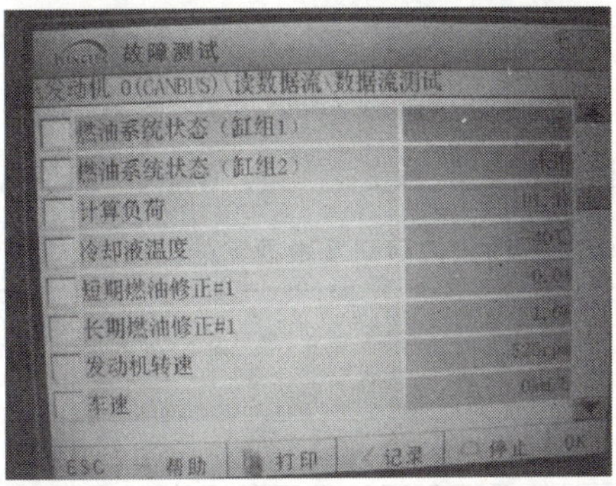	结合故障码记录重要数据流，这里主要看冷却液温度，为“-40℃”，显然不正常。
16. 排除冷却液温度传感器故障后再次重复清码和读码工作		再次读码，判断故障是否排除。
17. 确认数据流正常	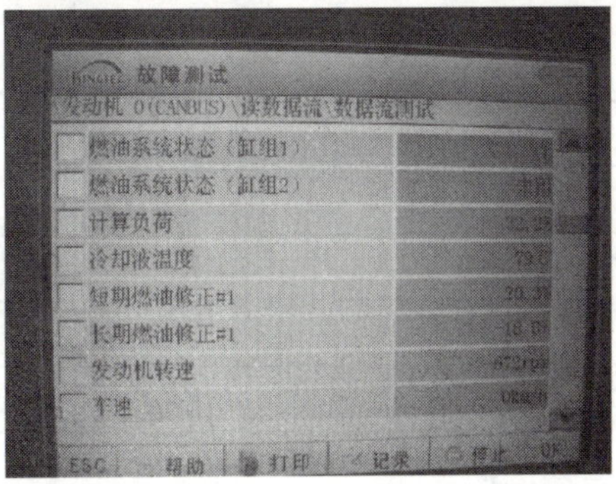	查看冷却液温度传感器的工作情况（显示发动机冷却液实际温度 79℃），验证排除故障的结果。

（续）

操作步骤	操作示意图	说　明
18. 故障排除后关闭解码器并妥善放置		解码器使用完毕后，应将各连接件拆开存放，以防造成线路折断。

任务练习

将汽车发动机故障码及数据流的读取任务，填写在表 8-1 中。

表 8-1　发动机故障码及数据流的读取

序　号	操作步骤名称	注意事项
1		
2		
3		
4		
5		
6		
7		
8		
9		
10		
11		
12		
13		
14		
15		
16		
17		
18		

任务链接

一、认识 KT600 汽车专用解码器的结构

内　　容	示　意　图	文 字 说 明
1. 正面视图	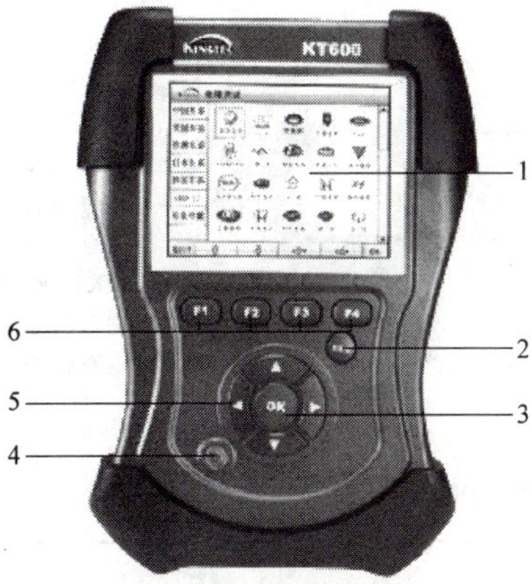	1—6.4″触摸屏，640×480LCD 触摸式真彩屏 2—ESC返回上级菜单、退出 3—OK进入菜单、确认所选项目 4—⏻电源开关 5—[▲][▼][▶][◀]方向选择键 6—F1 F2 F3 F4多功能辅助键 注：F1～F4 为多功能辅助键，功能非常强大，其具体功能视当前操作界面而定，并分别与操作界面下方的四个软按键相对应。
2. 背面视图	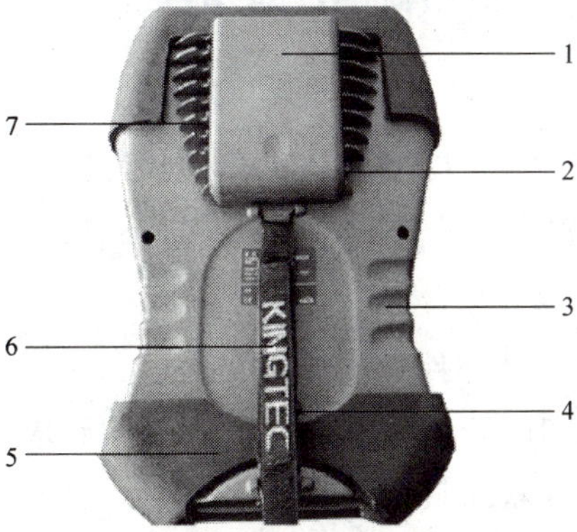	1—打印盒。内装热敏打印机和 2000mAh 锂电池 2—打印机卡扣。按下打印机卡扣，滑出打印盒盖板，安装打印纸 3—手持处。凹陷设计更人性化，有利于手持使用 4—卡锁。锁住诊断盒（或示波盒），确保它们和仪器的连接 5—胶套。保护仪器，防止磨损 6—保护带。防止手持时仪器滑落 7—触摸笔槽。用于插装触摸笔
3. 上接口视图	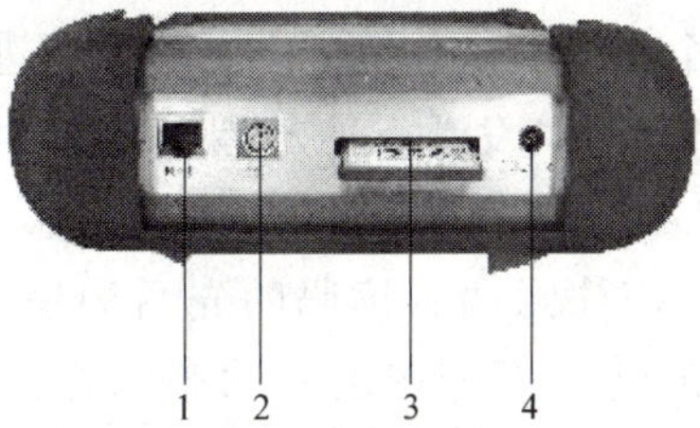	1—NET。直插网线可实现在线升级 2—PS2。可外挂键盘和条码枪，内含标准 RS232 串口 3—CFCARD CF。卡插槽（实现 CF 卡插拔） 4—POWER。接这个端口给主机供电
4. 诊断盒	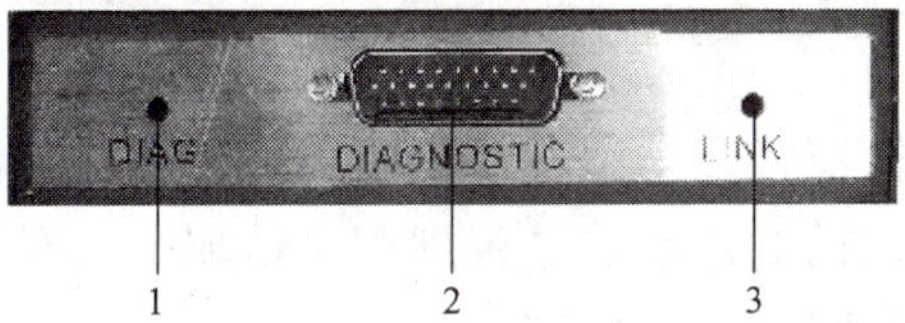 DIAG　DIAGNOSTIC　LINK	1—DIAG。有数据通信时该信号灯会亮 2—DIAGNOSTIC。测试端口 3—LINK。解码盒正确连接并通电后，该信号灯会亮

（续）

内　　容	示　意　图	文字说明
5. 示波盒		CH1、CH2、CH3、CH4、CH5—示波通道
6. 设备连接（有些车型诊断口可以直接供电，则不需要连接 4、5、6）		1—KT600 测试口 2—测试延长线 3—专用测试接头 4—KT600 电源接口 5—电源延长线 6—双钳电源线

二、使用解码器读取故障码及数据流的注意事项

1. 做好读取故障码的安全工作

在对电控汽车进行动态模式测试时，应当确认汽车制动性能良好，变速杆在驻车挡或空挡。必要时，可用三角木将汽车车轮塞住，以防发生不测。

2. 机械部件的连接要牢固

读码和检查电子控制系统有关机械部件的连接情况之前，必须断开点火开关，以防在导线的插接过程中，导线连接和断开使电感器件所产生的感应电动势将控制电脑 ECU 的个别电子元器件烧坏，从而导致控制电脑损坏。

3. 读取故障码

在读取故障码的过程中操作不当，或者未按车型特定的程序进行操作，均可能造成不必要的困惑和麻烦。在读取故障码时，发动机冷却液温度在 85 ~ 95℃之间时，才可以进行自诊断测试。否则，在读取故障码的过程中，有时会出现一串非故障码。对要进行静态读码和动态读码的情况，应注意两者读码的先后顺序及有关的转换程序，否则会造成读取故障码的失败。一般情况下，在读取动态码之前，需要先清除掉静态码。

4. 故障码清除的方法

要正确清除故障码，应严格按照特定车型所规定的故障码清除方法，绝不可以简单随意地用拆除蓄电池负极搭铁线的方法清除。否则，会造成某些车型的控制电脑失去“经验记忆”，还会造成有些车辆的某些功能丧失。

5. 注意读取故障码后的记忆修正

电控汽车经过读码、清码、故障排除，若加速性能下降，有时属于正常，但需要维修者对电脑 ECU 进行正确的行车状况记忆修正。只要汽车车况正常，连续重复起动、行驶、熄火，达到一定次数之后，汽车性能将会逐渐得到恢复。另外，在读取故障码后，有时会发现故障码所指故障与汽车的实际故障完全无关，此时可以认为故障码显示有错误，不必太在意。因为出现这种情况，可能是上次维修时原故障码没能有效清除，也可能是发动机在运转中，维修者有意或无意地碰掉了有关传感器的导线连接器而造成的。

三、数据流的含义及作用

汽车数据流是指电子控制单元（ECU）与传感器和执行器交流的数据参数通过诊断接口、由专用诊断仪读取的数据，且随时间和工况而变化。数据的传输就像队伍排队一样，一个一个通过数据线流向诊断仪。

汽车电子控制单元（ECU）中所记忆的数据流真实地反映了各传感器和执行器的工作电压和状态，为汽车故障诊断提供了依据。数据流只能通过专用的诊断仪器读取。汽车数据流可作为汽车 ECU 的输入输出数据，使维修人员可以随时了解汽车的工作状况，及时诊断汽车的故障。

读取汽车数据流可以检测汽车各传感器的工作状态，并可检测汽车的整体工作状态，通过数据流还可以设定汽车的运行数据。

任务拓展

用 5051 汽车专用解码器读取桑塔纳轿车故障码及数据流的流程。

操作步骤	操作示意图	说　明
1. 连接解码器，打开点火开关，进入发动机检测界面		连接解码器，打开点火开关后，解码器即有显示。依次选择：上海大众桑塔纳系列→国产车系诊断系统→2. 诊断座为 16PIN →1. 系统数据流测试→2. 系统数据流测试→发动机控制系统… ENG→显示电脑型号，按确定键。

（续）

操作步骤	操作示意图	说　明
1. 连接解码器，打开点火开关，进入发动机检测界面		
2. 读取故障码	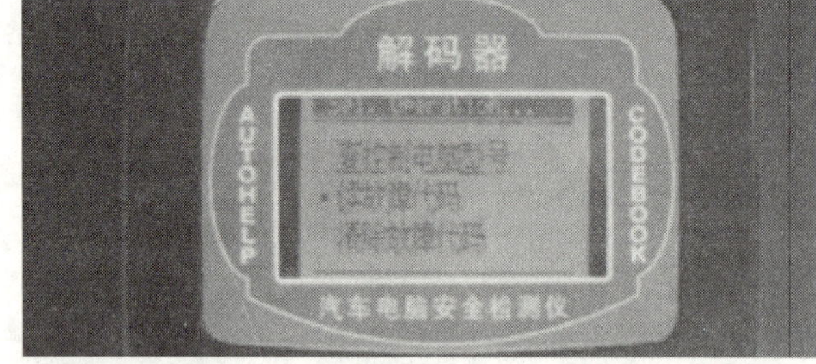 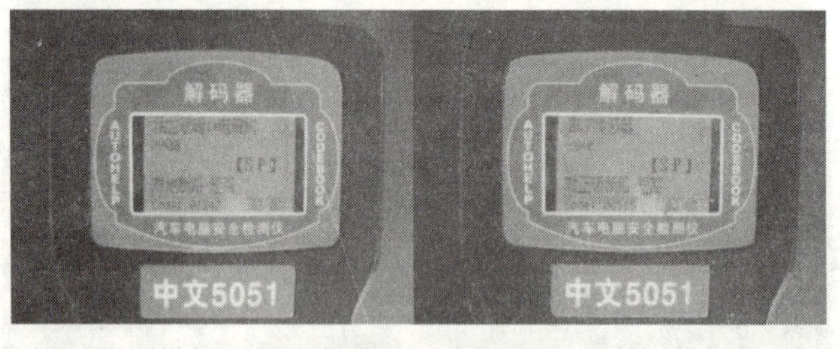	选择“读故障码”，按确认键进入，按左右键浏览故障码。
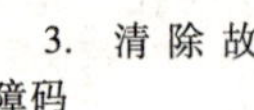3. 清除故障码	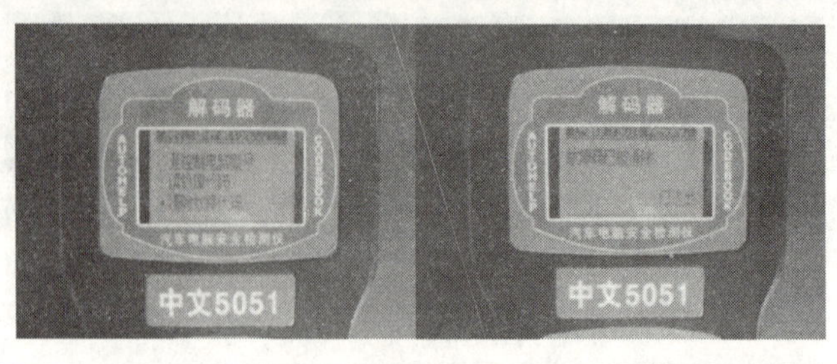	按 ESC 键退出，选择“清除故障码”，系统进入如图界面，提示“清码命令已执行”，然后按 ESC 键退至发动机检测界面。

（续）

操作步骤	操作示意图	说　明
4. 起动后读故障码		起动发动机，踩加速踏板，使发动机转速增至3000r/min左右，反复加速三次左右，再次读码。
5. 读取数据流		选择“读测量数据流”，按ENTER键进入。
6. 读取1、2、3、4、5、6、7、12组数据	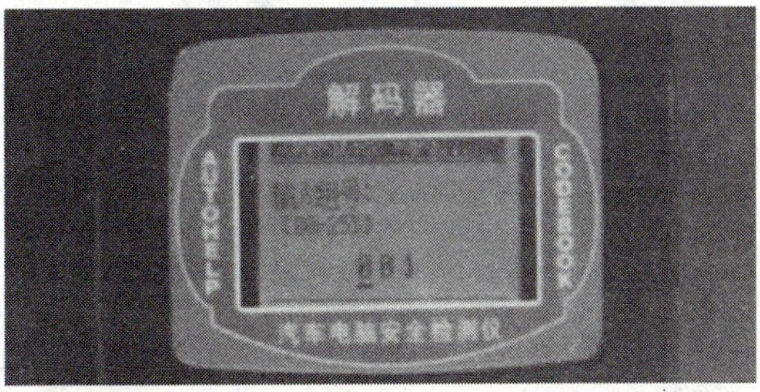	用键盘输入组号，然后按确定键，分别输入：001、002、003、004、005、006、007、012。

任务二　元件控制测试

任务准备

桑塔纳2000时代骄子轿车、KT600诊断仪、车轮挡块、万用表等。

任务目标

学会使用KT600汽车专用解码器进行元件控制测试。

任务实施

操作步骤	操作示意图	说　　明
1. 进入元件测试界面		选择“03—元件控制测试”，按 ENTER 键进入，注意听是否有第 1 缸喷油器工作的声音，判断第 1 缸喷油器工作是否正常。
2. 第 1 缸喷油器检测	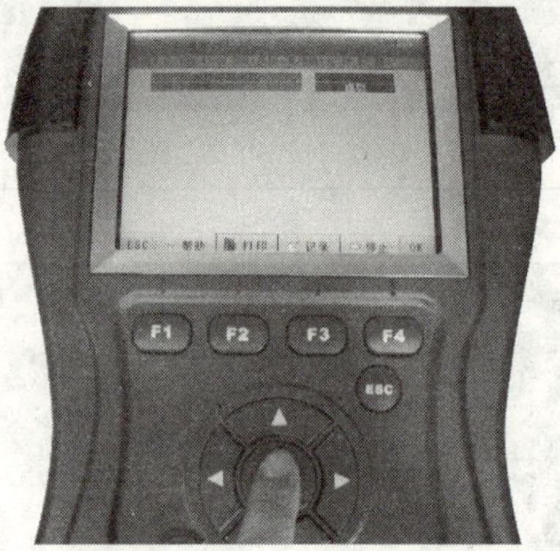	显示第 1 缸喷油器的检测结果，按 ENTER 键检测第 2 缸喷油器，注意听是否有第 2 缸喷油器工作的声音，判断第 2 缸喷油器工作是否正常。
3. 第 2 缸喷油器检测	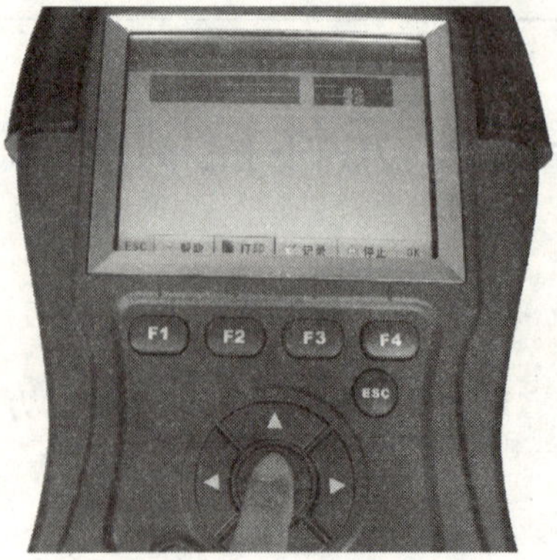	第 2 缸喷油器检测结果显示在第二行，继续按 ENTER 键检测第 3 缸喷油器，注意听是否有第 3 缸喷油器工作的声音，判断第 3 缸喷油器工作是否正常。

（续）

操作步骤	操作示意图	说　　明
4. 第 3 缸喷油器检测		第 3 缸喷油器检测结果显示在第三行，继续按 ENTER 键，检测第 4 缸喷油器，注意听是否有第 4 缸喷油器工作的声音，判断第 4 缸喷油器工作是否正常。
5. 第 4 缸喷油器检测	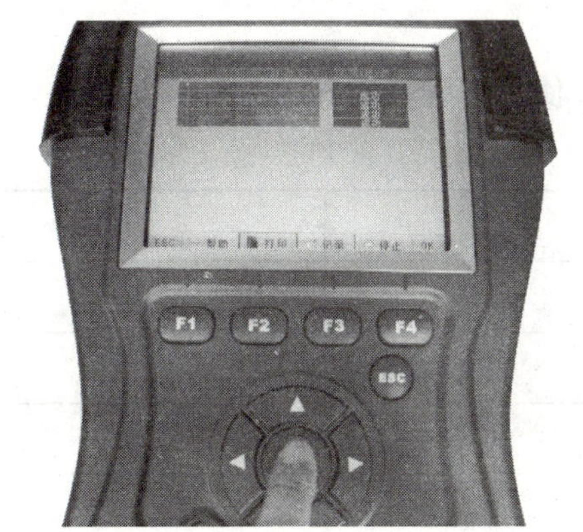	第 4 缸喷油器检测结果显示在第四行，继续按 ENTER 键，检测活性炭罐电磁阀，注意听是否有活性炭罐电磁阀工作的声音，判断活性炭罐电磁阀工作是否正常。
6. 活性炭罐电磁阀检测 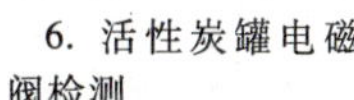	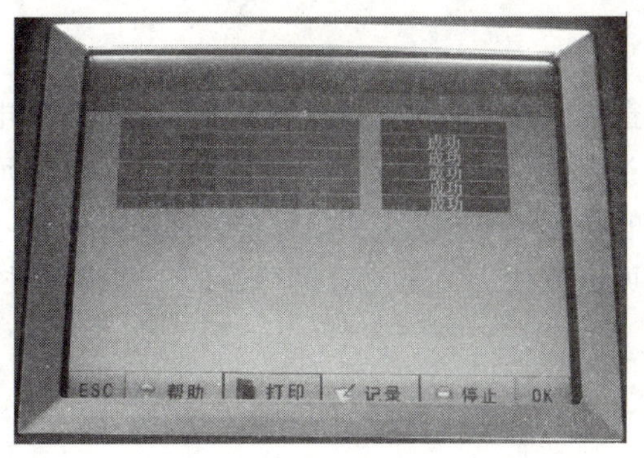	活性炭罐电磁阀检测结果显示在第五行，元件测试结束后，记录测试结果。

（续）

操作步骤	操作示意图	说　明
7. 按 ESC 键退出		

任务练习

动手试一下，看看是否会使用解码器对相关执行器进行主动测试，并把结果记录在下表中。

项　目	结果(有无动作)
气缸 1 喷嘴	
气缸 2 喷嘴	
气缸 3 喷嘴	
气缸 4 喷嘴	
活性炭罐电磁阀	

任务链接

解码器通过汽车电脑直接向汽车的执行器（线圈元件，如各种电磁阀、喷油器等）发出指令，使其动作，通过判断元件响应动作的情况，可以判断元件工作是否正常、运行快慢等，如没有相应的响应动作，就说明该元件或回路有问题。

此种主动测试的方法可以方便、快速地对执行器的工作情况进行检查，省去了拆装执行器的麻烦。

任务拓展

使用 5051 汽车专用解码器进行元件主动测试。

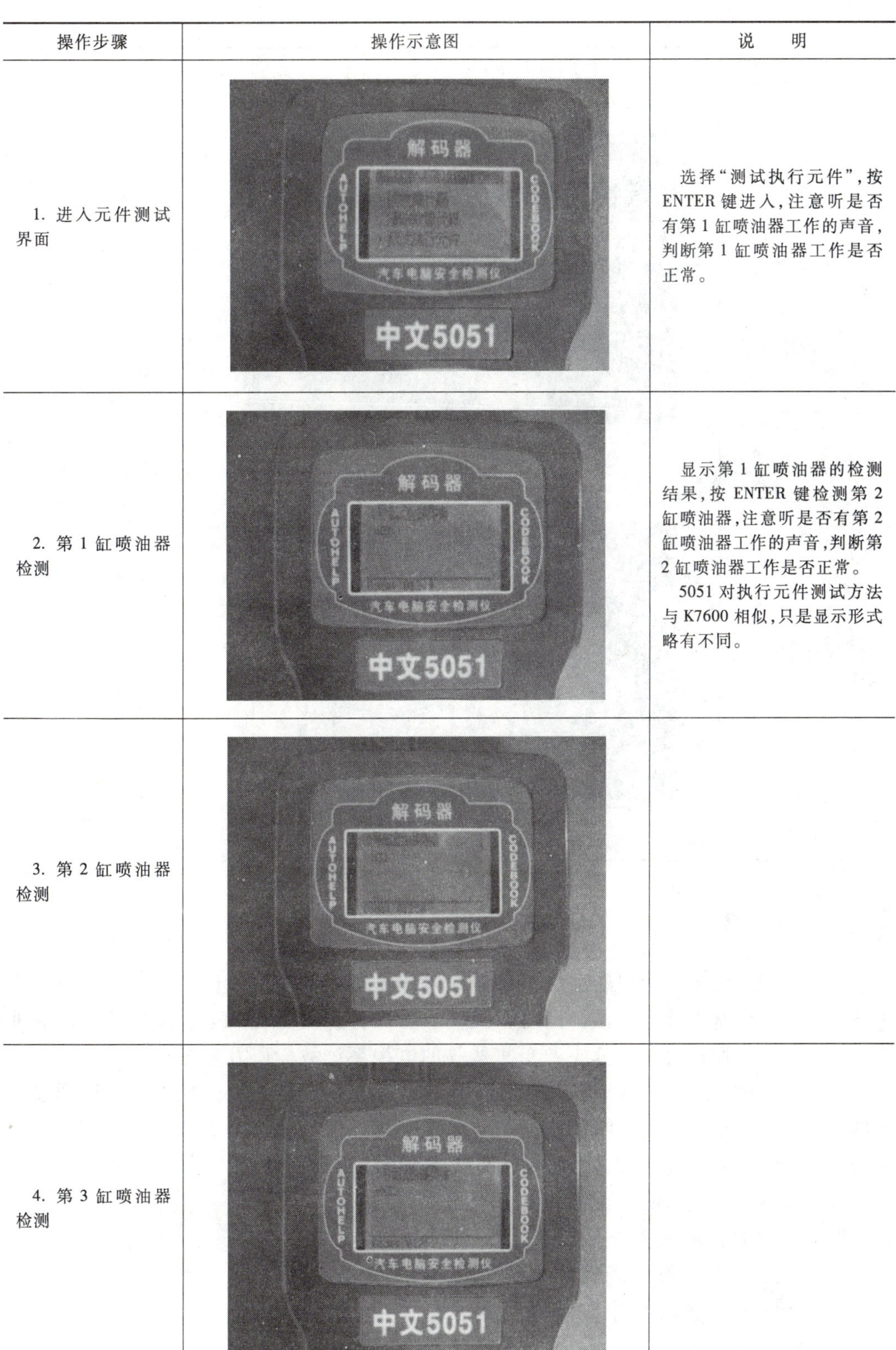

操作步骤	操作示意图	说　　明
1. 进入元件测试界面		选择“测试执行元件”，按ENTER键进入，注意听是否有第1缸喷油器工作的声音，判断第1缸喷油器工作是否正常。
2. 第1缸喷油器检测		显示第1缸喷油器的检测结果，按ENTER键检测第2缸喷油器，注意听是否有第2缸喷油器工作的声音，判断第2缸喷油器工作是否正常。 5051对执行元件测试方法与K7600相似，只是显示形式略有不同。
3. 第2缸喷油器检测		
4. 第3缸喷油器检测		

（续）

操作步骤	操作示意图	说　明
5. 第 4 缸喷油器检测		
6. 活性炭罐电磁阀检测	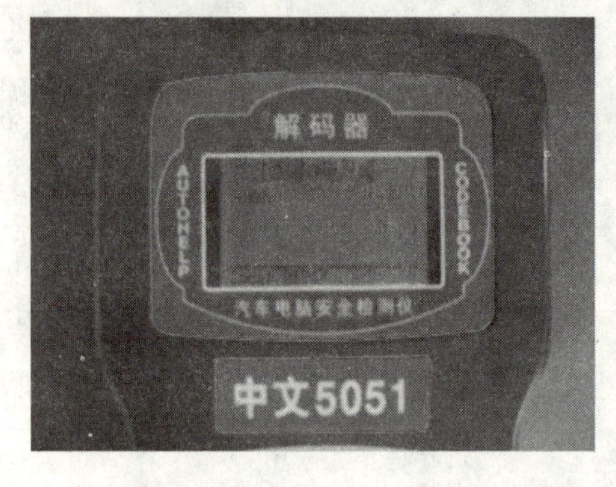	

项目总结

本项目通过对冬季冷却液温度传感器故障码及数据的读取，让大家了解了汽车专用解码器的一些基本操作方法。同时，我们也看出，解码器在汽车故障排除中起到非常重要的作用。通过对发动机或者变速器等的电控系统故障码及数据流的读取，可以帮助我们快速缩小故障范围，省时省力。当然，对于各执行元件，我们还可以通过解码器对其实施动作测试来判断他们的工作情况。解码器的使用范围绝不仅限于此，更多强大的功能还需要我们日后的学习和实践中不断去摸索。

以下内容为本项目所涉及的重要内容：

1. 解码器使用前的准备工作及注意事项。
2. 使用解码器读码、清码。
3. 使用解码器读取数据流并对主要数据进行分析。
4. 使用解码器对元件进行控制测试。

项目九 传感器的检测

项目情境

一辆桑塔纳2000GSi轿车，使用一段时间后，在行驶过程中突然不能加速，但发动机不熄火，转速在2000r/min左右，此时踩下节气门踏板，有“踩空”的感觉，且发动机转速不随节气门开大而升高。但是，如果此时放松节气门踏板，并再踩下节气门踏板，发动机转速又迅速提高，恢复正常。继续行驶一段里程（200～300m左右）后，上述故障又出现。怀疑是系统中油压不够，用油压表测试，系统油压正常。检查燃油泵滤网，没有堵塞。检测各喷油嘴，喷油良好。用专用的测试仪检测电控系统，无故障码出现。检测各传感器和一些执行器的外部，发现节气门位置传感器有破损和用强力胶粘接过的痕迹。用高内阻的数字万用表检测电阻值和电压，发现电阻值较小，电压较高。更换新的节气门位置传感器后，再试车，故障现象消除。在本项目中，我们将带大家学习电喷发动机常用的传感器和执行器的电路检测及元器件本身的故障检测方法。

项目描述

发动机的传感器、执行器发生故障时，常伴随着一系列相关的故障现象，要确诊造成各种现象的原因，首先要大致判断是什么系统出现了故障，比如配气系统、润滑系统、燃油系统等；其次要明确该系统包括哪些传感器和执行器，相互之间是怎样协作的；还要知道其核心组成部件的结构和工作过程，并能对元器件本身的好坏进行检测判断和维修。本项目就重点向大家介绍各种传感器和执行器的电气线路检测和元器件检测，同时也让大家了解一些常用传感器和执行器的工作原理。

项目目标

知识目标：

1. 能说出发动机上常用传感器、执行器的名称及安装位置。
2. 了解常用传感器、执行器的结构、工作过程。
3. 认识常用传感器、执行器的电气线路。
4. 知晓常用传感器、执行器电路及元器件的检测流程及注意事项。

技能目标：

1. 能正确识读常用传感器、执行器电气线路图。

2. 能正确使用万用表、维修试灯等检测工具和设备。

3. 能规范检测传感器、执行器电路及元器件。

情感目标：

1. 学会组织协调，学会团队合作，学会主动思考并独立解决问题。

2. 学会检测类作业的一般学习方法，学会反思、创新，能对自己的学习过程及其结果进行有效监控及评价。

3. 能够参与到学习中来，产生学习兴趣，并学会手脑并用，养成在“做中学、做中思”的习惯。

任务一　检测温度传感器

任务准备

桑塔纳2000GSi型轿车（AJR型发动机）及电路图、数字式万用表、各类测试线、盛水容器、酒精灯、温度计等。

任务目标

学会温度传感器电气线路的一般检测方法及温度传感器的检测方法。

任务实施

操作步骤	操作示意图	说　明
一、检测温度传感器电路		
1. 测量蓄电池电压	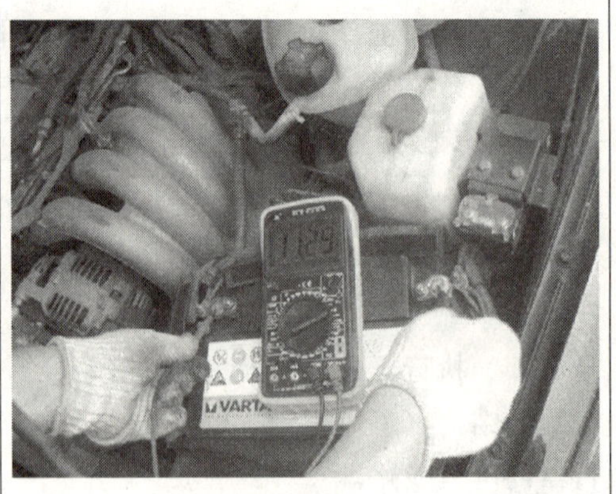	参考电压等级：12V。

（续）

操作步骤	操作示意图	说　　明
2. 测量 G62 线束连接器 1 号端子和 3 号端子之间的电压。	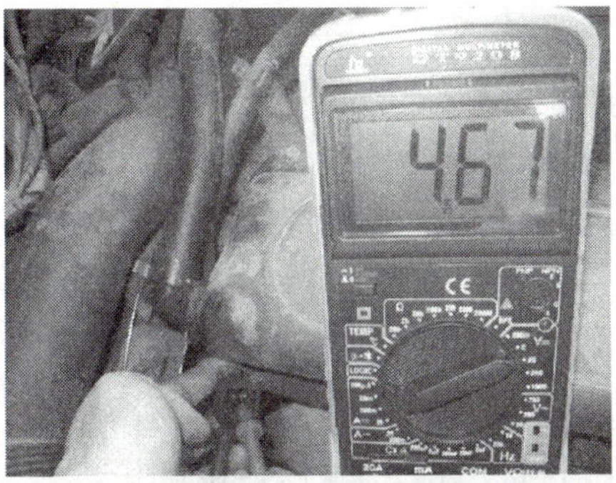	测试条件：关闭点火开关，拔去冷却液温度传感器插头，然后打开点火开关。 参考电压等级：5V。测量结果为 0V 或高于 5V 为异常。
3. 用数字式万用表检测 G62 的 1 号端子和 ECU 插座 67 号端子、3 号端子和 53 号端子之间的电阻		正常值：小于 1Ω。
4. 用背插法检测 G62 的 1 号端子和 2 号端子之间是否有短路，是否对搭铁短路等	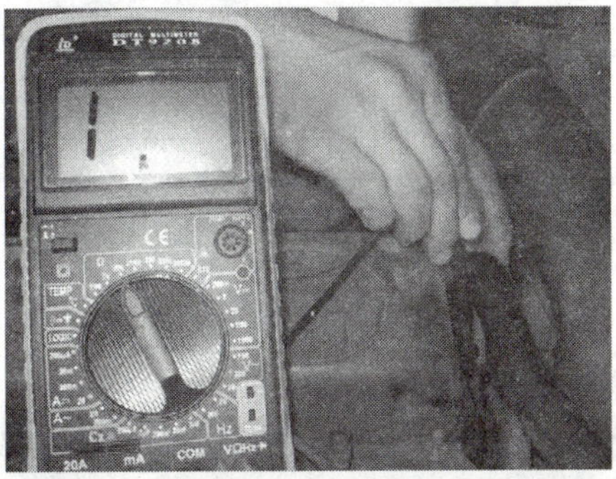	正常值：大于 10kΩ。
5. 动态检测端子 1 的电压	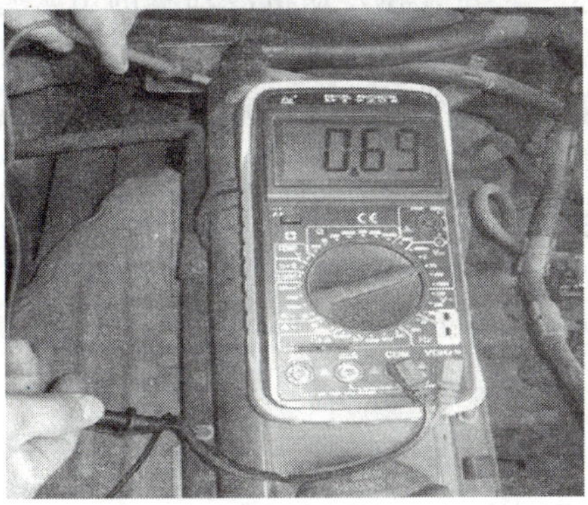	测试条件：关闭点火开关，插好线束连接器后，使发动机怠速。 参考电压等级：0.5～2.5V。 异常情况：偏离标准值或在标准值内但电压始终不变。

（续）

操作步骤	操作示意图	说　明
二、检测温度传感器		
拆下冷却液温度传感器，用加热法测量其电阻	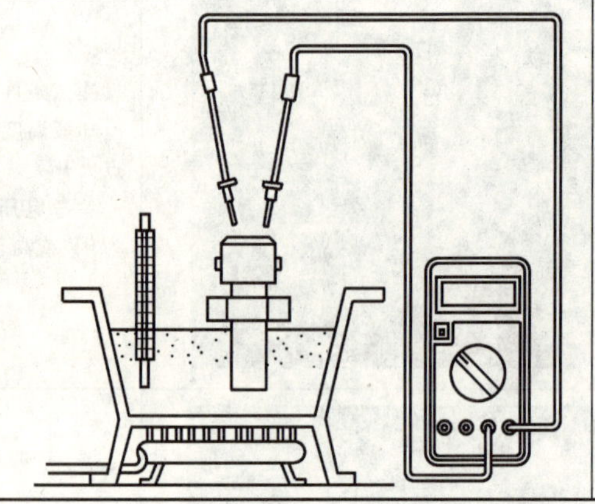	注：万用表表笔分别接冷却液温度传感器的两端子。 正常情况：阻值随温度变化。 异常情况：阻值无穷大或不随温度变化。

任务测评

说说温度传感器的一般检测方法，并将它记录在表 9-1 中。

表 9-1　温度传感器的一般检测方法

检测步骤	检测端子的名称、端子号及检测方法	电阻、电压或试灯记录
1		
2		
3		
4		
5		
6		

任务链接

1. 冷却液温度传感器的基础知识

（1）构造及电路　桑塔纳 2000 轿车发动机上的冷却液温度传感器由一个热敏电阻和金属外壳构成，如图 9-1 所示，它安装在发动机冷却液的出水管上。热敏电阻具有负温度特性，将感知的冷却液温度变化量转变成电信号送入 ECU，用以修正发动机的燃油喷射量。冷却液温度传感器的电路如图 9-2 所示，线束连接器 1 号端子为电源端子，3 号端子为搭铁端子，其信号电压为 0.5～2.5V。

（2）基本数据　冷却液温度传感器的阻值见表 9-2。

表 9-2　冷却液温度传感器各温度下的阻值

冷却液温度/℃	阻值/Ω	冷却液温度/℃	阻值/Ω	冷却液温度/℃	阻值/Ω
50	740～900	70	390～480	90	210～270

2. 冷却液温度传感器的工作过程

冷却液温度传感器具有外界温度越高电阻值越小的特性。电阻值变化的信号输入

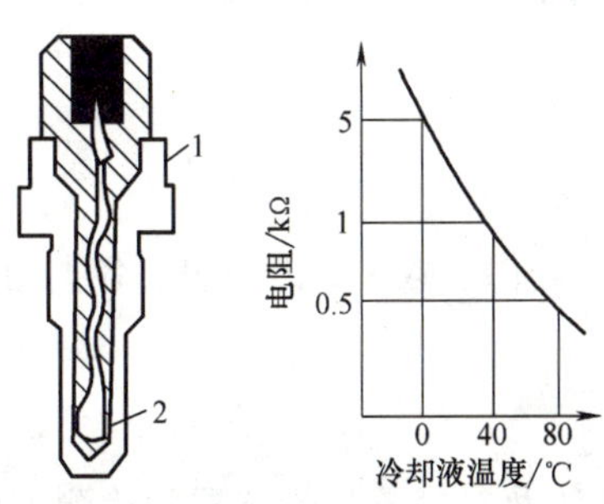

图 9-1　冷却液温度传感器的结构与特性曲线

1—金属外壳　2—热敏电阻

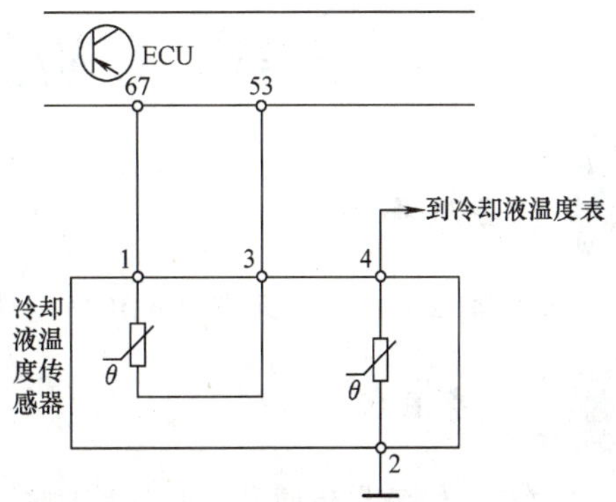

图 9-2　冷却液温度传感器的电路

电控单元后，电控单元根据冷却液的温度修正喷油量。例如，冷却液温度低时，热敏电阻阻值增大，电压增高，电控单元检测到这一高电压信号，并根据这个信号适当增加喷油量；反之，当冷却液温度高时，热敏电阻阻值减小，电压降低，电控单元检测到这一低电压信号，使喷油量减少。

任务拓展

1）查找资料认识进气温度传感器的构造及原理。

2）根据进气温度传感器的电气接线图（见图 9-3）及各温度下的基本数据（见表 9-3），设计一套该传感器的检测方案，并在实车上验证方案的可行性。

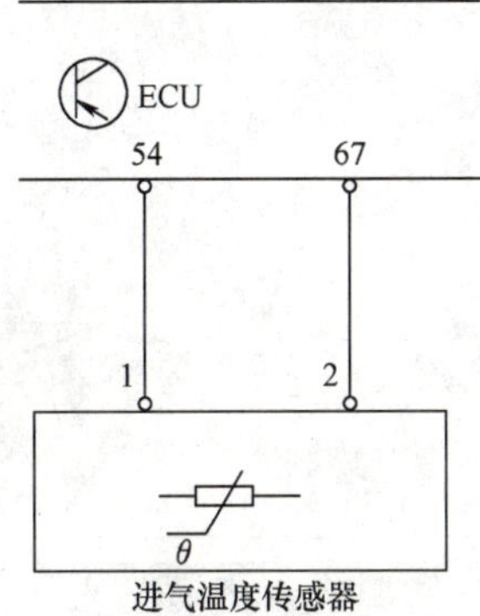

图 9-3　进气温度传感器的接线图

1—接地　2—进气温度信号

表 9-3　冷却液温度传感器各温度下的阻值

进气温度/℃	阻值/kΩ	进气温度/℃	阻值/kΩ	进气温度/℃	阻值/kΩ
20	2.2 ~ 2.7	30	1.4 ~ 1.9	40	1.1 ~ 1.4
60	540 ~ 650	80	290 ~ 360	100	160 ~ 200

任务二　检测空气流量传感器

任务准备

桑塔纳 2000GSi 型轿车（AJR 型发动机）及电路图、数字式万用表、各类测试线等。

任务目标

学会空气流量传感器电气线路的一般检测方法及空气流量传感器的检测方法。

任务实施

操作步骤	操作示意图	说　明
1. 测量蓄电池电压		参考电压等级:12V。
2. 检测进气质量		测试条件:发动机怠速运转,用解码器读取数据流,显示组 02。 标准值应为 2.0～4.0g/s。 如果不在标准范围内或者查询到空气流量计有故障,应检查空气流量计的供电电压。
3. 测量空气流量计插头端子 2 的电压		正常值:蓄电池电压。 注:如无电压或偏小,应检查熔丝与端子 2 间的线路有无断路或短路,如正常,则应检查汽油泵继电器。

（续）

操作步骤	操作示意图	说　明
4. 测量空气流量计插头端子 4 对发动机搭铁点的电压		参考电压等级:5V。
5. 用数字式万用表测量空气流量计的 2 号端子和 ECU 插座 12 号端子之间、4 号端子和 11 号端子之间、5 号端子和 13 号端子之间的电阻		正常值:小于 1Ω。
6. 用背插法检测空气流量计的 2、3、4、5 号端子之间，2、4、5 号端子与搭铁之间是否存在短路		正常值:大于 10kΩ。

任务练习

说说空气流量传感器的一般检测方法，并将它记录在表 9-4 中。

表 9-4 空气流量传感器的一般检测方法

检测步骤	检测端子的名称、端子号及检测方法	电阻、电压或试灯记录
1		
2		
3		
4		
5		
6		

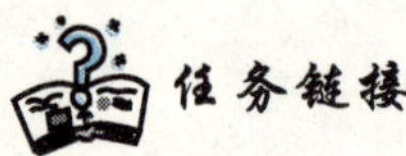

任务链接

1. 空气流量传感器的作用

空气流量传感器将吸入的空气转换成电信号送至电控单元（ECU），作为决定喷油量的基本信号之一，它是测定吸入发动机的空气流量的传感器。电子控制汽油喷射发动机为了在各种运转工况下都能获得最佳浓度的混合气，必须正确地测定每一瞬间吸入发动机的空气量，以此作为 ECU 计算（控制）喷油量的主要依据。如果空气流量传感器或其线路出现故障，ECU 得不到正确的进气量信号，就不能正常地进行喷油量的控制，将造成混合气过浓或过稀，使发动机运转不正常。电子控制汽油喷射系统的空气流量传感器有多种形式，目前常见的空气流量传感器按其结构形式可分为叶片（翼板）式、量芯式、热线式、热膜式、卡门旋涡式等几种。

2. 几种常用的空气流量传感器

（1）卡门旋涡式空气流量传感器　卡门旋涡式空气流量传感器是利用超声波或光电信号，通过检测旋涡频率来测量空气流量的一种传感器。众所周知，当野外架空的电线被风吹时，就会发出“嗡、嗡”的声音，且风速越高声音频率越高，这是气体流过电线后形成旋涡（即涡流）所致。液体、气体等流体均会产生这种现象。同样，如果我们在进气道中放置一个涡流发生器，比如说一个柱状物，在空气流过时，在涡流发生器的后部将会不断产生两列旋转方向相反，并交替出现的旋涡，这个旋涡就称为卡门旋涡。卡门旋涡式空气流量传感器就是利用这种旋涡形成的原理，测量气体的流速，并通过流速的测量直接反映空气流量的。

（2）热线式空气流量传感器　热线式空气流量传感器的基本组成包括感知空气流量的铂金热线、根据进气温度进行修正的温度补偿电阻（冷线）、控制热线电流的控制电路以及壳体等，如图 9-4 所示。根据铂金热线在壳体内安装部位的不同，热线式空气流量传感器可分为安装在空气主通道内的主流测量方式和安装在空

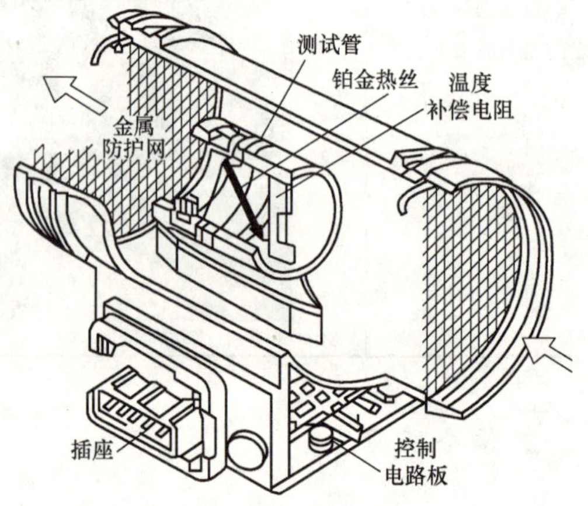

图 9-4　热线式空气流量传感器的结构图

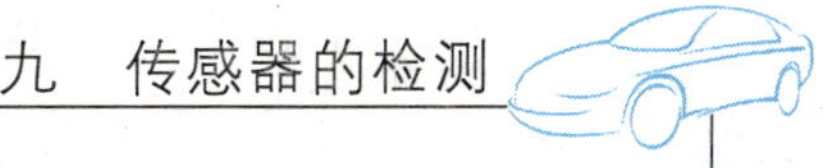

气旁通道内的旁通道测量方式。

热线式空气流量传感器是利用空气流过热金属线时的冷却效应工作的。将一根铂丝热线置于进气空气流中，当恒定电流通过铂丝使其加热后，如果流过铂丝周围的空气流量增加，金属丝的温度就会降低。如果要使铂丝的温度保持恒定，就应根据空气量调节热线的电流，空气流量越大，需要的电流就越大。这种空气流量计由于没有运动部件，因此工作可靠，而且响应特性较好，其缺点是在空气流速分布不均匀时误差较大。

（3）热膜式空气流量传感器　热膜式空气流量传感器的工作原理与热线式空气流量传感器类似，所不同的是热膜式空气流量传感器不用铂金作为热线，而是将热线电阻、补偿电阻和线桥电阻用厚膜工艺集中在一块陶瓷片上。热膜式空气流量传感器安装在空气滤清器和进气软管之间，主要由控制电路、热膜、上流温度传感器、金属护网等组成，其结构和连接电路分别如图 9-5、图 9-6 所示。这种空气流量传感器已大量使用于各种电控汽油喷射系统中。

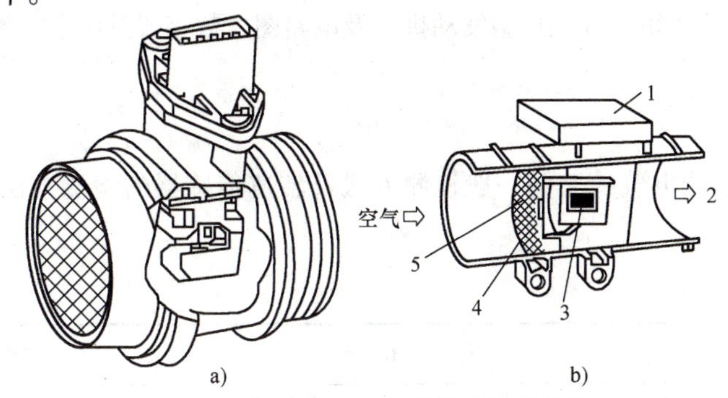

图 9-5　热膜式空气流量传感器的结构
a）结构图　b）剖视图
1—控制电路　2—通往发动机　3—热膜　4—上流温度传感器　5—金属护网

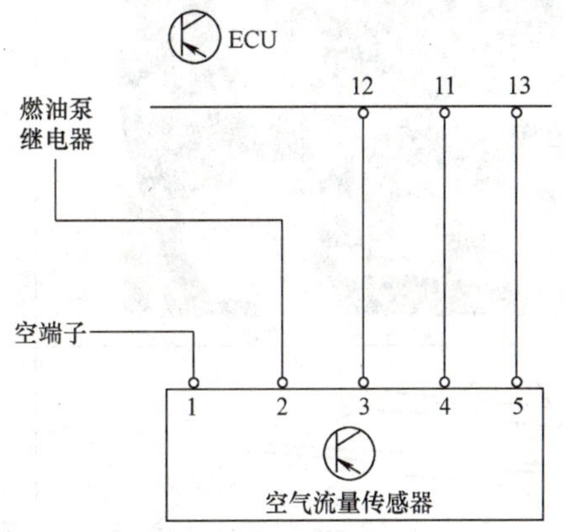

图 9-6　热膜式空气流量传感器的连接电路图

任务拓展

1）仔细研究一下空气流量计的检测过程，看看哪些检测步骤需要重点关注，并将它们记录下来。

2）看看你身边还有没有其他车型上装有不同的空气流量计，按照上述检测的流程去完成一次检测吧，看看有什么新的发现。

任务三 检测转速传感器

任务准备

桑塔纳2000GSi型轿车（AJR型发动机）及电路图、数字式万用表、各类测试线等。

任务目标

学会转速传感器电气线路的一般检测方法及转速传感器的检测方法。

任务实施

操作步骤	操作示意图	说　明
一、检测转速传感器电路		
1. 测量蓄电池电压	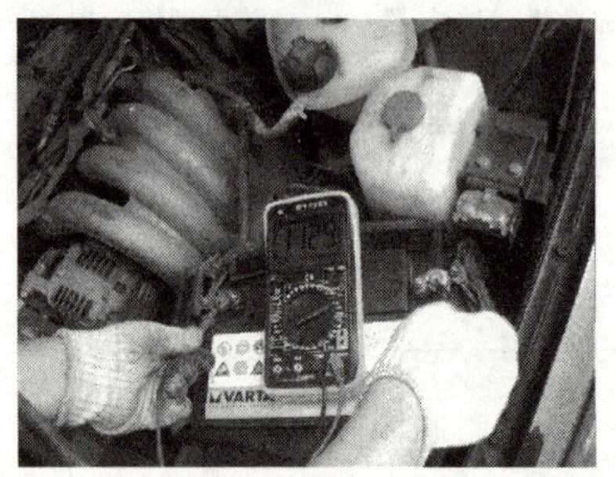	参考电压等级:12V。
2. 测带线束的端子3和端子1之间的电压	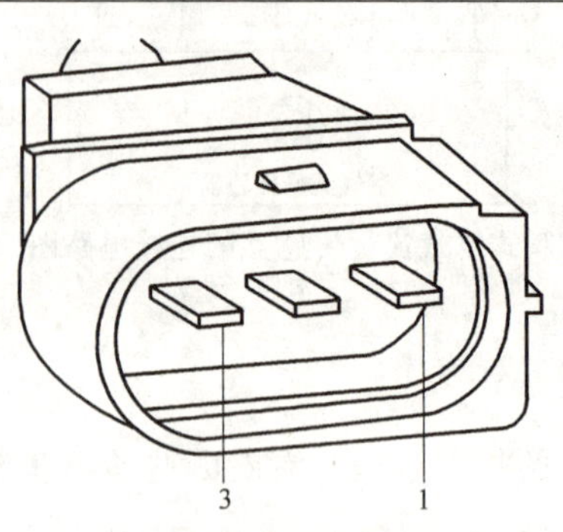	测试条件:拔下转速传感器插头,打开点火开关。 参考电压等级:5V。 异常情况:0V或高于5V。测量值异常时需检查传感器到ECU的线路是否有断路或短路。

（续）

操作步骤	操作示意图	说　明
3. 用数字式万用表检查 G28 的 3 号端子和 ECU 插座 56 号端子之间、2 号端子和 63 号端子之间的电阻		正常值:小于 1Ω。 异常情况:无穷大。
4. 用背插法检测 G28 的 3 号端子和 2 号端子之间是否有短路、是否对搭铁短路		正常值:大于 10kΩ。
二、检测转速传感器		
检测转速传感器的情况,测量传感器插座上端子 2 和端子 3 之间的电阻	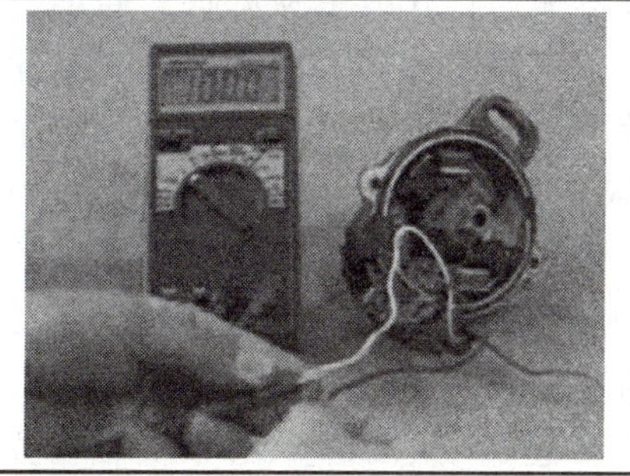	正常值:480～1000Ω。 若不正常,则应更换转速传感器。

任务链接

1. 发动机转速传感器的作用及工作原理

发动机转速传感器发送发动机转速信号和上止点信号给电控单元，供 ECU 判别点火正时和计算基本喷油量。如果没有此信号，发动机不能起动。当发动机运转时，如果转速传感器或其连接线路出现故障，发动机立即熄火。AJR 型发动机转速传感器的连接电路如图 9-7 所示。

2. 发动机转速传感器的工作过程

在 AJR 发动机上取消了分电器，采用增量式的曲轴转角信号，可精确地测定曲轴转角的位置，并直接由 ECU 控制。

发动机负荷信号和转速信号是两个最重要、最基本的信号，ECU 根据这两个信号，就能计算出喷油时间、点火提前角、闭合角，然后就能从点火提前角空间点阵里得到一个点火提前角，作为一个基本量，再根据发动机的其他运行参数加以修正，得出一个最佳的点火提前角，用来对发动机的点火提前角进行精确的控制。发动机控制单元也能类似地对喷油时间及闭合角进行精确的控制。

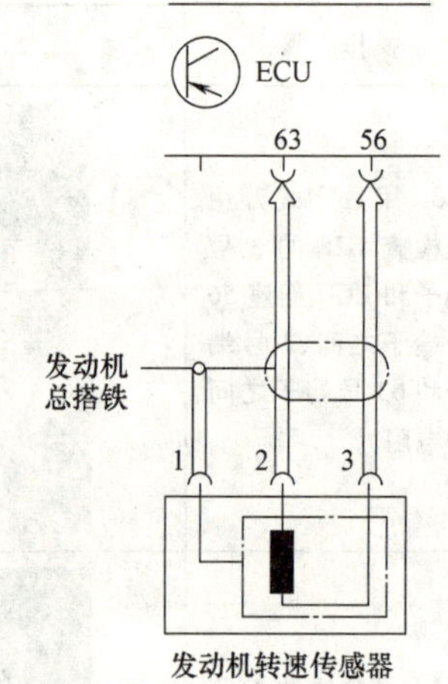

图 9-7 AJR 型发动机转速传感器的连接电路

3. 曲轴位置传感器的类型

（1）霍尔效应式曲轴位置传感器　霍尔效应式曲轴位置传感器在汽车上的应用具有特殊意义，它属于固态半导体传感器，是由一个永久磁铁和磁极几乎完全闭合的磁路组成的，另外有一个软磁叶轮转过磁铁和磁极之间的空隙。软磁叶轮上有一个缺口，当软磁叶轮的缺口离开磁铁与磁路之间时，由于软磁叶轮是可以传导磁场的媒介，所以磁铁和磁路之间的磁场就中断了；而当缺口在磁铁与磁路之间的时候，磁铁与磁路之间就形成磁场。因此霍尔效应式曲轴位置传感器得到的信号电压的幅值不变，而频率随车速改变。

（2）光电式曲轴位置传感器　光电式曲轴位置传感器由发光二极管和光敏晶体管及遮光盘组成。它通常安装在分电器内，在分电器底板上固定着由两对发光二极管和光敏晶体管组成的信号发生器，分电器轴上装有遮光盘，盘上开有弧形槽。在遮光盘随分电器轴转动时，弧形槽交替地阻断从发光二极管射向光敏晶体管的光线，使光敏晶体管导通或截止，由此产生脉冲信号。遮光盘外圈弧形槽的个数与气缸数目相同，与它对应的一对发光二极管和光敏晶体管产生各缸活塞到达上止点的基准信号（n_e 信号）及转速信号；遮光盘内圈的弧形槽只有一个，与它对应的发光二极管和光敏晶体管产生第 1 缸活塞到达上止点的基准信号（g 信号）。

（3）电磁式转速及曲轴位置传感器　电磁式转速及曲轴位置传感器可分为上、下两部分，上部分为凸轮轴位置传感器，用以产生第 1 缸上止点基准信号；下部分为曲轴位置传感器，用以产生曲轴转角信号。ECU 根据单位时间内收到的 n_e 信号确定发动机转速。

任务练习

说说转速传感器的一般检测方法，并将它记录在表 9-5 中。

表 9-5　转速传感器的一般检测方法

检测步骤	检测端子的名称、端子号及检测方法	电阻、电压或试灯记录
1		
2		
3		
4		
5		

任务拓展

查找资料，看看不同类型的转速传感器在检测过程中需要注意哪些事项，并试着检测不同类型的转速传感器。

任务四　检测节气门位置传感器

任务准备

桑塔纳2000GSi型轿车（AJR型发动机）及电路图、数字式万用表、各类测试线等。

任务目标

学会节气门位置传感器电气线路的一般检测方法及节气门位置传感器的检测方法。

任务实施

操作步骤	操作示意图	说　明
1. 测量蓄电池电压		参考电压等级:12V。
2. 测量插头5号端子和7号端子、插头4号端子和7号端子之间的电压		测试条件:拔下插座，打开点火开关。 参考电压等级:5V。 异常情况:0V或高于5V。
3. 测量4号端子和5号端子之间的电压		测试条件:插好线束连接器，打开点火开关，分别在节气门关闭和节气门全开时测量。 参考电压等级:节气门关闭时,0.1～0.9V;节气门打开时:3.0～4.8V。

（续）

操作步骤	操作示意图	说　明
4. 测量节气门定位器(V60)1 号端子与 ECU 插座 66 号端子间的电阻;2 号端子与 ECU 插座 59 号端子间的电阻;3 号端子与 ECU 插座 69 号端子间的电阻;4 号端子与 ECU 插座 62 号端子间的电阻;5 号端子与 ECU 插座 75 号端子间的电阻;7 号端子与 ECU 插座 67 号端子间的电阻;8 号端子与 ECU 插座 74 号端子间的电阻	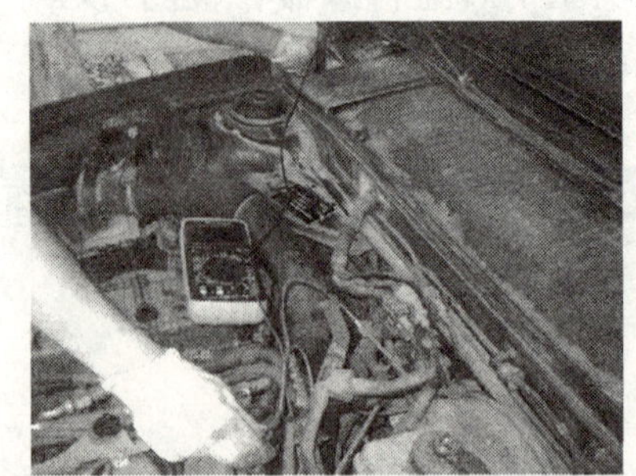	正常值:均小于 1Ω。
5. 测量节气门定位器(V60)1 号端子、2 号端子、3 号端子、4 号端子、5 号端子、8 号端子彼此之间及对搭铁是否有短路现象	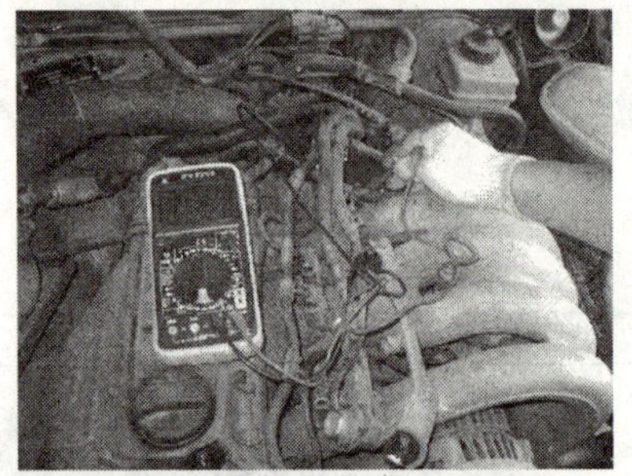	正常值:均大于 10kΩ。
6. 测量 ECU 插座 67 号端子与 69 号端子之间的电阻,若不正常应更换节气门组件	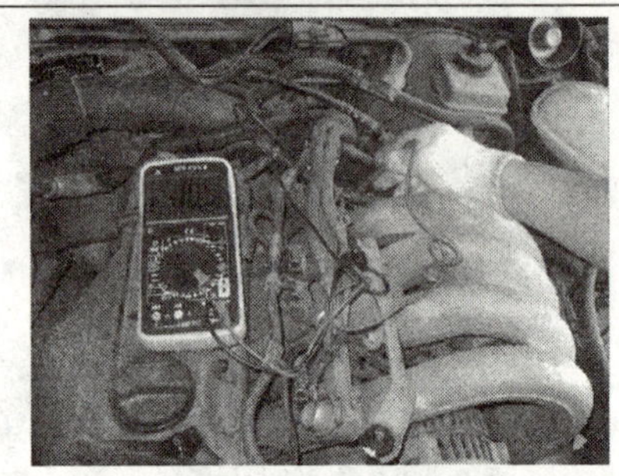	测试条件:怠速开关闭合和怠速开关打开两种情况。 正常值:怠速开关闭合时,小于 1Ω;怠速开关打开时,大于 10kΩ。

任务练习

说说节气门位置传感器的一般检测方法，并将它记录在表 9-6 中。

表 9-6　节气门位置传感器的一般检测方法

检测步骤	检测端子的名称、端子号及检测方法	电阻、电压或试灯记录
1		
2		
3		
4		
5		
6		

任务链接

节气门位置传感器安装在节气门体上节气门轴的一侧，由节气门操纵。它用来检测节气门的开度，并将节气门开度（即发动机负荷）的大小转变为电信号输入电控单元。电控单元根据节气门开度信号判别发动机的工况，决定控制方式，用以控制燃油喷油量、点火正时、废气再循环、空调、怠速以及变速器换挡等多种功能和参数。节气门位置传感器由电刷、电刷保持架、电阻器、输出端子等组成，它实际上是滑片式变阻器（电位计），连接在节气门体的节气门轴上。

节气门位置传感器是一个电位计，电控单元通过接收信号线上的电压，计算节气门的位置。随着节气门位置的改变，电刷在电阻器上的滑动位置不同，则节气门位置传感器输出到电控单元的电压信号也会发生变化。节气门开度小时，输出电压较低，随着节气门开度的增大，输出的信号电压亦相应增加。桑塔纳 2000 轿车的节气门控制组件的电路图如图 9-8 所示。

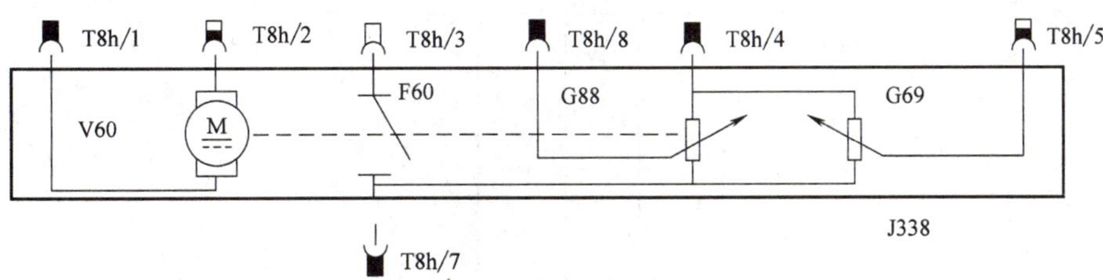

图 9-8　桑塔纳 2000 轿车的节气门控制组件的电路图

1）节气门电位计（G69）和节气门定位电位计（G88）这两个部件起着节气门位置传感器的作用。它们有两个与节气门联动的可动电刷触头，一个触头在节气门全闭时与怠速触头接触，另一个触头为可在电阻体上滑动的可动触头。节气门开度的大小与电阻的变化成比例。将节气门开度对应的线性输出电压输送给 ECU，电脑就会感知节气门的位置。图 9-9 所示为节气门位置传感器的输出特性图。

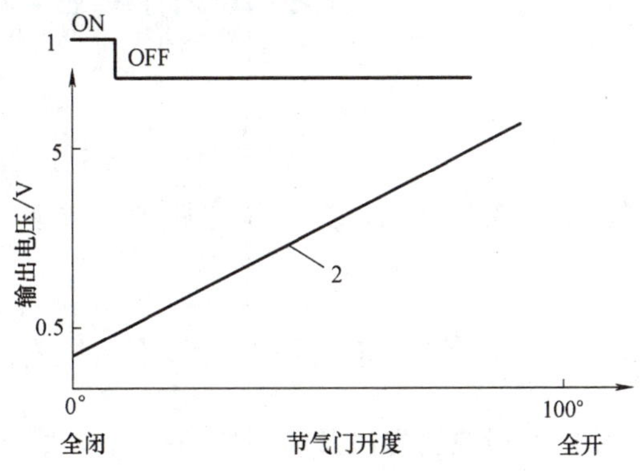

图 9-9　节气门位置传感器的输出特性图

1—怠速触头信号　2—节气门开度输出特性

2）节气门定位器（V60）起着控制怠速的作用，能适当开大或关小节气门，所以省去了怠速控制阀。

3）怠速开关（F60）用以向发动机 ECU 提供怠速位置信号。怠速开关闭合时，由节气门定位器来决定怠速时节气门的开度。

任务拓展

1）查找资料，看看各类汽车上还有哪些位置传感器，将它们整理出来。

2）根据桑塔纳 2000 轿车的霍尔传感器电路图（见图 9-10），请你设计一套该传感器的检测方案，并在实车上验证方案的可行性。

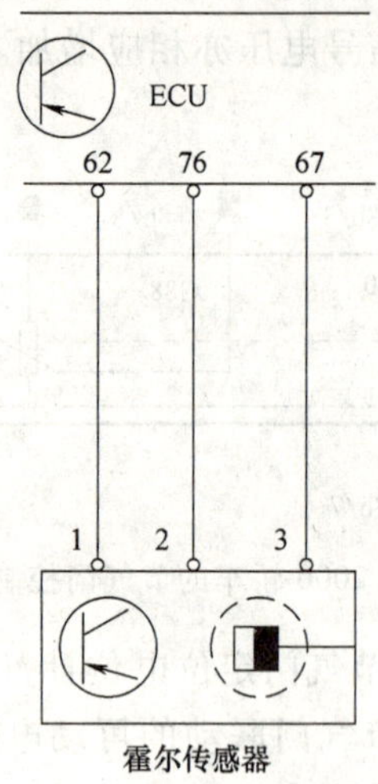

图 9-10　桑塔纳 2000 轿车的霍尔传感器电路

任务五　检测喷油器和电磁阀

任务准备

桑塔纳 2000GSi 型轿车（AJR 型发动机）及电路图、数字式万用表、听诊器、各类测试线等。

任务目标

学会喷油器电气线路的一般检测方法及喷油器的检测方法。

任务实施

操作步骤	操作示意图	说　　明
一、检测喷油器电路		
1. 测量蓄电池电压	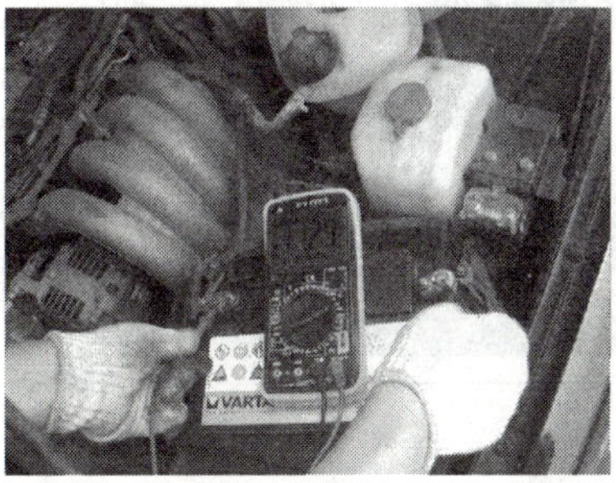	参考电压等级:12V。
2. 听诊喷油器工作情况	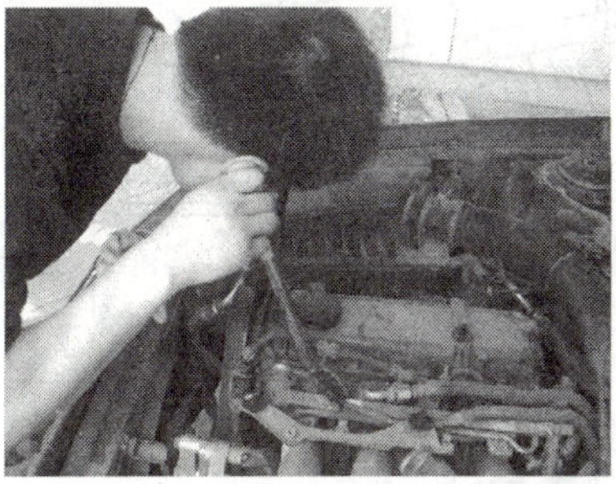	发动机运转时,利用听诊器检查喷油器在怠速时是否有"咔嗒"声,检查此声音的间隔是否随发动机转速的增加而缩短。若没有听诊器,可用手指逐缸触摸感受喷油器的工作状况。如感觉不到振动,应检查线束连接器、喷油器或ECU传来的喷油信号。
3. 测量2+17,2+16,2+35,2+34的电压		测试条件:点火开关关闭,拔下ECU插头,拔下汽油泵熔丝及氧传感器的插头,连接插口14+3。 参考电压等级:5V。 异常情况:远低于5V(静态)。
4. 测各缸喷油器2号端子对搭铁的电阻	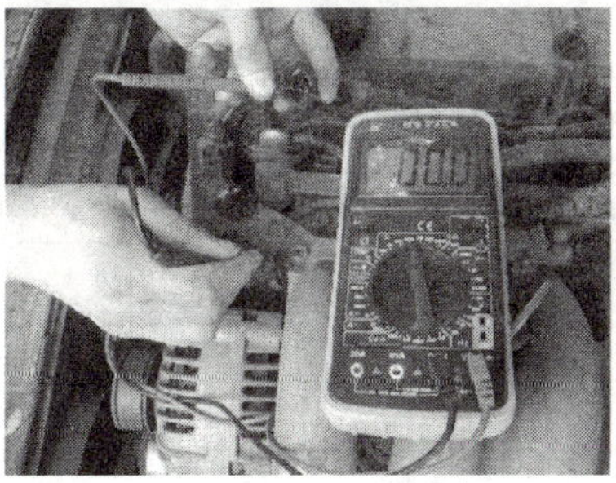	正常值:大于10kΩ。

（续）

操作步骤	操作示意图	说　　明
二、检测喷油器的性能		
1. 测量每个喷油器的电阻		测试条件：从所有的喷油器上拔下2针插头。如果测量结果不符合规定值，更换损坏的喷油器。 正常值：15.9Ω ± 0.35Ω（20℃时）。 异常情况：无穷大或小于正常值。
2. 检测喷油器的喷油量		测试条件：用连接线把蓄电池与喷油器连接好，接通15s，用量筒测出喷油器的喷油量，并检查其喷油形状，每个喷油器测2～3次。如果喷油量不符合标准，应清洗或更换喷油器。 标准喷油量为50～70ml/15s，各喷油器允许误差为5ml。
3. 在进行喷油量的检测后，脱开蓄电池与喷油器的连接，检查喷油器的喷嘴处有无漏油		要求每分钟漏油不允许多于一滴。

任务练习

说说喷油器的一般检测方法，并将它记录在表9-7中。

表9-7　喷油器的一般检测方法

检测步骤	检测端子的名称、端子号及检测方法	电阻、电压或试灯记录
1		
2		
3		
4		

（续）

检测步骤	检测端子的名称、端子号及检测方法	电阻、电压或试灯记录
5		
6		
7		

1. 喷油器的工作原理及其电路

ECU 控制 4 个喷油器顺序开启（与点火顺序相对应，为 1—3—4—2）。喷油器由燃油泵继电器供电，当 ECU 接通喷油器负极搭铁后，喷油器开始喷油。喷油器的喷油量只取决于 ECU 控制的喷油器开启时间的长短。当喷油器发生堵塞、卡滞或滴漏时，ECU 不能检测到，必须人工检查和排除。如果有一个喷油器不工作，发动机可能会产生起动困难、怠速不稳或加速不良、动力变差等现象。

喷油器的工作电路图如图 9-11 所示。

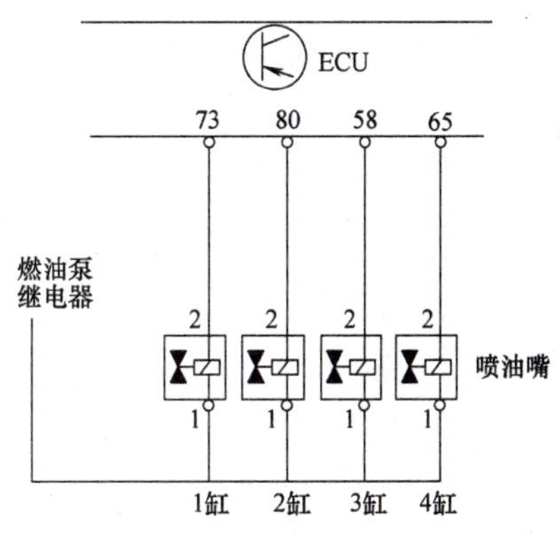

图 9-11　喷油器的工作电路图

2. 喷油器的工作过程

桑塔纳 2000 型轿车发动机使用的喷油器是电磁式的，通过绝缘垫装在进气管上。它的作用是根据电控单元的指令将燃油以雾状喷入进气管内。发动机工作时，电控单元的喷油控制信号将喷油器的电磁线圈与电源回路接通。电磁线圈中有电流通过时，产生磁场，磁心就被吸引，同磁心为一体的针阀向右移动碰到调整垫时，针阀全开，燃油即从喷口喷出。当没有电流通过电磁线圈时，在弹簧的作用下，针阀左移压在阀座上并起密封作用。喷油器的喷油量与针阀行程、喷口面积、喷油环境压力及燃油压力等因素有关，但这些因素一旦确定后，喷油量就由针阀的开启时间，即电磁线圈的通电时间来确定。各喷油器的喷油持续时间由电控单元控制，当某缸活塞处于进气行程时，电控单元指令该缸的喷油器喷油。

请你根据桑塔纳 2000 型轿车活性炭罐电磁阀的电路图（见图 9-12）查找资料，弄清该电磁阀的作用及工作原理，并设计一套该元件的检测方法，并在实车上对该方法进行验证。

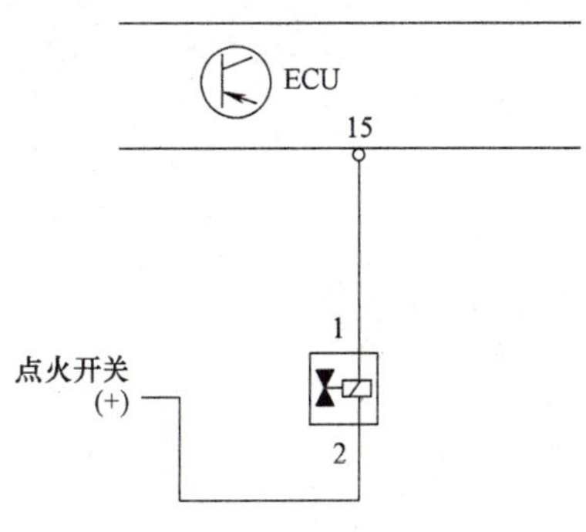

图 9-12　活性炭罐电磁阀的电路图

任务六　认识常用的传感器和执行器的安装位置

任务准备

桑塔纳2000GSi型轿车（AJR型发动机）。

任务目标

认识汽车上各类常用传感器和执行器的安装位置。

任务实施

操作步骤	操作示意图	说　明
1. 桑塔纳2000轿车电气元器件的位置图	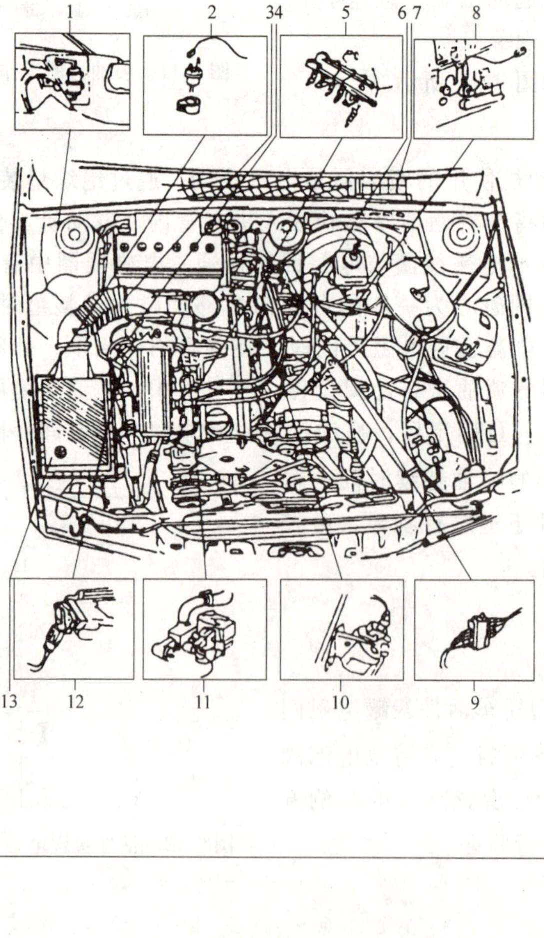 1　2　34　5　67　8 13　12　11　10　9	1—活性炭罐（位于右前翼子板内侧）　2—活性炭罐电磁阀（位于空气滤清器旁）　3—进气软管　4—节气门位置传感器　5—汽油分配管　6—喷油器　7—电控单元（ECU，位于驾驶员侧仪表板下）　8—爆燃传感器　9—4针插头连接器（用于氧传感器）　10—点火分电器　11—怠速调节器　12—进气压力和进气温度传感器　13—空气滤清器

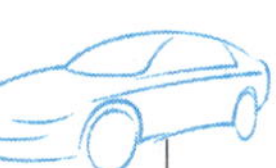

（续）

操作步骤	操作示意图	说　　明
2. 桑塔纳 2000 轿车各类传感器和执行器的位置图	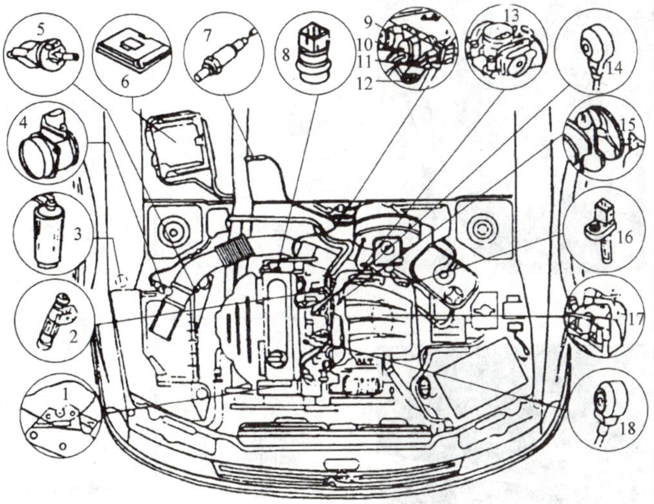1 2 3 4 5 6 7 8 9 10 11 12 13 14 15 16 17 18	1—霍尔传感器（G40）　2—喷油器（N30—N33）　3—活性炭罐　4—热膜式空气流量计（G70）　5—活性炭罐电磁阀（N80）　6—ECU（J220）　7—氧传感器（G39）　8—冷却液温度传感器（G62）　9—转速传感器插接器（灰色）　10—1 号爆燃传感器插接器（白色）　11—氧传感器插接器（黑色）　12—2 号爆燃传感器插接器（黑色）　13—节气门控制组件（J338）　14—2 号爆燃传感器（G66）　15—转速传感器（G28）　16—进气温度传感器（G72）　17—点火线圈（N152）　18—1 号爆燃传感器（G61）
3. ECU 端子	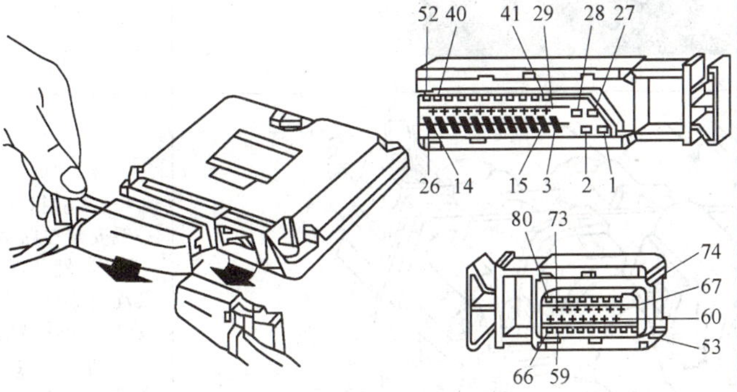52 40 41 29 28 27 26 14 15 3 2 1 80 73 74 67 60 53 66 59 a)　　b)	
4. 喷油器	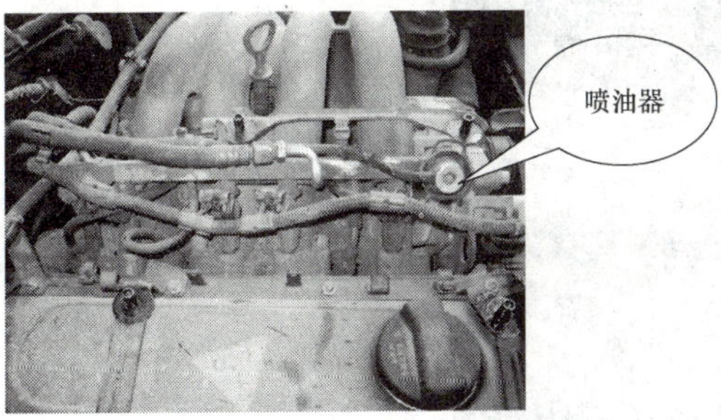喷油器	喷油器安装在发动机机体上。

（续）

操作步骤	操作示意图	说　明
5. 节气门控制组件	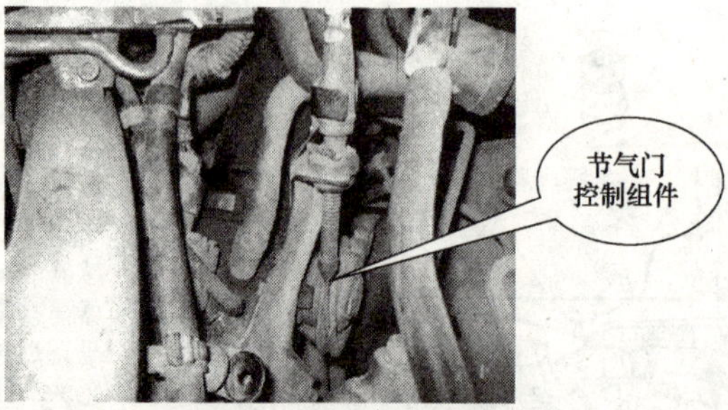 节气门控制组件	节气门位置传感器安装在节气门上，用来检测节气门的开度。
6. 炭罐电磁阀	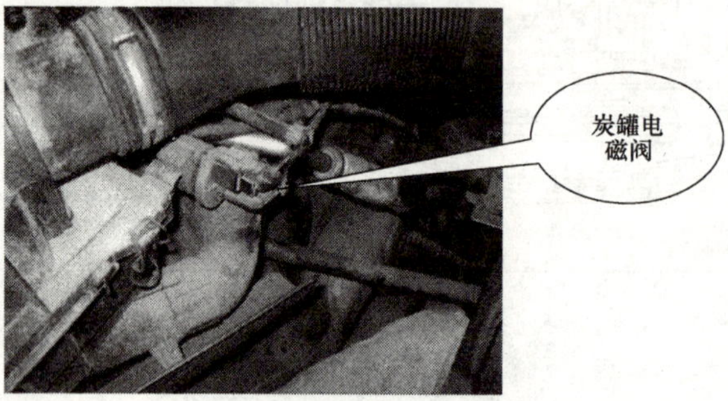 炭罐电磁阀	炭罐电磁阀一般安装在空气滤清器附近。
7. 发动机转速传感器、爆燃传感器、氧传感器	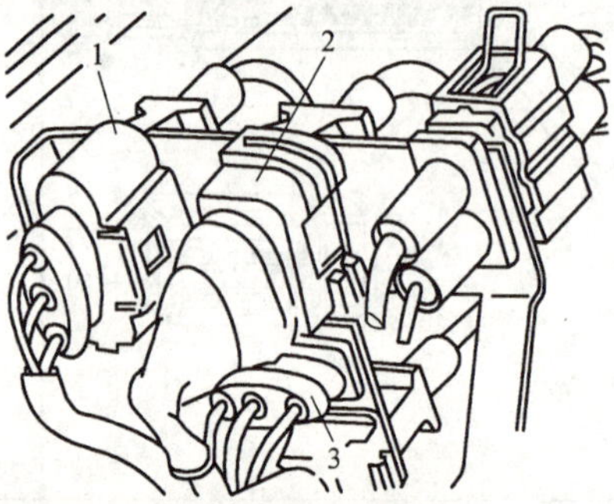 1 2 3	1—发动机转速传感器，一般安装在曲轴处。 2—爆燃传感器，安装在发动机的缸体上，随时监测发动机的爆燃情况。 3—氧传感器，一般安装在排气管中。
8. 空气流量传感器	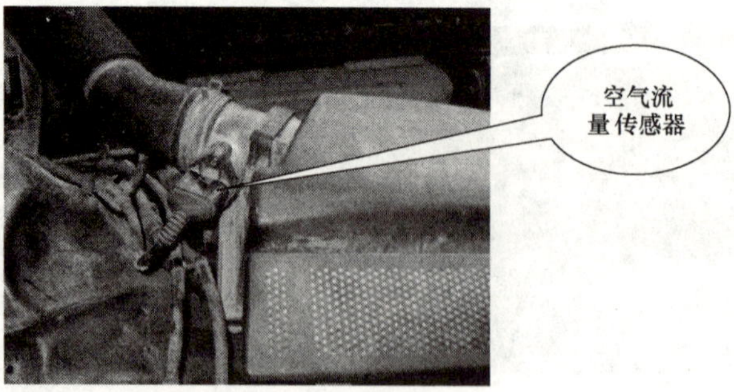 空气流量传感器	空气流量传感器一般安装在进气道上。

（续）

操作步骤	操作示意图	说　明
9. 进气温度传感器	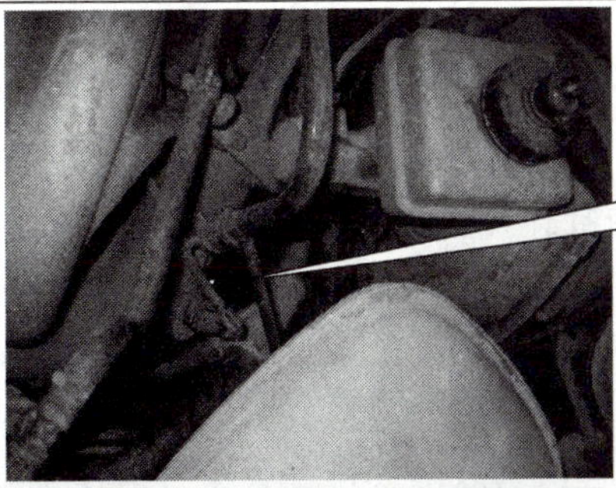 进气温度传感器	进气温度传感器一般安装在进气道上。
10. 霍尔传感器	 霍尔传感器	霍尔传感器一般安装在凸轮轴端部。
11. 发动机冷却液温度传感器	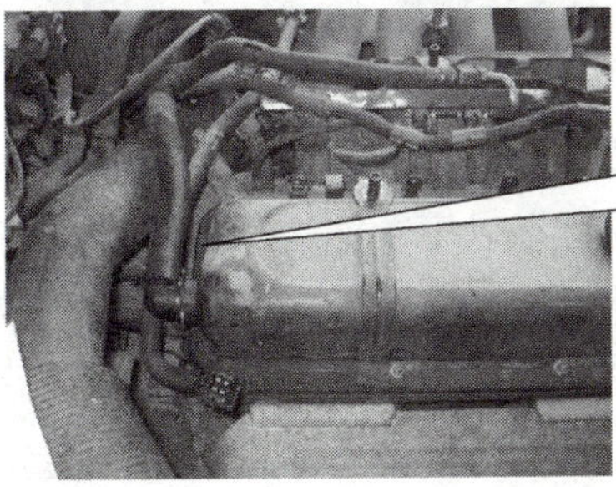 发动机冷却液温度传感器	冷却液温度传感器一般安装在冷却液出水管上。

任务链接

1）进气压力传感器一般安装在进气管上，也可安装在进气管附近。

2）进气温度传感器安装在节气门之后的进气管上，用以检测进气温度。它与进气压力传感器配合使用能准确地测出进入气缸的空气量。电控单元根据进气温度传感器所检测的进气温度进行喷油量的修正，使发动机能自动地适应寒冷、高温、高原、平路等外部环境的变化。

3）冷却液温度传感器装在发动机冷却液的出水管上，由此测出发动机的工作温度，转变为电信号传给 ECU，用来修正喷油定时，从而获得浓度更合适的混合气。

4）节气门位置传感器安装在节气门上，用来检测节气门的开度。它通过杠杆机构与节气门联动，进而反映发动机的不同工况。此传感器可把发动机的不同工况检测后输入电控单元（ECU），从而控制喷油量。

5）氧传感器又称 λ 传感器，其外侧电极面暴露在废气流中，而其内侧电极面与外界空气相接触。该传感器由一个特殊陶瓷体构成，表面涂有透气性好的铂电极。氧传感器一般安装在排气管中。

6）爆燃传感器安装在发动机的缸体上，随时监测发动机的爆燃情况。目前采用的爆燃传感器有共振型和非共振型两大类。AJR 型发动机采用两只爆燃传感器，其中一只爆燃传感器设于第 2 缸与第 3 缸之间的缸体侧面。爆燃传感器能把发动机爆燃产生的振动变为电信号，传递给发动机控制单元 ECU。ECU 根据爆燃传感器传递来的信号，对点火提前角进行修正，从而使点火提前角的值始终处于最佳状态。

7）桑塔纳 2000 型轿车发动机使用的喷油器是电磁式的，通过绝缘垫装在进气管上。它的作用是根据电控单元的指令将燃油以雾状喷入进气管内。活性炭罐电磁阀 N80 安装在空气滤清器附近，电磁阀在断电的情况下关闭，通电时打开。控制单元在发动机冷却液温度正常时，控制 N80 按节拍开启。

8）发动机转速传感器和凸轮轴位置传感器一般安装在曲轴、凸轮轴、飞轮或分电器处。这两个传感器有安装在一起的，也有分开安装的。

9）在 L 型电控燃油喷射系统中，空气流量计用于将单位时间内进入发动机的进气量转换成电信号，并将电信号输入 ECU。空气流量计一般安装在空气滤清器与节气门体之间。

项目总结

1）现代汽车的电控系统都配备有自诊断系统，ECU 的自诊断系统主要用于检测电子控制系统各部件的工作情况。自诊断系统具有以下功能：①检测电子控制系统的故障。②将故障码存储在 ECU 的存储单元中。③提示驾驶员 ECU 已检测到故障，应谨慎驾驶。④启用故障保护功能，确保车辆安全运行。⑤协助维修人员查找故障，为故障诊断提供信息。

2）当发动机电控系统出现故障时，可通过专用检测仪器进行检查，将仪器与诊断接头相连，读出故障码及故障原因。当显示与某元件有关的故障码时，应进行该元件的基本检测，若不能排除故障，则按故障码的诊断流程进行相关数据的进一步的检测。

3）慎重使用电子检测设备和仪器，高电压会使 ECU 芯片内部电路短路或断路。检测时，最好使用兆欧级阻抗的数字表。

4）在拆除蓄电池的搭铁线前，先读取 ECU 中的故障码，否则可能造成原始故障码的丢失。

5）在拆卸和插接线路或元件连接器之前，点火开关一定要置于“OFF”位。

6）在检测传感器、执行器线路通断时，点火开关一定要置于“OFF”位。

7）不得损坏导线、连接器，避免短路或接触较高的电压。

8）禁止使用万用表表笔直接接触连接器插接件，以防损坏插接件。

9）检测导线连接器时，可用手轻微摇动连接器，察看是否有松动，若有松动，应拔下连接器，检查接触片是否被腐蚀，若有腐蚀现象，需用铜刷或电器接触清洁剂将

其除去。安装时，可用专用的导电油脂涂抹，以防腐蚀。

10）检测过程中，应严格遵守操作规范，不得损坏车辆、检测仪器及设备。

项目练习

1）写出几种你所知道的传感器的名称，并简要说明它们的作用及安装位置。

传感器名称	安装位置	作用

2）写出桑塔纳轿车典型传感器的端子号及其所对应的电脑连接端子的编号。

传感器名称	端子号	所对应的电脑连接端子的编号

3）冷却液温度传感器一般安装在__________上，将感知的冷却液温度变化量转变成______送入________，用以修正发动机的______________________。

4）空气流量传感器的作用是将____________转换成________送至________，作为确定________的基本信号之一。

5）常用的空气流量传感器类型一般包括______________、____________、______________等。

6）在检查喷油器工作是否正常时，我们通常先检测喷油器的______________，若无短路或__________情况，再检查________________的机械故障。

7）简述电喷发动机各传感器的作用及安装位置。

8）请设计一个传感器的故障检测流程，再让其他同学给你设置该传感器的任一故障，按照你的流程自己去检测一下该传感器，或许你会有更大的收获。

附录　桑塔纳 2000GSi 全车电路图

桑塔纳 2000GSi 全车电路图（1）

交流发电机、蓄电池、起动机、点火开关

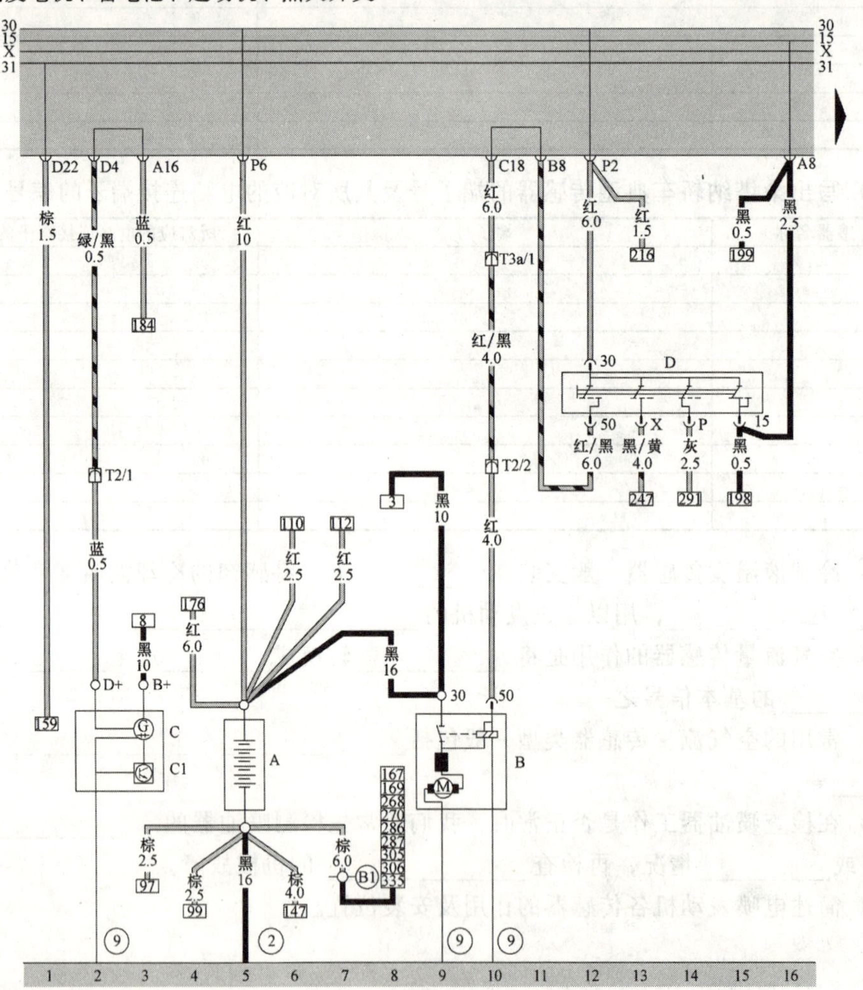

A—蓄电池
B—起动机
C—交流发电机
C1—调压器
D—点火开关
T2—发动机线束与发电机线束插头连接，2 针，在发动机舱中间支架上
T3a—发动机线束与前照灯线束插头连接，3 针，在中央电器后面
②—接地点，在蓄电池支架上
⑨—自身接地
Ⓑ1—接地连接线，在前照灯线束内

桑塔纳2000GSi全车电路图（2）

点火装置、发动机控制单元、霍尔传感器、冷却液温度传感器、进气温度传感器

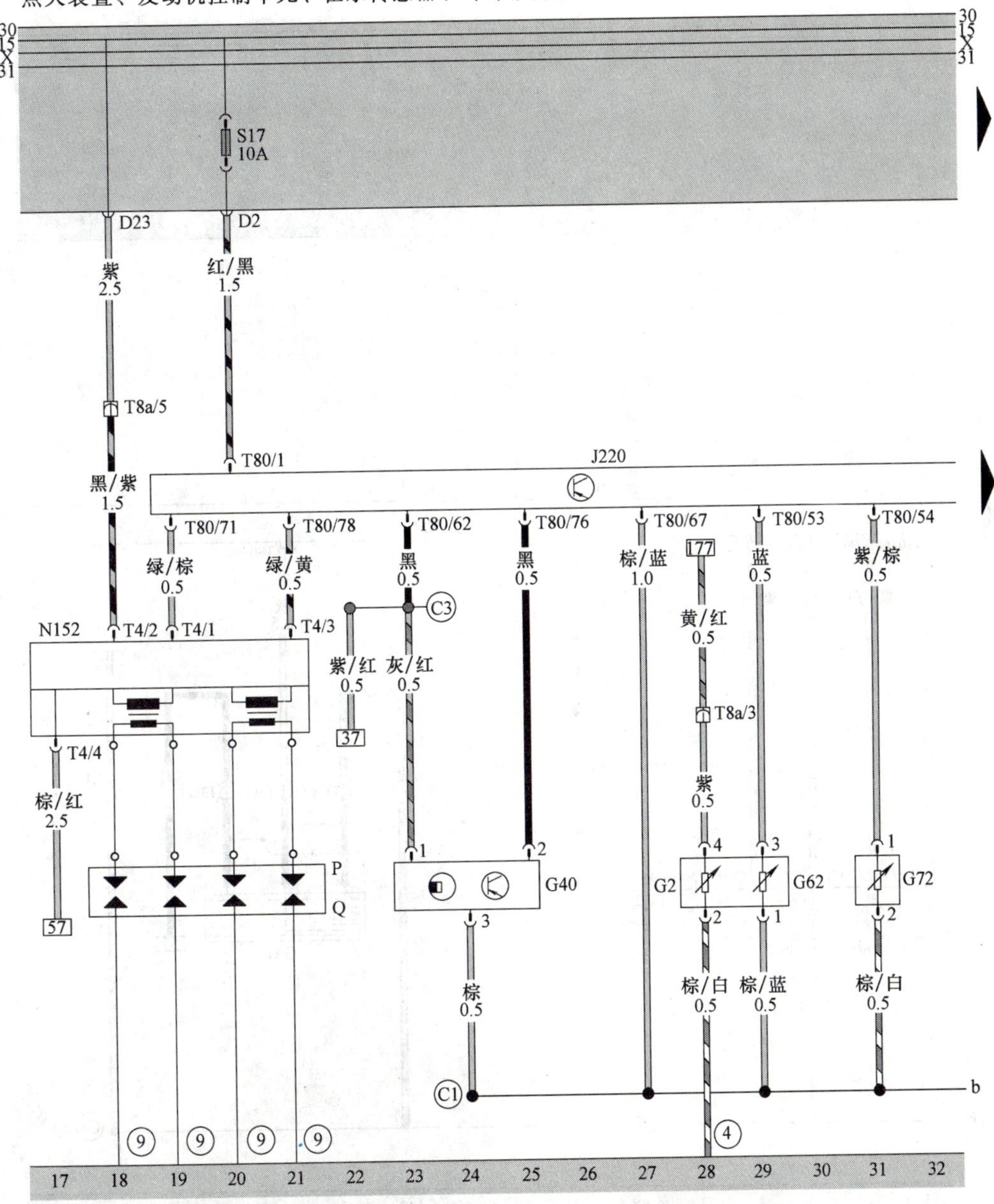

G2—冷却液温度表传感器

G40—霍尔传感器

G62—冷却液温度传感器

G72—进气温度传感器

J220—Motronic 发动机控制单元

N152—点火线圈

P—火花塞插头

Q—火花塞

S17—发动机控制单元熔丝，10A

T4—前照灯线束与散热风扇控制器插头连接，4针，在散热风扇控制器上

T8a—发动机线束与发动机右线束插头连接，8针，在发动机舱中间支架上

T80—发动机线束，发动机右线束与发动机控制单元插头连接，80针，在发动机控制单元上

④—接地点，在离合器壳上的支架上

⑨—自身接地

Ⓒ1—连接线，在发动机右线束内

Ⓒ3—+5V 连接线，在发动机右线束内

桑塔纳 2000GSi 全车电路图（3）

发动机控制单元，节气门控制部件，1、2 缸爆燃传感器

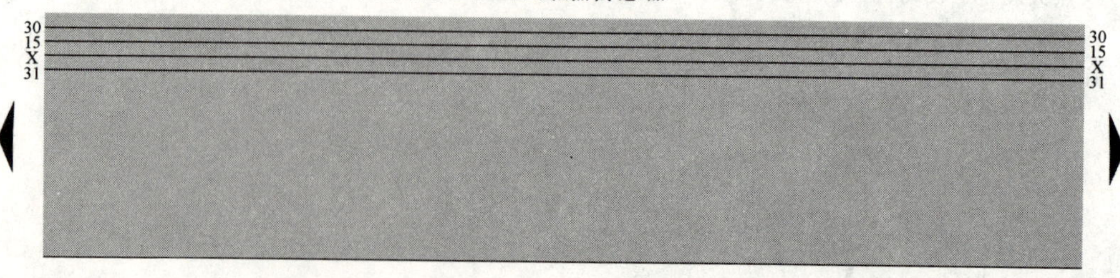

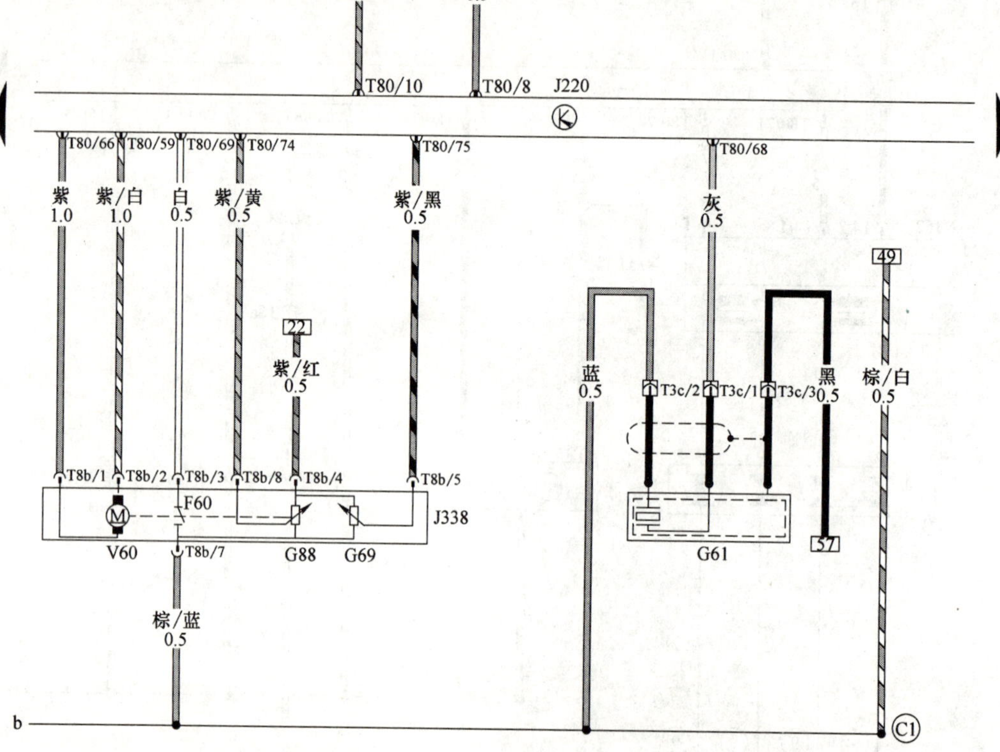

33 34 35 36 37 38 39 40 41 42 43 44 45 46 47 48

F60—怠速开关

G61—第 1、2 缸爆燃传感器

G69—节气门电位计

G88—节气门定位电位计

J220—Motronic 发动机控制单元

J338—节气门控制部件

T3c—发动机右线束与第 1、2 缸爆燃传感器插头连接，3 针，在发动机舱中间支架上

T8b—发动机右线束与节气门控制部件插头连接，8 针，在节气门控制部件上

T80—发动机线束、发动机右线束与发动机控制单元插头连接，80 针，在发动机控制单元上

V60—节气门定位器

Ⓒ1—连接线，在发动机右线束内

桑塔纳 2000GSi 全车电路图（4）

发动机控制单元，3、4 缸爆燃传感器，转速传感器

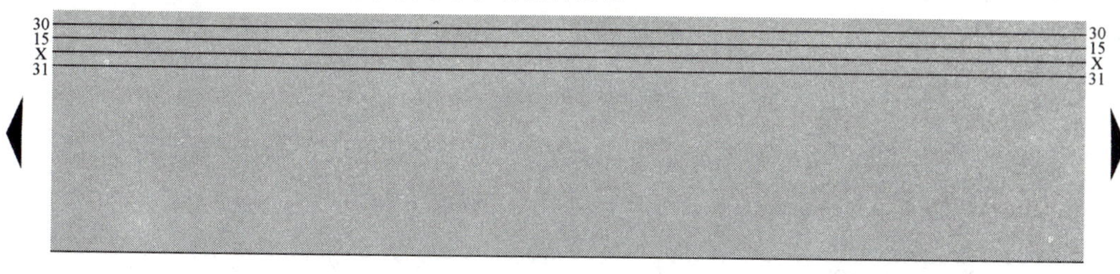

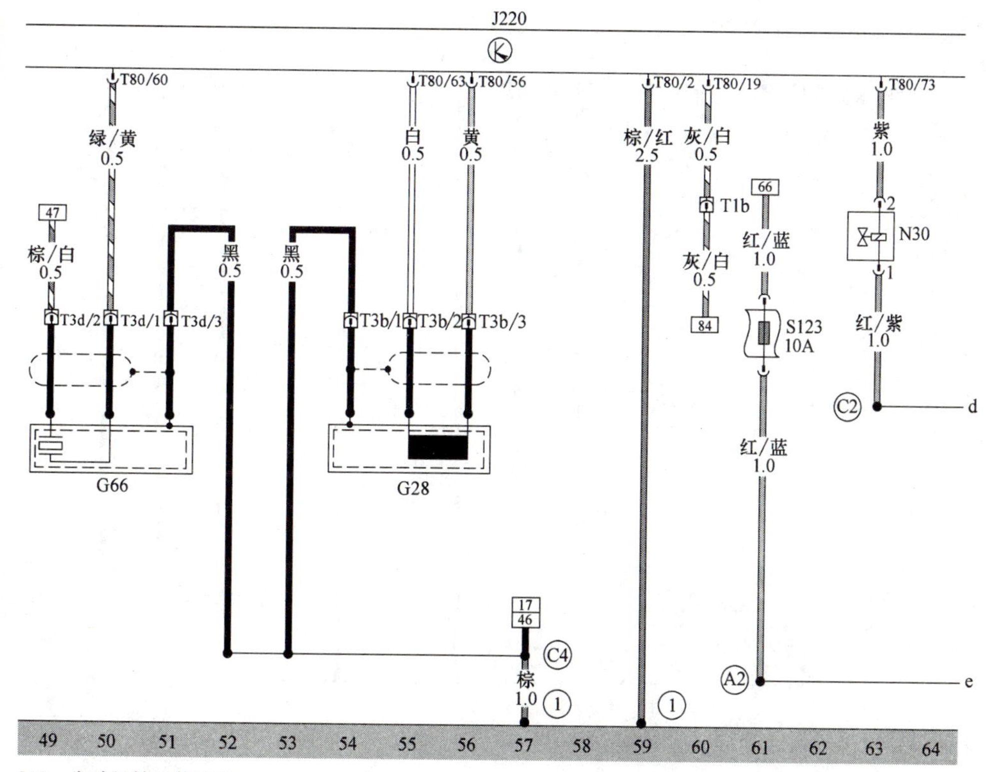

G28—发动机转速传感器

G66—第 3、4 缸爆燃传感器

J220—Motronic 发动机控制单元

N30—第 1 缸喷油器

S123—喷油器、空气质量计、AKF 阀、氧传感器加热熔丝，10A

T1b—发动机线束与仪表板线束插头连接，1 针，在中央电器后面

T3b—发动机右线束与发动机转速传感器插头连接，3 针，在发动机舱中间支架上

T3d—发动机右线束与第 3、4 缸爆燃传感器插头连接，3 针，在发动机舱中间支架上

T80—发动机线束、发动机右线束与发动机控制单元插头连接，80 针，在发动机控制单元上

①—接地点，在发动机控制单元旁车身上

Ⓐ2—正极连接线，在发动机线束内

桑塔纳 2000GSi 全车电路图（5）

发动机控制单元，喷油器、燃油泵继电器、空气质量计、氧传感器、活性炭罐电磁阀

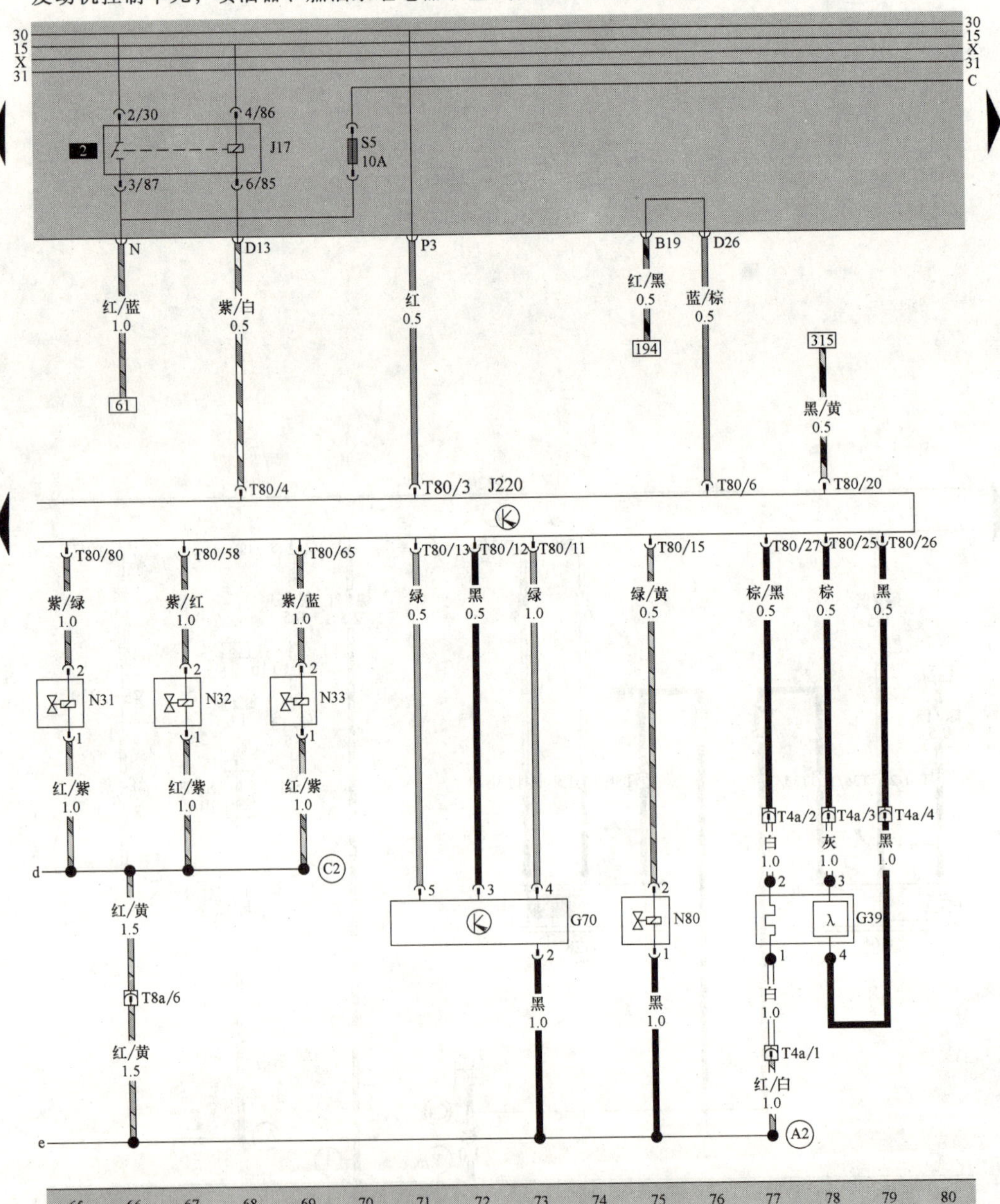

G39—氧传感器
G70—空气质量计
J17—燃油泵继电器
J220—Motronic 发动机控制单元
N31—第 2 缸喷油器
N32—第 3 缸喷油器
N33—第 4 缸喷油器
N80—活性炭罐电磁阀
S5—燃油泵熔丝，10A

T4a—发动机线束与氧传感器插头连接，4 针，在发动机舱中间支架上
T8a—发动机线束与发动机右线束插头连接，8 针，在发动机舱中间支架上
T80—发动机线束、发动机右线束与发动机控制单元插头连接，80 针，在发动机控制单元上
(A2)—正极连接线，在发动机线束内
(C2)—正极连接线，在发动机右线束内

桑塔纳 2000GSi 全车电路图（6）

燃油泵、电子防盗器、ABS 控制器、制动灯开关

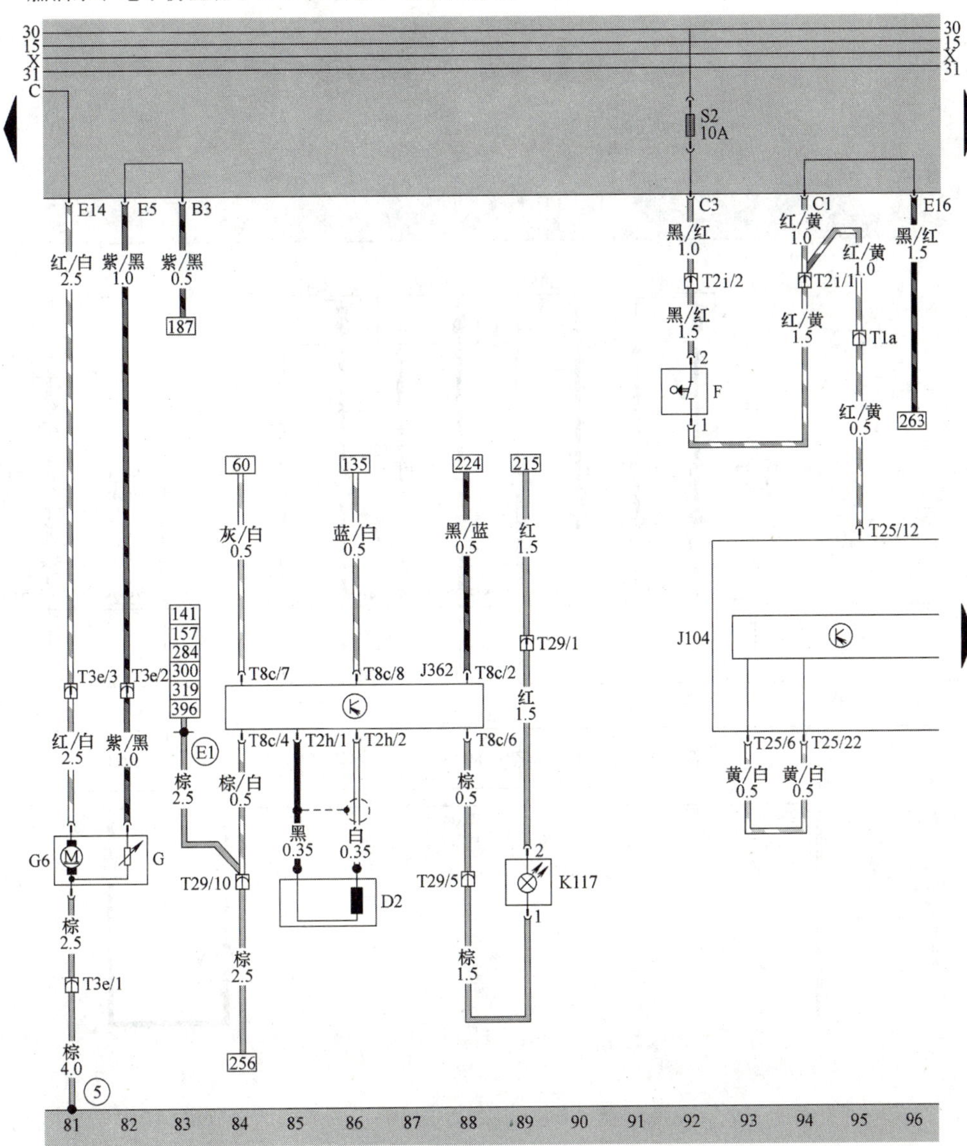

D2—识读线圈

F—制动灯开关

G—燃油表传感器

G6—燃油泵

J104—ABS 控制器

J362—防盗器控制单元

K117—防盗器警告灯

S2—制动灯熔丝，10A

T1a—前照灯线束与 ABS 线束插头连接，1 针，在中央电器后面

T2h—识读线圈与防盗器控制单元插头连接，2 针，在防盗器控制单元上

T2i—前照灯线束与仪表板线束插头连接，2 针，在中央电器后面

T3e—尾部线束与燃油箱插头连接，3 针，在燃油箱盖上

T8c—仪表板线束与防盗器控制单元插头连接，8 针，在防盗器控制单元上

T25—ABS 线束与 ABS 控制单元插头连接，25 针，在 ABS 控制器上

T29—仪表板线束与仪表板开关线束插头连接，29 针，在组合仪表下方

(5)—接地点，在中央电器左侧星形接地爪上

(E1)—接地连接线，在仪表板开关线束内

桑塔纳 2000GSi 全车电路图（7）

ABS 控制器、车轮转速传感器、ABS 液压泵

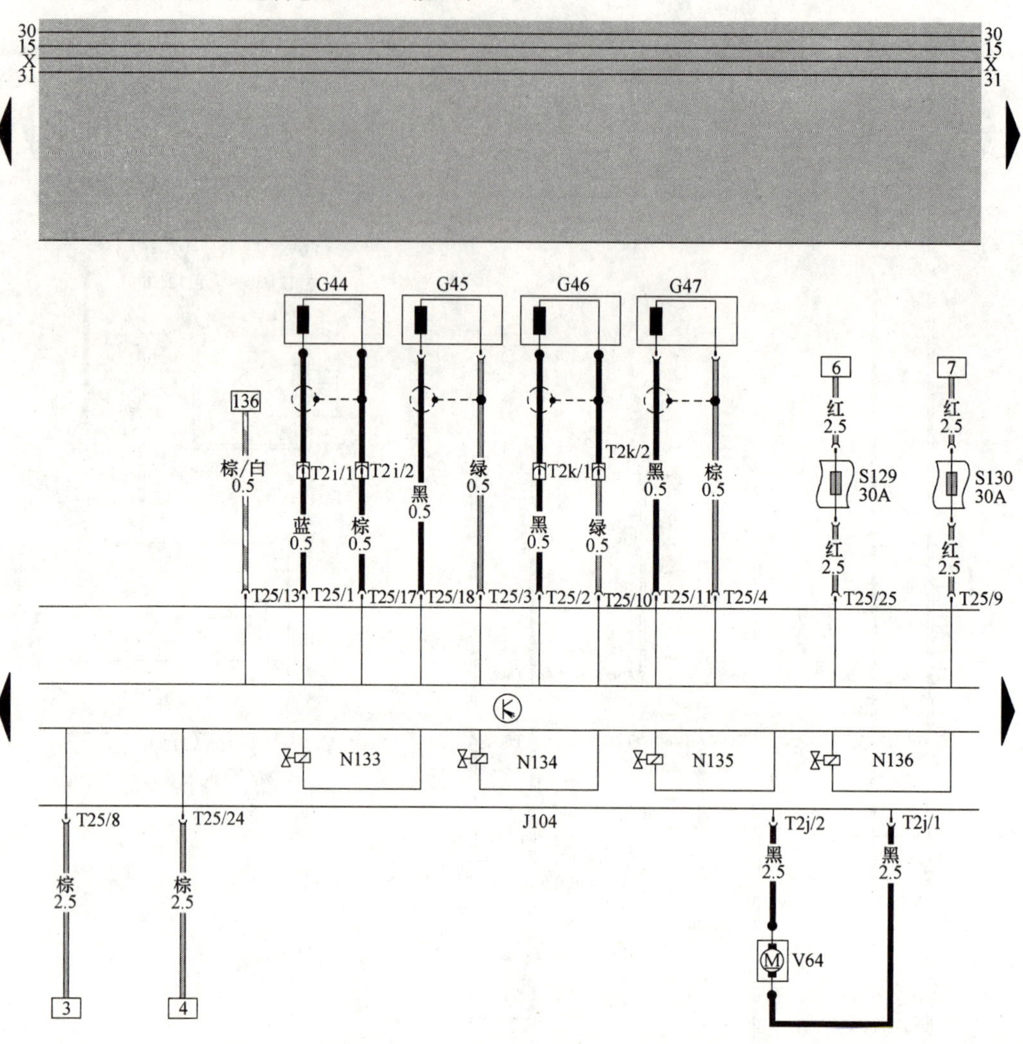

97 98 99 100 101 102 103 104 105 106 107 108 109 110 111 112

G44—右后转速传感器
G45—右前转速传感器
G46—左后转速传感器
G47—左前转速传感器
J104—ABS 控制器
N133—ABS 右后进油电磁阀
N134—ABS 右后出油电磁阀
N135—ABS 左后进油电磁阀
N136—ABS 左后出油电磁阀
S129—ABS 液压泵熔丝，30A
S130—ABS 电磁阀熔丝，30A
T2j—ABS 液压泵与控制单元插头连接，2 针，在 ABS 控制单元上
T2k—ABS 线束与左后转速传感器插头连接，2 针，在左后座位下面
T2i—ABS 线束与右后转速传感器插头连接，2 针，在右后座位下面
T25—ABS 线束与 ABS 控制单元插头连接，25 针，在 ABS 控制器上
V64—ABS 液压泵

桑塔纳2000GSi全车电路图（8）

ABS控制器、ABS警告灯

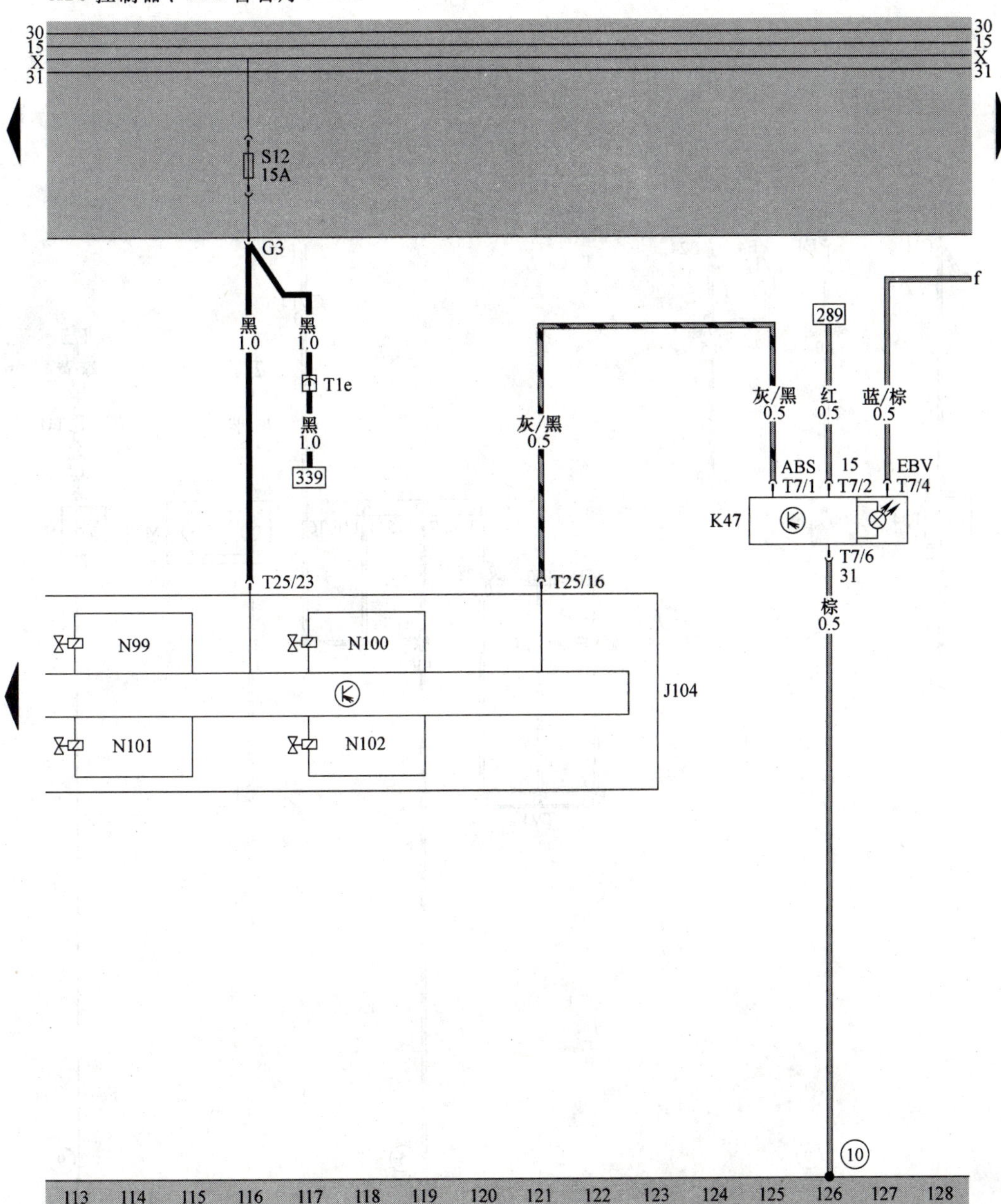

J104—ABS控制器
K47—ABS警告灯
N99—ABS右前进油电磁阀
N100—ABS右前出油电磁阀
N101—ABS左前进油电磁阀
N102—ABS左前出油电磁阀
S12—电动摇窗机，ABS控制单元熔丝，15A
T1e—ABS线束与电动摇窗机线束插头连接，1针，在中央电器后面
T7—ABS线束与ABS警告灯插头连接，7针，在ABS警告灯上
T25—ABS线束与ABS控制单元插头连接，25针，在ABS控制器上
⑩—接地点，在中央电器后面车身前围板上

桑塔纳 2000GSi 全车电路图（9）

制动液位报警开关、手制动指示灯开关、自诊断插座、空调电磁离合器

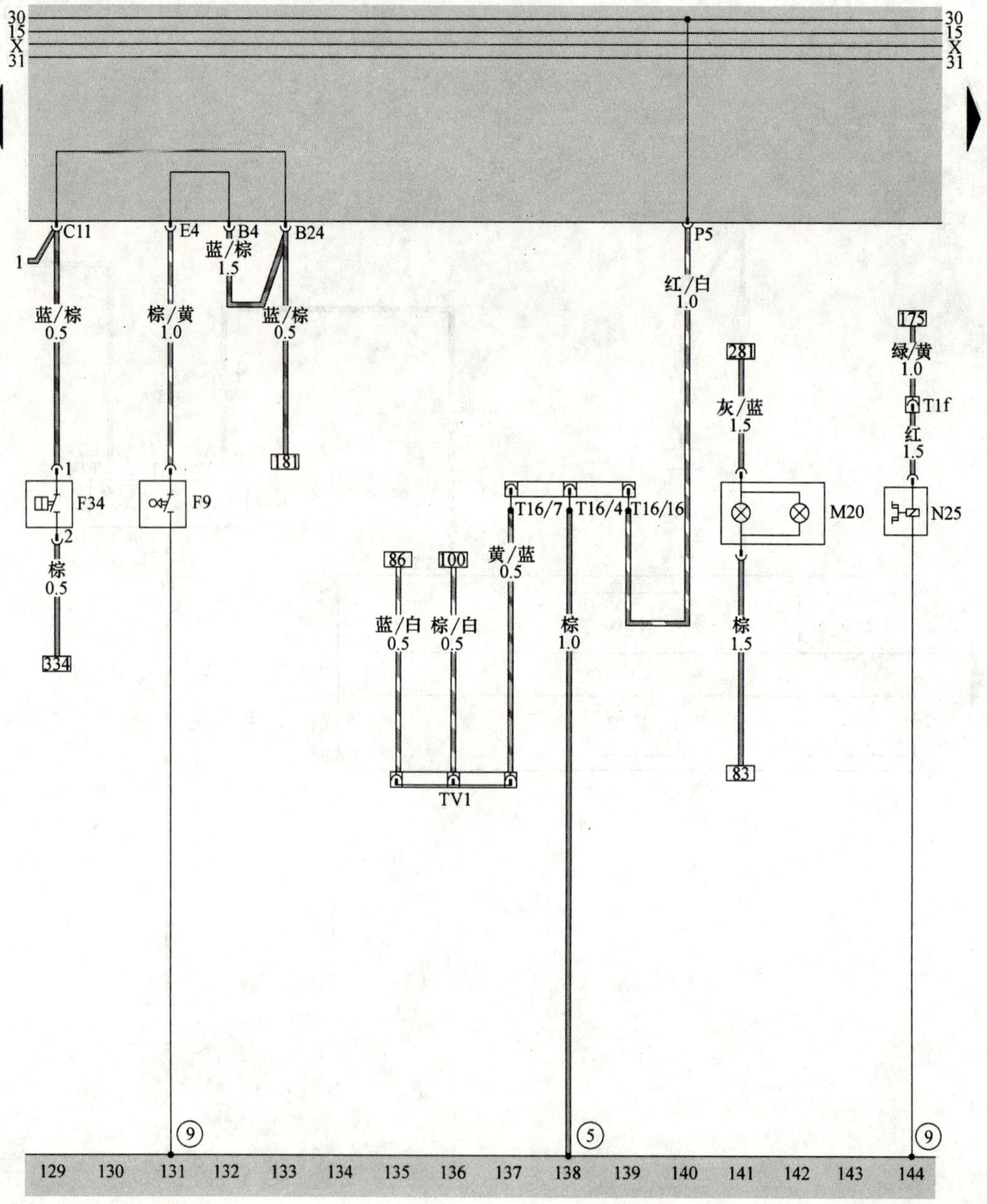

F9—驻车制动指示灯开关

F34—制动液位报警开关

M20—空调控制面板照明灯

N25—电磁离合器

T1f—前照灯线束与压缩机电磁离合器插头连接，1针，在压缩机旁

T16—故障诊断仪插座，16 针，在变速杆防尘罩下面

TV1—诊断线插座，附加插在中央电器 13 号位上

(5)—接地点，在中央电器左侧星形接地爪上

(9)—自身接地

桑塔纳 2000GSi 全车电路图（10）

空调继电器、空调 A/C 开关、风速开关、鼓风电动机、散热风扇、室温开关、进风门电磁阀

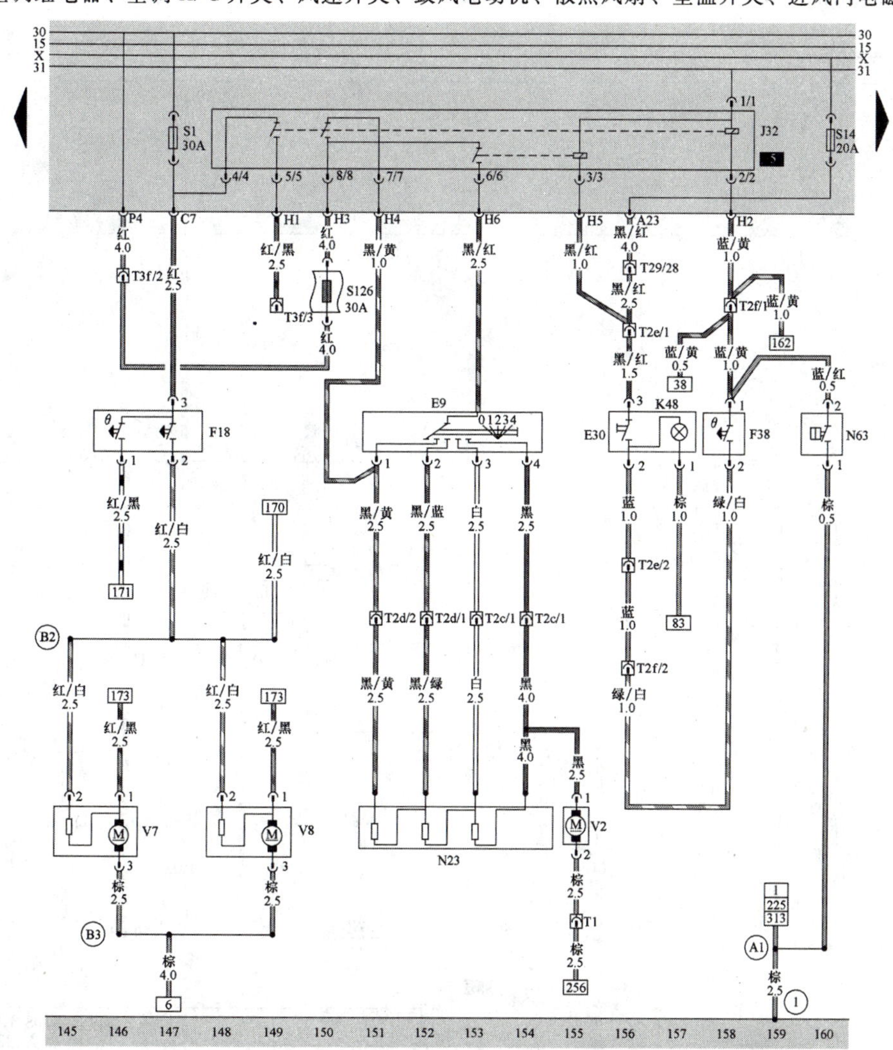

E9—风速开关
E30—空调 A/C 开关
F18—散热风扇热敏开关
F38—室温开关
J32—空调继电器
K48—空调 A/C 开关指示灯
N23—鼓风电动机减速电阻
N63—进风门电磁阀
S1—散热风扇熔丝（不用空调时），30A
S14—空调继电器熔丝，20A
S126—空调鼓风电动机熔丝，30A
T1—空调鼓风电动机线束与仪表板线束插头连接，1 针，在中央电器后面
T2c—空调操纵线束与空调鼓风电动机线束插头连接，2 针，在节气门踏板上方
T2d—空调操纵线束与空调鼓风电动机线束插头连接，2 针，在节气门踏板上方
T2e—仪表板开关线束与空调操纵线束插头连接，2 针，在空调操纵面板后面
T2f—发动机线束与空调操纵线束插头连接，2 针，在中央电器后面
T3f—空调操纵线束与发动机线束插头连接，3 针，在中央电器后面
T29—仪表板线束与仪表板开关线束插头连接，29 针，在组合仪表下方
V2—鼓风电动机
V7—左散热风扇
V8—右散热风扇
①—接地点，在发动机控制单元旁车身上
(A1)—接地连接线，在发动机线束内
(B2)—连接线，在前照灯线束内
(B3)—接地连接线，在前照灯线束内

桑塔纳2000GSi全车电路图（11）

散热风扇控制器、压缩机切断继电器、冷量开关、组合开关、空调水温控制开关

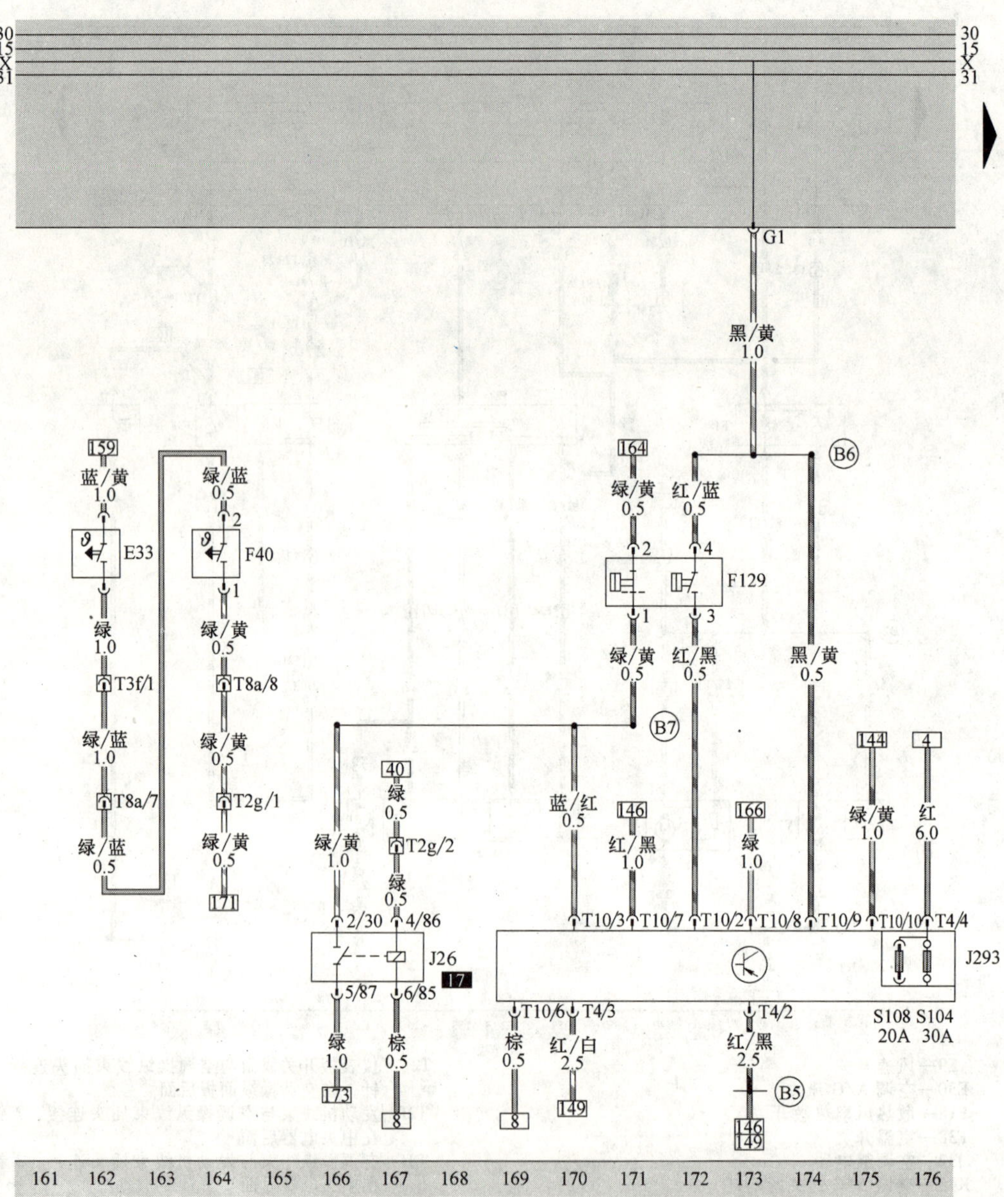

E33—冷量开关

F40—空调水温控制开关

F129—组合开关

J26—压缩机切断继电器

J293—散热风扇控制器

S104—散热风扇熔丝，高速挡（使用空调时），30A

S108—散热风扇熔丝，低速挡（使用空调时），20A

T2g—发动机线束与前照灯线束插头连接，2针，在中央电器后面

T3f—空调操纵线束与发动机线束插头连接，3针，在中央电器后面

T4—前照灯线束与散热风扇控制器插头连接，4针，在散热风扇控制器上

T8a—发动机线束与发动机右线束插头连接，8针，在发动机舱中间支架上

T10—前照灯线束与散热风扇控制器插头连接，10针，在散热风扇控制器上

(B5)—连接线，在前照灯线束内

(B6)—正极连接线，在前照灯线束内

(B7)—连接线，在前照灯线束内

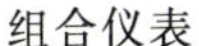

桑塔纳2000GSi全车电路图（12）

组合仪表

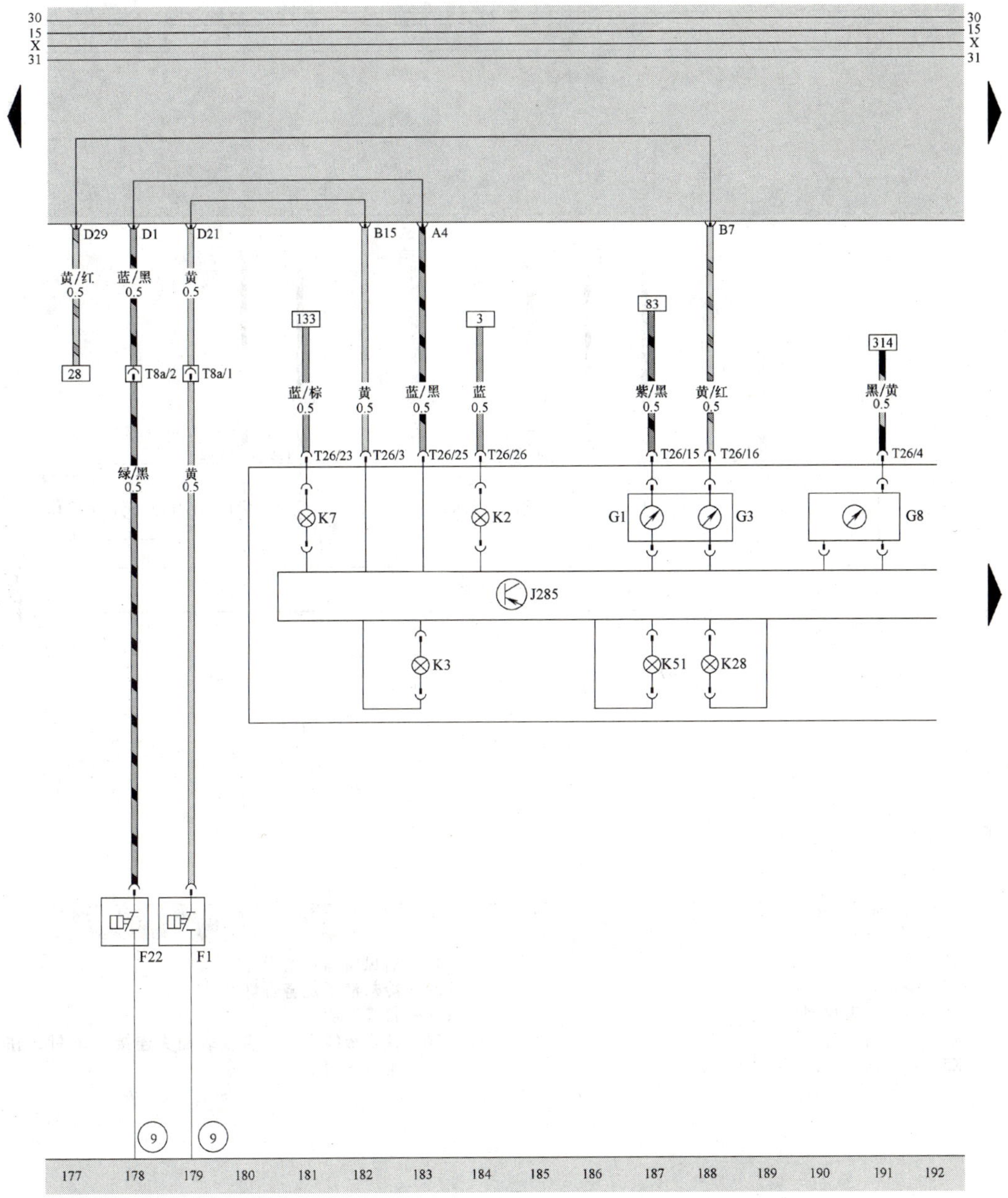

F1—油压开关（1.8bar）
F22—油压开关（0.25bar）
G1—燃油表
G3—冷却液温度表
G8—车速里程表
J285—组合仪表控制器
K2—充电不足警告灯
K3—油压报警灯
K7—驻车制动指示及制动液位警告灯
K28—冷却液温度报警灯
K51—燃油不足警告灯
T8a—发动机线束与发动机右线束插头连接，8针，在发动机舱中间支架上
T26—仪表板线束与组合仪表插头连接，26针，在组合仪表上
⑨—自身接地

桑塔纳 2000GSi 全车电路图（13）

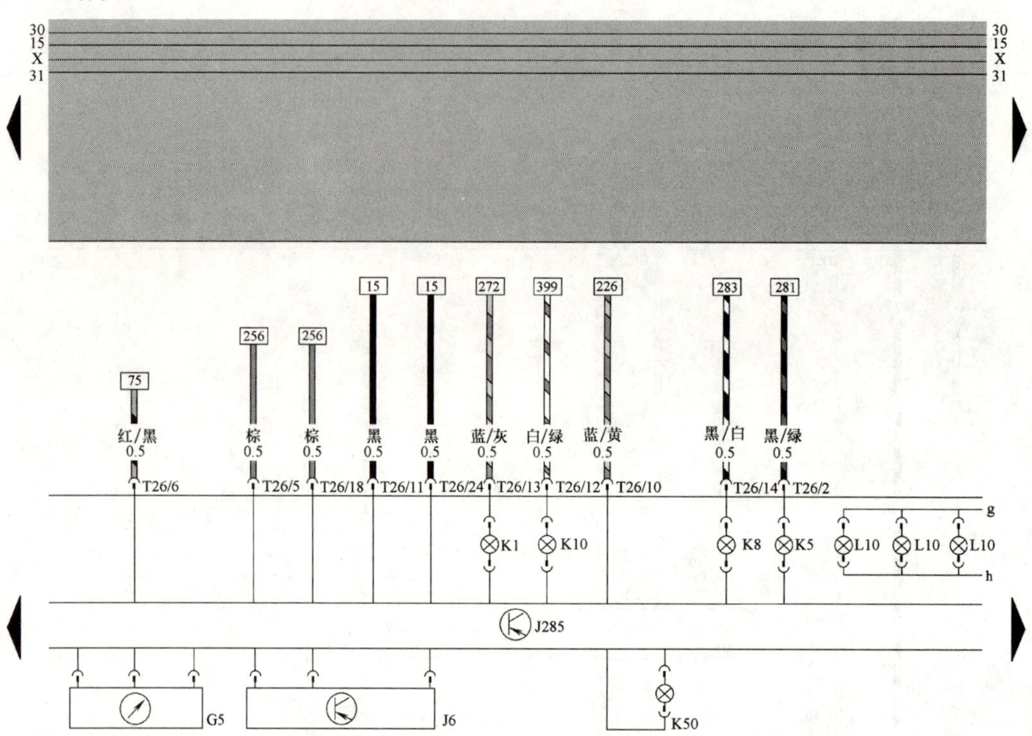

193 194 195 196 197 198 199 200 201 202 203 204 205 206 207 208

G5—转速表
J6—稳压器
J285—组合仪表控制器
K1—远光指示灯
K5—右转向指示灯
K8—左转向指示灯
K10—后风窗除霜指示灯
K50—冷却液不足警告灯
L10—仪表照明灯
T26—仪表板线束与组合仪表插头连接，26 针，在组合仪表上

桑塔纳 2000GSi 全车电路图（14）

组合仪表、收放机、自动天线

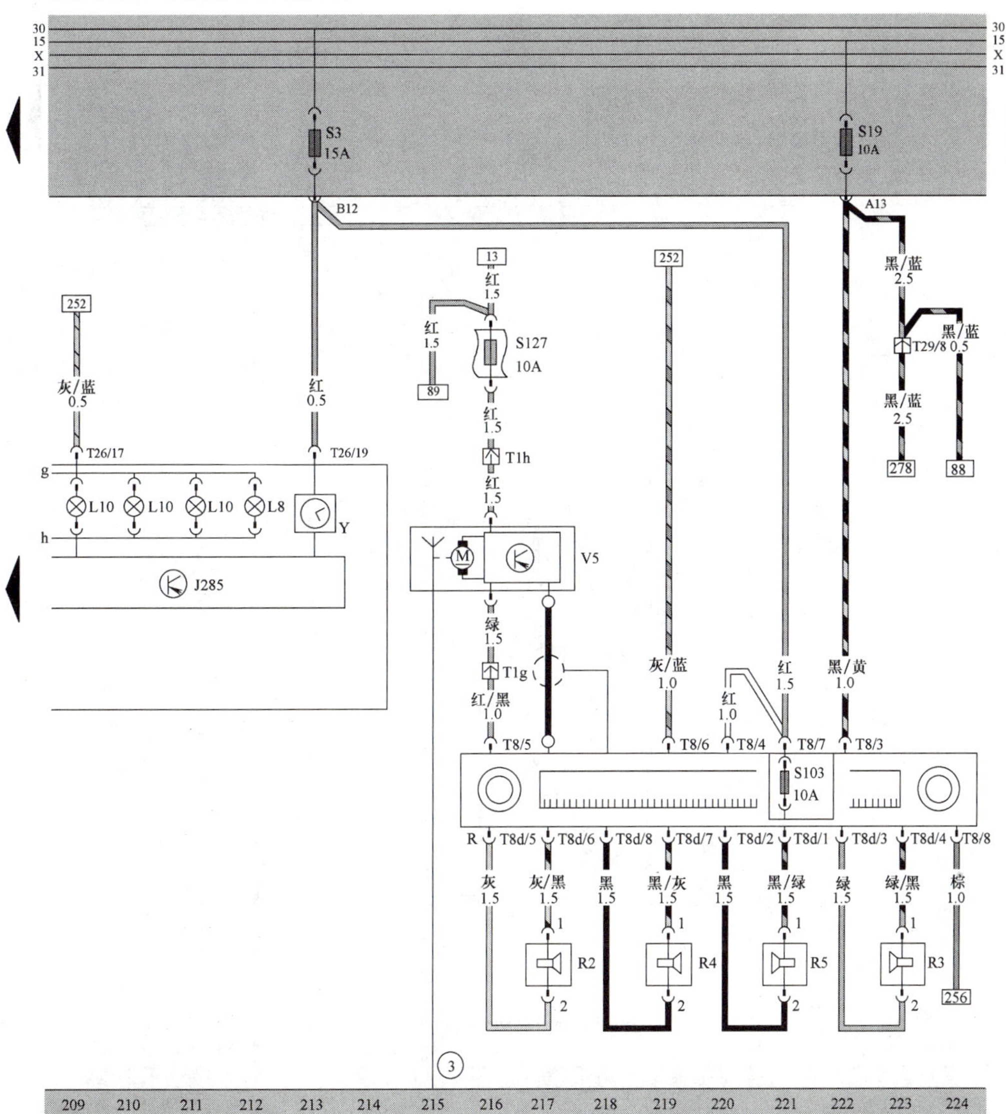

J285—组合仪表控制器
L8—数字钟照明灯
L10—仪表照明灯
R—收放机
R2—左前扬声器
R3—右前扬声器
R4—左后扬声器
R5—右后扬声器
S3—点烟器、集控门锁、数字钟、内顶灯、后阅读灯、行李箱灯、遮阳板灯熔丝，15A
S19—收放机、转向灯、防盗器控制单元熔丝，10A
S103—收放机熔丝（停车时），10A
S127—自动天线熔丝，10A
T1g—仪表板线束与自动天线插头连接，1 针，在收放机后面
T1h—仪表板线束与自动天线插头连接，1 针，在收放机后面
T8—仪表板线束与收放机插头连接，8 针，在收放机后部
T8d—扬声器线束与收放机插头连接，8 针，在收放机后部
T26—仪表板线束与组合仪表插头连接，26 针，在组合仪表上
T29—仪表板线束与仪表板开关线束插头连接，29 针，在组合仪表下方
V5—自动天线
Y—数字钟
③—接地点，在自动天线附近车身上

桑塔纳 2000GSi 全车电路图（15）

内顶灯、遮阳板灯、后阅读灯、行李箱照明灯

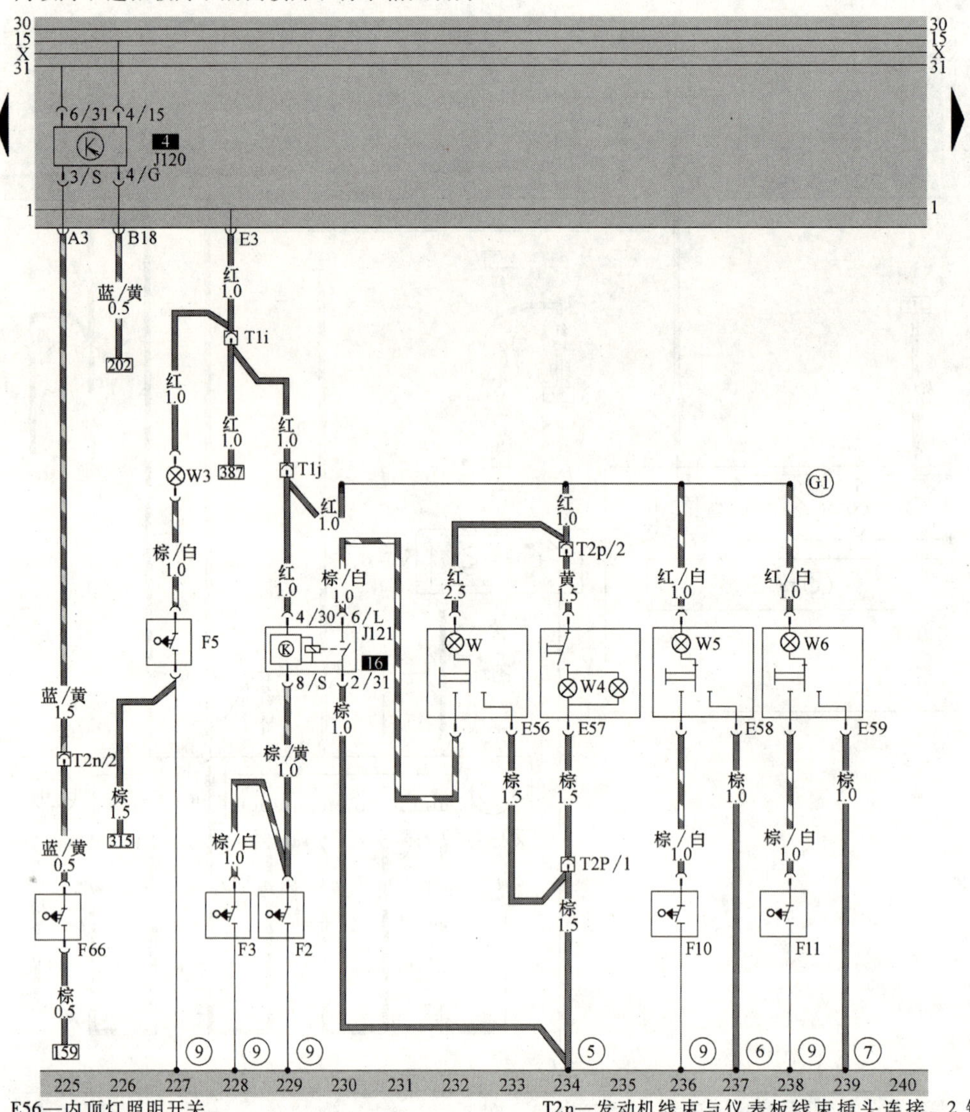

E56—内顶灯照明开关

E57—遮阳板灯照明开关

E58—左后阅读灯照明开关

E59—右后阅读灯照明开关

F2—左前门上内顶灯接触开关

F3—右前门上内顶灯接触开关

F5—行李箱照明灯接触开关

F10—左后阅读灯接触开关

F11—右后阅读灯接触开关

F66—冷却液不足警告灯开关

J120—冷却液液位控制器

J121—内顶灯延时继电器

T1i—集控门锁线束与尾部线束插头连接，1针，在中央电器后面

T1j—集控门锁线束与内顶灯线束插头连接，1针，在中央电器后面

T2n—发动机线束与仪表板线束插头连接，2针，在中央电器后面

T2p—内顶灯线束与遮阳板灯插头连接，2针，在车顶前右侧

W—内顶灯

W3—行李箱照明灯

W4—遮阳板灯

W5—左后阅读灯

W6—右后阅读灯

⑤—接地点，在中央电器左侧星形接地爪上

⑥—接地点，在左后阅读灯前方车顶上

⑦—接地点，在右后阅读灯前方车顶上

⑨—自身接地

Ⓖ1—正极连接线，在内顶灯线束内

桑塔纳 2000GSi 全车电路图（16）

灯光开关、点烟器

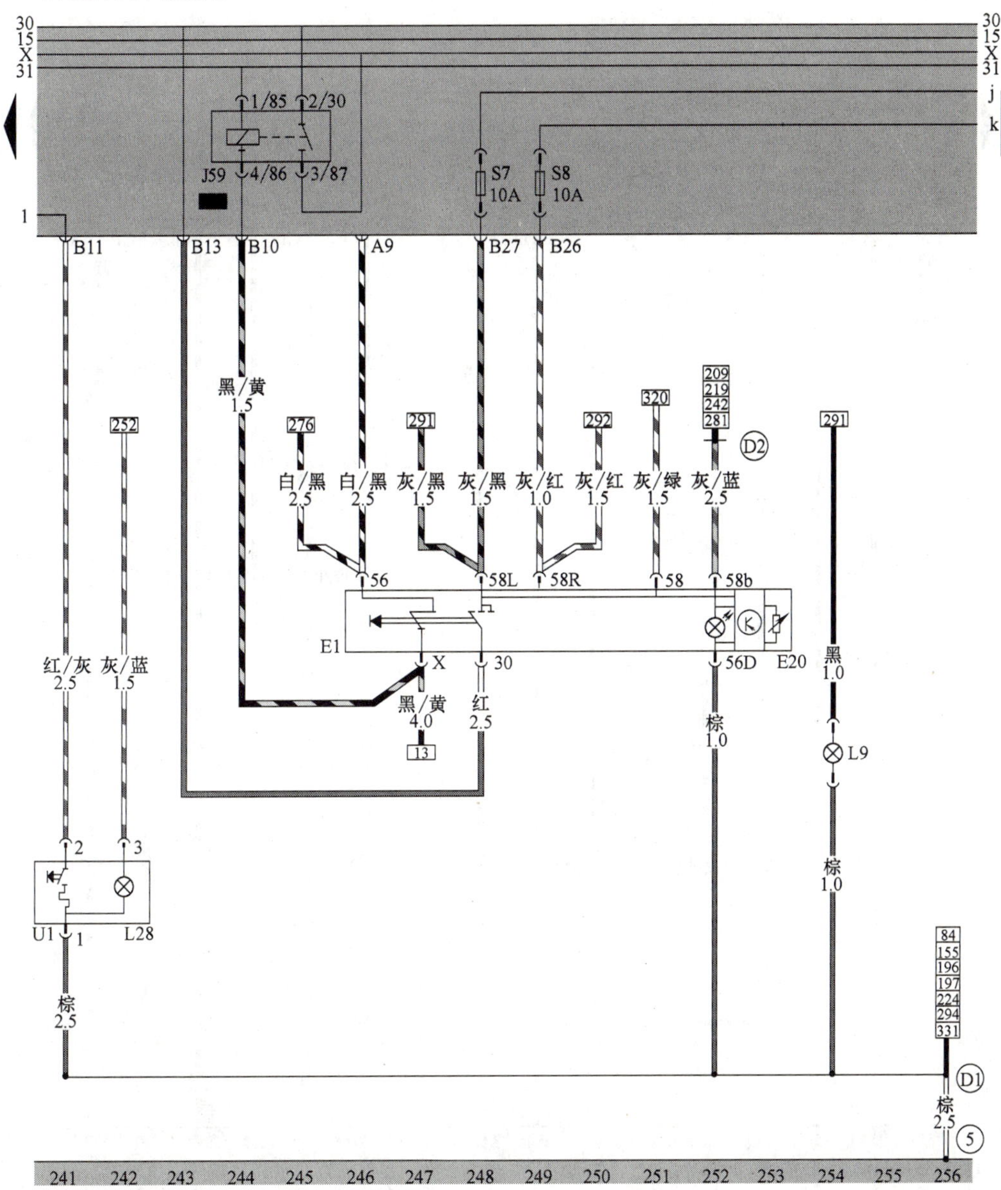

E1—灯光开关
E20—仪表板照明调节器
J59—X-接触继电器
L9—灯光开关照明灯
L28—点烟器照明灯
S7—左尾灯、左前停车灯熔丝，10A
S8—右尾灯、右前停车灯、发动机舱照明灯熔丝，10A
U1—点烟器
⑤—接地点，在中央电器左侧星形接地爪上
(D1)—接地连接线，在仪表板线束内
(D2)—连接线，在仪表板线束内

桑塔纳 2000GSi 全车电路图（17）

前照灯、停车灯、后转向灯、尾灯、制动灯、发动机舱照明灯

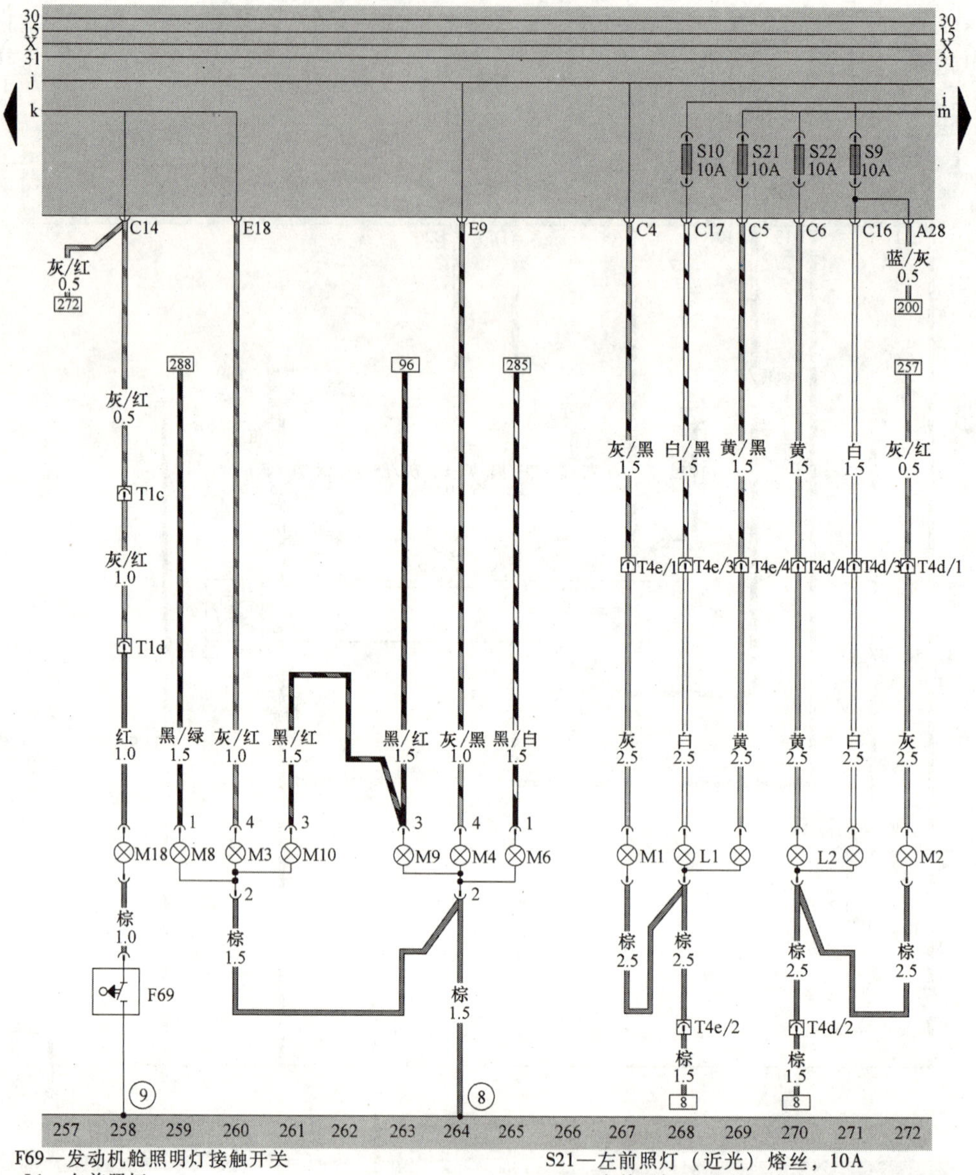

F69—发动机舱照明灯接触开关
L1—左前照灯
L2—右前照灯
M1—左停车灯
M2—右停车灯
M3—右尾灯
M4—左尾灯
M6—左后转向灯
M8—右后转向灯
M9—左制动灯
M10—右制动灯
M18—发动机舱照明灯
S9—右前照灯（远光）熔丝，10A
S10—左前照灯（远光）熔丝，10A
S21—左前照灯（近光）熔丝，10A
S22—右前照灯（近光）熔丝，10A
T1c—前照灯线束与发动机线束插头连接，1 针，在中央电器后面
T1d—发动机线束与发动机舱照明灯电线插头连接，1 针，在刮水器电动机前
T4d—前照灯线束与右前照灯插头连接，4 针，在右前照灯上
T4e—前照灯线束与左前照灯插头连接，4 针，在左前照灯上
⑧—接地点，在左组合后灯左侧车身上
⑨—自身接地

桑塔纳 2000GSi 全车电路图（18）

变光开关、报警灯开关、前转向灯

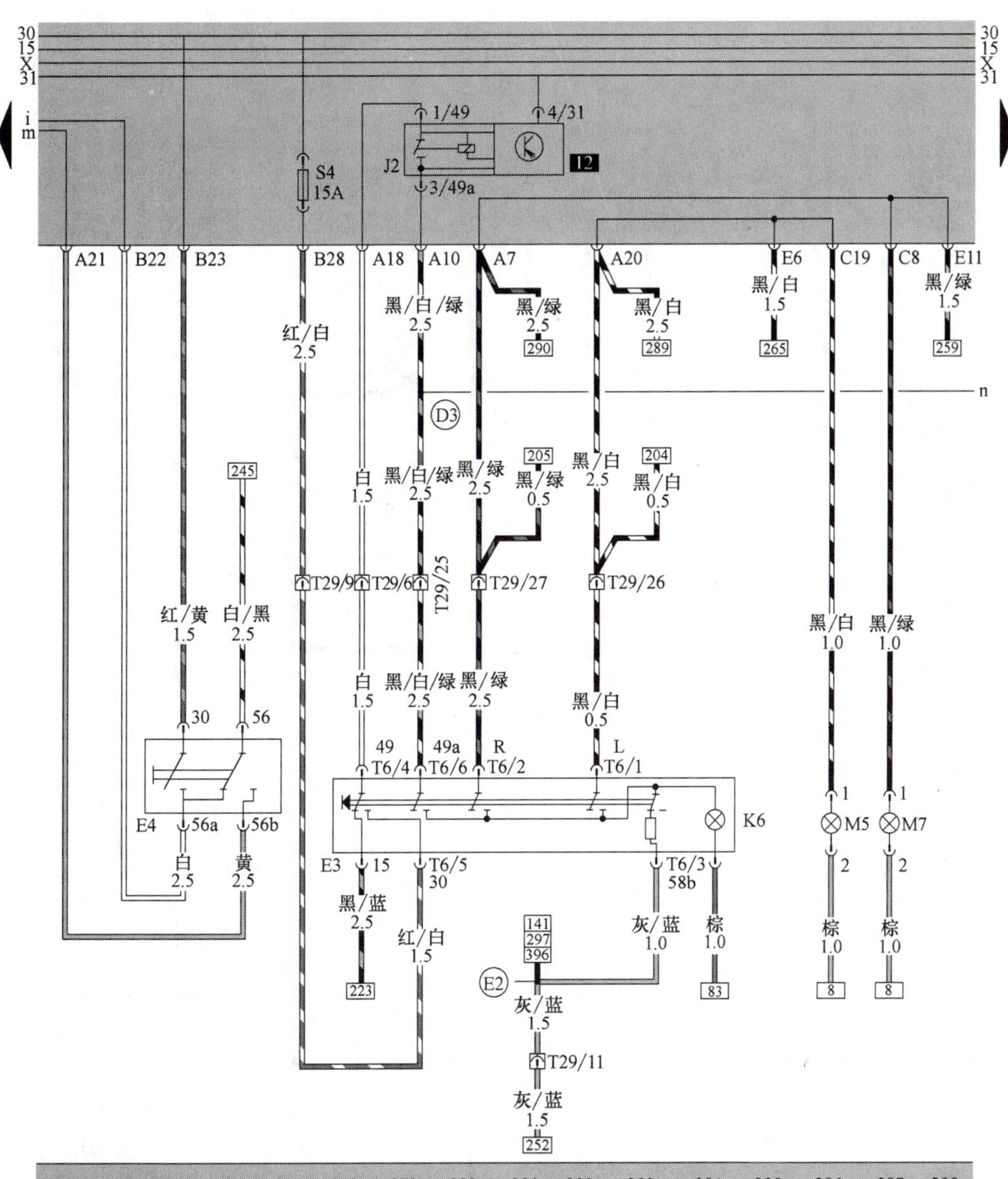

E3—报警灯开关

E4—变光开关

J2—转向灯继电器

K6—报警闪光指示灯

M5—左前转向灯

M7—右前转向灯

S4—报警灯熔丝，15A

T6—仪表板开关线束与报警灯开关插头连接，6针，在报警灯开关上

T29—仪表板线束与仪表板开关线束插头连接，29针，在组合仪表下方

(D3)—正极连接线，在仪表板线束内

(E2)—连接线，在仪表板开关线束内

桑塔纳 2000GSi 全车电路图（19）

转向灯开关、停车灯开关、雾灯开关、双音喇叭

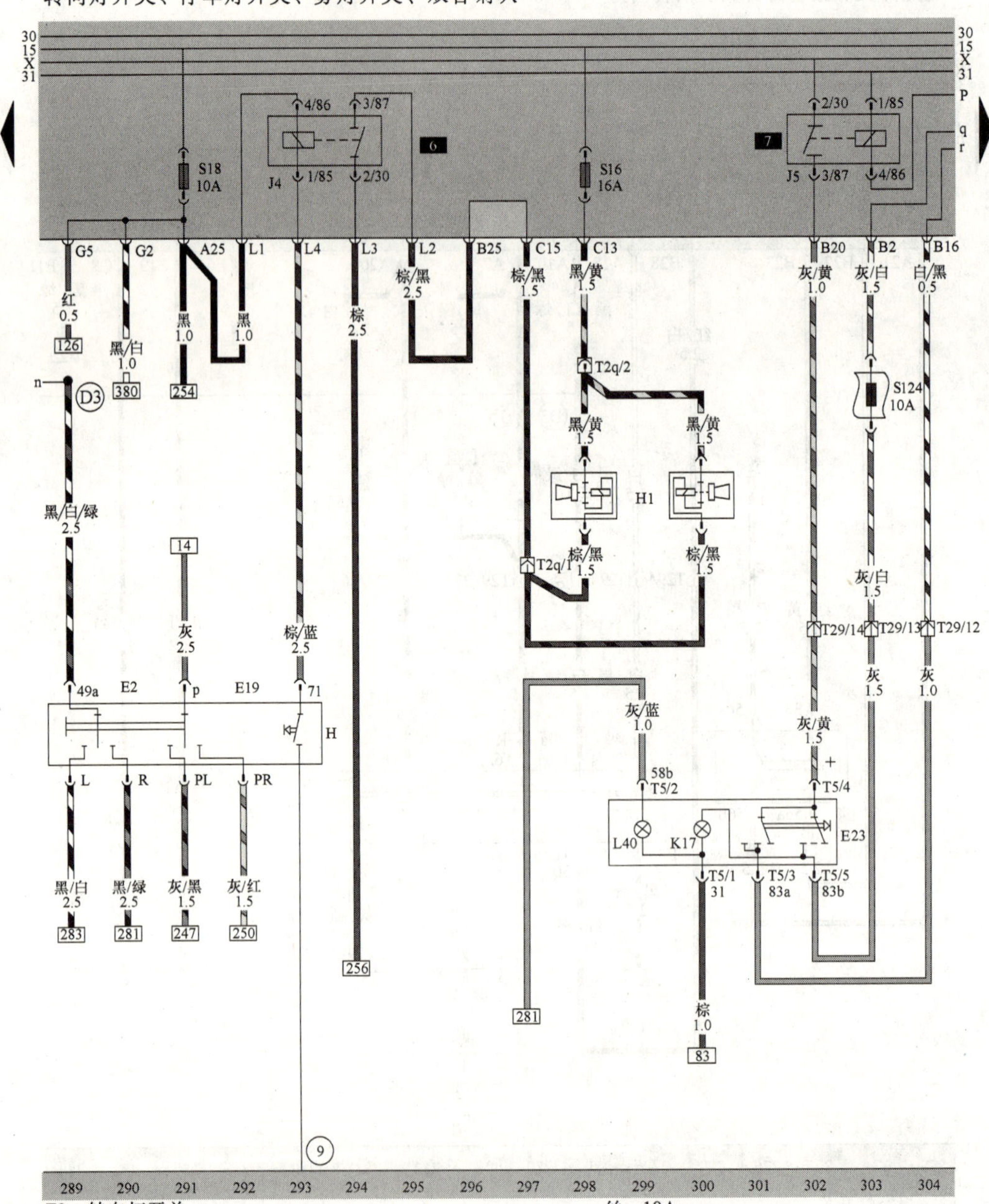

E2—转向灯开关

E19—停车灯开关

E23—雾灯开关

H—双音喇叭开关

H1—双音喇叭

J4—喇叭继电器

J5—雾灯继电器

K17—雾灯指示灯

L40—雾灯开关照明灯

S16—喇叭熔丝，15A

S18—喇叭继电器、灯光开关、ABS 警告灯熔丝，10A

S124—后雾灯熔丝，10A

T2q—前照灯线束与喇叭线束插头连接，2 针，在喇叭上方

T5—仪表板开关线束与雾灯开关插头连接，5 针，在雾灯开关上

T29—仪表板线束与仪表板开关线束插头连接，29 针，在组合仪表下方

⑨—自身接地

(D3)—正极连接线，在仪表板线束内

桑塔纳2000GSi全车电路图（20）

雾灯、倒车灯、牌照灯、杂物箱照明灯、车速传感器

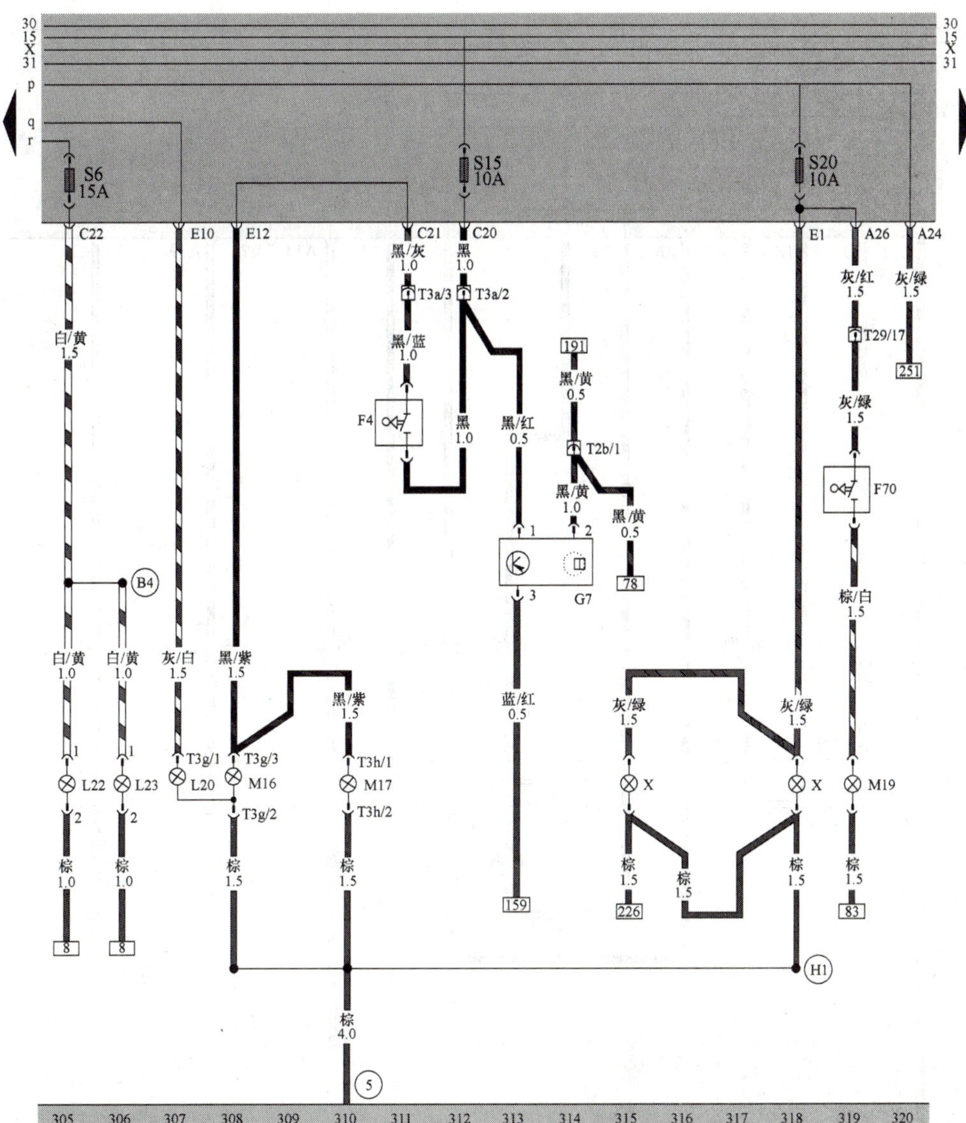

F4—倒车灯开关
F70—杂物箱照明灯接触开关
G7—车速传感器
L20—后雾灯
L22—左前雾灯
L23—右前雾灯
M16—左倒车灯
M17—右倒车灯
M19—杂物箱照明灯
S6—前雾灯熔丝，15A
S15—倒车灯、车速传感器熔丝，10A
S20—牌照灯、杂物箱照明灯熔丝，10A
T2b—发动机线束与仪表板线束插头连接，2针，在中央电器后面
T3a—发动机线束与前照灯线束插头连接，3针，在中央电器后面
T3g—尾部线束与左倒车灯插头连接，3针，在左倒车灯上
T3h—尾部线束与右倒车灯插头连接，3针，在左倒车灯上
T29—仪表板线束与仪表板开关线束插头连接，29针，在组合仪表下方
X—牌照灯
⑤—接地点，在中央电器左侧星形接地爪上
(B4)—正极连接线，在前照灯线束内
(H1)—接地连接线，在尾部线束内

桑塔纳 2000GSi 全车电路图（21）

前风窗刮水器、前风窗清洗器

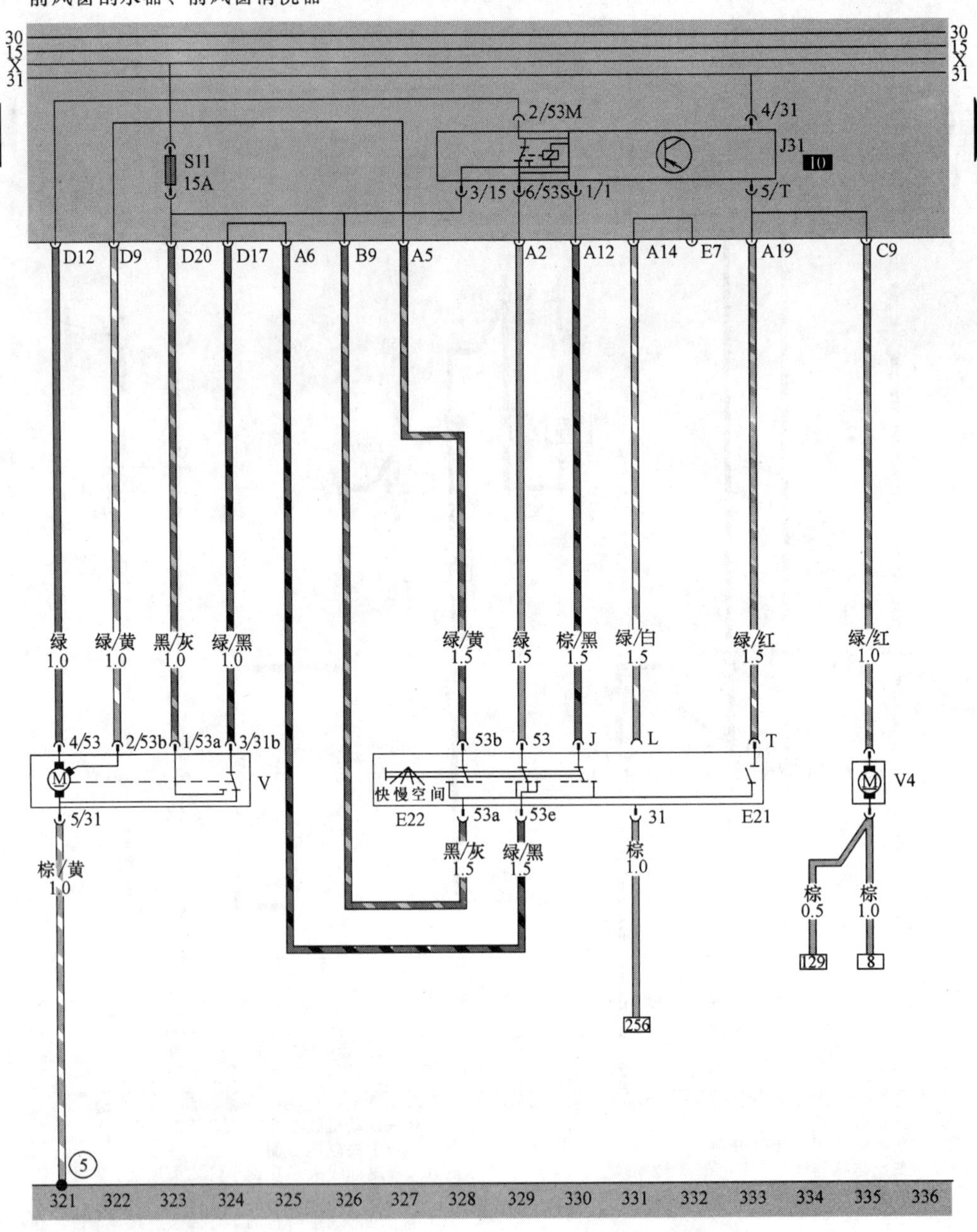

E21—前风窗清洗泵开关
E22—前风窗刮水器开关
J31—刮水继电器
S11—前风窗刮水器、清洗泵熔丝，15A
V—前风窗刮水电动机
V4—前风窗清洗泵
⑤—接地点，在中央电器左侧星形接地爪上

桑塔纳 2000GSi 全车电路图（22）

电动摇窗机

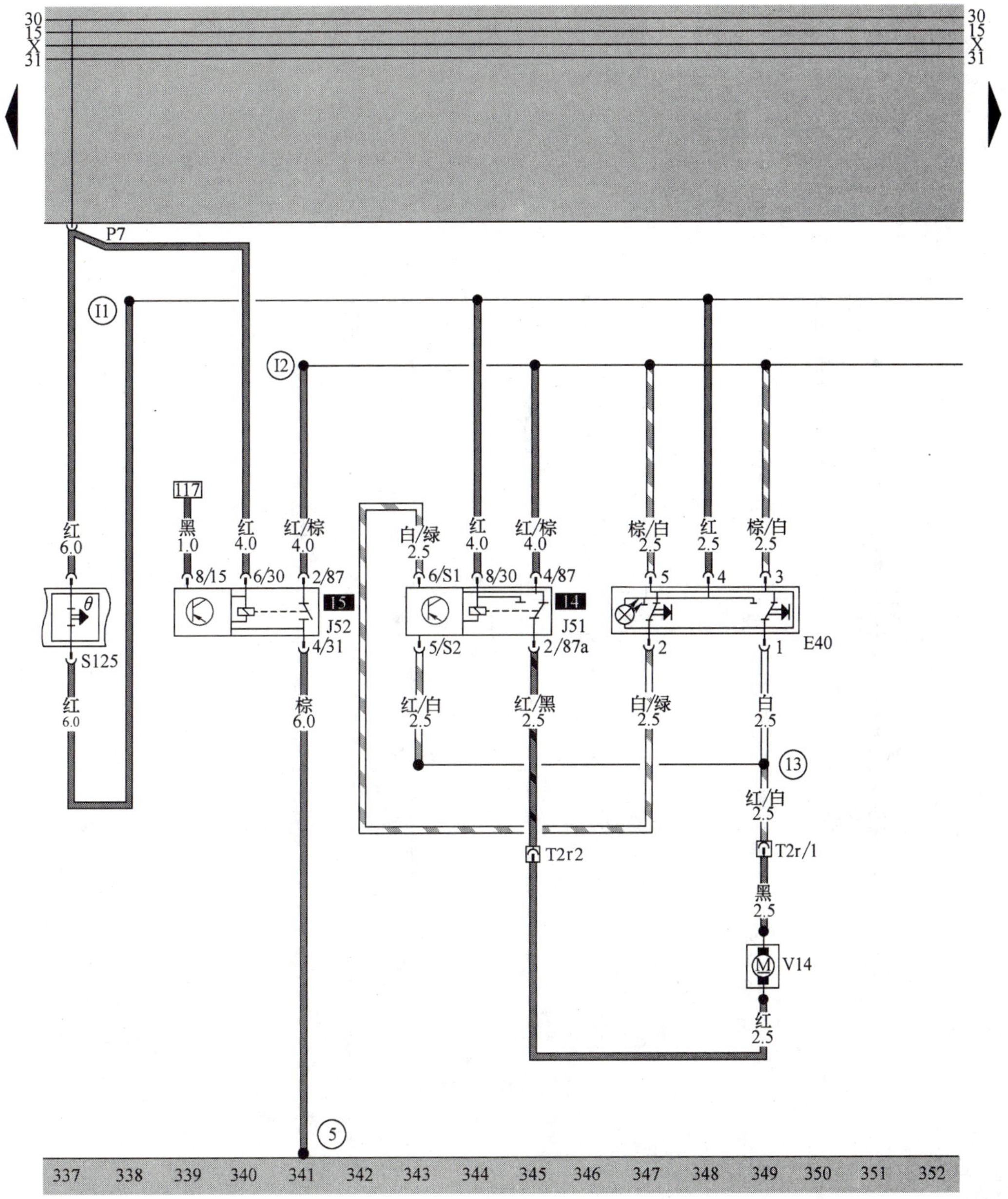

30 15 X 31

P7 I1 I2 117

红 6.0 黑 1.0 红 4.0 红/棕 4.0 白/绿 2.5 红 4.0 红/棕 4.0 棕/白 2.5 红 2.5 棕/白 2.5

8/15 6/30 2/87 15 J52 4/31 6/S1 8/30 4/87 14 J51 5/S2 2/87a 5 4 3 2 1 E40

S125 红 6.0 棕 6.0 红/白 2.5 红/黑 2.5 白/绿 2.5 白 2.5 I3 红/白 2.5

T2r2 T2r/1 黑 2.5 V14 红 2.5 5

337 338 339 340 341 342 343 344 345 346 347 348 349 350 351 352

E40—摇窗机开关（左前）

J51—摇窗机自动下降继电器

J52—摇窗机延时继电器

S125—电动摇窗机热保护器

T2r—电动摇窗机线束与摇窗机电动机插头连接，2 针，在左前门内

V14—左前摇窗机电动机

(5)—接地点，在中央电器左侧星形接地爪上

(I1)—正极连接线，在电动摇窗机线束内

(I2)—连接线，在电动摇窗机线束内

(I3)—连接线，在电动摇窗机线束内

桑塔纳 2000GSi 全车电路图（23）

电动摇窗机

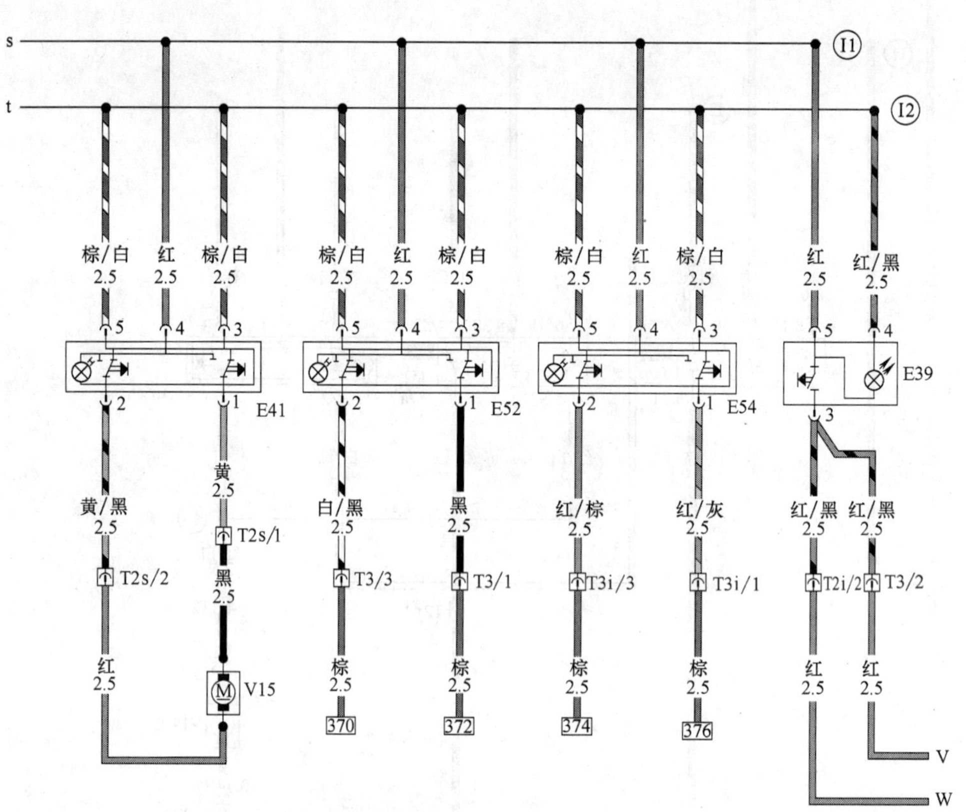

353 354 355 356 357 358 359 360 361 362 363 364 365 366 367 368

E39—摇窗机安全开关（后门）

E41—摇窗机开关（左前）

E52—摇窗机开关（左后）

E54—摇窗机开关（右后）

T2s—电动摇窗机线束与摇窗机电动机插头连接，2针，在右前门内

T3—电动摇窗机线束与左后摇窗机开关插头连接，3针，在左后门内

T3i—电动摇窗机线束与右后摇窗机开关插头连接，3针，在右后门内

V15—右前摇窗机电动机

(I1)—正极连接线，在电动摇窗机线束内

(I2)—连接线，在电动摇窗机线束内

桑塔纳2000GSi全车电路图（24）

电动摇窗机、电动后视镜

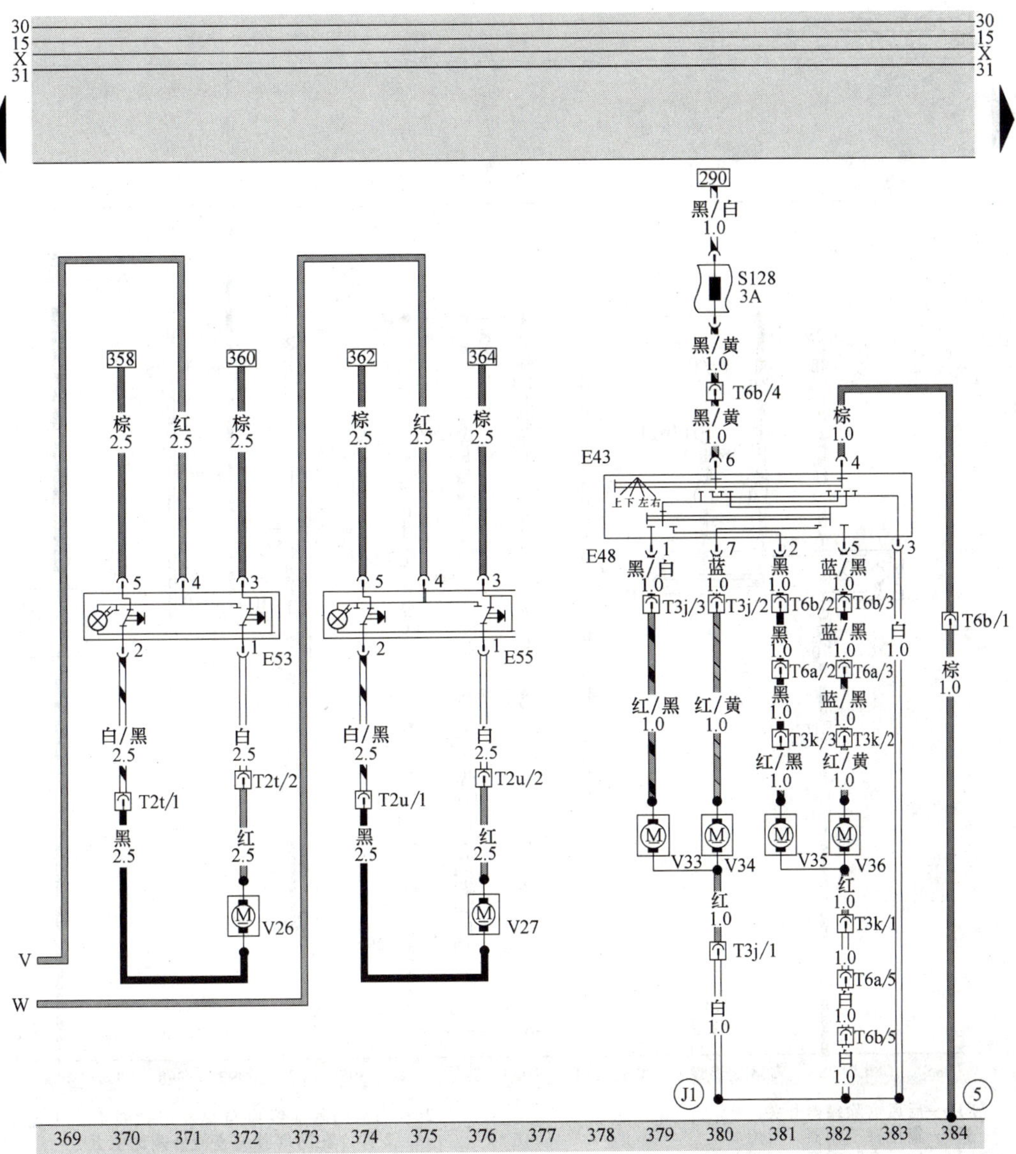

E43—电动后视镜调节开关
E48—电动后视镜转换开关
E53—左后门上摇窗机开关
E55—右后门上摇窗机开关
S128—电动后视镜熔丝，3A
T2t—左后摇窗机开关与摇窗机电动机插头连接，2针，在左后门内
T2u—右后摇窗机开关与摇窗机电动机插头连接，2针，在右后门内
T3j—左前门线束与左电动后视镜插头连接，3针，在左前门内
T3k—右前门线束与右电动后视镜插头连接，3针，在右前门内
T6a—电动后视镜线束与右前门线束插头连接，6针，在杂物箱右侧
T6b—电动后视镜线束与左前门线束插头连接，6针，在中央电器左侧
V26—左后摇窗机电动机
V27—右后摇窗机电动机
V33—左电动后视镜上下调节电动机
V34—左电动后视镜左右调节电动机
V35—右电动后视镜上下调节电动机
V36—右电动后视镜左右调节电动机
⑤—接地点，在中央电路左侧星形接地爪上
(J1)—连接线，在左前门线束内

桑塔纳 2000GSi 全车电路图（25）

集控门锁、后风窗除霜器

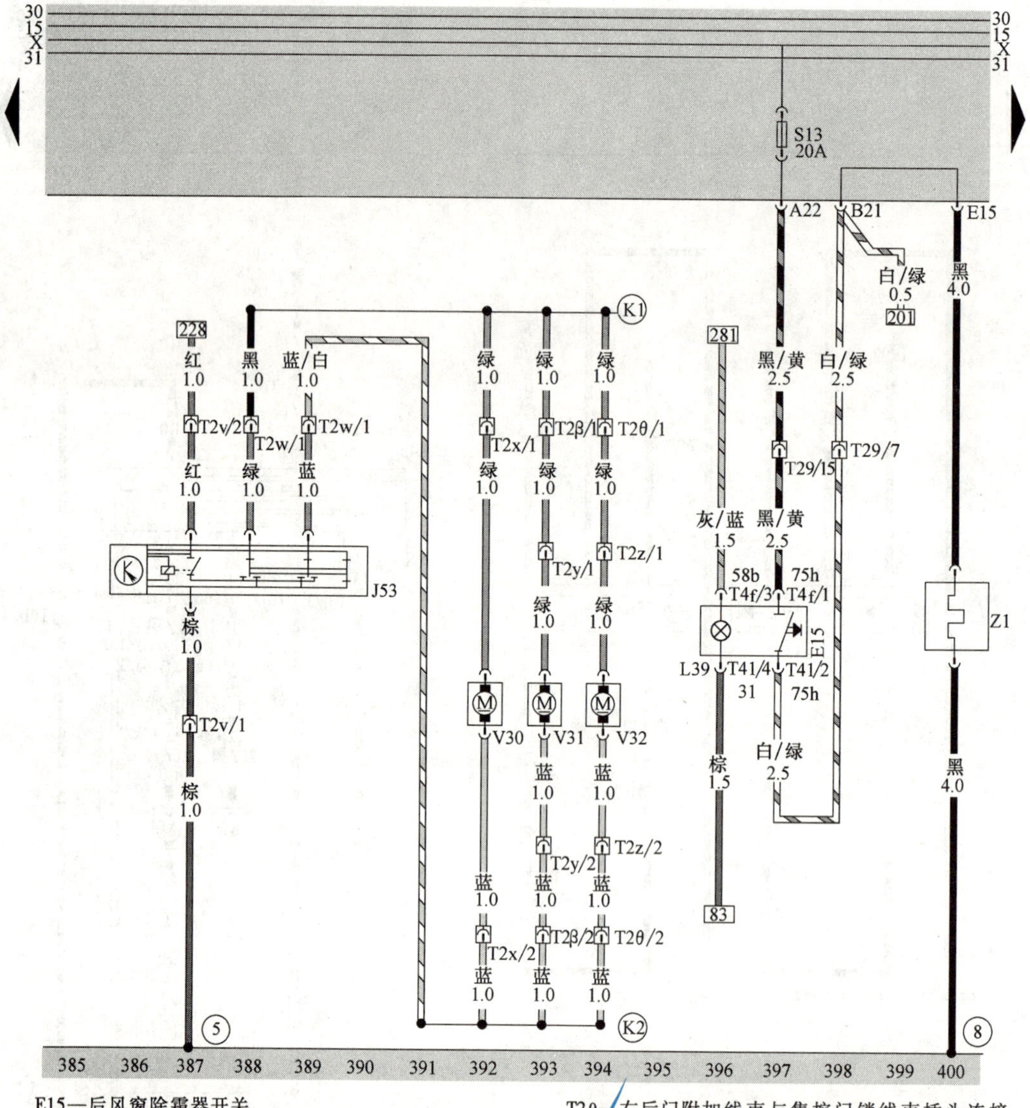

E15—后风窗除霜器开关
J53—集控锁控制器
L39—后风窗除霜开关照明灯
S13—后窗除霜器熔丝，20A
T2v—左前门集控锁附加线束与集控门锁线束插头连接，2 针，在左前门内
T2w—左前门集控锁附加线束与集控门锁线束插头连接，2 针，在左前门内
T2x—右前门集控锁附加线束与集控门锁线束插头连接，2 针，在右前门内
T2y—左后门集控锁附加线束与左后门附加线束插头连接，2 针，在左后门内
T2z—右后门集控锁附加线束与右后门附加线束插头连接，2 针，在右后门内
T2β—左后门附加线束与集控门锁线束插头连接，2 针，在驾驶员座椅外侧地毯下
T2θ—右后门附加线束与集控门锁线束插头连接，2 针，在副驾驶员座椅外侧地毯下
T4f—仪表板开关线束与后窗除霜器开关插头连接，4 针，在后窗除霜器开关上
T29—仪表板线束与仪表板开关线束插头连接，29 针，在组合仪表下方
V30—右前集控锁电动机
V31—左后集控锁电动机
V32—右后集控锁电动机
Z1—后风窗除霜器
(5)—接地点，在中央电器左侧星形接地爪上
(8)—接地点，在左组合后灯左侧车身上
(K1)—连接线，在集控门锁线束内
(K2)—连接线，在集控门锁线束内

参考文献

[1] 孙五一. 汽车电气设备构造与维修学习指导与练习［M］. 北京：高等教育出版社，2007.

[2] 于明进. 汽车电气设备构造与维修［M］. 2版. 北京：高等教育出版社，2007.

[3] 威德尔，汽车发动机构造与诊断维修［M］. 北京：机械工业出版社，2006.

[4] 张立新，王志超，桑塔纳轿车维修手册［M］. 北京：机械工业出版社，2002.

[5] 周建平. 汽车电气设备构造与维修［M］. 北京：人民交通出版社，2005.

[6] 凌凯汽车资料编写组. 最新汽车资料图集大全：4国产大众汽车［M］. 北京：北京邮电大学出版社，2006.

[7] Norm Chapman. 汽车电器与电子原理［M］. 赵福堂，等译. 北京：高等教育出版社，2004.

[8] 詹姆斯D霍尔德曼，小蔡斯D米切尔. 汽车电子与电气系统［M］. 刘存友，何龙，祁传琦，等译. 北京：中国劳动社会保障出版社，2005.

[9] 中国汽车维修行业协会. 电器维修技术［M］. 北京：人民交通出版社，2008.

[10] 李涵武. 国产大众车系电路分析［M］. 北京：机械工业出版社，2005.